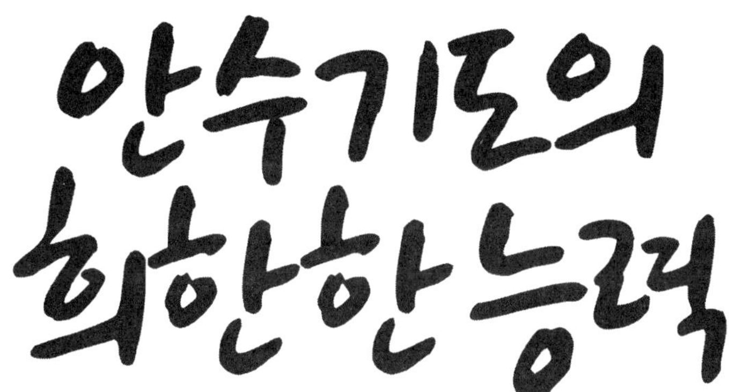

안수기도의 희한한 능력

강요셉 지음

성령세례 치유 축귀 권능 받고 행할 분 위주로 제시된 책

성령

안수기도의
희한한 능력

성령

들어가는 말

안수기도는 복음에서 빠질 수 없는 것입니다. 안수는 예수님께서 하셨습니다. 예수를 믿고 성령으로 거듭난 크리스천들이 목사에게 안수 받기를 좋아합니다. 필자가 주일날 안수 받으실 분은 앞에 나와서 기도하십시오. 라고 했습니다. 그랬더니 상당히 많은 성도들이 안수기도를 받으려고 앞으로 나왔습니다.

필자의 교회에서 영성훈련을 받은 아무개 목사님이 교회에서 금요일 밤에 성도들에게 처음으로 안수기도를 했다는 것입니다. 그랬더니 나중에 나와 안수기도를 받지 못한 장로님들이 자기도 안수해달라고 하더랍니다. 이렇게 성도들이 안수받기를 좋아하는 만큼 부작용도 만만치 않습니다. 우리는 좋은 것을 취하되 바르게 알고 정확하게 취해야 합니다. 그래서 하나님은 이렇게 말씀하십니다. "아무에게나 경솔히 안수하지 말고 다른 사람의 죄에 간섭하지 말며 네 자신을 지켜 정결하게 하라"(딤전 5:22). 명심해야 할 말씀입니다.

이번에 필자가 그동안 성령치유 사역과 안수사역 간 체험한 사실들을 정리하여 "안수기도의 희한한 능력"이라는 제목으로 책을출간하게 되었습니다. 이유는 안수사역이 그냥 막 해도 되는 사역이 아니기 때문입니다. 안수기도를 받는 분들도 아무에게나 막 안수를 받을 일이 못되기 때문에 성경적인 교리와 체험적인 사실들을 망라하여 한 권의 책으로 집필하게 되었습니다.

이 책을 통하여 안수사역을 하시는 분들은 안수에 대한 바른 자식을 가지고 안수사역을 해야 할 것입니다. 안수 받는 분들도 아무에게나 무분별하게 안수를 받지 않을 것입니다. 아무쪼록 한국교회에 안수사역에 대한 바른 이론이 정립되어 안수를 인하여 피해자가 생기지 않기를 바랍니다.

이 책에 부족한 부분들이 많습니다. 잘못되거나 부족하다면 질책만 하시지 마시고 필자에게 조언하여 주시기를 바랍니다. 그리고 안수기도에 대하여 관심이 있으신 분은 이 책을 이용하여 더 바른 안수사역에 대한 이론이 정립하셔서 전파하시기를 바랍니다. 한국교회 안수기도에 대하여 많은 발전이 있기를 바랍니다.

주후 2018년 01월 04일

충만한 교회 성전에서

저자 강요셉목사

세부적인목차

1부 안수로 희한한 기적을 행하는 비밀

1장 안수로 희한한 기적을 일으키는 비결

(행19:6-7)"바울이 그들에게 안수하매 성령이 그들에게 임하시므로 방언도 하고 예언도 하니 모두 열두 사람쯤 되니라"

안수기도는 참으로 중요한 것으로 바르게 알고 바르게 행해야 합니다. 안수기도로 축복과 성령의 능력의 전이는 물론이고, 치유와 축귀 등이 이루어집니다. 반대로 나쁜 것들도 전이가 될 수가 있습니다. 성경 레위기 4장 27절 이하에 보면 죄인이 짐승에게 안수하여 죄를 전가시켰다고 기록되어 있습니다. 안수기도로 죄가 전가되기도 한다는 말입니다. 그래서 안수기도를 하는 사람도 바르게 알고 행해야 하고, 안수기도를 받는 사람도 바르게 알고 받아야 합니다. 하나님은 목회자의 권위를 나타내기 위하여 안수 사역을 하기를 원하십니다. 모두 안수 사역으로 성도들의 믿음을 활성화하는 사역자들이 다 되기를 바랍니다. 안수 사역은 영적인 사역 중에서 대단히 중요한 사역입니다. 그런데 일부 목회자는 안수사역을 하지 않는 분들도 있습니다. 그러나 성경을 보면 예수님도 병자들을 안수하여 치유한 사례가 많이 있습니다. "열여덟 해 동안이나 귀신 들려 앓으며 꼬부라져 조금도 펴지 못하는 한 여자가 있더라. 예수께서 보시고 불러 이르시되 여자여 네가 네 병에서 놓였다 하시고 안수하시니 여자가 곧 펴고 하나님께 영광을 돌리는지라.”(눅13:11-13).

우리는 예수님의 안수와 치유사역의 본을 따라야 합니다. 저는 지금까지 이십년이 되도록 성령치유 사역과 성령의 세례를 베푸는 사역을 했습니다. 그런데 안수를 하지 않을 때보다 안수를 할 때 더 강력한 치유의 역사가 일어났습니다. 그러므로 성령사역을 하는 사역자와 목회자는 안수 사역를 하는 것이 좋습니다.

안수 사역시 영적 기름부음에 대한 집중을 해야 합니다. 즉, 성령의 역사가 일어나는 가? 안수 사역시 성령의 불이 들어가는가, 안 들어가는가? 어떤 느낌이 감지되는가? 어떤 기름부음이 오는가? 어떤 사람이 넘어지고 안 넘어지는가? 어떤 안수 방법을 사용할 것인가? 등등을 성령의 초자연적인 계시로 알아서 사역을 해야 합니다. 예를 든다면 불안수를 할 것인가? 손안수를 할 것인가? 눈 안수를 할 것인가? 질병이나 통증이 일어나는 특정 부위에 안수할 것인가는 성령의 감동에 따라 행해야 합니다.

첫째, 안수 사역의 기능. 안수를 어떤 부위에 할 것인가? 질문하는 분들도 있을 것입니다. 사람에게는 각각 부위별로 혈이 있습니다. 혈이 많은 부위에 손을 얹고 안수를 하면 됩니다. 예를 든다면 머리에는 백회라는 혈이 있습니다. 백회의 혈 부위에 손을 얹고 안수 사역을 하면 되는 것입니다. 발바닥의 경우는 용천혈이 있습니다. 이 부분에 손을 얹고 안수하면 혈을 통해서 성령의 불이 들어가 성령의 역사가 잘 일어나는 것입니다. 안수 사역을 하는 방법은 다음과 같습니다.

① 축복 기도는 말 그대로 머리에 손을 얹고 축복하면서 기도하는 것입니다(창48:9-14).

② 환자에 대한 안수는 질병이 있는 곳에 손을 얹고 안수합니다. 환자가 이성일 경우에는 환자의 손을 얹고 안수하던지 보호자의 손을 얹고 기도하세요. 필자가 지난 20여 년간 안수사역을 하면서 체험한 바로는 환부에 손을 얹고 안수하는 것이 더 강하게 치병이 되었습니다. 이성간에는 특별하게 주의 해야 합니다.

③ 눈에 대한 안수 사역은 이렇게 합니다. 눈에는 혈이 많이 있습니다. 그러므로 양손가락을 눈과 눈 위의 뼈 부분을 겹치게 대고 성령의 불을 집어넣는 것입니다. 주의해야 할 것은 눈을 압박하면 눈이 손상될 수도 있으니 가만히 눈 위에 있는 뼈 부분에 손가락을 올리고 안수하면 될 것입니다.

④ 손에 대한 안수는 손바닥에 혈이 많이 있습니다. 살며시 손바닥을 마주치면서 인수하면 됩니다. 특별히 이성간에는 주의가 요구됩니다. 이성간에는 하지 않는 것이 좋습니다.

⑤ 머리의 불 안수는 피 사역자를 바르게 눕게 하고 머리에 오른손을 얹고 안수하면 되는 것입니다. 이 때 피 사역자에게 호흡을 들이쉬고 내쉬면서 기도를 하면서 안수를 받으라고 해야 합니다. 호흡은 성령의 역사를 돕는 활동인 것입니다.

⑥ 성령세례를 받게 하는 안수는 한손은 머리에 얹고 한손은 등에 대고 피 사역자에게 숨을 배꼽 아래까지 깊게 들이쉬고 내쉬라

고 하고 안수하면 얼마가지 않아서 성령세례가 임합니다. 우리 충만한 교회는 주일날만 나오더라도 성령세례와 성령의 불로 충만을 받을 수가 있습니다. 주일날도 성령의 강력한 불의 역사가 일어납니다. 오전 오후예배에 필자가 돌아다니면서 일일이 안수를 하기 때문입니다.

⑦ 발에 대한 안수사역은 발바닥의 용천부위에 손을 얹고 안수하는 것입니다. 저는 특별한 사람에게만 합니다. 필자는 저의 사모 외에 다른 사람에게 한 번도 발안수를 하지 않았습니다. 저의 사모는 저에게 발 안수를 많이 받았습니다. 지금 성령의 역사가 강하게 나타나고 있습니다. 어떤 날은 저에게 발 안수를 받고 몸이 뜨거워서 잠을 제대로 자지 못한 날도 있었다고 했습니다. 성령의 강력한 불이 들어가 머리끝까지 올라갑니다.

우리가 영적인 사역자, 성도가 되려면 안수하는 것을 두려워하지 말아야 합니다. 또한 안수 받는 것도 두려워 말아야 합니다. 그리고 실패를 두려워하지 말아야 합니다. 내가 한다고 생각을 하지 말고 전적으로 성령께서 하신다고 생각하고 편안하고 자연스럽게 손을 얹고 안수하면 됩니다. 많은 목회자가 안수 사역을 꺼리는 이유는 자신이 안수한 후에 질병이나 문제가 해결되지 않으면 망신을 당할 위험성이 있으니 안하는 것입니다. 분명하게 알아야 할 것은 사역자 자신은 예수 믿을 때 죽었고, 다시 예수로 태어났습니다. 그렇기 때문에 예수님이 자신을 통하여 피 사역자에게 안수하시는 것입니다. 그래서 성령의 역사는 전적으로 하나님의 뜻입니다.

성령의 역사가 일어나도 하나님이 하시는 것입니다. 치유가 되어도 하나님이 치유하신 것입니다. 치유가 되지 않아도 하나님이 하지 않은 것입니다. 그러므로 성령치유 사역자는 실습 대상을 많이 만들어서 안수사역을 많이 해보아야 합니다. 그래야 담대함이 생겨서 안수기도 할 때 편안한 마음으로 할 수 있습니다. 안수 사역시 안수 사역자는 권능이 있어야 하고, 안수를 받는 사람은 믿음이 있어야 합니다. 그리고 하나님의 역사가 함께해야 치유나 문제의 해결의 역사가 일어나는 것입니다. 안수 사역은 눈으로 보는 것이 아니라 성령의 임재로 느끼는 감동으로 보는 것입니다. 그러므로 안수를 많이 해보아야 합니다. 그러면 자연스럽게 느끼고 알 수가 있습니다.

둘째, 안수에 대한 견해들: 성령사역을 전문으로 하시는 세계적인 사역자들이 말씀하시는 안수사역에 대한 견해입니다.

① 케네스 해긴 목사 "나는 기적을 믿는다."의 저자의 경우는 안수는 교회사역에 있어서 행하는 사역자와 행하지 않는 사역자와는 근본적으로 틀립니다. 그 이유는 안수를 행하는 사역자에게는 성령께서 피사역자가 권위를 느끼게 만들어줍니다.

예를 든다면 어떤 교회는 목회자가 설교와 다른 것들은 특별한 것들이 없는데도 그 교회가 충만한 이유는 그 목회자가 예배 후에 30분 이상 통성 기도를 하게 한 후에 안수사역을 하기 때문입니다. 그런데 안수를 안 하면 교회에 문제가 생긴다고 합니다. 저에게는 많은 목회자가 찾아오셔서 상담을 합니다. 와서 이구동성으로 하는 말이 안수를 하지 않았더니 교회에 문제가 생겼다고 합니다. 담임 목사는 예배시간에 안수를 하세요. 성도는 안수를 자주 받으세요.

② 오랄로버츠 목사의 경우는 오른 손의 민감성을 이용합니다. 즉 그는 안수를 하면서 그 사람에 대한 영적 상태를 알아낸다고 합니다.

③ 저의 경우도 오른 손의 민감성을 이용하여 사역을 합니다. 손을 얹으면 상대의 심령의 상태나 영의 막힘 등의 문제가 저의 손을 통하여 영으로 전이 되어 알게 됩니다. 이는 무어라고 글로 표현하기가 좀 난해합니다. 제가 조언하여 준다면 안수를 많이 해보라는 것입니다. 그러면 자연적으로 습득하게 될 것입니다.

셋째, 안수사역자가 알아야 할 사항. 안수 받을 때 성령세례를 체험합니다. 성령은 뜨겁게 기도하며 사모하는 자에게 역사하시어 체험하게 하십니다. 성령으로 뜨겁게 기도하는 자에게 안수 할 때 성령의 불세례가 임합니다. 그렇기 때문에 피사역자는 안수받는 것이 치중하지 말고 스스로 성령으로 기도하는 일에 집중해야 합니다. "이에 두 사도가 저희에게 안수하매 성령을 받는지라"(행8:17). "바울이 그들에게 안수하매 성령이 그들에게 임하시므로 방언도 하고 예언도 하니"(행19:6).

이 말씀은 안수 자로부터 성령의 능력의 전이현상이 일어남을 의미합니다. 그러나 성령의 능력이 전이가 일어나는 사람이 있고 전이되지 않는 사람이 있습니다. 능력의 전이가 일어나는 사람은 마음이 열려 성령이 역사할 수 있는 심령이 준비된 영적인 사람입니다. 성령의 능력의 전이가 이루어지는 사람은 영적 교류가 이루어지고 있는 성령의 역사에 장악당한 사람입니다.

안수하는 사역자와 영적 교류가 이루어 질 수 있는 사람은 이는 믿음으로 받아드리는 사람이며 마음이 열려 있는 사람입니다. 강하게 성령의 능력전이가 이루어지면 안수 할 때 회개가 터지기도 하고, 방언이나 예언이 터지기도 하며, 질병이 치유되기도 하며, 잠복된 귀신이 발작하기도 하며 때로는 넘어지기도 하며, 혼수상태에 빠질 수도 있으며 심하면 입신의 경지에 이르게도 됩니다.

저는 보통 성령 집회 할 때에 안수를 많이 하는 편입니다. 그래서 안수 사역에 대하여 체험을 많이 했습니다. 그러나 아무렇게나 안수를 한다고 성령의 불세례를 받는 것이 아닙니다. 피사역자들에게 기도를 어떻게 하라고 설명한 다음에 돌아다니면서 성령께서 감동하시는 대로 안수사역을 합니다. 피사역자가 뜨겁게 성령으로 기도하는 사람이 안수할 때 성령의 임재가 잘 이루어집니다.

안수사역을 하는 영적인 방법이 있습니다. 우선 상대방이 안수를 받으려고 마음의 문을 열어야 합니다. 마음의 문이 열려서 안수를 받아야 성령의 역사가 일어나는 것입니다. 저는 상대방이 마음의 문이 열렸는지, 안 열렸는지 신체 일부에 손을 얹어보면 당장 압니다. 하도 안수를 많이 해왔기 때문입니다. 그러면 마음이 열린 사람에게 먼저 안수를 합니다. 마음이 열리지 않은 사람은 기다리는 것입니다. 보통 다른 사람이 안수 받고 성령으로 충만해지면 마음을 열게 됩니다. 그러면 손을 얹고 안수를 합니다.

한 손은 머리에 얹고, 한손은 등 뒤에 얹고 안수를 합니다. 그러면서 안수를 받는 사람에게 호흡을 하게 합니다. 호흡을 아랫배까지 깊게 들이쉬고 내쉬라고 합니다. 이는 성령이 역사할 수 있도록 통로를 열어드리기 위하여 하는 영의 활동입니다. 그러면서 가만히 손을 얹고 안수를 합니다.

사역자는 이러한 사람들에게 안수 할 때는 성령의 능력이 빨려 들어가는 듯한 느낌을 느끼거나 안수 받는 자는 뜨거운 기운이 자신에게 들어오는 것을 지각하게 됩니다. 성령이 더욱 강하게 역사하는 상태와 조건을 이해하는 것이 능력이며, 말씀과 진리를 똑바로 알고 영적인 맥을 뚫어 평소에 영분별이 있는 영성훈련과 기도훈련으로 더 큰 능력이 전이 될 수가 있습니다. 능력의 전이가 일어나지 않는 사람은 그리스도인이라 할지라도 말씀으로 영이 깨어나지 않는 영적인 어린아이 즉 육신적인 사람입니다.

여러 가지 장애 요인을 가지고 있는 사람으로서 ①영적 장애 또는, ②혼적 장애 혹은 ③육체적 장애를 지니고 있는 사람입니다. 안수할 때 이러한 것을 말해 속칭 "기도가 쑥쑥 잘 들어간다."라고 말하기도 하며 생통이라서 "전혀 돌덩이 같다"라고 하기도 합니다. 사역자는 이러한 능력의 전이 현상이 잘 이루어지지 않는 장애요인을 잘 알고, 사역자는 영적인 장애를 제거하는 자신 만의 방법을 가지고 있어야 효과적인 성령사역을 할 수가 있습니다.

이런 장애가 있는 사람은 말씀과 영의기도 찬양을 통하여 장애요인을 제거해야 합니다. 그러므로 사역자나 피 사역자 공히 성령 충만을 받는 자기 방법을 개발하여 자기 자신을 훈련시키며, 심령이 어린아이의 심령이 되는 영성훈련을 통하여 예수의 생명과 능력이 나타날 수가 있는 것입니다. 성도들에게 나타나는 이 장애요인을 처리 할 수 있도록 할 수 있는 자가 성령치유 사역자요, 영성훈련을 인도하는 인도자가 될 수 있습니다.

이러한 영적 혼적 육신적인 장애요인을 잘 이해하고 분별하는 것이, 육신의 질병의 원인이나, 영과 혼 즉 심령의 문제를 진단하는 영안이 열리는 요인 중에 하나요, 하나님의 나라를 이해하고, 진리를 헤아리게 되는 열쇠라 할 수 있습니다. 구체적이고 세밀한 것은 각 장마다 설명되어지는 부분을 서로 연결하여 이해하게 되면 성령의 불세례를 베풀고 받는 영적인 원리의 맥을 뚫게 됩니다.

"내 말과 내 전도함이 지혜의 권하는 말로 하지 아니하고 다만 성령의 나타남과 능력으로 하여 너희 믿음이 사람의 지혜에 있지 아니하고 다민 하니님의 능력에 있게 하려 하였느라"(고전2:4-5). "우리 산 자가 항상 예수를 위하여 죽음에 넘기움은 예수의 생명이 또한 우리 죽을 육체에 나타나게 하려 함이니라" (고후4:11).

제가 성령치유 사역을 하며 안수 할 때 많은 분들이 성령의 불세례를 체험합니다. 십년 이상을 성령체험하려고 이곳저곳을 헤매고 다녀도 성령을 체험하지 못한 분들도 몇 번만 안수 받으면 성령의 불세례를 체험합니다. 성령은 말이 아니고 실제라는 것을 체험합니다. 그리하여 많은 분들이 마음의 상처가 치유되고 구습이 치유되어 영적으로 변하니 한번 오시면 계속해서 오시면서 성령의 은혜를 체험합니다. 그리하여 목회자는 영계와 영안이 열려 목회의 길이 열려 목회를 잘하고 있습니다. 성도들은 불치의 질병이 치유되고 부부관계가 회복되고 재정의 문제가 풀리니 모두들 기뻐하고 있습니다.

넷째, 안수로 희한한 기적을 일으키는 비결

1) 안수 능력을 강화시키는 원리와 착안사항. 몇 사람을 놓고 각각에 대하여 안수를 시험해 보라는 것입니다. 그러면 각 사람에 대한 서로 다른 느낌이 있음을 알게 됩니다. 그것이 안수사역의 유익한 점입니다. 같은 사람에게 그냥 얼굴만 보고 감동을 대언을 해보고, 다시 안수하면서 감동을 대언 해보세요. 손을 얹고 감동을 대언하는 경우 더 명확한 감동의 대언을 할 수 있음을 알게 될 것입니다. 이것이 안수의 놀라운 능력입니다. 좌우지간 두려움을 버리고 많이 해보아야 합니다.

2) 안수시 생각할 점. 안수할 때 능력이 흘러 들어가는가, 들어가지 않는가? 영적 사역자는 이 부분에서 민감해야 합니다. 일단 안수가 들어간다면 거기에는 어떤 희망이 있기 때문입니다. 만약 안 들어간다면 방해하는 세력을 분별하면서 제거하라. 영적인 눌림이 있다는 것입니다. 눌림을 제거해야 안수가 들어갑니다. 분별하고 명령하여 눌림을 제거하세요. 그래도 안 되는 경우 금식을 하게 하세요. 안수 사역시 자신이 지금 자신의 영이 어떠한 상태인가 자각할 줄 알아야 합니다. 자신의 영적인 상태를 아는가? 내 영의 감각으로

사역을 하는 지. 즉, 성령의 깊은 임재 하에 있는지. 성령이 충만한 상태인지. 아니면 내 혼의 감각(머리=지식)으로 사역을 하는지를 알아야 합니다. 분별하여 만약에 혼의 감각으로 사역을 한다면 고치고 발전시켜야합니다.

예를 든다면 내 영이 어디에 있는가? 내 영이 아래로 내려앉은 경우는 이렇습니다. 성령으로 충만하지 못하여 영이 침체 시에는 졸리기도 하고, 기도가 안 되고, 짜증이 잘 나고, 마음이 우울하고, 머리가 아프거나 무겁고, 가슴이 답답하기도 합니다. 실제로 악령이 역사하면 영을 아래로 누르고 밀어 내립니다. 악령은 우리의 마음 안에 있는 영을 압박하여 충만하지 못하게 영을 누릅니다. 사역자는 자신의 영을 분별할 줄 알아야 합니다.

많은 사람들을 대상으로 성령집회를 인도할 때 자신의 영이나 피 사역자의 영이 눌려 있다면 영을 깨워야 합니다. 시간이 있고 장소가 허락되면 일으켜 세워서 영적인 찬양을 두곡정도 부르고, 피 사역자들에게 호흡을 들이쉬고 내쉬라고 하면서 성령의 불! 성령의 불하면서 불을 던지세요. 영이 눌려있으면 그 사람의 영적인 상태가 가리 워서 보이지 않으니 영을 깨워서 영이 눌림에서 뜨게 해야 합니다. 만약에 자신의 영이 눌려있다면, 호흡을 깊게 하면서 배에서 나오는 발성기도나 방언기도를 충분히 하여 자신의 영의 상태가 충만하게 된 다음에 사역에 임하는 습관을 들여야 합니다. 절대로 혼적인 사역이 되지 않도록 해야 합니다. 혼적인 사역이 길어지면 자신에게 육적인 문제가 나타나기도 합니다.

2장 안수의 주관자를 명확하게 해야 해요.

(히 5:12)"때가 오래 되었으므로 너희가 마땅히 선생이 되었을 터인데 너희가 다시 하나님의 말씀의 초보에 대하여 누구에게서 가르침을 받아야 할 처지이니 단단한 음식은 못 먹고 젖이나 먹어야 할 자가 되었도다."

안수를 받거나 안수를 하거나 하실 분들은 안수하는 주체가 누구인지 알아야 합니다. 안수하는 사역자가 안수를 행하고 능력을 발휘하는 것이 아닙니다. 안수하시는 분은 안수사역을 하는 분의 주인인 예수님이십니다. 많은 수의 성도들이 안수하는 사람이 능력이 있는 것으로 착각하고 있습니다. 사람을 의지하는 것입니다. 보이는 사람을 통해서 문제를 해결 받으려고 하고 행위를 중요시하는 것입니다. 보이는 면에 치중하는 것입니다. 보이지 않은 주인이신 예수님을 보이지 않으니 보이는 사람에게 소망을 둡니다. 정작 자신을 축복하시고 자유하게 하시는 분은 보이지 않는 예수님이신데 보이는 카리스마 있는 목사를 의지하는 것입니다. 보이는 능력자에게 소망을 두고 살아가는 것입니다. 하나님 없이 못 살아가 아니고 능력자 없이 못살아 하는 생각을 가지고 믿음 생활을 합니다. 자연스럽게 자신 안에 주인 된 보이지 않는 하나님께는 관심이 없습니다. 꼭 열왕기하 6장에 나오는 이스라엘 왕과 같습니다. "이스라엘 왕이 그들을 보고 엘리사에게 이르되 내 아버지여 내가 치리이까 내가 치리이까 하니”(왕하6:22). 이스라엘 왕이 하나님께서 보이지 않으니 엘리사를 하나님과 같이 생각하고 대접합니다. 그러던 엘리사가 죽을병이 들자 이스라엘 왕 요하스가 눈물을 흘리면서 이렇게 말합니다. “엘리사가 죽을병이 들매 이스라엘의 왕 요아스가 그에게로 내려와 자기의 얼굴에 눈물을 흘리며 이르되 내 아버지여 내 아버지여 이스라엘의 병거와 마병이여 하매”(왕하 13:14). 우리 성도들이 잘 이해해야 합니다. 그 당시에는 하나님께서 선지자 엘리사를 통하여 이스라엘 나라를 이끌었습니다. 하나님의 뜻은 선자자인 엘리사 밖에 듣지 못했습니다. 이스라엘 왕은 무엇을 했을까요? 엘리사 말을 듣고 이스라엘 백성들을 다스렸습니다. 그런데 지금 성령이 역사하시는 교회시대는 상황이 달라졌습니다. 하나님께서 예수를 믿고 성령으로 세례 받은 성도들의 마음속에 임재 하셨습니다. 지금은 성령하나님께서 성도 한 사람 한 사람의 마음속에 임재 하여 일대일로 인도하고 계십니다. 그렇기 때문에 자신 안에 주인으로 계시는 하나님을 직접 찾아야 합니다. “너희는 너희가 하나님의 성전인 것과 하나님의 성령이 너희 안에 계시는 것을 알지 못하느냐”(고전 3:16).

제일 큰 문제는 안수를 받는 사람이 사람에게 안수를 받는 다고 생각하는 데에 문제가 있습니다. 사람에게 안수 받고 성령이나 성령의 은사를 받는 다고 생각하고 받으면 절대로 전이가 되지 않을 것입니다. 목회자 중에는 후배 목회자가 성령으로 충만하고 성령님이 함께 하시는 영권이 나타나는 목사가 있으면 시기를 합니다. 그리고 후배목사에게 안수를 받지 않는다고 말합니다. 이런 분은 죽을 때까지 다른 사람에게 안수 받아서 성령이나 성령의 은사전이 받을 수가 없습니다. 왜냐하면 후배 목사라도 안수기도는 예수님의 이름으로 하는 것입니다. 예수님이 후배목사를 통하여 나타나시고 안수하시는 것입니다. 분명하게 후배목사는 예수를 믿을 때 죽었습니다.

그래서 많은 수의 크리스천들이 오늘도 마음의 상처로 질병으로 생활고로 고통하며 살아가고 있는 것입니다. 예수를 믿으면 모든 병이 치유되고 평안하게 살아간다고 하는데 정작 실제 생활은 그렇지 못한 경우가 많습니다. 예수이름으로 기도하면 만병이 치유된다고 하는데 말뿐이고 현실에서는 믿지 않는 사람들과 똑같은 고통을 당하면서 살아갑니다. 왜 그럴까요? 크리스천이 예수를 믿으면서도 건강하게 지내지 못하는 것은 목회자의 역량도 한축을 차지한다고 생각합니다. 목회자가 체험이 없으니 보이는 성경말씀과 인간적인 측면만 강조하기 때문입니다. 기껏 한다는 말이 열심히 하나님께 충성하면 복 받는 다는 말입니다.

필자가 강단에서 설교를 하면서 느낀 것은 목사가 체험이 없으면 성령의 역사에 의한 영육치유의 설교를 할 수가 없다는 것입니다. 안수기도도 마찬가지입니다. 필자야 많은 실전적인 체험이 있으니까, 강력하고 담대하게 생명의 말씀을 증거하니, 믿음으로 받아들이는 성도들에게 기적이 일어나는 것입니다. 크리스천이 건강하게 믿음생활을 하려면 목회자를 잘 만나야 합니다. 목사는 성도들을 깨우는 사람이기 때문입니다.

다양한 원인들로 인하여 성도들이 복음을 바르게 이해하지 못하고, 자기만 알고 있는 자기 위주로 믿음생활을 하고 있기 때문입니다. 성령의 역사가 일어나지 않는 관념적인 믿음 생활을 한다는 것입니다. 예수를 믿고 교회에 다니는 것과 세상에서 샤머니즘의 신앙생활을 하는 것과 같은 것으로 이해하고 믿음생활을 하고 있기 때문입니다. 예수를 믿어서 크리스천이 되는 것과 세상에서 샤머니즘의 신앙생활을 하는 것은 분명하게 다릅니다. 그런데 그렇게 적용하지 못하고 똑 같이 생각하고, 그저 사찰에서 하는 식으로 자기의 의지와 노력과 열심을 다해서 믿음생활을 합니다. 분명하게 예수로 죽고, 다시 예수로 태어났는데 이 영적인 진리를 바르게 깨닫지 못하고, 진리대로 살지 않기 때문에 세상 사람들과 똑같은 마음의 상처로 고생을 하면서 살아가는 것입니다.

성경은 이렇게 말합니다. "그가 모든 사람을 대신하여 죽으심은 살아 있는 자들로 하여금 다시는 그들 자신을 위하여 살지 않고 오직 그들을 대신하여 죽었다가 다시 살아나신 이를 위하여 살게 하려 함이라(고후 5:15)" 분명하게 예수를 믿을 때 죽었고 예수님으로 다시 산 것입니다. 이제 예수님을 위해서 살아야 합니다. 예수님을 위해서 산다는 것은 인간적으로 예수님을 위해 사는 것이 아니라, 영이신 예수님께서 자신을 통하여 일하시게 한다는 뜻입니다. 예수님이 주인이 되어야 합니다. "친히 나무에 달려 그 몸으로 우리 죄를 담당하셨으니 이는 우리로 죄에 대하여 죽고 의에 대하여 살게 하려 하심이라. 그가 채찍에 맞음으로 너희는 나음을 얻었나니(벧전 2:24)" 이제 옛 사람이 죽었으니 자기의 의지로 살지 말고 성령의 인도를 받아야 합니다. "무릇 하나님의 영으로 인도함을 받는 사람은 곧 하나님의 아들이라(롬 8:14)" 성령으로 자신이 없어지고 전인격이 성령의 지배를 받아야 합니다. 성령의 이끌림을 받아야 합니다. 성령의 이끌림을 받는 상태에서 사역자를 통하여 자신 안에 주인으로 계시는 하나님께서 직접 안수하시는 것입니다.

그래서 예수를 믿고 교회에 나가 예배드리며 신앙 생활하는 자신이, 마음의 상처로 고통을 당하는 것은 자신이 여전하게 살아있기 때문입니다. 자신의 의지와 노력과 열정으로 믿음생활을 하기 때문입니다. 분명하게 자신이 성령으로 변화되어 예수님을 주인으로 모시고 살아가면 상처는 치유가 되는 것입니다. "그리스도께서 약하심으로 십자가에 못 박히셨으나, 하나님의 능력으로 살아 계시니 우리도 그 안에서 약하나 너희에게 대하여 하나님의 능력으로 그와 함께 살리라. 너희는 믿음 안에 있는 가 너희 자신을 시험하고 너희 자신을 확증하라. 예수 그리스도께서 너희 안에 계신 줄을 너희가 스스로 알지 못하느냐 그렇지 않으면 너희는 버림받은 자니라(고후 13:4-5)" 자신이 성령으로 변화되어 예수님이 주인 된 삶을 살아가게 되면 마음의 상처는 떠나가게 되어 있습니다. 그렇기 때문에 안수를 받아 질병이나 문제나 영적인 상처를 치유하기 전에 예수님과 관계를 열어야 합니다. "그런즉 너희는 먼저 그의 나라와 그의 의를 구하라 그리하면 이 모든 것을 너희에게 더하시리라(마 6:33)"

그런데 이는 분명하게 진리를 알고 있다고 되는 것이 아니고, 자신의 의지를 버리고 살아계신 성령님이 주인이 되어 자신을 지배하고 장악해야 성립되는 것입니다. 예수를 믿었다고 하나 자신이 죽어 없어지지 못하고 자신이 주인이 되어 자기 열심과 노력으로 상처를 치유하려고 한다면 상처로부터 해방될 수가 없는 것입니다. 상처는 자신의 열심과 노력으로 해결이 불가능합니다. 상처 뒤에 역사하는 귀신은 자신의 능력보다 한 차원 높기 때문입니다. 그리고 상처는 모두 잠재의식에 형성되어 있습니다. 잠재의식은 사람의 기교나 노력이나 지혜로 해결할 수 없습니다. 세상에서 하는 심리적인 방법으로 해결이 불가능합니다. 반드시 잠재의식보다 한 차원 깊은 곳에서 역사하시는 성령께서 역사해야 상처가 현실로 드러나서 치유가 되기 시작하는 것입니다.

그래서 예수를 믿으면 성령께서 자신 안에 주인으로 임재하시는 것입니다. 자신 안에 주인으로 임재 하시어 역사하셔야 잠재의식이 치유되기 시작하여 진정한 하나님의 사람으로 거듭날 수가 있는 것입니다. 하나님은 예수를 믿는 사람의 마음을 점령하시기를 원하십니다. 그래서 하나님은 이렇게 말씀하시는 것입니다. "그리하면 모든 지각에 뛰어난 하나님의 평강이 그리스도 예수 안에서 너희 마음과 생각을 지키시리라(빌 4:7)" 하나님은 자녀들의 마음과 생각을 지키시는 것입니다. 마음 안에 주인으로 임재 하시어 기도역시 성령께서 하나님의 뜻대로 기도하게 하십니다. "마음을 살피시는 이가 성령의 생각을 아시나니 이는 성령이 하나님의 뜻대로 성도를 위하여 간구하심이니라(롬 8:27)” 하나님은 성도들의 마음이 하나님께 향하여 있기를 원하십니다. 그래서 예수를 믿음과 동시에 마음 안에 주인으로 임재 하시어 마음과 생각을 하나님께로 향하도록 하시는 것입니다. “오직 하나님께 옳게 여기심을 입어 복음을 위탁 받았으니 우리가 이와 같이 말함은 사람을 기쁘게 하려 함이 아니요, 오직 우리 마음을 감찰하시는 하나님을 기쁘시게 하려 함이라(살전 2:4)” 크리스천은 이제 하나님을 기쁘시게 하는 삶을 살아가야 합니다. 하나님께서 주인 된 삶이 하나님께서 기뻐하시는 삶입니다. 하나님께서 하라는 대로 순종하는 삶이 하나님을 기쁘시게 하는 삶입니다. 그런데 사람을 지배하고 장악하던 옛 주인, 마귀와 귀신이 상처를 붙들고 떠나가야 하나님의 말씀에 순종하며 살아갈 수가 있는 것입니다. 그렇기 때문에 성령께서 역사하시어 상처를 치유하시는 것입니다.

상처가 치유되니 옛 주인이던 마귀와 귀신이 더 이상 주인행세를 못하고 떠나가는 것입니다. 그런데 예수를 믿었어도 여전하게 자신의 노력과 열심과 지혜를 가지고 살아가려고 하니까, 마음의 상처가 치유되지 않으니 예수를 믿었어도 믿지 않을 때와 동일하게 고통을 당하면서 살아가는 것입니다. 옛 주인이던 마귀와 귀신이 떠나가지 않기 때문입니다. 그래서 예수를 믿으면서 당하는 고통은 모두 자신의 영적인 무지로 인한 연고입니다. 자신이 여전하게 주인으로 살아가기 때문에 삶에서 예수님을 누리지 못하고 고생하면서 살아가는 것입니다. 하나님은 분명하게 이렇게 말씀하십니다.

“또 그리스도께서 너희 안에 계시면 몸은 죄로 말미암아 죽은 것이나 영은 의로 말미암아 살아 있는 것이니라. 예수를 죽은 자 가운데서 살리신 이의 영이 너희 안에 거하시면 그리스도 예수를 죽은 자 가운데서 살리신 이가 너희 안에 거하시는 그의 영으로 말미암아 너희 죽을 몸도 살리시리라(롬 8:10-11)” 자신이 없어지고 예수님이 주인 되어 살아야 삶에서 예수님을 누리면서 살아갈 수가 있는 것입니다. 상처도 예수님이 주인 되셔야 성령께서 마음 안 성전에서 역사하시어 잠재의식의 상처를 해결하실 수가 있는 것입니다.

많은 수의 크리스천들이 예수를 믿었어도 여전하게 자신이 주인 되어 자신의 열심과 노력과 지혜로 세상을 살아가려고 합니다. 그렇기 때문에 자신 안에 주인으로 계시는 하나님께서 역사하시지 못하는 것입니다. 자연스럽게 자신을 점령하며 주인 노릇하던 옛 주인이던 마귀와 귀신이 떠나가지 않는 것입니다. 자신의 열심과 노력으로 자기의 삶을 살아가고 상처를 치유하려고 하기 때문에 잠재의식에 있는 상처가 꼼짝을 하지 않는 것입니다. 알고 보면 잠재의식의 상처 뒤에는 마귀와 귀신이 역사하고 있기 때문입니다. 옛 주인노릇을 하던 마귀와 귀신이 자신의 열심과 노력과 지혜로 세상을 살아가고, 자기 열정으로 문제를 해결하도록 마음과 생각을 유도하기 때문입니다. 그래야 지속적으로 마귀와 귀신이 주인노릇을 할 수가 있기 때문입니다.

그래서 하나님은 “그리하면 모든 지각에 뛰어난 하나님의 평강이 그리스도 예수 안에서 너희 마음과 생각을 지키시리라(빌 4:7)”

말씀하시는 것입니다. 우리의 옛 주인이던 마귀와 귀신은 자기 힘으로 어찌할 수 없는 존재들입니다. 그렇기 때문에 세상에서 살아갈 때에 마귀와 귀신을 주인으로 모시고 산 것입니다. 이들은 반드시 하나님께서 주인이 되셔서 떠나가는 것입니다. 자신의 주인이 바뀌어야 마귀와 귀신이 떠나가는 것입니다. 이론적으로 안다고 되는 것이 아니고 살아계신 성령님의 지배와 장악 속에 들어가야 합니다. 하나님께서 주인 되게 하려면 자신의 노력과 열심과 지혜로 살아가려고 하지 말고 성령의 인도와 하나님의 은혜로 살아가려고 방향을 전환해야 합니다. 마귀와 귀신들이 마음과 생각을 주장하지 못하도록 마음과 생각을 하나님께 향하도록 해야 합니다. 마음과 생각을 하나님께 향하도록 하는 비결이 자신은 걸어 다니는 성전이라는 의식으로 살아가는 것입니다. 이렇게 걸어 다니는 성전으로 살아가려면 성령의 지배와 인도를 받아야 합니다. 그리고 자신 안에 하나님이 주인으로 계시고 자신이 성전이라는 것을 믿고 자신 안에 있는 성령으로부터 올라오는 능력으로 세상을 살아가려고 해야 합니다.

지금까지는 문제를 해결하기 위하여 보이는 교회에서 살다시피 하던 행위중심의 믿음생활을 청산하고, 자신 안으로 방향을 전환하여 성령의 인도를 받으며 자신 안에서 나오는 능력으로 영육의 문제를 해결하려고 의식을 바꿔야 합니다. 문제가 있으면 자신 안에 주인으로 계시는 하나님께 기도하여 지혜를 받아서 순종하므로 해결하는 믿음의 전환이 있어야 예수를 믿으면서 예수를 믿는 성도답게 세상에서 예수님을 누리면서 아브라함의 복을 받으며 살아갈 수가 있는 것입니다.

분명하게 안수사역을 하시는 주체는 예수님이십니다. 물론 목사나 직분자들이 안수를 하지만 그들이 주체가 아니라는 것입니다. 예수님이 사역자를 통하여 나타나시는 것입니다. 왜 입니까? 앞에서 모두 설명을 했지만 다시 강조한다면 사역자는 예수님을 믿을 때 죽었습니다. 하나님은 분명하게 이렇게 말씀하십니다. "또 그리스도께서 너희 안에 계시면 몸은 죄로 말미암아 죽은 것이나 영은 의로 말미암아 살아 있는 것이니라. 예수를 죽은 자 가운데서 살리신 이의 영이 너희 안에 거하시면 그리스도 예수를 죽은 자 가운데서 살리신 이가 너희 안에 거하시는 그의 영으로 말미암아 너희 죽을 몸도 살리시리라(롬 8:10-11)" 자신이 없어지고 예수님이 주인 되어 살아야 삶에서 예수님을 누리면서 살아갈 수가 있는 것입니다.

그렇기 때문에 안수하는 사역자가 예수를 믿을 때 죽고 예수로 다시 태어난 사람이 아니면 아무리 머리에 손을 얹고 입바른 말로 축복을 하면서 안수를 하여도 하나님의 역사는 일어나지 않습니다. 분명하게 안수사역을 하는 자도 죽었다가 다시 살아난 사람이어야 하고, 안수를 받는 사람도 죽었다가 다시 살아난 사람이 되어야 합니다. 그래서 하나님은 "그런즉 너희는 먼저 그의 나라와 그의 의를 구하라 그리하면 이 모든 것을 너희에게 더하시리라"(마 6:33). 말씀하시는 것입니다. 그렇기 때문에 안수를 받는 성도들은 안수하는 사역자가 하나님과 관계가 열린자에게 안수를 받아야 합니다.

안수를 받을 때에도 안수기도 받는 것이 전부가 아니라 자신이 기도를 해야 합니다. 자신이 기도해야 자신 안에 성령의 역사가 일어나서 성령으로 지배와 장악이 되고 성령으로 충만해져야 영육의 고통을 가하는 귀신들이 자신 안에서 역사하시는 성령의 권위로 물러가는 것입니다. 자신이 성령으로 기도하면서 안수기도를 받아야 자신이 성령으로 충만한 하나님의 나라가 될 수가 있는 것입니다. 그렇지 않고 안수기도 받는 것으로 만족하면 영원한 천국에 갈 때까지 문제는 해결이 안 되는 것입니다.

얼마 전에 전주에서 32살 먹은 여성이 기도원에서 죽었습니다. "전라북도에 위치한 한 기도원에서 30대 여성이 결박당한 채 사망하는 사건이 발생해 경찰이 수사에 나섰다. 지난 11월 16일 경찰 관계자는 "전날 오전 10시 14분경 전주시 완산구 한 기도원에서 A씨가 숨져 있는 것을 어머니가 발견해 신고했다"고 밝혔다. 발견 당시 A씨는 팔과 다리 등이 타올로 결박된 상태였으며, 가슴 부위 뼈가 부러져 있었다. 또 얼굴과 배, 허벅지 등에서는 수십 개에 달하는 멍이 발견됐다. 당시 기도원에 있었던 사람은 A씨와 어머니, 그리고 한 종교인인 것으로 알려졌다. 이 종교인은 경찰 조사에서 "어머니가 아픈 딸을 데리고 기도원에 찾아왔다"며 "병을 고치기 위해 의식을 행하고 있었다"고 말했다. 실제로 지난 5일 A씨의 어머니는 정신지체 2급인 딸이 흉기를 들고 자해하려고 하자 이 기도원을 찾은 것으로 알려졌다. 이어 그녀는 기도원에서 숙식하며 종교인과 함께 딸의 정신 질환을 고치려 했다. 하지만 A씨는 난동을 부렸고, 어머니와 종교인은 A씨를 진압하기 위해 폭력을 행사한 것으로 드러났다. 경찰은 어머니와 종교인을 상대로 추가적인 사건 경위를 조사하고 있다. 경찰 관계자는 "A씨 몸 곳곳에서 골절상이 발견된 것으로 미뤄 폭행 때문에 숨진 것으로 보인다"며 "주로 어머니가 딸을 폭행한 것으로 추정돼 폭행치사 혐의로 입건할지 검토 중"이라고 전했다.”

영적으로 무지하기 때문에 사람을 죽인 것입니다. 이러한 경우는 정신병원에 입원을 시켜야 합니다. 우선 약물치료를 받고 어느 정도 안정이 되어 병원에서 퇴원을 시키면 데리고 나와서 영적치유를 받는 것입니다. 환자가 병원에 입원하였을 경우는 부모가 영적치유를 받는 것입니다. 이 경우를 보더라도 환자가 스스로 기도하지 않으면 안수기도를 아무리 많이 하도라도 치유는 불가능합니다. 그렇기 때문에 본인이 스스로 기도하도록 해야 합니다. 본인이 스스로 기도해서 자신 안에 계신 하나님과 관계를 열어야 합니다. 그래서 안수기도 받는 효력이 나타나는 것입니다. 자신 안에 주인으로 계시는 하나님께서 사역자를 통하여 안수기도하시는 것이기 때문입니다.

많은 분들이 영육의 문제가 있으면 요행을 바라고 능력이 있다는 사람만을 찾아다닙니다. 그러나 자신 안에 주인으로 계시는 하나님께서 역사해야 해결이 된다는 것을 알아야 합니다. 자신 안에 하나님과 관계가 열리지 않으면 아무리 강한 목사에게 안수 받아도 치유되지 않습니다. 자신이 옛 사람 육체기 되어있기 때문에 자신 안에 주인으로 계시는 하나님께서 역사하실 수가 없으시기 때문입니다. 안수기도 받으러 다니는 시간에 자신 안에 주인으로 계시는 하나님께 성령으로 기도하여 관계를 열려고 노력해야 합니다. 자신 안에 주인으로 계시는 하나님께 관심을 집중해야 합니다.

3장 안수 받고 하는 사람이 알아야 할 비밀

(딤전 5:22)"아무에게나 경솔히 안수하지 말고 다른 사람의 죄에 간섭치 말고 네 자신을 지켜 정결케 하라."

안수기도란 일반적으로 기도하는 자가 기도 받는 자의 몸에 손을 얹든지 만지면서 기도하는 것을 말합니다. 안수기도는 구약시대로부터 유래되고 있으며, 신약에는 특별히 예수께서 친히 안수기도를 하셨고 제자들도 이를 따랐습니다.

성경에 나타나는 안수의 경우는 축복을 빌 때 안수를 함(이삭이 야곱에게 창27:1-29), 하나님께 제물을 드릴 때 제물에게 안수함(출29:10), 제물을 성별하여 하나님께 드릴 때(레8:10), 모세가 여호수아에게 성직을 위임할 때(신34:9), 병자를 고치실 때(마8:3), 어린아이들을 축복 하실 때(마19:13-15), 사도들이 병자들을 고칠 때(눅13:11), 일곱 집사들을 뽑을 때(행6:6), 성령 받기위해 기도할 때(행8:15-17,9:17-28,19:6-7), 바나바와 바울을 선교사로 뽑아 파송할 때(행13:3), 장로들을 뽑을 때(딤전4:14), 사명을 주실 때(민27:18)등입니다.

안수기도의 유익은 안수 받는 사람의 믿음을 증진시키는 데 유익이 있습니다. 특히 믿음이 약한 자가 안수기도를 받음으로 믿음이 뜨거워지고 강해지는 체험을 합니다. 안수 받는 자가 믿음이 있고 안수하는 자가 하나님과 관계가 열려 하나님께서 사역자를 통하여 나타내시며 일하시는 능력이 있으며, 하나님께서 기뻐하시는 응답이 있을 때 기적이 일어납니다.

안수하는 사람이 주의 할 점은 일반적으로 안수는 제사장이나, 교회의 최고 지도자들이 행하였으며, 현대 교회에서는 여러 가지 야기되는 문제들 때문에 안수 받은 목사에게 한정하고 있습니다. 그러나 안수 받은 목사라 할지라도 안수 때는 주의 할 것이 있습니다. 자신의 성령 충만의 상태를 점검합니다. 안수 받는 사람의 믿음의 요청이 있을 때만 행합니다. 덕스럽지 못한 안수는 행치 않습니다(은밀한 장소나 시간 등). 안수는 손을 몸에 대는 것 이상 구타나, 물리적인 힘을 가해서는 안 됩니다. 아무나 경솔히 안수하여서는 안 됩니다. "아무에게나 경솔히 안수하지 말고 다른 사람의 죄에 간섭치 말고 네 자신을 지켜 정결케 하라."(딤전 5:22).

안수 받는 사람이 주의할 점은 아무에게나 안수 받는 일이 없어야 합니다. 공개적인 장소에서 받아야 합니다. 예수 그리스도에 대한 믿음으로 받아야 합니다.

안수 받을 성도는 안수사역을 하는 사역자의 신앙상태를 알아야 합니나. 하나님께서 안수기노 하는 사역자를 통하여 일하시는 역사가 있어야 합니다. 보이는 면 만 보지 말고 열매를 보아야 합니다. 제가 지금까지 체험한 바로는 7년 이상 성령사역을 했는데 시시비비가 없었다면 문제가 없는 사역자입니다. 사역자가 믿을 만 하다면 안수를 받는 것입니다. 사역자가 머리든지 어느 특정부위든지 손을 얹고 안수할 때 안수를 받는 성도는 다른 말이나 행동을 하지 말아야 합니다. 그냥 호흡을 들이쉬고 내쉬면서 사역자에게서 역사하는 성령의 기름부음을 끌어들이는 것입니다.

이때 호흡은 최대한 크게 해야 합니다. 호흡을 하는데 호흡이 배꼽아래까지 들어오도록 최대한 크게 호흡을 해야 사역자에게 역사하는 성령의 기름부음을 끌어들일 수가 있습니다. 숨을 깊이 들이쉬면서 사역자에게서 역사하는 성령의 불을 끌어들이는 것입니다. 깊은 호흡을 하면서 성령의 불을 끌어들이시기 바랍니다. 끌어들인 다음에는 배출호흡을 통하여 자신에게 역사하는 성령을 밖으로 나타나게 해야 합니다. 어느 정도 시간이 지나면 자신에게서 성령의 역사가 나타납니다. 이때에는 성령께서 하시는 일에 크게 반응해야 합니다. 이때 말과 행동에 있어서 크게 반응하기 바랍니다.

성령께서 하라는 대로 순종하는 것이 좋습니다. 될 수 있으면 크게 반응을 하는 것이 좋습니다. 더 강하게, 으으으 아 뜨거워하면서 성령의 역사하심을 환영하고 받아들여야 합니다. 떨리면 떨어야 합니다. 울음이 나오면 울어야 합니다. 성령은 인격이기 때문에 자신이 받아들이는 만큼 역사하는 것입니다. 그러므로 성령께서 역사하는 대로 따라가는 것이 좋습니다. 이렇게 성령의 불을 끌어들이면 성령의 불세례가 임합니다. 말로 표현 할 수 없는 뜨거운 성령의 불을 체험하게 됩니다.

첫째, 영이 눌려있거나 자고 있을 때 해결하는 방법

① 영을 깨우라 입니다. 안수하며 피 사역자에게 호흡을 깊게 들이쉬고 내쉬라고 하고 명령하세요. 묶임은 풀릴지어다. 막힌 영은 뚫어질지어다. 자는 영은 깨어날지어다. 영의 통로는 열릴지어다. 하면서 영에게 명령하세요, 이때 본인이 아멘!, 아멘! 한다든지, 배에서

나오는 소리로 주여! 하고 부르짖게 하세요. 다른 방법 호흡을 최대한 깊게 들이쉬고 내쉬게 하세요. 주여!와 호흡은 마음을 여는 방편.

② 영을 뜨게(올라오게)하라 입니다. 안수하면서 그 영혼에게 "영은 깨어날지어다." "영은 깨어날지어다." "막힌 영은 뚫어질지어다." "영의 기도가 터질지어다." "눌린 영은 올라올지어다." "영은 깰지어다." "영은 깨어날지어다." "깊은 곳에서 성령의 능력이 올라올지어다." "영의 기도가 터질지어다." "영을 막고 있는 악한 영은 떠나갈지어다." 하며 영에게 명령하세요. 그 이유는 귀신이 그 사람의 상처를 이용하여 영을 압박하고 누르기 때문입니다.

악한 영에게 강하게 눌린 사람의 경우에는 풀어, 풀어, 하면서 "영을 압박하는 귀신은 떠날지어다." "기침으로 올라올지어다." 본인에게는 깊게 호흡을 하면서 주여! 주여! 기도하라고 하여 막힌 영의 통로를 뚫어야 합니다. 고열로 고생하는 환자는 "열은 떨어져라. 열은 떨어져라. 열은 떨어질지어다." 하면서 안수기도를 합니다.

③ 그저 성령을 흘려보내는 것입니다. "성령님 임하소서, 평안하세 하소서." 그러면서 본인에게는 호흡을 들이 쉬고 내쉬고 하라고 하면서 안수하세요. 그리고 명령하세요. "성령으로 장악이 될지어다." "평안이 임할 지어다." "막힌 영의 통로는 열릴 지어다."하고 낮은 소리로 명령하면서 1-2분간만 안수하세요. 너무 길게 하면 성령의 역사가 밖으로 나타나 성도가 두려워할 수도 있습니다.

세 가지 방법 중에 첫째 방법과 두 번째 방법은 성령의 체험을 한 성도에게 하는 것입니다. 강력한 성령의 역사가 나타나는 방법입니다. 그러므로 초신자들에게는 하지 않는 편이 좋습니다. 성령의 역사를 이해하지 못하여 두려워할 수가 있습니다. 아직 성령체험을 하지 않은 초신자들에게 세 번째 방법이 가장 좋은 방법입니다. 좌우지간 안수를 많이 해서 시행착오를 겪어야 이를 이해할 수가 있습니다.

둘째, 안수기도로 희한한 기적을 일으키며 치유되는 원리. 안수기도 할 때 희한하게 기적이 일어나게 하시는 분은 성령하나님이십니다. 그렇기 때문에 성령님이 역사하실 수 있는 조건을 만드는 것이 중요합니다. 성령님이 지배하고 장악이 됨으로 치유되기 때문입니다. 성령님이 지배하고 장악하시게 하려면 먼저 성령으로 세례를 받아야 합니다. 그리고 치유안수는 사역자의 일방적인 안수기도로 되는 것이 아니고 본인이 마음을 열고 기도해야 치유됩니다. 본인이 기도할 때 성령으로 충만해질 수가 있기 때문입니다. 하나님은 예수를 믿고 성령의 인도를 받는 성도들의 질병을 치유하여 주십니다. 하나님은 질병을 치유하여 주시는 이유가 하나님의 군사를 만들기 위해서 치유하여 주십니다. 치유된 성도를 통하여 하나님께서 친히 나타내시는 것입니다. 온전하게 순종하는 성도들들 통하여 세상에 하나님의 나라를 건설하십니다. 그렇기 때문에 하나님의 치유의 목적을 바르게 알고 적용해야 영육의 치유가 되는 것입니다. 하나님께서 영육의 질병을 치유하십니다. 하나님은 영이십니다.

그러므로 영육의 질병을 치유 받으려면 영적인 상태가 되어야 하나님께서 치유하실 수가 있는 것입니다. 육적인 상태에서 아무리 악을 쓰고 매달려도 영이신 하나님께서 치유하실 수가 없는 것입니다. 사역자나 환자나 할 것 없이 영적인 상태가 되어야 하는 것입니다. 영적인 상태가 되는 것은 사람의 힘으로 되는 것이 아니고 성령의 임재 하에 영적인 상태가 되는 것입니다. 성령으로 충만한 영적인 상태만 되면 아무리 깊은 질병이나 상처나 귀신역사나 할 것 없이 치유가 되는 것입니다.

문제는 어떻게 성령이 역사할 수가 있는 영적인 상태가 되는 가에 있습니다. 먼저 치유하는 사역자가 성령의 깊은 임재로 깊은 영적인 상태에 들어갈 수가 있어야 합니다. 치유는 사역자에게 역사하는 성령의 역사를 환자에게 전이시켜 환자의 심령에서 성령의 역사가 일어나게 해야 가능한 것입니다. 사역자는 자신에게 역사하는 성령의 역사를 환자에게 전시키는 비결을 터득해야 합니다. 문제는 사역자에게 역사하는 성령의 역사만큼 치유가 된다는 것입니다. 그러므로 사역자는 부단하게 성령으로 기도하여 자신이 깊은 차원에 이르도록 훈련해야 합니다. 환자는 하나님께서 주인 되어 깊은 차원에 수시로 들어가는 사역자를 만나야 합니다.

사람의 문제는 보이는 차원이 아닌 삼재의식, 영의 자원입니다. 그러므로 잠재의식보다 깊은 차원의 역사가 있어야 치유가 되는 것입니다. 우리는 바르게 알아야 합니다. 세상에서 하는 심리치유이니, 찬양치유이니, 그림치유이니 하는 것은 겉 사람만 치유하는 것으로 근본치유가 불가능한 것입니다. 사람의 영육의 문제는 모두 잠재의식, 무의식에 자리 잡고 있습니다.

그렇기 때문에 근본적인 치유는 생명의 말씀과 성령으로 하는 영적 치유밖에 없습니다. 다시 말해서 성령치유 외에 다른 치유의 방법이 없다는 것입니다. 성령으로 깊은 역사가 일어나야 무의식 잠재의식의 문제가 치유되는 것입니다. 그래서 성령치유 사역자는 무의식, 잠재의식의 내면세계에 대하여 알고, 바르게 인식해야 합니다. 그래야 자신의 내면을 관리하면서 성령치유 사역을 할 수가 있는 것입니다, 성령치유 사역자는 환자의 무의식, 잠재의식에 들어 있는 영육의 문제의 근원을 현실로 끌어내어 밖으로 배출되게 해야 근본치유가 된다는 것을 알고 사역에 임해야 합니다.

하나님의 치유의 근본이 무의식, 잠재의식을 치유하여 영-혼-육이 성령의 지배와 장악을 당하여 성령이 역사하는 영적인 사람을 만드는 것입니다. 그래서 안수기도를 통한 영육의 치유는 육적인 사람을 성령의 인도를 따르는 영적인 사람으로 바꾸는 사역입니다. 그렇기 때문에 생명의 말씀과 강한 성령의 역사가 없이는 근본 치유는 불가능한 것입니다. 성령치유 사역자는 환자의 무의식, 잠재의식에 들어있는 문제의 근원을 드러내어 치유할 수 있는 능력을 길러야 합니다. 그래야 하나님의 원하시는 치유 사역을 할 수가 있습니다. 그냥 능력이나 은사가 있다고 성령치유 사역하는 것이 아닙니다. 부단하게 자신이 없어져서 하나님께서 주인 되시며, 영성이 깊어져서 진리의 말씀과 성령으로 자신의 상처를 치유하며, 전문성을 개발하고, 자신이 먼저 성령의 인도를 따르는 영의 사람으로 마뀌어야 성령치유 사역을 할 수 있을 것입니다.

치유는 성령의 깊은 임재가 있어야 치유가 되는 것입니다. 치유가 되려면 성령의 깊은 임재에 들어갈 수 있는 영육의 상태가 되어야 합니다. 성령의 임재 없이는 영육의 문제의 치유가 되지 않기 때문입니다. 치유의 관건은 성령의 깊은 임재에 들어가는 것입니다. 성령의 깊은 임재에 들어가려면 이렇게 해야 합니다.

1) 죄를 용서받고 치유를 받으려면 예수를 영접하여야 합니다. 예수를 영접하므로 마음 안에 주인으로 임재하신 성령의 역사로 치유가 이루어지기 시작합니다. 모든 치유는 성령의 능력으로 됩니다. 자신에 내재하는 인간의 영의 자생능력이라 하고, 예수를 믿어 내면으로 들어오신 하나님의 영은 인간의 능력을 초월하여 나타나는 초자연적인 권능으로 역사합니다. 성령의 능력이 이때부터 나타납니다. 그래서 사람은 할 수 없으나 할 수 있는 하나님의 권능이 나타나서 성령이 충만하게 됩니다. 성령의 권능은 나타나는 상태와 조건을 만들어야 나타납니다.

2) 성령의 역사가 나타나는 말씀을 듣고 성령의 세례를 받아야합니다. 그 조건과 상태는 여러 가지이지만 첫째 의지를 발동시켜야 합니다. 의지를 발동하게 하여 성령세례를 받는 것이 제1의 원리요, 그 다음은 말씀과 성령으로 내적 치유하는 것이 제2의 원리요, 귀신 추방이 제3 원리입니다. 그리하여 생각이 바뀌고, 마음이 감동되어, 믿음이 생겨서, 본인의 의지가 발동되어, 몸이 움직여지고, 행동으로 옮겨지는 과정을 거쳐야 합니다. 이 영적 원리는 모든 것에 적용됩니다. 영적인 원리를 적용하면서 안수기도를 해야 성령이 역사합니다.

3) 성령의 인도로 말씀을 잘 알아들을 수 있어야합니다. 성경에서는 내 뜻과 정성과 힘을 다하여 하나님을 섬기라 했고(신28장), 크게 사모하는 자에게 제일 좋은 길을 보여 준다고 했습니다(고전 12:31). 네가 낫기를 원하느냐고 예수님은 말씀했습니다(요5:6). 영

과 진리로 예배하는 자에게 찾아온다고 했습니다(요4:23). 모든 영적인 일에 진심으로 구하고 구하면 얻을 것이요, 찾고 찾으면 찾을 것이고 두드리면 열립니다. 강한 순종과 믿음과 승리의 의지를 발동시키고 행동으로 옮기십시오. 행동으로 옮기지 못하게 하는 장애요인(죄)이 자신에게 있습니다. 이것을 깨닫고 제거하십시오. 귀신의 병과 정신병의 구분을 잘 해야 합니다. "그러나 내가 하나님의 성령을 힘입어 귀신을 쫓아내는 것이면 하나님의 나라가 이미 너희에게 임하였느니라(마 12:28)", "하나님의 나라는 먹는 것과 마시는 것이 아니요 오직 성령 안에 있는 의와 평강과 희락이라(롬 14:17)", "하나님의 나라는 말에 있지 아니하고 오직 능력에 있음이라(고전 4:20)"

4)성령의 깊은 임재에 들어가야 합니다. 이는 호흡을 배꼽 아래까지 깊게 들이쉬는 기도를 통하여 성령의 깊은 임재에 들어가야 합니다. 사역자에게 역사하는 성령의 역사를 환자에게 전이시키는 작업을 해야 합니다. 사역자는 환자의 머리와 등에 손을 얹고 안수를 합니다. 환자에게 호흡을 들이쉬고 내쉬라고 합니다. 호흡을 깊게 하게 하는 이유는 환자가 마음을 열게 하기 위함이고, 성령의 역사가 잘 일어나도록 하기 위함입니다. 한 3분정도 이렇게 안수하면 대부분의 환자에게 사역자에게 역사하는 성령이 전이되게 됩니다. 환자가 능동적으로 성령의 역사를 환영하고 받아 들여야 합니다. 그래야 빨리 성령께서 장악을 하십니다. 성령께서 장악을 하여야 치유가 되기 시작을 합니다. 사역자는 절대로 서두르지 말고 성령의 역사가 환자를 완전하게 장악할 때까지 기다려야 합니다. 치

유는 전적으로 성령님의 사역입니다. 사역자가 치유하는 것이 아닙니다. 성령께서 장악하지 못하면 치유되지 않습니다. 그러므로 사역자는 불필요한 에너지를 소비하지 말고 성령께서 역사하실 때까지 기다려야 합니다. 성령께서 장악하시면 사역자에게 감동을 주십니다. 사역자는 성령께서 감동하시는 대로 순종하면 치유가 되는 것입니다. 안수기도는 성령의 역사를 따라야 성공 합니다.

5) 앞의 과정을 거친 다음에 질병의 원인을 성령께 질문해야합니다. 영상기도를 하면서 영적인 그림을 그리라는 말입니다. 전체의 그림을 보면서 자신의 문제의 원인이 어디에 있는지를 찾아야합니다. 시간이 많이 걸릴 수가 있습니다. 왜냐하면 성령께서 완전하게 장악을 한 다음 원인을 알 수 있고 치유도 되기 때문에 하나님의 시간표를 따라 기다려야 합니다. 급하다고 되는 일이 아닙니다. 전적으로 하나님의 뜻을 따라야 합니다.

6) 성령께서 알려주는 질병의 원인에 따라 조치를 해야 합니다. 죄악은 회개하고, 상처를 준 사람은 용서하고, 가문의 유전은 절단하고 원인을 제거해야 합니다. 악한 영의 역사라면 귀신을 축사해야 합니다. 고열로 고생한다면 열이 떨어지게 "열은 떨어져라." 하면서 안수기도 해야 합니다. 그리고 지속적인 치유를 받아야 합니다.

7) 이때부터 악한 영을 축사하고 내적치유를 합니다. 환자가 영적인 자립을 할 수 있을 때까지 지속적으로 해야 합니다.

8) 하나님과 영적인 관계를 지속하며 감사합니다. 하나님께 감사 생활을 잘해야 합니다. 이유는 하나님께서 자신의 주인이시기 때문입니다. 모든 소유가 하나님의 소유이기 때문입니다.

4장 안수 받는 것에만 치중하면 안 돼요.

(딤전 5:22)"아무에게나 경솔히 안수하지 말고 다른 사람의 죄에 간섭치 말고 네 자신을 지켜 정결케 하라."

안수기도 받으러 가지 말고 기도하러 가라는 것입니다. 일부성도들이 이렇게 말합니다. 아무개 목사님에게 안수 받으러 기도 받으러 3년을 다녔다고 말합니다. 이는 극히 잘못된 영적이론이고 생각이고 지식이고 표현입니다. 하나님은 자신 안에 주인으로 계십니다. 치유를 하셔도 자신 안에 주인이신 하나님께서 하시는 것이요, 성령 충만 권능을 주시는 것도 자신 안에 주인이신 하나님께서 하시는 것입니다. 하나님은 이렇게 말씀하십니다. "그런즉 너희는 먼저 그의 나라와 그의 의를 구하라 그리하면 이 모든 것을 너희에게 더하시리라"(마 6:33). 그의 나라와 의를 구하라고 하십니다. 하나님의 나라는 자신 안에 있습니다. 하나님의 나라는 하나님께서 주인으로 계시는 곳이기 때문입니다. 그렇기 때문에 일방적으로 안수기도를 받는 것이 아니고, 본인이 자신 안에 하나님께 성령으로 기도를 해야 맞는 것입니다.

일방적으로 안수기도를 받는다고 한다면 안수 기도하는 목사님이 하나님이시라면 맞습니다. 그런데 안수하시는 목사님역시 예수를 믿을 때 죽었고 다시 예수님으로 태어난 사람입니다. 목사님역시 목사님 안에 주인으로 계시는 하나님이 목사님을 통하여 일하시는 것입니다. 안수를 받는 사람도 그 사람 안에 주인으로 계시는 하나님이 병이 고쳐지게 하시고 마음의 상처가 치유되게 하시고 성령으로 충만하게 하십니다. 그런데 자신이 기도하지 않고 기도만 받는 다면 어떻게 되겠습니까? 자신 안에 하나님은 아무런 일을 하실 수가 없어서 주무실 것입니다. 능력이나 치유나 축귀나 성령 충만이나 모두 자신 안에 주인으로 계시는 하나님으로부터 나오는 것입니다. 그런데 안수기도만 받고 있으면 어떻게 되겠습니까? 자신 안에 계신 하나님께서 주무시고 계시니 자신은 영원한 천국에 갈 때까지 자신 안에 하나님과 관계를 열수가 없는 것입니다. 항상 사람(아담)이 되어 귀신이 주인노릇하고 있을 것입니다. 그런데도 정작 자신은 모를 수가 있습니다. 왜냐하면 능력 있고 카리스마 있는 목사님에게 안수기도를 받는 다고 믿고 생각하고 있어 자신은 능력이 있다고 자만하기 때문입니다. 분명하게 귀신이 능력 있고 카리스마 있다는 목사님에게 안수기도 받을 때는 가만히 있다가 교회나 기도원을 나오는 순간부터 역사하기 시작을 할 것입니다. 자신 안에 계신 성령하나님께서 주무시고 계시기 때문에 귀신이 마음대로 가지고 노는 것입니다. 정작 자신은 알지 못한다는 것입니다.

분명하게 하나님은 자신 안에 주인으로 계십니다. 자신 안에 주인으로 계시는 하나님은 소외 시키고 카리스마 있는 목사님에게 관심과 생각을 집중하게 됩니다. 만약에 목사님이 성령으로 거듭나 성령의 지배와 장악이 되고 하나님께서 목사님을 통하여 일하신다고 한다면 조금은 안심이 됩니다. 그런데 그렇지 못하다면 문제는 심각해집니다. 그 목사님에게 좋지 못한 영향까지 전이될 수가 있습니다. 자신의 영혼은 날이 갈수록 파리하여 갈 것입니다.

　그래서 예수님은 사람의 미혹을 경계하라고 하십니다. "예수께서 대답하여 이르시되 너희가 사람의 미혹을 받지 않도록 주의하라. 많은 사람이 내 이름으로 와서 이르되 나는 그리스도라 하여 많은 사람을 미혹하리라"(마 24:4-25). 우리 크리스천은 카리스마 있는 사람의 미혹을 경계해야 합니다. 하나님께서 보이지 않으니 보이는 사람에게 소망을 두기 때문입니다. 자신 안에 하나님께서 주인으로 계시는데 보이지 않으니 자꾸 카리스마 있는 사람에게 집중하는 것입니다. 예수님은 이렇게 말씀하십니다. "거짓 선지자가 많이 일어나 많은 사람을 미혹하겠으며 불법이 성하므로 많은 사람의 사랑이 식어지리라"(마 24:11-12).

　그래서 기도를 받으러 다니는 것이 아니고 아무개 목사님 교회 가서 3년 동안 기도를 했다고 말해야 맞는 것입니다. 분명하게 안수를 받아도 본인이 기도하지 않으면 치유나 축귀나 성령 충만이 이루어지지 않습니다. 필자가 20년이 넘도록 안수사역을 하면서 체험한 결론이 본인이 스스로 성령으로 기도하지 않으면 안수기도를 백날 받아도 소용이 없더라는 것입니다. 일방적인 안수는 아무런 효력이 없다고 해도 과언이 아닙니다. 사람이 하는 안수이기 때문입니다. 오히려 나쁜 것만 쌓일 수가 있습니다. 분명하게 안수를 하는 사람도 하나님이 안수를 하시는 것이고 안수를 받는 사람도 그 사람 안에 주인으로 계시는 하나님의 역사하셔야 치병이나 상처의 치유나 성령세례나 충만이나가 이루어질 수가 있는 것입니다.

　알아야 할 것은 예수를 믿고 성령으로 거듭난 크리스천들이 변화되지 않는 것은 사람에게 소망을 두기 때문입니다. 사람에게 은혜를 받고, 사람에게 능력을 받으려고 한다는 것입니다. 예수를 믿으면서 죽고, 예수로 태어나 예수님이 주인인데 여전하게 주인이 바뀌지 않았다는 것입니다. 이제는 목사님에게 은혜를 받았다고 하지 말아야 합니다. 하나님께서 목사님을 통하여 은혜를 받게 하셨다고 해야 한다는 것입니다. 목사님이 능력이 많다고 하지 말아야 합니다. 목사님은 하나님께서 함께하시니 목사님을 통하여 능력을 나타내신다고 말해야 합니다. 하나님께서 주인이 되어야 한다는 것입니다. 하나님께서 주인이 되어야 성령으로 자신이 변화되는 것입니다.

크리스천들이 하나님은 영이시라 보이지 않으니, 카리스마 있는 목회자에게 소망을 두고 믿음 생활하는 경우가 너무나 많습니다. 예수님도 하나님의 자녀들이 보이는 사람에게 소망을 두지 않고, 보이지 않는 하나님께로 의식을 돌리도록 하십니다. 보이지 않는 하나님이 주인이시기 때문입니다. 크리스천들이 하나님께서 보이지 않는 고로 보이는 사람을 하나님보다 더 의지하려는 성향이 강하기 때문입니다. 옛 사람이 죽고 성령으로 거듭나지 못했기 때문입니다. 예수를 믿고 성령으로 거듭났다고 입심 좋게 말하지만 여전하게 옛 사람이 주인노릇을 하고 있기 때문입니다. 이렇게 옛 사람이 여전하게 주인 노릇을 하고 있으니 예수를 20년을 믿어도 변화되지 못하는 것입니다.

깨닫고 보면 세상에서 목회자들의 미혹처럼 무서운 것은 없습니다. 왜냐하면 사기꾼들에게 미혹 당하는 경우에는 금전의 손해만 보면 됩니다. 필자가 그동안 성령치유 사역을 하면서 체험한 바로는 목회자나 성도들이나 할 것 없이 카리스마 있는 사람의 미혹을 받고 고통을 당했다는 것입니다.

첫째, 안수 받고 기도하면 모두 치유가 될까요? 하나님은 예수를 믿고 성령으로 거듭난 성도들이 건강하기를 원하십니다. 모두 아브라함의 복을 받으면서 하나님을 나타내기를 원하십니다. 그래서 성도들이 세상 사람들에게 복음을 전도할 때 예수 믿으면 영육의 질병이 치유가 됩니다. 하면서 전도하기도 합니다. 그런데 예수만 믿는다고 영육의 문제와 환경의 문제가 치유 될까요? 물론 정확하게 성령의 인도를 받으면서 하나님과 관계가 열리는 신앙생활을 하면 영육의 문제와 환경의 문제가 해결됩니다. 하나님의 뜻이 영육이 건강하고 환경에 축복을 받으면서 세상에 하나님을 나타내는 것이기 때문입니다.

그런데 예수를 믿고 능력자에게 안수를 받으며 기도해도 영육의 문제와 환경의 문제가 해결이 안 될 수가 있습니다. 바른 복음의 진리를 적용하고 성령의 인도를 받으면서 자신 안에 계신 하나님과 관계를 열어야 현실적으로 당하는 고통이 해결되기 시작하는 것입니다. 예수를 믿었으면 먼저 예배에 참석하면서 기도하고 안수를 받으면서 성령으로 세례를 받고 충만 받으면서 자신이 성전되는 일에 집중해야 합니다. 영육의 문제와 물질문제 환경의 문제 해결은 자신 안에 주인으로 계시는 하나님의 권능으로 해결이 되기 때문입니다. 그러니까, 영육의 문제로 고통을 당하다가 예수를 믿고 영육의 문제해결에만 집중하면 문제해결이 되지 않는 것입니다. 이유는 자기 열정과 힘으로 문제를 해결하려고 하기 때문입니다. 아직 변화되지 못하여 육체가 되어있기 때문에 영이신 하나님께서 역사하실 수가 없는 것입니다. 하나님은 성령으로 거듭난 영의 상태에서 문제를 해결하실 수가 있습니다.

그리고 크리스천이 영육의 문제와 재정의 문제와 환경의 문제가 있을 때 무조건 능력자를 찾아가서 안수 받고 기도하면 해결이 될까요? 그렇게 쉽게 생각한 것과 같이 해결이 안 됩니다. 이유는 3가지입니다. 첫째로 욕심으로 문제를 해결하려고 하기 때문입니다. 전적으로 하나님의 권능으로 문제가 해결이 되는 것인데, 자기 열정과 노력과 다른 사람의 힘으로 문제를 해결하려고 하기 때문에 문제가 해결이 될 수가 없습니다. 이유는 문제 뒤에 역사하는 존재는 사람의 능력보다 한 차원 높고 강한 영적존재입니다. 이들은 사람의 힘으로는 어찌할 수가 없는 존재입니다. 반드시 영적존재보다 강한 초자연적인 하나님의 권능으로 떠나갑니다. 그렇기 때문에 진리의 말씀과 성령으로 자신이 성전으로 견고하게 지어지는 것에 중점을 두고 자신도 기도하고 능력자의 안수도 받아야 합니다.

둘째로 기도가 바르냐? 바르지 못하느냐 입니다. 무조건 영육의 문제를 해결하여 달라는 구하는 기도를 하는 것이 보통입니다. 문제만 해결하여 달라고 기도합니다. 능력자의 안수를 받아도 자신이 예수님의 몸 된 성전으로 견고하게 지어지는 것이 목적이 아니라, 영육의 문제해결에 목적으로 두고 받습니다. 분명하게 영육의 문제와 환경의 고통을 당하는 장본인을 예수를 믿을 때 죽고, 다시 예수님으로 태어나 예수님의 인생을 사는 것입니다. 그렇기 때문에 무조건 문제해결을 원하는 기도나, 능력자의 안수기도는 예수로 다시 태어난 영적인 상태가 아닐 수 있기 때문에 아무리 기도해도 해결이 안 될 수가 있는 것입니다. 그리고 하나님은 영육의 문제를 통하여 영적인 사람으로 바뀌기를 원하십니다. 그래서 하나님께 기도할 때 문제를 해결하여 달라는 기도가 아니라, 어떻게 해야 문제가 해결이 될 수 있는가 질문을 하여 지혜를 구해야 합니다. 반드시 성령으로 기도하며 질문을 해야 합니다. 성령의 기도란 자신의 생각이나 힘이나 노력이나 말로 기도하는 것이 아닙니다. 오로지 성령님께 전인격을 지배당한 상태에서 성령께서 역사하시고 감동하심을 따라 기도해야 합니다. 성령으로 기도하여 하나님께서 알려주신 지혜대로 순종할 때 성령님의 역사로 영육의 문제 뒤에 역사하는 존재들이 물러갑니다. 문제 뒤에 역사하는 존재들이 성도의 성령으로 기도할 때 성전에서 분출되는 성령의 역사로 떠나가기 때문입니다.

셋째로 하나님의 문제해결의 원칙을 적용해야 합니다. 많은 목회자와 성도들이 무조건 기도하고 능력자의 안수를 받으면 모든 문제가 해결이 되는 것으로 알고 있습니다. 이것은 복음을 오해한 것입니다. 필자가 20년이란 세월동안 개별치유사역을 하다가 터득한 하나님의 치유의 원리는 본인이 인정하고 시인한 부분만 치유하신다는 것입니다. 예를 든다면 허리가 아픈 성도가 허리를 치유하려고 열심히 기도하고 능력자의 안수만을 받으면 치유가 안 될 수가 있다는 말입니다. 하나님! 허리가 아픕니다. 어떻게 해야 치유가 될 수 있습니까? 하나님은 이렇게 본인이 인정하고 시인하고 구하는 부분만을 치유하십니다. 예를 든다면 머리가 아픈데 하나님! 제가 머리가 아픕니다. 머리를 치유하여 주세요, 하면서 기도하고 능력자에게 안수기도를 받을 때도 능력자에게 머리가 아프다고 말을 해서 머리에 있는 문제를 해결하면서 안수해야 치유가 된다는 말입니다. 막연하게 안수 받으면 모든 질병이나 문제가 해결된다고 생각하고 기도하고 안수를 백번 받아도 치유가 안 됩니다. 하나님은 반드시 본인이 인정하고 시인하고 요청하는 부분만 해결하여 주십니다. 영육의 문제 뒤에 역사하는 영적존재 역시 문제가 있는 부분을 지적하면서 기도하고 안수해야 해당된 부분에 역사하는 귀신이 떠나갑니다. 많은 크리스천들이 복음을 오해하고 하나님을 원망하는 경향이 있습니다. 무조건 안수 받고 예수이름으로 기도하면 해결될 것으로 생각하고 철야하며 봉사하며 헌금하며 기도해도 치유가 되지 않으니 하나님을 원망합니다. 그런데 복음을 깨닫고 보면 치유를 원하고 기도하는 본인에게 문제가 있었기 때문에 해결이 되지 않습니다. 명확하게 하나님! 제가 편두통이 있습니다. 어깨통증이 있습니다. 물질문제가 있습니다. 회사에 이런 문제가 있습니다. 우리 집 둘째 아들에게 문제가 있습니다. 소화가 되지 않습니다. 위장병이 있습니다. 심장부정맥이 있습니다. 허리통증이 있습니다. 이렇게 명확하게 인정하고 시인하는 부분만 지혜를 주시고 해결되도록 역사하십니다. 그렇기 때문에 문제 해결하여 주시옵소서. 질병을 고쳐주시옵소서. 잘되게 하여 주시옵소서, 이렇게 막연하게 기도하면 정확하게 어떤 문제인지 모르시기 때문에 치유를 해주실 수가 없는 것입니다.

결론적으로 하나님은 명확하게 인정하고 시인하고 드러낸 부분만 치유하십니다. 본인이 열심히 기도하고 능력자의 안수 받는 다고 영육의 모든 문제가 해결이 안 된다는 것입니다. 본인이 꼭꼭 집어내고 드러낸 부분이 해결하십니다. 하나님은 현실 문제를 통하여 하나님과 관계가 열린 성도가 되게 하기 때문입니다. 그래서 하나님을 마음을 열어라, 마음을 열어라, 하시는 것입니다. 마음을 열고 시인하고 드려내십시오, 그러면 하나님께서 해결하실 것입니다.

둘째, 안수기도 받아 귀신만 쫓아내면 다되나요. 많은 목회자와 성도들이 귀신만 쫓아내면 다되는 것으로 착각을 합니다. 그래서 귀신에게 고통을 당하는 분들의 의식이 귀신만 쫓아내려고 혈안이 되어 있습니다. 귀신을 잘 쫓아내는 목회자나 사역자가 있다면 그곳에 가서 귀신만 쫓아내려고 합니다. 이곳저곳을 헤맵니다. 그러다가 치유의 시기를 노치는 경우가 허다합니다. 이곳저곳 능력자를 찾아다니다가 보니 몇 십 년이 금방 지나갑니다. 회복이 불가능하게 됩니다.

절대로 안수 한번으로 귀신을 떠나보낼 수가 없는 것입니다. 아무리 능력이 강한 목사라도 안수 한번해서 귀신이 떠나보내지 못합니다. 모든 능력은 목회자의 성전된 마음 안에서 성령으로 분출되는 것입니다. 그래서 특별하게 능력이 특출한 목사는 있을 수가 없습니다. 자신이 능력이 특출하다고 공공연하게 말하는 목사는 이단이 아니면 사이비, 아니면 사탄입니다. 예수님을 믿고 성령으로 다시 태어난 목사라면 능력은 모두 동일합니다. 단 심령이 예수로 하나가 되었는가의 차이는 있을 수가 있습니다. 또, 목회자가 성령의 능력으로 귀신을 축귀하려는 관심과 의지가 있느냐 없느냐에 따라서 차이는 있을 수가 있습니다. 성령의 능력은 관심에 따라 구하고 사용할 때 나타나기 때문입니다.

　절대로 귀신축사는 안수 한 차례 받고, 안수 한 차례 하여 귀신을 쫓아내는 것이 아닙니다. 그렇게 될 수가 없습니다. 하나님께서 그렇게 역사하시지 않습니다. 환자가 성령으로 장악이 된 만큼 귀신은 떠나가는 것입니다. 성령으로 진리를 깨닫고 성령으로 기도하는 만큼씩 떠나가고 정상으로 되어가는 것입니다. 내적치유와 축귀 능력도 성령으로 진리를 깨닫고 성령으로 기도하는 만큼씩 강해지는 것입니다. 그러므로 영육의 문제가 고생하시는 분들은 이 목사! 저 목사! 능력 있다는 목사를 의지하여 귀신을 축사하고 치유 받으려고 돌아다니는 생활을 멈추어야 합니다. 안수 한 번에 순간 치유하려는 생각을 버리고 감언이설에 속지도 말아야 합니다.

　전인치유에 대한 전문적인 지식과 살아계신 하나님과 관계가 열린 목회자를 만나야 합니다. 적어도 7년 이상 성령치유 사역을 한 사역자를 찾아야 합니다. 거기에서 영적인 말씀을 들으면서 하나님의 사람으로 성령의 사람으로 변화 되려고 해야 합니다. 자신과 하나님과 관계를 열어야 합니다. 자신이 성전으로 견고하게 지어시고 하나님께서 주인으로 역사하셔야 성령의 권능으로 귀신이 떠나가는 것입니다. 자신 안에서 올라오는 성령의 기름부음으로 귀신이 쫓겨나가는 것입니다. 정확한 성령의 역사를 따라서 전인적인 치유를 해야 귀신축사가 될 수가 있는 것입니다. 생명의 말씀과 성령으로 마음 안에 채워지면 귀신은 떠나가게 되어 있습니다. 그렇기 때문에 귀신만 쫓아내려고 하지 말고 자신이 성전으로 견고하게 지어져서 성전에서 성령의 역사가 불출되면 귀신은 더 이상 괴롭히지 못하고 떠나가는 것입니다. 하나님께서 분면하게 이렇게 말씀하셨습니다. "너희는 먼저 그의 나라와 그의 의를 구하라 그리하면 이 모든 것을 너희에게 더하시리라 (마 6:33)" 자신이 성전으로 견고하게 지어져서 성전에서 나오는 성령의 권능으로 귀신이 물러가는 것입니다. 그러므로 자신이 성전으로 견고하게 지어지는 영적활동에 집중해야 합니다. 자신이 생명의 말씀과 성령으로 채워지면 귀신은 떠나가게 되어 있습니다. 쉽게 설명한다면 나라가 바뀌어야 한다는 말입니다. 성령으로 자신이 성전으로 견고하게 지어져서 하나님께서 주인 되어 성령으로 전인격이 지배와 장악이 되고, 예수님으로 하나가 되니, 옛 사람에게 역사하던 사단의 나라가 물러가는 것입니다. 자신이 성전 되어야 귀신이 물러간다는 말입니다.

귀신에게 고통을 당하는 분들이나 사역자는 안수한번으로 귀신을 쫓아내어 자유하려는 생각을 버리고, 성령의 인도를 받으면서 하나님의 사람으로 변화되는 것이 집중해야 귀신으로부터 자유 함을 누릴 수가 있습니다. 자신이 하나님의 나라로 견고해져야 귀신은 물러갑니다. 그렇기 때문에 귀신만 축사되면 된다는 논리는 성립되기 쉽지 않습니다. 자신이 바뀌어야 되기 때문입니다. 예수님으로 하나가 되어 진리의 말씀을 성령으로 깨닫고, 성령으로 기도하며, 성령으로 봉사하며 예수님께 영광을 돌리는 영적인 수준이 되려고 집중해야 합니다. 추가적으로 안수기도를 하고 안수기도를 받는 분들은 영들의 전이와 영적인 피해를 바르게 알아야 합니다. 영들의 전이와 영적인 피해에 대해서 바르게 알고 싶은 분은 **"영적 피해 방지하기"** 책을 참고하시기를 바랍니다.

5장 희한한 기적을 일으키는 안수기도

(눅7:11-17)"그 후에 예수께서 나인이란 성으로 가실새 제자와 많은 무리가 동행하더니 (12) 성문에 가까이 이르실 때에 사람들이 한 죽은 자를 메고 나오니 이는 한 어머니의 독자요 그의 어머니는 과부라 그 성의 많은 사람도 그와 함께 나오거늘 (13) 주께서 과부를 보시고 불쌍히 여기사 울지 말라 하시고 (14) 가까이 가서 그 관에 손을 대시니 멘 자들이 서는지라 예수께서 이르시되 청년아 내가 네게 말하노니 일어나라 하시매 (15) 죽었던 자가 일어나 앉고 말도 하거늘 예수께서 그를 어머니에게 주시니 (16) 모든 사람이 두려워하며 하나님께 영광을 돌려 이르되 큰 선지자가 우리 가운데 일어나셨다 하고 또 하나님께서 자기 백성을 돌보셨다 하더라. (17) 예수께 대한 이 소문이 온 유대와 사방에 두루 퍼지니라"

예수님은 지금도 안수기도를 통하여 희한한 기적을 일으키십니다. 필자가 어느날 시화병원에 전도하러갔습니다. 전도를 모두 마치고 1층으로 내려왔습니다. 1층 대기실에 절친한 청년이 앉아있었습니다. 이 청년은 필자가 전도하여 우리 충만한 교회로 오기로 약속했다가 결혼하여 부인을 따라 다른 교회로 간 성도입니다. 그래서 필자가 잘 알고 있었습니다. 무엇 때문에 병원에 왔느냐고 물어보니 자신의 동생이 시화에 사는데 어제 심장 마비가 와서 119 구급차를 타고 병원에 입원을 했는데 아직도 심장박동이 정상이지 못하다는 것입니다. 1분에 70-80번을 뛰어야 정상인데, 10-15번밖에 뛰지 않아서 응급실에 산소마스크를 하고 대기하고 있다는 것입니다.

그래서 필자가 그것 아무것도 아닌 병이야, 겁먹고 놀라지마 예수님의 이름으로 안수기도하면 심장이 정상 박동하는 것이라고 했습니다. 응급실에서 입원하여 대기하면서 심장 박동이 정상이 되기를 기다린다면 며칠이 걸릴 것이라고 알려주었습니다. 어디에 있느냐고 하니까, 응급실 한쪽으로 필자를 안내했습니다. 가보니 얼굴과 입술이 파란 가운에 산소마스크를 하고 숨을 거칠게 몰아쉬고 있었습니다. 그래서 필자가 가슴에 손을 얹고 성령이여 임하소서, "내가 나사렛 예수님의 이름으로 명령한다. 호흡을 정상적으로 쉬지 못하게 하는 악한 세력을 물러갈지어다. 심장아 정상 박동할지어다. 맥박도 정상으로 박동할지어다.", "호흡을 정상적으로 쉬지 못하게 하는 악한 세력을 물러갈지어다. 심장아 정상 박동할지어다. 맥박도 정상으로 박동할지어다." 두 번에 걸쳐서 선포하며 안수기도를 했더니 컥컥하고 기침을 세 번하더니 순간 얼굴이 환해지면서 호흡을 정상으로 쉬면서 입술이 붉어지면서 호흡을 정상으로 하는 것입니다. 청년이 일어나 앉더니 이제 숨을 제대로 쉬니 살겠다는 것입니다. 자신은 유명한 식당의 주방장 인데 자신이 입원해서 식당이 제대로 돌아가지 않았다는 것입니다. 정말로 감사하다는 것입니다. 그래서 하나님께서 하신일이니 하나님께 감사하고 믿음생활 잘라하고 권면했습니다. 즉시로 퇴원 수속을 하여 퇴원하였습니다. 며칠이 지난 다음에 아파트에 전도하러 갔다가 청년을 만났는데 건강에 이상이 없이 일을 잘하고 있다는 것입니다. 예수님은 이렇게 희한한 기적을 일으키시면서 질병을 치유하십니다.

첫째, 안수기도 할 때 권세를 알고 사용하라. 안수기도를 하는 사람이나 안수기도를 받는 사람이나 하나님께서 주신 권세를 알고 사용할 줄 알아야 합니다. 권세 있는 사람과 힘이 센 사람은 다릅니다. 권세는 지위에 따라 오는 것이고, 힘은 체력을 통해 오는 것입니다. 간단한 예를 들어본다면 교통순경은 육체적으로는 연약해서 힘이 없지만 정부가 주는 교통순경이 갖는 권세가 있습니다. 그러나 큰 덤프트럭은 힘은 굉장히 세지만 아주 체력이 약한 교통순경이 호루라기를 불어 손가락으로 가리키면 정지해야 합니다. 이는 힘은 권세에 복종해야 한다는 것을 잘 보여주는 예입니다. 권세와 힘은 똑같은 능력이지만 권세는 힘을 다스리는 것입니다. 마태복음 8장 5-10절 말씀에서 이에 대한 놀라운 이야기가 있습니다. 예수님께서 한 동네에 계신데 이탈리아의 백부장, 요즘으로 말하면 대위정도 되는 사람이 주님께 나와 무릎을 꿇고 엎드려 구했습니다. '제 종이 중풍으로 심히 앓고 고생하오니 와서 도와주소서' 예수님께서 "내가 가서 도와주리라" 그러자 백부장은 "아닙니다. 주께서 우리 지붕 밑에 오시는 것도 우리는 감당할 수 없습니다. 주님께서 말씀 한 마디만 하옵소서. 그러면 내 하인이 낫겠나이다. 저도 로마 시저 황제의 권세 아래 있는 사람이요. 그 권세에 의지하여 저도 권세가 있으므로 제 밑에 있는 병졸에게 이리로 가라하면 가고 오라 하면 오며 이것을 하라하면 하나이다." 이 말을 듣고 예수님께서 감탄하셨습니다. "이 어찌된 일인가 이 이방인처럼 권세에 대한 이해를 갖고 믿음을 가진 자가 있겠는 가” 그리고 그 자리에서 “믿은 대로 될지어다” 하시고 그 하인을 고쳐주셨습니다. 예수님은 여기에서 인간의 믿음이란 것은 그 배후에 권세가 있어야 활용될 수 있다는 것을 보여주셨습니다. 권세에 대해 잘 이해하지 못하면 믿음의 역사는 일어날 수 없습니다. 이 백부장은 예수님이 바로 하나님이시오, 하나님의 아들이시므로 우주를 다스리고 변화시키시는 절대 권세가 있으므로 그 권세자의 말 한마디면 모든 것이 다 이루어진다는 것을 알고 있었습니다. 이 시간에 우리 성도들이 권세를 잘 이해하면 위대한 신앙생활의 길을 걸어갈 수 있습니다.

권세의 근원은 우주의 절대 주권자이신 하나님께로부터 출발하는 것입니다. 하나님께서는 말씀 한마디로 천지와 만물을 지으셨고 지금도 그 하나님의 손위에 온 세계와 만유가 존재하는 것입니다. 과거, 현재, 미래도 하나님의 권세 밖에서는 움직여 질 수 없습니다. 그러므로 절대적으로 모든 권세는 하나님께로부터 출발하는 것입니다. 물론 하나님의 권세에 도전한 원수 마귀가 있습니다. 마귀는 하나님과 동등 되려고 하다가 쫓겨나 루시퍼를 따르는 사자들과 함께 마귀와 귀신들이 되었습니다. 하나님의 형상과 모양대로 지음 받은 아담과 하와도 하나님과 동등 되고자 하는 마귀의 꾐을 받아 하나님을 반역했다가 하나님께로부터 쫓겨나서 타락한 그 후손이 오늘날도 하나님의 권세를 인정하지 않고 하나님의 권세에서 벗어나 인본주의, 인간중심으로 살려고 하는 것입니다. 그들은 마귀도 사람도 하나님의 권세에서 벗어났다고 생각하지만 실상은 그렇지 않습니다. 하나님은 일정기간동안 그들 마음대로 자행자족 하도록 허락해 놓으셨을 뿐입니다. 그러나 그 기한이 차면 하나님께서 일어나셔서 그 권세로 처참하게 심판하실 것입니다. 마귀와 그 사자는 영원히 불과 유황으로 타는 못에 던져질 것이요, 그를 따르는 사람들도 모두 버림받아 불과 유황으로 타는 못에 심판을 받아 영원히 버림받게 될 것입니다. 우리가 보는 이 세상의 권세라는 것은 하나님께 출처가 있는 것입니다. 안수기도를 하거나 받는 사람은 권세에 대하여 바르게 알고 사용해야 희하난 기적을 체험할 수가 있습니다.

둘째, 관에 손을 대시며 청년아 내가 네게 말하노니 일어나라. "가까이 가서 그 관에 손을 대시니 멘 자들이 서는지라 예수께서 이르시되 청년아 내가 네게 말하노니 일어나라 하시매, 죽었던 자가 일어나 앉고 말도 하거늘 예수께서 그를 어머니에게 주시니"(눅7:14-15). 한 여인이 시집을 갔는데 남편이 일찍 돌아가셨습니다. 기막힌 일은 아들 하나가 있는데 그 아들이 죽은 것입니다. 이 여인의 마지막 희망이고 삶의 의미 전부였을 것입니다. 이 여인의 미래입니다. 그런데 그 아들이 죽은 것입니다. 즐거운 동네는 통곡의 동네로 바뀌었습니다. 이제 모든 것이 끝나버려 동네 사람들은 그 아들의 장례식을 거행합니다. 죽음의 행렬 오열의 행렬, 마지막 행렬입니다. 그런데 오늘 성경을 보면 끝이라고 생각되는 지점에서 죽음의 행렬이 생명의 행렬로, 절망의 행렬이 소망의 행렬로, 동정의 행렬이 영광의 행렬로 바뀌는 것을 볼 수 있습니다. 오늘 말씀을 통해 우리도 죽음의 행렬이 생명의 행렬로, 절망의 행렬이 소망의 행렬로, 동정받는 행렬이 영광을 드러내는 행렬로 바뀌는 역사가 일어나시길 바랍니다. 잘못 된 길을 바꾸는데 늦은 시간은 없습니다. 얼마든지 우리 인생은 예수 님 만나면 이렇게 바뀌어 질 수 있습니다. 예수님 만나면 그 때가 죽 음의 길에서 생명의 길로 바뀌는 때입니다. 희한한 기적으로 인생의 대 역전 드라마가 시작되는 때입니다. 죽음의 행렬이 생명의 행렬로 바뀌시기 바랍니다. 길이요 진리요, 생명이신 예수님 만나면 됩니다.

예수님 만나는데 늦은 시간은 없습니다. 이 여인의 인생은 끝이라 고 생각했습니다. 이 여인의 아들은 이것으로 장사 지내면 영원히 이 땅에서는 만나 볼 수 없는 송장이라고 생각했습니다. 이제 모든 사람 들은 그 집안은 끝이 났다고 말했을 것입니다. 여인 역시 산다는 것 은 아무런 희망이 없는 저주 받은 인생이라고 생각했을 것입니다. 죽 음의 행렬입니다. 장례 행렬입니다. 곡하는 장례 행렬입니다. 장례를 치르면 이제 마지막입니다. 그런데 그 때 생명의 행렬을 만난 것입니 다. 생명을 주시기 위해 찾아오신 예수님을 만난 것입니다. 이제 끝 이라고 생각하는 순간에 예수님을 만났습니다. 죽음의 행렬이 생명 의 행렬을 만난 것입니다. 여기서 인생은 역전된 것입니다. 죽음에서 생명으로 바뀌어 집니다. 죽음의 행렬에 가담하고 있습니까? 생명의 행렬에 가담하고 있습니까? 생명이 살아나는 데는 늦은 시간이 없습 니다. 아무리 늦다고 생각하는 시간일 지라도 예수님만 만나면 문제 는 달라지는 것입니다. 한 번도 눈을 떠 보지 못한 자도 예수님 만나 면 눈을 뜨게 되고 나병으로 영원히 사회에서 격리되어 그 병으로 인 생을 끝마쳐야 할 사람도 예수님 만나면 새 삶이 시작되는 것입니다.

지금도 예수님은 예수님의 이름으로 기도할 때 희한한 기적을 일으키십니다. 필자가 이런 일이 있었습니다. 월요일이었습니다. 아침 8시 20분쯤 되었는데 전화가 왔습니다. 전화를 받으니 우리 교회에 다니는 권사님의 며느리가 전화를 한 것입니다. 숨을 몰아쉬면서 하는 말이 목사님! 아버님이 지금 숨이 넘어가십니다. 빨리 와보세요. 그래서 사모를 대동하고 아파트에 갔습니다. 안으로 들어가 보니 집사님은 숨을 몰아쉬면서 소파에 누워있고 권사님과 아들과 며느리 손자들이 바닥에 앉아서 임종을 기다리는 것입니다. 순간 제가 성령님에게 질문을 했습니다. 성령님 어떻게 해야 합니까? 성령께서 감동하시기를 사망의 영을 몰아내고, 호흡을 정상으로 쉬라고 선포하라는 것입니다. 그래서 집사님의 가슴에 손을 얹고 성령이여 임하소서. 내가 나사렛 이름으로 명하노니 사망의 영을 떠나갈지어다. 사망의 영은 떠나갈지어다. 호흡은 정상으로 돌아올지어다. 호흡은 정상으로 돌아올지어다. 그러면서 얼굴을 보니 시퍼렇던 입술이 점점 붉어지는 것입니다. 그러면서 호흡이 정상으로 돌아왔습니다. 호흡을 정상으로 쉬면서 일어서더니 소파에 앉는 것입니다. 권사님이 하시는 말이 이렇습니다. 목사님! 숨을 정상으로 쉽니다. 살았습니다. 그러니까, 아들과 며느리 손자들이 하나가 되어 박수를 치는 것입니다. 집사님은 이후로 5년을 더 사시다가 천국에 가셨습니다.

이렇게 급박한 상황에서 성령의 지식의 말씀을 들으려면 당황하지 말아야 합니다. 편안한 상태에서 성령님에게 질문하는 것입니다. 성령님 어떻게 해야 합니까? 성령이 임재한 편안한 상태에서 성령님에게 질문하면 레마의 말씀으로 응답하여 주십니다. 그러면 담대하게 선포하면 문제가 풀어지는 것입니다.

셋째, 일일이 안수하셔서 고쳐주시는 예수님. 또한 누가복음 4장 40절 말씀을 한번 보시겠습니다. "해 질 무렵에 사람들이 온갖 병자들을 데리고 나아오매 예수께서 일일이 그 위에 손을 얹으사 고치시니" 일일이 안수하시며 희한한 기적으로 순간 병을 고쳐주십니다. 우리는 이 말씀에서도 예수님의 성품을 발견할 수 있습니다. 예수님은 새벽부터 일어나 기도하시고 하루 종일 사람들을 방문하시고 말씀을 외치셨습니다. 이제 하루 일과를 마치고 피곤하고 지치는 해질 무렵 갖가지 질병으로 앓는 수많은 사람들이 예수님께 나아옵니다. 예수님께서는 다시 일어나셔서 그들 모두에게 한 명, 한 명 일일이 안수하셔서 그들을 고쳐주십니다. 예수님은 한 번의 말씀선포로 "여기에 모인 모두 나음을 입을지어다!" 하실 수도 있지만, 한 명, 한 명 안수하시면서 대화하시고 그들을 고쳐주셨습니다. 주님께서는 지금도 하루 일과로 지친 가운데 치유집회로 모인 우리들 한 명, 한 명과 교제하시고 우리를 고쳐주기 원하십니다. 우리 모두가 한 명도 빠짐없이 너무나 자상하시고 사랑이 많으신 주님을 만나기 원합니다.

예수님은 지금도 예수님의 이름으로 안수하며 선포할 때 이와 같은 희한한 기적을 일으키십니다. 한창 병원전도를 다닐 때의 일입니다. 시화에는 사화병원이 있습니다. 5층은 일인실과 산부인과가 있습니다. 하루는 일인 실을 돌아보는데 문이 열려있었습니다. 그래서 안에다 대고 저 목사입니다. 그랬더니 반갑게 대하면서 들어오라는 것입니다. 안에는 여자가 둘이 있었습니다. 나이가 든 분이 환자이고, 젊은 여자는 딸로서 보호자였습니다. 자초지종을 물어보니 자신의 어머니가 위경련이 일어나서 물도 먹지 못한 다는 것입니다. 몇 칠이나 되었느냐고 물어보니 십오일이 되었다고 합니다. 예수를 믿느냐고 물어보니 집사라는 것입니다. 안수기도를 했습니다.

안수를 하면서 성령의 감동을 받으니 기도를 하지 못했다는 것입니다. 그래서 일단 젖는 기도를 했습니다. 질병이 치유되려면 본인이 기도를 하여 성령이 장악을 해야 순간 질병이 치유가 되는 것입니다. 나오면서 환자에게 호흡을 들이쉬고 내쉬고 하면서 마음으로 하나님을 찾는 기도를 하라고 했습니다. 기도를 해야 질병이 치유되니 누워서 자연스럽게 하라고 권면하고 나왔습니다. 하루가 지나고 다시 시화병원에 갈일이 생겨서 갔습니다. 이왕 왔으니 5층에 있는 환자를 찾아가 안수를 해주고 싶은 감동이 왔습니다. 찾아가서 상황을 보니 기도를 해서 얼굴이 많이 좋아졌습니다. 그래서 내가 무릎을 꿇고 앉아서 배에다가 손을 얹으라고 하고 내손을 올리고 기도를 했습니다. 본인에게 호흡을 들이쉬고, 내쉬라고 하면서 기도를 시작했습니다.

"성령이여 임하소서, 강하게 임하여 주옵소서, 이 시간 이 환자의 위경련을 치유하시어, 주님의 살아 역사하심을 나타내소서. 임하소서. 강하게 사로잡으소서" 기도를 하는데 성령이 임재한 상태가 눈으로 보였습니다. 그래서 명령을 했습니다. "나사렛예수 이름으로 명하노니 위경련은 풀어질지어다" "예수 이름으로 명하노니 위경련은 풀어질지어다"하고 명령을 했습니다. 순간 배가 출렁하는 것입니다. 그러면서 기침을 사정없이 하는 것입니다.

내가 더 강하게 역사하소서. 기침을 한동안 숨을 재대로 쉬지 못할 정도로 했습니다. 안수를 하면서 "예수 이름으로 위경련은 풀리고 위장은 정상이 될지어다" 그러고 나서 보호자에게 물을 드려보라고 했습니다. 한 컵의 물을 받더니 벌꺽벌꺽 들여 마셨습니다.

위경련이 치유가 된 것입니다. 십육일동안 입원을 했어도 치유되지 않던 위경련이 안수 두 번에 치유가 된 것입니다. 하나님께 영광을 돌리고 나왔습니다. 다음날 병실에 가보니 퇴원하고 없었습니다.

넷째, 손을 만지시니 열병이 떠나가고. 예수님께서는 "예수께서 베드로의 집에 들어가사 그의 장모가 열병으로 앓아누운 것을 보시고, 그의 손을 만지시니 열병이 떠나가고 여인이 일어나서 예수께 수종들더라."(마 8:14-15). 식중독에 걸려서 고열로 고통당하던 여학생의 희한하고 기적적인 치유의 예입니다. 한번은 어느 병원 같더니 여학생이 금식이라는 이름표를 부치고 있었습니다. 옆에 친구가 간호를 하고 있었습니다. 친구보고 어떻게 된 일이냐고 물었더니 여름방학기간동안 있는 중고등부 수련회를 가다가 음식을 잘못 먹고 식중독에 걸린 것입니다. 그래서 나 목사님인데 지금 예수 이름으로 기도하면 낫는다고 믿느냐 그러니까 큰 소리로 '아멘'하는 것입니다.

그래서 자매의 머리와 등에 손을 얹고 "성령이여 임하소서! 성령이여 임하소서! 위와 장에 임하소서! 하나님 우리 사랑하는 딸이 믿음이 너무 좋습니다. 그래서 여름방학을 맞이하여 중고등부 수련회에 갖다가 음식을 잘못 먹고 식중독에 걸려 고열이 나서 온 몸에 두드러기와 피부병이 생겨나서 밥을 먹지 못하고 심한 열로 고생을 합니다. 이 시간 치유하여 주셔서 어린 자매가 하나님의 살아 역사하심을 체험하게 하옵소서, 예수 이름으로 명하노니 식중독을 일으킨 근원은 물러가고 열은 떨어지고 위와 장은 정상으로 움직일지어다. 아멘! 예수 이름으로 명하노니 식중독을 일으킨 근원은 물러가고 열은 떨어지고 위와 장은 정상으로 움직일지어다.” 아멘! 아멘을 아주 잘 했습니다. 인수를 하며 피부를 보니까 반점들이 없어지는 것입니다.

안수기도를 끝냈더니 이 학생이 일어서더니 물을 달라고 하며 먹는 데 보니까 피부의 두드러기와 반점들이 계속 없어지는 것입니다. 정말 하나님은 살아계십니다. 그러고 오후에 퇴원하다고 했습니다. 그런데 성도님들을 돕는 천사가 있습니다. 믿어야 합니다. 왜냐하면 제가 그때 그 병원에 간 이유가 있습니다. 갑자기 교회에 앉아서 기도를 하는데 그 병원에 기보라는 성령의 감동이 왔습니다. 그때는 성령의 감동에 절대 순종할 때입니다. 그 이유는 뒤에 설명이 됩니다. 그래서 봉고차를 몰고 가면서 그 병원에 중한 환자분이 있었는데 그분의 병이 중해졌는가, 하고 그 분의 병실에 들어가 보니 얼굴이 해같이 빛나면서 밝았습니다.

이상하다 하고 옆 병실에 가니 그 학생이 누워있었습니다. 제가 3년 동안 병원전도를 하면서 체험적으로 느낀 사실인데 20대 후반에서 유아까지 예수님을 믿는 사람이 병원에 입원하여 있으면 꼭 하나님의 사람을 보내어 안수 받고 낫게 하십니다. 특히 어린아이들을 그렇게 합니다. 고열로 경기를 해서 병원에 입원하여 어찌할 바 모르고 울고 있는 엄마들이 있습니다. 필자가 손을 얹고 열은 떨어지고 경기는 사라질 지어다하면 순간 경기가 멈추고 아이가 뛰어다니면서 놉니다. 절대 우리는 혼자가 아닙니다. 하나님은 하나님께서 사용하시는 사람을 통하여 희한한 기적을 지금도 일으키십니다.

6장 안수기도 받고 하려면 영적으로 민감해야

(딤전 5:22)"아무에게나 경솔히 안수하지 말고 다른 사람의 죄에 간섭치 말고 네 자신을 지켜 정결케 하라."

안수사역을 하려며 영적 민감성을 개발해야 합니다. 영적으로 민감하고 박식해야 성령의 인도를 바르게 깨닫고 따라가게 되는 것입니다. 영적 민감성(spiritual sensibility)은 안수사역에 필수적인 요소입니다. 영안을 열고 영적 성장을 이루는데도 매우 중요한 요소입니다. 영적으로 민감하다는 것은 영적인 일에 관심이 남다르게 많다는 것을 의미합니다. 영의 흐름을 민감하게 느끼면서 반응을 적절하게 한다는 것입니다. 영적인 일에는 관심이 많아야 발전이 있는 법입니다. 세상의 일에도 관심과 흥미를 가지고 있어야 성공할 수 있는 것이지요. 관심과 흥미가 있으면 그 일에 깊이 관여하게 되고 그에 따라서 여러 형태의 도움을 받을 수 있게 됩니다. 무슨 일이든 전문가가 되기 위해서는 먼저 관심과 흥미로부터 시작하는 것처럼 영적 성장 역시 관심과 흥미로부터 시작하는 것입니다.

관심이 있게 되면 그 일에 모든 것을 걸게 됩니다. 관심과 흥미가 있게 되면 오로지 그 일만 생각하게 됩니다. 관심과 흥미가 그 일에 깊이 빠지게 만들고 그렇게 해서 전문가가 되는 것입니다. 이처럼 영적인 일에도 마찬가지로 관심과 흥미가 있어야 영적 발전이 이루어지는 것입니다. 그런데 이렇게 민감해지면 우리 마음속에 스스로를 통제하려고 하는 생각이 일어나게 됩니다. 이런 생각이 드는 것은 절제하고 균형을 유지하기 위한 것이라고 봅니다. 너무 지나친 것 역시 바람직하지 못하기 때문입니다. 관심과 흥미를 가지는 것은 좋지만 너무 지나치면 해로울 수 있기 때문입니다. 우리는 이런 교육을 항상 받고 자랐습니다. 모든 일을 절제하고 적당히 해야지 너무 깊이 빠지는 것은 위험하다는 식의 교육을 받고 있기 때문에 한 가지 일에 너무 깊숙이 빠져 드는 것은 바람직하지 못하다고 생각하는 것입니다.

이런 교육을 받고 자랐기 때문에 일반적인 사람들은 어느 정도의 경계선을 긋고 그 선을 넘어가지 않으려고 합니다. 그런데 이런 일반적인 생각은 평범한 사람들에게 해당하는 말입니다. 일반인들은 자신이 하는 일이 따로 있습니다. 그래서 어떤 일에 빠지게 되면 자신이 하는 일을 소홀히 하게 됩니다. 그래서 적당한 수준에서 절제를 하는 것이지요. 그러나 전문가가 되고자 하는 사람은 이런 편견에서 벗어나야 합니다. 영안이 열려 하나님에게 쓰임을 받으려면 영적인 일에 깊숙하게 빠져 들어가야 합니다.

영적인 전문가가 되기 위해서는 평범한 수준을 넘어서야 합니다. 그 일에 완전히 빠져들지 않으면 절대로 전문가가 될 수 없습니다. 영적인 일에 전문가가 되려면 오로지 영적인 일에만 관심을 가지고 자나 깨나 그 일에만 골몰해야 합니다. 자나 깨나 오로지 영적인 일에만 정신을 집중하고 그 변화에 민감해야 합니다. 사람들이 무어라 해도 신경 쓸 필요가 없습니다. 사람들의 눈치를 보고 그들의 말에 신경을 쓰는 것은 팔러 가는 당나귀처럼 됩니다. 일반인들은 아마추어입니다. 아마추어는 프로의 일을 모릅니다. 성공하는 사람은 특별하기 때문에 성공하는 것입니다. 남들과 같다면 어떻게 성공할 수 있겠습니까? 비난도 받고 오해도 받습니다. 이것은 성공으로 나아가는 과정에서 반드시 듣게 되는 말입니다. 이것이 신경이 쓰여 적당히 타협하면 절대로 성공하지 못합니다. 성공하고 나면 모든 것이 인정받게 됩니다. 성공하지 못하면 모든 것이 어리석은 일이 되고 맙니다. 성공은 극단적인 모험을 바탕에 깔고 있습니다. 모험 없는 성공은 없습니다.

성공하기까지 무수한 비난과 오해를 받게 됩니다. 그러므로 이런 것을 극복해야 합니다. 전문 사역자가 되기 위해서는 영적인 일에 남다른 열정과 깊은 관심을 가져야 합니다. 영적으로 매우 민감하지 않고는 영적으로 성공할 수 없습니다. 자신의 주변에서 일어나는 일을 예사롭게 보면 안 됩니다. 모든 일이 영적인 것과 연관되어 있습니다. 세상 사람들은 영적으로 둔감해서 그런 변화에 대해서 그 의미를 알지 못합니다. 그러나 영적으로 민감해지면 그 의미를 정확하게 파악할 수 있게 됩니다. 정확하게 의미를 알아야 그에 맞게 대응할 수 있는 것입니다. 어설픈 아마추어들이 많기 때문에 일이 복잡해지고 꼬입니다. 세상의 일 역시 마찬가지입니다. 전문가가 없기 때문에 많은 시행착오를 겪고 그에 따라서 손실과 고통을 당하게 됩니다.

영적인 일에 전문가가 되어야 합니다. 솔직히 말하면 이제까지는 전문가가 극히 드물었습니다. 아마추어 수준으로 대응하였기 때문에 문제가 수없이 많았습니다. 그럼에도 불구하고 그런 문제를 문제로 제기하지 못했습니다. 세상일 역시 그랬습니다. 불이익을 받고 있으면서도 어디에 하소연도 못하고 속으로 삭이고 말았습니다. 그러나 이제 세상은 바뀌고 있습니다. 여러 가지로 불이익에 대한 제의를 하게 되었습니다. 이제까지는 당하고만 살았는데 이제는 합법적인 절차를 통해서 항의하는 시대가 되었습니다. 아직도 여러 부분에서 미흡하지만 과거에 비해서 상당히 변화되었습니다. 파업이나 소송 등을 통해서 피해를 구제 받으려는 움직임이 활발합니다.

영적인 분야에서도 이제까지는 그저 참고 지내는 시절이었지만 이제는 상황이 달라지고 있고 달라져야 합니다. 어설픈 지식과 경험으로는 되지 않는 시대가 되고 있는 것입니다. 손해를 보고 가만히 참아야 하는 세대는 지나가고 있습니다. 이제는 잘못된 가르침으로 인해서 생긴 손해를 그냥 넘기지 않는 세대가 오고 있는 것입니다. 영적인 일에도 책임을 지는 분위기가 만들어지고 있습니다.

아마추어 식으로 무조건 믿으라는 말은 이제 설득력이 없습니다. 철저한 검증과 전문가적인 식견으로 무장된 전문 사역자 시대가 열리고 있는 것입니다. 과거에는 그저 은사를 받아 주먹구구식으로 환자에게 안수하고 나으면 다행이고 낫지 않으면 믿음이 없어서 그랬다는 식으로 환자에게 책임을 미루는 것은 더 이상 설 자리가 없을 것입니다. 정확한 진단과 그에 따른 조치를 통해서 문세를 해결하는 능력이어야만 존재할 수 있게 됩니다.

철저한 전문가 의식을 가지고 전문적인 지식을 갖춘 능력 사역자가 등장해야 합니다. 이제까지는 지식을 갖추지 못했기 때문에 목회자들에게 따돌림을 당하고 무시를 당했습니다. 전문 지식이 없었기 때문에 전문 지식으로 무장된 목회자들에 비해 열악한 처지에 있었습니다. 그러나 이제는 그렇지 않습니다. 전문지식을 갖추고 그 분야에서는 목회자를 월등히 능가함으로써 함부로 무시당할 수 없습니다. 오히려 당당하게 주어진 의무와 책임을 다하게 됩니다.

영적 지식과 능력은 주님으로부터 온 귀한 것입니다. 주의 선택된 일꾼으로 세움을 받았기 때문에 이 일을 귀하게 생각하고 사람들에게서 귀한 대접을 받아야 합니다. 그러기 위해서 영적으로 민감해야 하며 철저한 훈련과 지식으로 무장해서 주님이 주신 귀한 은사가 사람들로부터 무시되는 일이 없어야 합니다. 운동선수가 철저히 훈련하고 기술을 익히는 피나는 노력으로 성공할 때 그 운동이 사람들로부터 인정을 받고 사랑을 받습니다. 몇 사람의 투철한 선수로 인해서 그 운동이 사람들에게 인기를 끌고 귀하게 대접 받게 됩니다.

지금까지 능력 사역자는 교회의 중심에서 벗어나 있었습니다. 그러나 능력 사역이 교회의 중심이 되어야 하는 것은 아주 분명한 일입니다. 예수님이 우리에게 오셔서 하신 일이 그 일이었으며 주의 제자들에게 이 능력을 주어 세상 끝까지 복음을 전하라고 했습니다. 교회는 능력을 떠나서는 존재할 수 없는 것입니다. 그럼에도 불구하고 능력이 교회에서 왜 푸대접을 받고 있습니까? 전문성이 없었기 때문입니다. 그 이유는 은사를 받은 사람들이 철저한 훈련과 교육을 받지 못해서 전문가의 수준에 이르지 못하였기 때문입니다. 어설픈 아마추어적인 지식과 능력으로 사역을 해 왔던 구멍가게 시대는 사라지고 있습니다. 다양한 능력과 고도의 전문적인 지식으로 무장한 전문가 사역자의 시대가 열리고 있는 것입니다.

싸구려만 있을 때는 그 물건이 형편없었다는 것을 모릅니다. 그러나 품질이 우수하고 디자인이 세련된 물건이 시장에 등장하면 싸구려는 더 이상 시장에 존재하지 못하게 되듯이 철저한 영적 지식과 능력으로 무장한 전문사역자가 등장하면 어설픈 사역자는 사라지게 됩니다. 세상은 고도의 전문지식과 무한한 경쟁의 시대에 들어섰습니다. 국경 없는 무한 경쟁의 시대에 교회 역시 그렇게 될 것입니다.

이런 무한 경쟁의 새 시대를 맞이하는 젊은 세대에게 영적 민감성은 훌륭한 지도자로 세워질 수 있는 귀한 자질입니다. 영적으로 항상 민감해서 자신에게 일어나는 변화를 놓치지 않고 그 의미를 철저하게 분석하여 능력 있는 사역자로 세워지기를 바랍니다.

안수로 온전한 귀신축사 치유는 이렇게 됩니다. 많은 목회자와 성도들이 영-혼-육의 문제로 고생하다가 감언이설에 속아서 순간에 치유 받으려고 합니다. 물론 예수님께서 순간치유가 되게 할 수도 있습니다. 순간 치유를 받았다고 간증하기도 합니다. 그런데 문제가 있습니다. 환자에게서 일어나는 성령의 역사를 따르고 의지하지 않고 사역자의 완력으로 자신의 내면에 있는 사기덩어리를 드러내는 경우가 보통입니다. 인간적인 수준에서 보면 사역자가 능력이 많은 것으로 보일 수가 있습니다. 그러나 필자와 같이 내면세계를 정확하게 알고 성령의 역사를 아는 사역자가 보면 정말로 위험천만한 행동입니다. 환자가 자신 안에 형성된 사기 덩어리를 정화할 능력이 있으면 문제가 없습니다. 그런 경우는 순간치유가 됩니다.

그런데 대부분 내면에 뭉쳐졌다가 드러난 사기 덩어리를 정화할 성령의 역사가 일어나지 않는 경우가 보통입니다. 드러나서 떠나가지 않고 환자의 전인격에 영향을 미치기 시작합니다. 자신 속에 잠재하여 있던 영육의 문제를 사람의 완력으로 드러낸 것입니다. 정상적으로 지내던 사람이 갑자기 불안하고, 초조하고, 두려워서 잠을 자지 못하고, 가위눌림을 당하고, 헛것이 보이기도 하고, 간질을 하고 발작을 하면서 괴성을 지릅니다. 귀에서 윙하고 소리가 나기도 합니다. 머리가 깨질 것과 같이 아프기도 합니다. 정상적인 생활을 할 수 없는 지경에 이르게 됩니다. 그러면서 하는 말이 치유 받는 곳에서 귀신이 들어왔다고 합리화 합니다. 귀신이 들어온 것이 아니고 자신 안에 있던 사기가 정체를 폭로한 것입니다.

필자가 자주 비유하는 용어로 잠재의식에 있던 사기 덩어리가 반항을 하는 것입니다 드러나서 장악하여 정체를 드러낸 것입니다. 그래서 영적인 문제라고 단정하고 축사만 받으려고 합니다. 유명하다는 목사를 찾아가 안수를 받습니다. 한 번에 쉽게 해결을 받기 위해서 돌아다닙니다. 이렇게 이리저리 돌아다니다가 치유의 시기를 놓치는 경우가 허다합니다. 이렇게 순간치유는 위험성이 내포하고 있습니다.

필자는 환자가 이런 경우를 당하여 불필요한 고통을 당하지 않도록 성령님이 환자를 장악하는 만큼씩 치유가 되도록 인도합니다. 성령님이 장악한 만큼 치유가 되고 장악한 만큼 치유가 되는 것입니다. 그렇기 때문에 환자가 정상적인 생활을 하면서 치유가 되도록 사역하는 것입니다. 필자는 절대로 치유는 성령님이 일이라고 믿기 때문에 성령의 인도를 따릅니다. 필자는 인간적인 완력으로 사역하지 않습니다.

그런데 초보 사역자들이나 성도들은 필자가 능력이 없어서 그렇게 사역한다고 할 수도 있습니다. 완력으로 그러내서 벌벌 떨고 발작하다가 치유되거나 드러나서 고통을 당하거나 해서 밖으로 나타나야 되는 능력 있고 치유되는 줄로 알기 때문입니다. 우리나라 목회자나 성도들의 문제는 밖으로 나타나는 현상에 치중하는데 있습니다. 환자가 감당하지 못하는 사기 덩어리를 인간의 완력으로 드러내면 앞에서 말한바와 같이 환자가 정상적인 생활을 하지 못하게 됩니다. 성령님이 장악하는 만큼씩 치유해야 합니다. 이런 사람들이 나중에 고통을 당하고 난 다음에 필자가 하나님께서 함께 하는 사역자라고 인정하게 됩니다.

치유가 된 경우도 마찬가지입니다. 자신은 완전치유가 되었다고 생각하나 하나님의 입장에서 보면 70%가 치유된 것입니다. 70%가 치유되어도 직장을 다니고 생활하는 데 아무런 지장이 없습니다. 자신의 생각에는 100% 치유된 것으로 생각할 수가 있습니다. 방심하면 30%가 점점 강화되어 덤터기를 만날 수가 있다는 것을 알아야 합니다. 자신의 내면을 생명의 말씀과 성령으로 지속적으로 채워야 합니다.

많은 성도들이 영적이나 육적인 문제로 고통을 당하다가 하나님의 은혜로 치유를 받습니다. 그 후 얼마동안을 예배를 잘 참석하면시 영성을 유지하는 것이 보통입니다. 그런데 시간이 지나면 고통당하던 시절을 잊어버립니다. 이만하면 되겠지 하면서 예배를 등한히 하게 됩니다. 예를 든다면 주일예배뿐만이 아니라, 주중 저녁예배에도 열심히 참석하여 영성을 유지하다가 어느 날부터 슬슬 저녁예배를 나오지 않습니다. 사람이 많이 모이는 큰 교회로 가기도 합니다. 완전하게 인간적이 된 것입니다. 그러다가 덤터기를 만납니다. 알아야 할 것은 치유 받을 당시의 영성을 유지하지 못하면 육이 슬슬 강화되어 덤터기를 만나는 것이 보통입니다. 사람은 육체가 있으므로 치유 받을 당시 영성을 유지하지 못하면 육이 강화되어 하나님과 관계가 벌어지기 때문에 벌어진 사이로 귀신이 침입을 합니다. 그렇게 되면 종전에 고통당할 때보다 더 심하게 고생하는 것입니다.

그런데도 사람이기에 대비하지 못하고 당하는 경우가 많습니다. 당하고 나면 후회하다가 치유되면 다시는 그렇게 믿음 생활을 등한 히 하지 않게 됩니다. 알아야할 것은 자신이 잠재의식의 상처로 고통 을 당한 다음에 성령의 역사로 치유를 받았다면 100% 치유된 것이 아니라는 것을 알아야 합니다. 성령님이 함께 하시는 목회자를 통하 여 치유 받는 경우 영육의 문제의 70%가 치유되는 것입니다. 그래도 완전치유된 것과 같이 느끼게 됩니다. 나머지 30%는 신앙생활을 하 면서 깨닫는 만큼씩 치유가 되는 것입니다. 말씀을 성령으로 깨달아 회개하고 용서하는 만큼씩 하나님의 영역이 되어가면서 성령의 지배 와 인도를 받는 성도가 되는 것입니다. 치유 받을 당시의 성령의 역 사를 유지하는 것이 필수입니다. 그래서 영적으로 깨닫고 보면 하나 님의 형상으로 바꾸려는 하나님의 섭리라고 할 수가 있습니다.

영-혼-육의 문제가 있는 사람들의 기도도 마찬가지입니다. 필 자는 내면에서 하나님을 찾는 기도를 하여 성령으로 내면을 채우 라고 합니다. 내면이 성령으로 채워져야 채워진 곳에 사기가 떠나 가고 성령으로 채워지기 때문입니다. 내면이 성령으로 채워져서 안정되는 기도를 하라는 것입니다. 그런데 어디에서 누구에게 무 슨 말을 들었는지 강력하게 호흡을 들이쉬고 내쉰다든지 방언기 도를 하든지, 하면서 공격적인 기도를 합니다. 인간적으로 빨리 귀신이 떠나가고 치유가 되게 하려는 것입니다. 그러나 환자의 내면이 성령으로 장악이 되지 않은 상태라 생각과 같이 쉬게 되지 않는 것을 알 수가 있습니다.

이는 내면세계를 이해하고 영적인 것을 알고 보면 이렇게 공격적인 기도를 하면 자신 안에 남아있는 영적인 존재들이 반항을 합니다. 내면의 능력이 약하기 때문입니다. 영적이고 정신적인 문제를 일으키는 사기가 반항을 하기 때문에 기도하면 할수록 더 심하게 역사하는 것입니다. 이렇게 공격적인 기도는 사역자가 옆에서 돕고 있을 때 가능한 것입니다. 사역자는 공격적인 기도 후에 환자에게 내면에서 성령의 역사가 일어나는 기도를 하여 내면을 생명의 말씀과 성령으로 채우는 영적활동을 하도록 해야 합니다.

그렇기 때문에 자신이 변화되고 치유가 되는 것은 성령의 역사가 자신을 장악하는 만큼씩 되어지는 것입니다. 인간적인 욕심으로 영적이고 정신적인 문제를 치유할 수가 없습니다. 성령의 인도를 따라야 합니다. 그렇기 때문에 환자는 단번에 치유 받으려는 유혹에 속지 말아야 합니다. 절대로 더 심해질 수가 있습니다. 성령께서 장악하시는 만큼씩 치유가 되는 것입니다. 이는 하나님의 섭리이자 방법입니다. 하나님은 절대로 단번에 치유되어 온전한 사람이 되도록 역사하시지 않습니다.

7장 안수기도로 희한한 기적 체험하는 비결

(마8:14-15)"예수께서 베드로의 집에 들어가사, 그의 장모가 열병으로 앓아누운 것을 보시고 그의 손을 만지시니 열병이 떠나가고 여인이 일어나서 예수께 수종들더라."

안수기도로 희한한 기적을 일으키고 체험하신 분들은 예수를 믿을 때 죽고 다시 예수로 태어나야 합니다. 거듭나야 한다는 말입니다. 예수님은 이렇게 말하십니다. "예수께서 대답하여 이르시되 진실로 진실로 네게 이르노니 사람이 거듭나지 아니하면 하나님의 나라를 볼 수 없느니라. 니고데모가 이르되 사람이 늙으면 어떻게 날 수 있사옵나이까? 두 번째 모태에 들어갔다가 날 수 있사옵나이까? 예수께서 대답하시되 진실로 진실로 네게 이르노니 사람이 물과 성령으로 나지 아니하면 하나님의 나라에 들어갈 수 없느니라. 육으로 난 것은 육이요 영으로 난 것은 영이니, 내가 네게 거듭나야 하겠다 하는 말을 놀랍게 여기지 말라"(요 3:3-7).

성령으로 세례를 받고 성령의 지배와 장악이 되고 성령의 이끌림을 받은 사람이 되어야 합니다. 안수할 때 하나님께서 자신을 통하여 나타나시도록 자신이 죽어 없어져야 합니다. 자신이 안수하는 것이 아니요, 하나님께서 자신을 통하여 안수하신다는 믿음을 가져야 합니다. 안수할 때에 성령하나님의 역사가 나타나서 안수를 받는 사람에게 가시적인 성령의 역사가 일어나야 합니다. 마치 사마리아 사람들에게 사도들이 안수할 때 성령을 받은 것과 마찬가지로 안수할 때 성령의 가시적인 역사가 일어나야 합니다. "예루살렘에 있는 사도들이 사마리아도 하나님의 말씀을 받았다 함을 듣고 베드로와 요한을 보내매 그들이 내려가서 그들을 위하여 성령 받기를 기도하니 이는 아직 한 사람에게도 성령 내리신 일이 없고 오직 주 예수의 이름으로 세례만 받을 뿐이더라. 이에 두 사도가 그들에게 안수하매 성령을 받는지라"(행 8:14-17).

안수를 받는 분들도 안수하는 사역자를 통하여 하나님께서 나타나시는지 여부를 보고 깨닫고 안수를 받아야 할 것입니다. 목사가 안수하더라도 하나님께서 안수를 하신다고 믿고 안수를 받아야 합니다. 그러니까 목사가 안수할 때 성령의 살아있는 역사가 가시적으로 나타나야 할 것입니다. 아무나 목사라고 머리를 들이대고 안수를 받을 일이 아닙니다. 잘못하면 안수 받을 때 잘못된 인간적인 것들이 전이 될 수가 있습니다. 절대로 안수하는 분이나 안수를 받는 분 모두 성령하나님께서 안수하신다는 믿음으로 사역에 임해야 합니다. 인간에게 치유나 능력을 받으려고 하지 말라는 말입니다.

첫째, 안수기도로 희한한 기적을 체험하려면. 필자는 안수사역을 하면서 성령하나님께서 일으키는 희한한 기적을 종종 체험합니다. 필자가 영육의 문제로 고통당하는 환자를 만나면 절대로 당황하지 않습니다. 하나님께서 저를 통하여 희한한 기적을 일으키시면서 살아계신 것을 나타내기 위하여 환자를 보냈다고 믿고 행합니다. 성령께서 감동하시는 대로 순종하면서 사역을 진행합니다. 많은 분들이 필자가 성령의 감동을 받는 다고 하니까, 무슨 특별한 방법으로 음성을 듣는 다든지 지시를 받는 다든지 하는 것으로 이해하는 분들이 많습니다. 한마디로 그렇지 않습니다.

성령께서 저의 생각을 주장하시는 것입니다. 순간순간 필자의 생각을 주장하십니다. 필자는 순간순간 떠오르는 생각을 노치지 않고 생각대로 순종합니다. "손을 얹어 기도하라, 환자의 마음의 문이 열리기 대화하라. 부모를 안수기도 하라. 열은 떨어지라고 명령하라. 질병은 치유되라고 선포하라. 등" 그때그때 떠오르는 생각대로 움직입니다. 필자는 아무런 부담이나 두려움이나 치유되지 않으면 어쩌나 하는 불안감 없이 성령께서 저의 생각을 주장하신대로 순종합니다. 평안한 가운데 하나님께서 하신다는 믿음으로 움직이는 것입니다. 그러면 희한한 기적의 역사가 일어납니다. 절대로 성령하나님은 순종하는 저를 통하여 실수하지 않게 역사하십니다.

몇 칠전에 17개월 된 예진이라는 유아가 15일 동안 39도가 넘는 고열로 고생했지만 병원치유도 효과가 없어서 고통 가운데 지내다가 부모님들이 저에 대한 소문을 듣고 찾아왔습니다. 대화를 하다가 보니 이랬습니다. 낮에는 37.5-38도의 고열이 나서 병원치유를 받고 약을 복용시켰지만 치유가 되지 않았다는 것입니다. 새벽이면 더욱 열이 올랐는데 39도가 넘도록 올랐다는 것입니다. 해열제를 먹이면 34도로 열이 과다하게 떨어졌다는 것입니다.

그렇게 15일이 경과되니 아기는 물론이고 부모님들의 상태가 말아 아니었습니다. 성령님이 필자에게 아기가 이렇게 독한 감기가 발병되기 전에 무슨 일이 있었는지 질문하라는 것입니다. 그래서 질문했습니다. 그랬더니 아버지가 이렇게 대답하는 것입니다. 강릉에 여행 다녀온 것 외에는 없다는 것입니다. 그러니까. 엄마가 다녀오고 2-3일이 지난 다음부터 감기가 왔다는 것입니다. 그래서 필자가 이렇게 이해하도록 해석을 해주었습니다.

부모님들은 여행에서 기분이 좋았지만, 아기는 생소한 환경에서 두려움과 고통을 많이 느꼈다는 것을 알아야 한다고 알려주었습니다. 파도를 보고 어른들은 좋아했지만 아기를 공포에 사로잡혀있었다는 것입니다. 익숙 되지 않은 기상상태도 마찬가지…. 성령님이 필자의 생각에 이렇게 감동하시는 것입니다. 예진이는 원래 심장이 약했다는 것입니다. 그래서 원래 예진이는 심장이 약했다고 하니까, 외할머니가 평소에도 깜짝깜짝 잘 놀란다는 것입니다.

성령님이 먼저 예진이를 안수하라고 하여 예진이 머리에 손을 얹으니까, 말로 표현할 수 없도록 머리가 아픈 것이 감지가 되었습니다. 한 1분여 동안 안수를 했습니다. 열이 떨어지면서 예진이가 식은땀을 흘렸습니다. 그리고 부모님들을 안수하였습니다. 1-2분 안수하니까, 엄마가 먼저 울면서 쿡쿡 기침을 하면서 가래를 토해냈습니다. 아버지도 흐느꼈습니다. 조금 있으니까, 성령님이 저의 생각에 예진이가 열이 떨어졌다는 것입니다. 그래서 아기가 열이 떨어졌습니다. 했더니, 외할머니가 아이의 머리에 손을 얹으니 열이 떨어진 것입니다. 그 후부터 아기가 잘 돌아다니면서 놀았습니다. 15일을 고열로 고생하던 아기가 단 3분 만에 치유가 된 것입니다. 성령하나님께서 이렇게 희한한 기적을 일으키신 것입니다. 하나님은 하나님께서 사용하시는 사람을 통하여 희한한 기적을 일으키면서 살아계신 것을 증명하시는 것입니다. 부모님들에게 예진이로 인하여 부모님들의 신앙이 자랄 것이라고 조언했습니다. 신앙생활을 관념적으로 하지 말고 살아계신 성령하나님이 주장하시는 체험적인 믿음 생활을 하라고 권면했습니다.

둘째, 안수기도로 희한한 기적을 일으킨 사례입니다. 안수기도로 어깨통증과 오십견을 희한하게 치유한 경우입니다. 전북 익산에서 8년 동안 오십 견과 어깨 근육통증으로 고생하다가 치유 받은 목사님의 이야기입니다. 이 목사님이 우리교회에 치유의 능력을 받기 위해서 오셨습니다. 하루가 지나고 이틀이 지났습니다. 3일째 되던 날, 내가 오십 견이나 근육통으로 고생하는 분이 있으면 앞으로 나오라고 했습니다. 그랬더니 이분이 손을 들고 앞으로 나왔습니다. 나와서 나에게 이렇게 말했습니다.

"목사님 저는 8년 동안 오십 견과 어깨 근육통증으로 오른쪽 팔을 사용하지 못합니다." 그래서 필자가 "성령께서 이 시간 치유하여 주실 것입니다." 그랬더니 이분이 비웃는 것입니다. 8년 동안 이 방법, 저 방법을 다 사용해도 낫지 않았는데 어떻게 금방치유 되냐는 것입니다. 내가 아무 소리도 하지 않고 어디가 아프냐고 하니까, 오른쪽 팔이라는 것입니다.

그래서 내가 어깨에 손을 대니까, '아~' 하면서 괴성을 질렀습니다. 아프다는 오른쪽 어깨에 손을 얹고 본인에게 호흡을 들이쉬고 내쉬라고 하면서 성령님이 지배와 장악이 되도록 했습니다. 어느 정도 성령으로 장악이 되었습니다. 원래 오십 견이나 근육통은 성령이 장악되면 희한한 기적을 일으키며 순간 치유가 됩니다. 그래서 내가 "목과 어깨를 잡고 팔과 연결된 신경과 인대 디스크는 제자리에 들어갈지어다." 하고 명령을 했습니다. "오십 견과 어깨 근육통증은 치유될지어다." 그러면서 성령의 감동을 받으니 성령께서 어깨를 악한 영이 잡고 누르고 있으니 귀신을 물리치라는 것입니다. 그래서 어깨를 잡아서 "오십 견을 일으키는 귀신은 정체를 밝힐지어다." 했더니 기침을 하면서 팔을 막 돌리다가 흔드는 것입니다. 성령께서 역사하시는 것이 눈으로 보였습니다.

그래서 "성령님! 더 강하게 역사하여 주옵소서." 하면서 계속 안수기도를 하면서 강하게 역사하여 주실 것을 명령했습니다. 조금 지나니 팔 흔드는 것이 약해지는 것입니다. 성령의 권능에 의하여 오십 견을 일으키는 질병의 영이 제압을 당한 보증입니다. 내가 선포기도를 했습니다. "지금 이렇게 팔을 흔들었던 더러운 질병의 영은 떠나갈지어다." 하니까 기침을 사정없이 한 동안 했습니다. 기침이 잠잠해졌습니다. 그래서 목사님에게 팔을 올려보라고 했습니다.

그랬더니 어깨통증이 있어 올리지를 못하겠다는 것입니다. 그래서 내가 어깨에 손을 얹고 "어깨 통증을 일으키는 사기덩이는 예수 이름으로 명하노니 떠나가라." 했더니 막 소리를 지르는 것입니다. 그러면서 기침을 했습니다. 필자는 계속 어깨에 손을 얹고 "뿌리까지 빠질 지어다." 하면서 명령을 했습니다. 한 5분 동안 기침을 하다가 멈추었습니다. 그래서 목사님에게 팔을 올려보라고 했더니 머리 위로 쑥 올리는 것입니다. 통증이 없느냐고 했더니 어깨에 통증이 조금 있다는 것입니다. 그래서 어깨에 손을 얹고 통증은 완전하게 치유될 지어다. 하고 한참 안수를 하고 팔을 올려보라고 하니 잘도

올리는 것입니다. 8년 동안 고생하던 오십 견과 어깨통증이 단 10분 만에 치유가 된 것입니다. 이렇게 성령하나님은 안수기도를 통해서 희한한 기적을 일으키십니다.

안수기도로 희한하게 불치병 치유한 경우입니다. 안수기도로 팔이 올라가지 않는 질병의 순간치유 간증입니다. 가장 중요한 것은 충만한 교회에 와서 저의 육신의 불치병이 치유되었습니다. 5년 전부터 팔이 아프기 시작해서 귀 위까지는 올리지 못하다가 치료를 받았으나 팔꿈치 안쪽이 아프고 때로는 손에 힘이 빠져서 약간 떨림으로 커피를 타려면 손이 떨리게 됩니다. 세수할 때면 세면대에 팔을 받치고 얼굴을 갖다 대며 씻었습니다. 뒷목부분은 한쪽으로 팔꿈치를 받쳐 들고 목을 씻었습니다. 성경가방(무거운 물건)을 들고 한참 걷다가 손을 들려면 팔꿈치를 받쳐 들어야 하고 설거지를 좀 많이 하고 나면 한참씩 팔꿈치 안쪽이 아팠습니다. 병원진단 병명으로는 테니스 앨보로서 못 고치는 불치병이라고 했습니다.

그래서 포기하고 지내다가 충만한 교회에 와서 내적치유를 통해 은혜 받고 목사님이 안수하시면서 "팔은 올라갈지어다. 정상으로 회복될지어다. 팔을 잡고 있는 더러운 영들을 떠나갈지어다." 하고 선포하며 안수기도 받은 다음부터 팔이 올라가고 팔에 힘이 생겼습니다. 이제 머리도 마음대로 손질하고, 세면도 하고 무거운 물건도 들 수 있도록 팔에 힘이 생겼습니다. 주님을 찬양합니다. 사랑합니다. 만약에 귀하도 이런 고통을 당한다면 찾아 오셔서 희한한 기적을 일으키시는 성령하나님을 체험하고 기적적인 질병의 치유의 은혜를 몸으로 체험하기를 바랍니다.

안수기도해서 기적적으로 치유된 사례입니다. 어느 날 병원에 갔더니 한 다섯 살 정도 되는 여자 어린 아이가 옷을 발가벗고 얼음주머니를 겨드랑이와 아랫도리에 차고 숨을 거칠게 몰아쉬면서 누워 있었습니다. 그래서 이 아이 어머니가 누구냐고 물었더니 어제 저녁에 아이가 열이 너무 높아서 한 숨도 자지 못했기 때문에 지금 잠시 쉬러가고, 그 대신 구역장이 와서 아이를 간호하고 있었습니다. 그래서 어머니가 언제 오느냐고 했더니 한 한 시간 후에야 온다고 했습니다. 그래서 내가 어머니를 기다릴 수 없으니 기도해주고 가겠다고 하고 아이의 손을 잡으니까, 그 구역장이라는 여성이 하는 말이 손을 만지면 손가락이 부수어 진다는 것입니다.

그래서 아이의 머리와 가슴에 손을 얹고 "예수님의 이름으로 명령한다. 열은 떨어지고 정상으로 돌아올지어다. 건강이 회복될지어다." 하고 기도해주고 다른 병실을 전도를 마치고 아이의 상태가 하도 궁금하여 아이가 입원해 있는 병실로 가봤더니 아니 아이가 일어나서 동그란 뻥튀기를 먹고 있지 않습니까? 그래서 손가락을 보았더니 그렇게 퉁퉁 부어서 부서지게 생겼던 손가락의 부기가 완전히 빠지고 열이 떨어 진 것이 아닙니까? 기도해준 저도 놀랐습니다. 왜냐하면 저는 그때까지 예수님이 베드로의 장모 열병을 그 자리에서 고치신 것을 믿지를 않았습니다. 왜냐하면 제가 특수부대 근무할 때에 우리 지휘관이 열병에 걸려서 40일 동안 부대를 출근하지 못한 일이 있었습니다.

그때 저는 사령부에 근무하고 있을 때인데 한 20일이 지나니까 아마도 죽을 것 같다고 했습니다. 그러나 다행이도 열병이 나아서 부대에 출근을 했는데 보니까 입이 돌아갔었습니다. 그때 그것이 자아가 되어 어떻게 그렇게 중한 열병을 그 자리에서 낫게 한단 말인가 하고 믿지를 않았습니다. 그러다가 하나님이 그 의심을 제거하고 치유 사역자를 만들기 위해서 그 열병 환자를 만나게 하고, 그 자리에서 희한한 기적을 일으키시어 낫게 하신 것입니다. 그 아이가 열병으로 심하게 고통을 당한 질병의 명칭은 일본 가와사키 병이라고 나중에 그 아이의 어머니가 이야기 해주었습니다. 그 병을 앓게 되면 고열이 너무 심하여 심장이 터질 수도 있답니다. 그래서 열은 떨어졌지만 심장 검사를 하기 위하여 퇴원하지 않고 기다리다가 다음날 심장에 아무 이상이 없다고 하여 퇴원을 했습니다.

희한한 기적으로 허리디스크를 치유 받고 신유은사 나타나기도 합니다. 저는 허리 디스크로 15년 이상 고생을 하다가 치유 받고 신유의 은사를 받은 서석재 목사입니다. 허리 디스크로 사람노릇을 못하고 살았습니다. 어느 기도원장이 목회자가 되어야 하는데 사명을 감당하지 않아서 허리가 치유되지 않는다고 하여 신학을 시작했습니다. 그래서 목사가 되어 지금 교회를 개척하여 목회를 하고 있습니다. 우연한 기회에 인터넷에서 충만한 교회를 알게 되었습니다. 홈페이지에 기록되어있는 간증을 읽고 나도 치유를 받을 수 있다는 감동이 강하게 와서 신유집회에 참석하게 되었습니다.

신유집회에 참석하여 그동안 체험하지 못한 강한 성령의 불이 임하는 것을 체험을 했습니다. 내안에서 역사하는 악한 영들이 수없이 떠나갔습니다. 집회 마지막 날 강 목사님이 뼈와 신경 치유에 대한 강의를 마치시고 시범을 보이셨습니다. 뼈와 신경과 근육에 있던 질병들이 그 자리에서 치유가 되었습니다. 저도 저렇게 순간 치유를 할 수 있는 은사를 주셨으면 좋겠다는 말이 저절로 나왔습니다. 허리 디스크로 고생하는 분 나오라고 해서 나갔습니다. 누우라고 하시더니 양발을 잡으시더니 오른 발이 길다는 것입니다. 그리고는 양발을 잡고 성령이여 임하소서, 하시면서 안수기도를 하셨습니다. 머리와 어깨에 임하시고 사로잡아 주옵소서, 그리고 허리도 사로잡아 주옵소서, 골반도 사로잡아 주시고, 온몸 약한 부위를 사로잡아 주셔서 치유하여 주옵소서, 하고 임재를 요청하셨습니다. 그다음에 허리 골반을 강하게 사로잡아 주시고 치료하여 주옵소서, 허리도 돌려주시고, 완전하게 치유하여 주옵소서, 하고 안수기도를 하니 내 다리가 한쪽씩 올렸다 내렸다 합니다.

골반이 나도 모르게 돌려집니다. 이제 허리를 만지시는데 목을 뒤로하여 머리가 땅에 닿게 하시는데 꼭 허리가 부러지는 것 같았습니다. 투두둑 투두둑 하며 뼈가 만져지는 소리를 요란하게 냈습니다. 저는 순간 이러다 허리 부러지면 어떡하나 하고 걱정을 하기도 했습니다. 그러다가 이제는 다리를 쭉 펴더니 손으로 발을 잡고 으으으 하면서 일어섰다, 앉아다, 하게하면서 진동을 하더니 서서히 진동이 약해졌습니다.

목사님이 다리를 잡고 허리를 돌리면서 "지금까지 괴롭혔던 허리 디스크를 일으키던 병마는 떠나갈지어다" 하시는 것입니다. 내가 기침을 한동안 막 합니다. 그러더니 휴우! 휴우! 소리가 나옵니다. 목사님이 일어나서 허리한번 만져 보세요. 아픈가, 일어서서 허리에 손을 잡고 허리를 돌려보았더니 하나도 아프지 않습니다. 10

년을 괴롭히던 허리디스크가 희한하고 깨끗하게 치유되었습니다. 할렐루야! 주님께 영광 돌립니다. 정말 나에게도 이런 은사가 나타나게 해달라고 기도를 쉬지 않고 했습니다. 주일날이 되었습니다. 오후 예배를 마치고 성령께서 뼈와 신경과 근육이 성도를 불러내어 안수를 하라고 감동을 하십니다. 그래서 선포를 했습니다. 뼈와 신경과 근육에 질병이 있는 분들은 종이에 병명을 써놓고 앞에 나와서 기도를 하라고 했습니다. 그랬더니 7명이 나왔습니다. 그래서 목사님이 가르쳐 준대로 안수 기도를 했습니다.

막 성령의 역사가 일어나 기침을 하고 울고 했습니다. 모두 안수 기도를 해주었습니다. 끝난 다음에 일일이 물어보았습니다. 아픈 부위에 통증이 사라지지 않고 그대로 있느냐고 질문했습니다. 그러자 신기하다는 것입니다. 조금 전만 해도 그렇게 통증이 심하다가 안수 받고 나니 모두 시원해 졌다는 것입니다. 어디서 능력을 받아 왔느냐는 것입니다. 충만한 교회에 가서 십 오년 묶은 질병을 치유 받고 신유의 은사도 받은 것입니다. 하나님! 감사합니다.

천식에 걸려 2년 동안 입원치료하며 고통당하던 집사의 희한한 기적적인 순간치유의 예입니다. 안산에 있는 고대 병원에 전도를 하러 갔습니다. 병실을 돌고 있는데 6명이 입원하는 병실인데 어느 나이가 지긋한 여자 분이 계속 출입구를 보고 있는 것입니다. 그래서 저 목사입니다. 무슨 질병으로 임원을 했습니까? 그러니까 천식으로 2년 동안 고생하고 있다는 것입니다. 그래서 예수는 믿으세요. 하니까, 막 자랑을 합니다. 자기가 지금 시화에 이사와 사는데 서울에 살 때 서울의 유명한 ○○교회를 다녔다고 하면서 자신의 여동생들이 두 명이 있는데 다 권사라고 합니다. 그래서 병원에 입원하신지는 얼마나 되었습니까? 오늘로 꼭 육 개월째 되었습니다. 그래요 병세는 호전되고 있습니까? 더 하도 않고 덜하지도 않고 그저 그렇습니다. 이것은 제가 다 알고 질문하는 것입니다.

그래서 퇴원하세요. 예수 이름으로 기도하면 나으니까, 퇴원하시고 우리교회에서 가까운데 오셔서 예배를 드리고 안수 기도를 받으면 낫는다고 하면서 안수를 해주었습니다. 그리고 지금 기분이 어떠냐고 물었더니 아주 가슴이 편안해졌다고 대답을 하는 것이었습니다. 그래서 그것은 하나님이 기도해서 나으라고 하는 보증의 역사라고 퇴원하라고 했습니다. 그랬더니 이런 이야기를 하는 것입니다. 자기의 동생 권사들이 자신이 천식으로 고생을 한다고 하니 나를 대로 민간 방법을 알아보았나 봅니다. 그래서 충청도 어느 교회에 남자집사가 기 치료로 질병을 잘 고친다고 알려주면서 가서 기거하면서 치료받고 오라고 하여 4개월 동안 그 교회에 기거하며 기 치료를 받다가 더 심해지고 발작 증세가 나타나 중단하고 올라와 병원에 입원했다는 것입니다. 기 치료는 악령의 방법입니다. 절대 기 치료는 악령의 역사입니다. 설령 기 치료로 질병이 낫는다고 해도 그 때 악령이 침입했으므로 나이가 들고 기력이 떨어지면 심한 영적문제로 고생을 하게 됩니다.

여 집사는 월요일 날 퇴원을 하였습니다. 오전에 퇴원했다는 전화를 받고 집을 찾아갔습니다. 그랬더니 이 여 집사가 자기 방에서 나오지를 않는 것입니다. 악한영이 알아본 것입니다. 그래서 제가 집사님 나오세요. 목사님 피곤한데 왜 나오라고 하세요. 그래도 나오세요. 그랬더니 기어서 나오는데 얼굴이 벌써 겁에 질려있었습니다. 천식을 일으키는 귀신이 주는 두려움입니다. 그러면서 목사님 기침에 감이 좋다고 해서 감을 사왔어요. 감 좀 드세요. 하며 감을 나에게 밀었다. 그것보다도 질병치유가 우선입니다. 그랬더니 갑자기 기침을 사정없이 하는 것이었습니다. 아 천식이 알아차리고 나가는 구나 하고 다가가서 머리에 안수하면서 "천식을 일으키는 질병의 세력을 완전히 떠나갈지어다." 하니 계속적으로 기침을 해대는 것이었습니다.

한 3-4분을 기침을 하더니만 기침을 멈추었습니다. 이제 천식이 떠나갔습니다. 지금 몸이 개운하시죠. 그랬더니 아주 시원하고 살 것 같다는 것입니다. 내일 저녁식사를 대접 할 테니까 앞에 식당으로 나오라고 해서 사모를 데리고 가서 대접을 받았습니다. 그랬더니 만날 때마다 식사 대접을 하겠다고 합니다. 가만히 생각해보니 개척교회 목사를 불쌍히 보고 그런다는 감동이 들었습니다.

그래서 안 얻어먹지 않는다고 작정하고 거절을 했습니다. 성도들은 목회자를 대접하면 하나님의 축복을 받을 수도 있지만 얻어먹는 목사는 거지 귀신이 들어오는 것입니다. 목회자 여러분 얻어먹는 것 좋아하지 말고 될 수 있는 한 사드리시기를 바랍니다. 병원 전도 하면서 안수하여 질병을 치유한 것을 이루다 말할 수 없어 여기서 줄입니다.

8장 안수로 깊은 상처 정밀내적치유 비결

(시 38:8)"내가 피곤하고 심히 상하였으매 마음이 불안하여 신음하나이다."

안수기도로 잠재의식의 영적존재와 깊은 상처를 치유하려면 오랜 시간을 가지고 집중 안수기도를 해야 합니다. 잠재의식의 영적존재와 깊은 상처는 성령께서 완전하게 지배하시고 장악하셔야 잠재의식 깊은 곳에 뭉쳐있는 깊은 상처들이 치유됩니다. 일반적인 집회참석이나 잠간 잠간하는 기도나 안수로서는 깊은 상처와 영적인 문제와 질병들이 치유되지 않습니다. 잠재의식에 영적이고 심리적인 독소가 강하게 뭉쳐서 스스로 예배나 기도를 통하여 배출할 수 없는 경우에 개별정밀집중 내적치유를 하는 것입니다.

충만한 교회는 매주 화-수-목요일 정기적인 성령치유 집회가 있습니다. 많은 분들이 이 집회에 참석하여 잠재의식에 숨어있는 독소를 배출하고 있습니다. 잠재의식에 숨어있는 독소가 쌓인 기간이 길고 독소가 강하게 뭉쳐서 도저히 해결이 40-50분 기도하여 배출이 되지 않는 분들이 계십니다. 이런 분들이 사전에 예약하여 개별정밀집중 내적치유를 받습니다.

안수 기도하는 시간이 길어서 성령의 지배와 장악이 수월하여 잠재의식 깊은 곳까지 독소를 녹이면서 배출합니다. 아주 강력한 성령의 역사가 장악하니 몇 십년간 숨어서 고통을 가하던 독소들이 정체를 폭로하고 녹아지면서 배출이 됩니다.

첫째, 개별집중정밀 내적치유를 받아야 하는 분들이다. ◎ 기존 화-수-목 집회에 참석해도 잠재의식의 독소가 시원하게 배출되지 않는 분. ◎ 영의 만족을 누리지 못하여 방황하는 분. ◎ 기도할 때뿐이고 마음이 답답한 분. ◎ 가슴이 답답하고 기도하기가 힘이 드는 분. ◎ 강 목사가 가진 성령의 은사를 전이 받고 싶은 분. ◎ 삶에서 하나님을 누리는 축복의 통로를 뚫고 싶은 분. ◎ 성령사역을 하실 분으로 최단 단기간에 능력 받아 사역하실 분. ◎ 부모가 자녀들의 상처를 치유해주고 싶은 분. ◎ 성령의 불세례를 체험하고 지배와 장악되고 싶은 분. ◎ 불치병, 귀신 역사로 고통이 심하여 해결 받고 싶은 분. ◎ 직장과 학업, 생업으로 평일 날 시간 없어 집회에 참석하지 못해 치유 받지 못하는 분. ◎ 마음의 참 평안을 체험하고 느끼고 싶은 분으로 세상 사람들이 맞는 프로포폴 효과보다 더 오래가고 더 깊은 평안을 누릴 수가 있습니다. ◎ 목 디스크, 허리디스크, 어깨통증, 허리통증, 근육통, 온몸이 아프고 무거워 생활하기 어려움을 순간치유 받고 싶은 분. ◎ 난치병, 영적인 문제로 고통당하고 계시는 분. ◎ 우울증, 공황장애, 조울증, 불면증으로 고생하시는 분 등입니다.

둘째, 잠재의식에 숨어있는 독소로 나타나는 영적인 고통. 스트레스를 받다가 해소하지 못하고 몸속에 독소가 쌓이면 영적으로 변화를 체험적으로 느낄 수가 있습니다. 스트레스는 영적인 생활에도 지대한 영향을 미칩니다. 그래서 스트레스를 만 가지 문제의 근원이라고 하는 것입니다.

◎ 기도하기가 힘들어 집니다. 스트레스로 무기력과 탈진에 빠

져서 영혼이 자유 함을 누리지 못하면 기도의 문이 막혀서 기도하기가 힘듭니다. 기도하지 못하여 영육의 기능이 비정상적으로 되기 때문에 분노와 혈기와 찌증이 심해집니다. 가장 신뢰하고 사랑해야 할 부부 사이에 불화가 생깁니다. 자기의 잘못을 인정하기보다 다른 사람에게 책임 전가를 하는 이기주의자가 됩니다. 하는 일마다 잘 되지 않아 경제적인 고통이 찾아옵니다. 살아가는 것이 짐으로 느껴집니다. 거짓말을 스스럼없이 하고 삽니다. 하나님보다 사람의 눈치를 보며 삽니다.

습관적인 죄에 빠지며 삶의 변화가 없는 입술의 고백만을 하고 삽니다. 마음이 불안하고 답답하며, 심각한 정신 질환인 우울증, 조울증, 공황장애, 불안장애, 치매 등으로 고통을 당하기도 합니다. 시기 질투가 강하여 다른 사람을 죽이고 싶은 충동까지도 종종 느끼게 됩니다. 약을 사용해도 아무 효력이 없는 원인 모를 육신의 질병으로 고생하기도 합니다. 이곳저곳에 뼈와 신경의 질병과 근육통이 생깁니다. 영적인 질병으로 발전이 되어 가위눌림을 당하기도 합니다. 필자도 스트레스로 영육이 정상이지 못할 때 가위눌림을 당하여 죽는 줄만 알았습니다. 귀신들림으로 고통을 당할 수도 있습니다. 육신이 병든 증거로 고통이 극심함과 같이, 영혼이 병들은 증거도 이와 같이 영적 고통이 임하는 것입니다. 영에서 병이 드니 정신으로 육체로 병이 진전되는 것입니다. 그래서 크리스천이 영혼의 만족은 참으로 중요합니다.

◎ 말씀이 들리지 않고 보이지 않습니다. 필자역시 교회를 개척하고 부흥되지 않아 스트레스를 받다가 스트레스에 걸려 영적인 무

기력과 탈진에 빠지니까, 무엇보다도 괴로운 것은 말씀이 들리지 않고 보이지 않는 것입니다. 은혜를 받겠다고 성령집회에 찾아가면 말씀을 들을 수가 없었습니다. 잡념과 졸음으로 집중을 하지 못하였습니다. 그렇게 6개월여를 고통을 하다가 하나님께 지혜를 구했습니다. 그랬더니 이렇게 감동하시는 것입니다. 말씀을 받아쓰기를 하라는 것입니다. 그리고 녹음을 하라는 것입니다. 이유는 이렇습니다. 받아쓰기를 하면 집중할 수가 있기 때문입니다. 녹음을 하는 이유는 받아쓰기를 못한 부분은 교회에 돌아와 저녁에 녹음한 것을 들으면서 보강하라는 것입니다. 그러면서 서서히 집중력이 생기고 말씀이 들리기 시작했습니다. 본인이 노력을 하여 극복하려고 해야 좀 더 빨리 해방이 될 수가 있습니다.

◎ 영육으로 무기력해 집니다. 스트레스를 받다가 스트레스에 걸려 무기력과 탈진에 빠져서 영혼이 불만족한 사람은 방향감각이 없습니다. 필자가 교회를 개척하고 부흥되지 않아 스트레스를 받을 때 항상 머리가 묵직하고 멍했습니다. 생각이 떠오르지 않는 것입니다. 육체는 망가져서 속은 쓰리고 아프고 조그마한 소리에도 참지 못하고 분을 발했습니다. 금방 곪어서 죽는 것과 같았습니다. 믿음이 아예 없었던 것입니다.

하나님을 믿지를 못하는 것입니다. 모든 것을 필자가 해야 하는 것으로 생각하니 매사가 불안하고 두려움이 떠나가지를 않는 것입니다. 정신이 흐리멍덩하며 자신이 지금 어디로 향하고 있는지 위치 파악이 안 되는 것처럼, 스트레스로 인하여 탈진에 빠진 사람은 지금 자신이 가고 있는 방향이 어디인지를 모릅니다. 목표와 방향이 없기 때문에 왜 신앙생활을 해야 하는지를 모릅니다. 무엇 때문에 목회를 했는지 모릅니다. 무엇 때문에 말씀을 전해야 하는지도 모르고 전합니다. 아무리 앉아서 기도하려고 해도 기도가 되지를 않습니다. 죽고 싶은 생각만 났습니다. 사당역에서 몇 번이나 전철에 뛰어들려고 생각했다가 어린 자식들과 사모가 살아가려면 얼마나 고생할까, 내가 자살하는 것은 무책임한 일이다고 생각하고 접었습니다.

◎ 영적의지를 발휘하지 못합니다. 정상적인 신앙생활을 하던 크리스천이라도 스트레스를 지속적으로 받아 탈진 상태에 빠지면 혈통이나 육체에 역사하던 귀신이 현재의식을 장악하여 정상적인 의지를 하지 못하게 합니다. 마음이 어두워지고 평안과 기쁨과 감사를 잃어버립니다. 귀신이 사람의 의지를 잡으니까, 일어나는 현상입니다. 미운 생각, 세속적 생각, 교만한 생각, 부정적 생각의 사람이 됩니다. 항상 생각이 부정적이 되어서 정상적인 사람들과의 대화가 되지를 않습니다. 은혜가 소멸되어 기도와 교회가 멀어지고 말씀을 불순종하며 거역합니다.

귀신에게 영이 눌려서 잠을 자니 생명의 말씀이 깨달아지지 않기 때문입니다. 차가운 사람, 불순종의 사람, 거짓을 말하고 증오를 합니다. 좋은 이야기를 해도 의심하며 받아들이지 않기 때문에 정상적인 사람들이 대화하기를 꺼려합니다. 양심이 마귀의 화인을 맞아 죄책을 느끼지 못합니다. 스트레스로 인하여 귀신이 마음을 억압하면 자신을 학대하게 되는데 의욕상실, 우울증, 불면, 패배감, 자포자기, 환각, 환청, 자살충동, 정신이상 등 자신의 본래 모습을 상실하고 맙니다. 옛사람이 나타나서 유혹의 욕심을 따라서 정욕으로 행합니다. 우상을 좇습니다.

허영을 좇습니다. 음욕이 불타서 성적인 범죄를 저지릅니다. 환경에 지기 때문에 심령이 병드는 것입니다. 스트레스로 환경과 자신을 이기지 못하면 마치 막 5장의 군대 귀신들린 자의 모습(막5:1-20)이 됩니다. 자기 몸에 상처를 내며 사람들에게 공포를 조성하는 사람이 됩니다. 이 모든 일들이 스트레스를 제때 해소하지 않고 잠재의식에 독소가 쌓여서 일어나는 영적인 현상입니다.

셋째, 집중정밀 안수기도간 숨어있던 악의 존재가 정체를 폭로한다. 개별집중정밀 내적치유는 잠재의식 깊은 곳이 숨어있는 영적 정신적 육체적인 요소들의 정체를 사전에 폭로하여 예방할 수가 있습니다. 대부분의 혈통에 흐르는 영적존재들은 태중에서부터 침입하여 자리를 잡습니다. 조상 중에 무당이 있다든지, 남묘호랭객교를 믿었든지, 천리교를 믿었든지, 절에 스님이 있다든지, 우상을 지독하게 섬겼다든지, 절에 재물을 많이 시주 했다든지, 영적이고 정신적인 질병으로 고생하다가 돌아간 사람이 있다든지, 등등의 원인이 있는 사람들은 모두 잠재의식에 잠복하여 있다고 보아야 예방이 가능합니다. 이런 사람들은 태아시절에 귀신이 침입을 하기도 합니다. 유아시기에도 침입을 합니다. 그러니까, 영적정신적인 문제 보균자들입니다.

영육으로 안정된 생활을 할 때에는 아무런 문제를 일으키지 않는 것이 보통입니다. 이렇게 잠재하여 있던 영적정신적인 문제들이 사업 파산, 결혼실패, 직장해고, 학교공부 스트레스, 충격적인 상처, 놀람 등 자신이 감당할 수 없는 충격을 받거나 장기간 스트레스를 받아 체력이 급속이 저하되었을 때 밖으로 나타납니다. 그래서 저는 균형 잡힌 영성이 되어야 한다는 말을 많이 합니다. 영-혼-육이 균형이 잡혀야 정상적인 생활을 할 수가 있다는 말입니다.

우리가 스트레스를 받으면 체력의 소모가 많이 됩니다. 체력이 떨어지니 자신 속에 잠재하여 있던 영육의 문제가 드러나는 것입니다. 정상적으로 지내던 사람이 갑자기 불안하고, 초조하고, 두려워서 잠을 자지 못하고, 가위눌림을 당하고, 헛것이 보이기도 하고, 간질을 하고 발작을 하면서 괴성을 지릅니다. 머리가 어지럽고 깨질 것과 같이 아프기도 합니다. 정상적인 생활을 할 수 없는 지경에 이르게 됩니다. 그래서 영적인 문제라고 단정하고 축사만 받으려고 합니다. 유명하다는 목사를 찾아가 안수를 받습니다. 한 번에 쉽게 해결을 받기 위해서 돌아다닙니다. 이렇게 이리저리 돌아다니다가 치유의 시기를 놓치는 경우가 허다합니다.

그러다가 영적인 분야를 잘 알지 못하는 사역자를 만나 금식도 합니다. 그러나 금식은 금물입니다. 체력이 소진되어 문제가 발생했는데 금식을 하면은 기름 탱크에 불을 붙이는 것과 마찬가지입니다. 더 악화된다는 것입니다. 이때에는 당황하지 말고 환자를 안정을 시키고 우선 체력을 보강해야 합니다. 빠른 시간에 체력을 보강할 수 있는 보약이나 다른 보양 식품을 먹여야 합니다. 그래서 체력을 회복시켜야 합니다. 안정을 취하게 해야 합니다. 그러면서 정신적인 문제를 바르게 전문으로 치유하는 사역자에게 가서 말씀과 성령으로 치유를 받으면 바로 정상이 됩니다. 치유는 무조건 축귀만 한다고 치유가 절대로 되지 않습니다. 비전문가의 축귀는 오히려 더 악화될 수가 있습니다.

주의해야 합니다. 잠재의식에 숨어있던 요소들이 밖으로 드러났을 때(영육의 좋지 못한 현상을 일으킬 때)는 치유가 그렇게 쉽고, 단순하지 않습니다. 환자 스스로 말씀 듣고 성령으로 기도를 하도록 해야 합니다. 본인의 심령에서 성령의 역사가 일어나야 합니다. 자신의 영의 힘으로 일어서게 해야 합니다. 환자가 영적 자립을 해야 하므로 시간이 걸립니다. 급하게 생각한다고 빨리 치유되는 것이 절대로 아닙니다. 축사만 하면 당시에는 치유가 된 것 같은데 시간이 지나면 재발을 합니다. 영적 자립능력이 없기 때문입니다. 그런데 이와 같은 전문적인 치유를 일반 성도들이나 목회자는 잘 이해하지 못합니다. 그래서 영적치유를 받겠다고 1년 이상 돌아다니면서 이 사람 저 사람에게 안수와 축귀만 받으면서 돌아다니게 됩니다.

이러다가 치유의 시기를 놓쳐서 환자가 사람 노릇을 못할 정도로 심각해 질수가 있으니 주의 하지 않으면 안 됩니다. 제일 좋은 것은 사전에 예방하는 것입니다. 이런 가계력이 있다면 미리 성령이 충만한 교회에 가셔서 전문적인 치유사역자의 도움을 받아가며, 성령의 역사로 문제의 잠복된 요소들을 배출하는 것입니다. 아무 교회나 다닌다고 예방되는 것은 절대로 아닙니다. 살아계신 성령의 역사가 있고, 생명의 말씀이 증거 되는 교회라야 사전에 영적인 진단을 하여 치유될 수가 있습니다. 성령이 강하게 역사하는 교회라야 정체를 폭로합니다. 폭로된 귀신도 떠나갑니다. 성령의 역사로 떠난 귀신이 다시 침입하지 못합니다. 미리 예방할 수가 있다는 말입니다.

침입한 귀신은 나이에 상관없이 정체를 드러냅니다. 고등학교 1-2학년 17살(고1)에 제일 많이 드러냅니다. 학업에 스트레스가 심하기 때문입니다. 20살에 드러냅니다. 24살에 드러냅니다. 결혼하여 잦은 부부불화가 있을 때 드러냅니다. 27살, 32살, 36살, 38살 43살 53살 등등 한번 침입한 귀신은 인내하며 기다리다가 취약한 시기가 되면 반드시 정체를 드러냅니다. 말씀과 성령의 역사로 정기적인 영적 진단과 내적치유와 축귀하는 예방 신앙이 중요합니다. 상처가 있고 영적으로 깔끔하지 못한 가계력을 가진 분들은 교회를 잘 정해야 합니다. 성령의 역사가 강한 교회에서 신앙생활을 하면서 미리 영적 진단하여 치유해야 하기 때문입니다. 예방신앙이 중요합니다. 숨어있던 귀신은 자신들이 원하는 시기가 되면 반드시 정체를 드러내기 때문입니다.

실제적으로 얼마 전에 토요일 개별정밀집중 내적치유 할 때 체험했던 사실입니다. A라는 여 집사가 계기가 되어 개별정밀집중 내적치유를 두 번에 걸쳐서 받게 되었습니다. 첫날은 성령으로 세례 받고 내면의 상처가 치유되니 깊은 곳까지 악의 요소가 정체를 폭로하지 않았습니다. 첫날 끝내려고 하는 데 얼굴이 검어지고 입술이 파랗게 되었습니다. 기도하다가 기도시간이 종료되었습니다. 머리가 어지럽다는 것입니다. 머리 어지러운 것을 일단 안정시키고 필자가 이렇게 말했습니다. 머리가 어지러운 것은 잠재의식에 숨어있던 혈통에 흐르는 영적인 존재들이 모두 떠나가지 않고 남았다는 증거입니다. 잔재가 남아있기 때문에 어지러운 것이라고 말해 주었습니다.

다음 주에 한 번 더 받으면 모두 정리가 될 것입니다. 이분이 순종하여 다음 주에 한 번 더 개별정밀집중 내적치유를 받게 되었습니다. 필자가 한동안 안수기도를 하는데 성령께서 혈통에 흐르는 무당의 영이 있다는 것입니다. 그것뿐만이 아니고 유방암을 일으키는 존재들이 혈통에 흐른다는 것입니다. 그래서 명령을 했습니다. "내가 나사렛 예수님의 이름으로 명령한다. 혈통에 흐르는 무당의 영의 역사는 정체를 밝힐지어다. 혈통에 흐르는 무당의 영의 역사는 정체를 밝힐지어다." 명령하며 안수기도를 했더니 여 집사가 얼굴이 검어지면서 입술이 검어지면서 머리가 어지럽고 아프다는 것입니다. 무당의 영이 정체를 폭로한 것입니다. 혹시 혈통에 무당에 심취되었거나 무당이었던 분이 없었느냐고 질문했더니 자신의 외할머니가 반 무당이었다고 이야기를 들었다는 것입니다.

한동안 안수 기도하여 무당의 영의 역사를 몰아냈습니다. 본인에게 평소에도 머리가 어지럽거나 아프지 않았느냐고 질문했더니 평소에는 그런 일이 없었다는 것입니다. 이는 평소에는 충격이나 스트레스 없이 정상적인 생활을 했기 때문에 밖으로 정체를 드러내지 않은 것입니다. 영육으로 안정된 생활을 할 때에는 아무런 문제를 일으키지 않는 것이 보통입니다. 이렇게 잠재하여 있던 영적정신적인 문제들이 사업 파산, 결혼실패, 직장해고, 학교공부 스트레스, 충격적인 상처, 놀람 등 자신이 감당할 수 없는 충격을 받거나 장기간 스트레스를 받아 체력이 급속이 저하되었을 때 밖으로 나타납니다. 이분은 생활이 안정되어 이런 상황에 도달하지 않은 것입니다. 그러나 인생을 살아가다가 좋지 못한 경우에 처하고 갱년기에 들어서면 반드시 밖으로 드러나 문제를 일으키기 시작을 합니다.

한동안 기도를 하니 이제 혈통으로 타고 흐르는 유방암을 일으키는 영들을 몰아내라고 성령께서 생각을 주장하시는 것입니다. 그래서 "내가 예수님의 이름으로 명령한다. 혈통에 흐르는 유방암을 일으키는 존재는 정체를 폭로할지어다. 혈통에 흐르는 유방암을 일으키는 존재는 정체를 폭로할지어다." 했더니 다시 머리가 어지럽고 두통이 일어나고 토할 것 같다는 것입니다. 안수기도를 하여 정체를 폭로시키고 한동안 안수기도를 하니 안정을 찾았습니다. 혈통에 유방암을 앓는 분이 없었느냐고 질문했더니 이모가 유방암으로 돌아가셨다는 것입니다. 그래서 주기적으로 유방암 검사를 받아 예방하라고 했습니다. 성령의 역사가 강한 교회에서 신앙생활하는 것이 예방하는 것이라고 조언했습니다. 이렇게 개별집중 정밀 내적치유는 잠재의식 깊은 곳이 숨어있는 영적 정신적 육체적인 요소들의 정체를 사전에 폭로하여 예방할 수가 있습니다.

넷째, 개별집중 정밀 안수하는 기술. 성령의 역사가 치유하는 것입니다. 그러므로 사역자는 자신이 어떻게 하여 환자를 치유한다는 생각을 접어야 합니다. 환자를 눕거나 앉거나 자유입니다. 기도하게 합니다. 처음에 안수기도를 하여 성령의 역사가 깊은 곳에서 일어나게 합니다. 환자는 호흡을 아랫배까지 들이쉬고 내쉬면서 기도하게 합니다. 호흡을 급하게 하지 말고 평소 호흡하는 속도록 하게 합니다. 호흡을 들이쉴 때는 아랫배에 힘을 주고 들이쉬고 내쉴 때는 주여! 나 방언기도나 할렐루야! 나 소리를 내면서 기도하게 합니다. 이유는 말을 하면서 기도할 때 더욱 성령의 역사가 강하게 일어나기 때문입니다. 계속 호흡으로 기도하다가 보면 환자가 숨을 몰아쉰다든지, 안수하는 손으로 이상 현상이 감지되면 치유가 시작되는 것입니다. 절대로 소리를 지르지 말고 지속적으로 기도하게 하면 깊어지면서 치유가 되고 귀신도 떠나가고 몸속의 독소도 배출이 됩니다.

다섯째, 개별 집중정밀 내적치유 간 몸속독소가 배출되며 일어나는 현상. 지금 매주 정밀내적치유 시 강력한 성령의 역사가 일어나면서 강한 몸속의 독소들이 녹아지고 배출이 됩니다. 상황을 요약해서 정리하면 이렇습니다. 안수기도를 하고 상당한 시간이 흐른 다음에는 상처가 치유되었습니다. 악~악~악~ 하면서 분노가 터져 나왔습니다. 40대 중반의 여성은 손가락을 입어 넣고 빨면서 엄마를 찾았습니다. 야~ 이 새끼야~ 그래 잘났다. 잘 났어! 하면서 욕을 해대는 여성도 있었습니다. 으흐응~ 으흐응~ 으흐응~ 하면서 앓는 소리를 하는 70대 여성도 있었습니다. 이렇게 상처가 치유가 되었습니다.

상처가 치유되고 조금 더 시간이 흐르니, 이제 세대의 영들이 축사되었습니다. 아이고~ 아이고~ 아이고~ 곡을 하면서 떠나는 귀신도 있었습니다. 나갈게 나가면 되잖아~ 하면서 떠나는 귀신도 있었습니다. 손발이 오그라들면서(중풍) 떠나가는 귀신도 있었습니다. 야! 내가 이년을 관절염에 걸리게 해서 걷지 못하게 하려고 했는데 이제 틀렸다. 내가 나가야 하다니 원통하다. 하면서 나가기도 했습니다. 이 집사님은 무릎관절로 고생을 하던 분입니다. 다른 분에게서는 아이고~ 아이고~ 내가 지금까지 여기에서 살았는데 어디로 가라는 거야! 하소연을 한동안 하다가 떠나가기도 했습니다. 어떤 성도는 괴롭히는 귀신은 예수 이름으로 명령하니 떠나가라. 했더니, 그래 간다. 이 자식아~ 가면 되잖아 하면서 떠나기도 했습니다.

오십견을 일으키던 귀신은 악~ 악~ 하면서 어깨통증을 일으키며 떠나갔습니다. 현장에서 오십견, 허리디스크, 근육통 복부통증 등등이 치유가 되었습니다. 허리와 근육에 강한 통증을 유발하며 떠나갔습니다. 시간이 많이 흐른 다음에는 세대의 영들이 별별 희한한 행동과 소리를 하면서 떠나갔습니다. 늦은 분들은 아주 많이 시간이 흐른 다음에 악한 영들이 떠나갔습니다. 정말로 유익한 시간을 보냈습니다. 그래서 매주 토요일 날 희망하는 분들을 대상으로 사역을 하려고 하는 것입니다. 제가 이 사역을 하면서 깨달은 것은 나름대로 성령이 충만하다고 자부하는 사람들에게도 몸속에 독소가 있고 귀신이 역사하고 있었다는 것입니다. 이 독소가 녹아져서 배출되고 귀신들이 떠나가는데 상당히 오랜 시간이 걸린다는 것입니다. 성령께서 완전하게 지배하고 장악이 되어야 독소가 녹아져서 배출되고 귀신들이 떠나가기 때문입니다. 사람마다 성령께서 환자를 지배하고 장악하는 시간이 많이 걸립니다. 집중 정밀치유를 해야 된다는 것입니다. 그래서 성령께서 필자에게 감동하여 알려주신 시간이 맞아떨어진다는 것입니다. 좌우지간 어떤 강한 몸속의 독소라도 귀신 역사라도 마음을 열고 3-5회만 받으면 모두 녹아지고 배출되어 새로운 삶을 살아갈 수가 있습니다. 하나님은 하시지 못하는 것이 없으신 초자연적인 하나님이시기 때문입니다.

2부 안수란 어떤 영적의미가 있나

9장 안수는 복음에 빠질 수 없는 것

(행8:14~24)"예루살렘에 있는 사도들이 사마리아도 하나님의 말씀을 받았다 함을 듣고 베드로와 요한을 보내매 (15) 그들이 내려가서 그들을 위하여 성령 받기를 기도하니 (16) 이는 아직 한 사람에게도 성령 내리신 일이 없고 오직 주 예수의 이름으로 세례만 받을 뿐이더라 (17) 이에 두 사도가 그들에게 안수하매 성령을 받는지라 (18) 시몬이 사도들의 안수로 성령 받는 것을 보고 돈을 드려 (19) 이르되 이 권능을 내게도 주어 누구든지 내가 안수하는 사람은 성령을 받게 하여 주소서 하니 (20) 베드로가 이르되 네가 하나님의 선물을 돈 주고 살 줄로 생각하였으니 네 은과 네가 함께 망할지어다. (21) 하나님 앞에서 네 마음이 바르지 못하니 이 도에는 네가 관계도 없고 분깃 될 것도 없느니라. (22) 그러므로 너의 이 악함을 회개하고 주께 기도하라 혹 마음에 품은 것을 사하여 주시리라. (23) 내가 보니 너는 악독이 가득하며 불의에 매인 바 되었도다. (24) 시몬이 대답하여 이르되 나를 위하여 주께 기도하여 말한 것이 하나도 내게 임하지 않게 하소서 하니라"

안수라 하는 것은 영어로 Laying on of hands라는 말로 손을 얹고 기도하는 것을 안수(按手)라고 말합니다. 우리가 물 세례를 받으라고 말하고 권하면 거부감이 없이 잘 받아들이고 세례를 받으려고 하지만, 어떤 이는 세례를 안 받겠다고 거부하는 사람도 있습니다. 안수도 역시 믿는 사람이 반드시 필요하고 받아야 하는 것입니다. 세례도 예수를 믿기로 작정한 후 6개월을 교회에 출석하면 학습 문답을 하여 학습 교인이 되고, 그 후에 6개월을 무흠하게 교회에 잘 출석하고 성경 말씀을 잘 배우면 세례 문답을 하고 세례를 받는 것이 정상적인 한국 장로교회의 전통입니다.

안수도 역시 서리 집사가 되고, 더 열심히 집사 일을 잘하여 교인들이 선거를 하여 2/3 이상이 안수 집사가 되는 것이 좋겠다고 지지하는 투표가 나오면 집사에게 날을 정하여 예배 시간에 목사와 장로들이 안수를 하여 안수 집사로 세웁니다. 안수 집사가 된 후에 교회를 잘 섬기면 다시 성도들이 투표를 하여 2/3 이상의 지지를 받은 사람들이 피택 장로가 되고, 6개월을 무임으로 교회를 잘 섬기면 장로 고시를 노회에 가서 치른 후에 합격이 되면 장로 장립식을 하면서 장로가 되는 안수를 받습니다.

목사가 될 때에도 안수를 받습니다. 믿음의 진보를 따라서 받는 안수를 사모하며 치유를 위한 병든자 안수는 주의하여 하는 것이 좋습니다. 성직을 세우는 안수를 받기를 노력하며, 신앙의 발전을 이루며 살아가는 것이 안수의 예식입니다. 우리가 신앙의 초보를 버리고 신앙의 발전을 항상 사모하고 노력하며 살아가는 신앙인이 되는 것이 마땅한 도리입니다. 안수를 받음으로 ① 죽은 행실을 회개하는 것이 첫째의 신앙의 초보를 버림이요. ② 하나님께 대한 신앙의 고백이 있음이 신앙의 초보를 벗어남이요. ③ 세례를 받음이 신앙의 초보를 버림이요. ④ 안수를 받아서 영적 일체가 되는 것이 신앙의 초보를 버림이요. ⑤ 성령의 세례를 받고 성령의 인도로 부활을 바라보고 살아가는 신앙인이 신앙의 초보를 버림이요. ⑥ 영원한 심판을 확신하는 믿음이 있는 자가 신앙의 초보를 버린 자입니다.

우리가 다른 초보를 버리는 일에 대하여서는 잘 알고 있지만 안수에 대하여서는 오해를 하거나 이해를 하지 못하는 사람이 많습니다. 안수라 함은 글자 그대로 손을 얹는 것이 안수입니다. 손을 얹고서는 대개 하나님께 기도를 하니 안수기도로 항상 생각하게 됩니다. 그러나 안수 기도만 안수가 아니고, 안수하고 축복을 하는 것도, 이삭에 야곱에게 축복하였고, 야곱이 요셉의 아들들에게 손을 얹고 축복한 것도 역시 안수입니다. 우리는 안수를 하면 기도만 생각하지 말고 축복도 생각하는 초보를 버린 신앙인이 되어야 합니다.

안수는 하나의 의식으로 구약성경 뿐 아니라 신약성서에도 나타나고 있습니다. 그리고 이것은 오늘날 교회에서나 기도원에서 여러 가지 형태와 목적을 가지고 시행되고 있습니다. 본래 하나님께서 안수하라고 하셨을 때 그것은 어떤 목적과 의미를 가지고 있었는가? 구약 성도들은 안수를 어떤 목적으로 사용하였는가? 그리고 예수와 사도들은 안수를 통해서 무엇을 하셨는가? 오늘날 안수는 어떻게 사용되어질 수 있고 그 폐해는 어떤 것인가? 본 연구에서 우리는 성경에서 이미 사용된 안수가 어떠할 때 사용되었는가를 살피고 오늘날의 적용을 시도해 보고자 합니다.

첫째, 영적전이 '임파테이션'이란 무엇인가? '임파테이션'이란 내가 가진 성령이나 성령의 은사를 안수기도와 터치 같은 것을 통해 다른 사람에게도 넘겨주는 것을 가리킵니다. 그래서 성령의 세례와 성령의 불이 전이됩니다. 능력이 약한 자는 이것을 통해 능력이 강해지고, 예언의 은사가 약한 자는 예언의 은사가 강해지며, 치유은사가 약했던 자는 치유능력을 강하게 받게 된다고 믿는 생각입니다. 그런데 정말 성령의 은사에 대한 전이라는 것이 가능한 사역일까요? 내게 있는 강한 은사를 다른 사람에게도 넘겨줄 수가 있는 것인가요? 성령의 은사 쪽에서 일하는 부분은 그것이 얼마든지 가능하다고 말합니다. 필자도 가능하다고 믿고 생각하고 사역을 하고 있습니다. 단 영적인 조건이 충족되었을 때 가능합니다. 영적인 충족은 하나님께서 안수기도 하는 사람을 통하여 일하신다는 믿음입니다. 그래서 그것이 가짜라면 어찌 이 많은 사람들이 '임파테이션'을 받으러 다니며 오겠느냐면서 자신 있게 말할 수 있습니다. 정말로 자신이 받은 성령이나 성령의 은사를 남에게도 넘겨줄 수가 있는 것일까요?

결론부터 말하면 '임파테이션'을 받는 사람의 믿음대로 된다고 생각합니다. 안 된다고 생각하고 안수기도를 받으면 성령이나 성령의 은사 전이가 안 되는 것입니다. 된다고 믿고 사모하고 안수기도를 받으면 되는 것입니다. 문제는 안수기도를 받는 사람이 사람에게 안수기도를 받는 다고 생각하는 데에 문제가 있습니다. 사람에게 안수 받고 성령이나 성령의 은사를 받는 다고 생각하고 받으면 절대로 전이가 되지 않을 것입니다. 목회자 중에는 후배 목회자가 성령으로 충만하고 성령님이 함께 하시는 영권이 나타나는 목사가 있으면 시기를 합니다. 그리고 후배목사에게 안수기도를 받지 않는다고 말합니다. 이런 분은 죽을 때까지 다른 사람에게 안수 받아서 성령이나 성령의 은사 전이 받을 수가 없습니다. 모두 그런 것이 아니고 일부 목회자는 그렇지 않는 분도 있습니다. 후배목사에게 찾아 가서 머리를 숙여 안수기도를 받는 존경스러운 목사님도 계십니다.

왜냐하면 후배 목사라도 안수기도는 예수님의 이름으로 하는 것입니다. 예수님이 후배목사를 통하여 나타나시고 안수하시는 것입니다. 분명하게 후배목사는 예수를 믿을 때 죽었습니다. 성경은 이렇게 말합니다. "그가 모든 사람을 대신하여 죽으심은 살아 있는 자들로 하여금 다시는 그들 자신을 위하여 살지 않고 오직 그들을 대신하여 죽었다가 다시 살아나신 이를 위하여 살게 하려 함이라(고후 5:15)" 분명하게 예수를 믿을 때 죽었고 예수님으로 다시 산 것입니다. 이제 예수님을 위해서 살아야 합니다. 예수님을 위해서 산다는 것은 인간적으로 예수님을 위해 사는 것이 아니라, 영이신 예수님께서 자신을 통하여 일하시게 한다는 뜻입니다. 예수님이 주인이 되어야 합니다. "친히 나무에 달려 그 몸으로 우리 죄를 담당하셨으니 이는 우리로 죄에 대하여 죽고 의에 대하여 살게 하려 하심이라. 그가 채찍에 맞음으로 너희는 나음을 얻었나니(벧전 2:24)" 이제 옛 사람이 죽었으니 자기의 의지로 살지 말고 성령의 인도를 받아야 합니다. "무릇 하나님의 영으로 인도함을 받는 사람은 곧 하나님의 아들이라(롬 8:14)" 성령으로 자신이 없어지고 전 인격이 성령의 지배를 받아야 합니다. 성령의 이끌림을 받아야 합니다. 성령의 이끌림을 받는 상태에서 후배목사를 통하여 자신 안에 주인으로 계시는 하나님께서 직접 안수하시는 것입니다. 그렇기 때문에 안수기도를 받는 분이 어떻게 믿느냐에 따라서 성령이나 성령의 은사전이가 이루어지기도 하고 이루어지지 않기도 하는 것입니다. 실제로 필자의 충만한 교회는 주일날만 참석해도 성령세례와 성령의 체험과 성령의 불로 충만을 받습니다. 그래서 성령의 불의 역사가 일어나는 장소(교회)가 중요한 것입니다.

둘째, 성령의 전이, 은사의 전이는 과연 성경적인가? 우선 성령의 전이 혹은 은사의 전이가 복음적 인지부터 살펴보겠습니다. 성령을 받지 못하는 자에게 성령 받은 자가 안수하면 성령을 받게 되는 것일까? 그리고 은사를 받은 이가 은사를 다른 사람에게 넘겨줄 수가 있는가? 성경에 보면, 안수를 통해 성령 혹은 성령의 은사를 전이해주는 본문이 두 번 나옵니다. 하나는 사마리아교회의 사역에서 나오고(행8:17~18), 또 하나는 에베소교회 사역에서 나옵니다(행19:6). 그중의 하나의 예로 사마리아교회의 경우를 보겠습니다. 사마리아교회는 오순절에 성령을 받았던 예루살렘교회의 안수집사였던 빌립이 나가서 개척한 교회입니다. 빌립집사는 처음부터 그 성 사람들에게 예수님이 그리스도임을 증거 했고 성령의 능력으로 표적도 행하고 귀신도 축사하고 중풍병자나 못 걷는 사람도 낮게 했습니다. 그렇게 함으로써 사마리아 사람들을 주님께로 잘 인도했고 그들에게 물세례까지 주었습니다.

그때였습니다. 사마리아인들도 하나님의 말씀을 받아들였다는 소식을 들은 예루살렘교회에서는 두 명의 사도들을 사마리아로 파송합니다. 그리하여 베드로와 요한이 오는데, 가서보니 아직 한 사람에게도 성령이 내리신 일이 없었다는 것을 발견하게 됩니다. 그리하여 두 사도가 안수했을 때에, 그들도 성령을 받게 되었다고 기록되어 있습니다. 성경에 기록되어 있으니 믿어야 합니다. 기록된 말씀은 믿어야 합니다. 그 당시 그곳에 없었으니 증거가 되는 것은 성경말씀입니다. 성경말씀에 이렇게 기록되어 있습니다. "그들이 내려가서 그들을 위하여 성령 받기를 기도하니 (16) 이는 아직 한 사람에게도 성령 내리신 일이 없고 오직 주 예수의 이름으로 세례만 받을 뿐이더라 (17) 이에 두 사도가 그들에게 안수하매 성령을 받는지라"(행8:15-17).

그렇다면 고린도전서 12장 3절에 보면 "그러므로 내가 너희에게 알리노니 하나님의 영으로 말하는 자는 누구든지 예수를 저주할 자라 하지 아니하고 또 성령으로 아니하고는 누구든지 예수를 주시라 할 수 없느니라." 말씀하고 있습니다. 그럼 정말 사마리아 성도는 성령도 받지 않고 예수님을 믿고 물세례만 받은 성도들이었다는 말입니까? 고전12:3에 의하면, 성령으로 하지 않고서는 예수를 주시라고 고백하지 아니할 수 없다고 하였는데, 이들은 정말 성령이 빠진 믿음과 물세례만 받은 사람들이었을까? 하지만 성경은 이 일이 있고난 후의 사건이 기록됨으로써, 그때 사마리아성도들이 사도들로부터 성령을 받았는지 아니면 성령의 은사를 받았는지를 가르쳐줍니다. 결론은 처음 예수를 믿을 때 받은 성령은 내주하시는 성령이시고 사도들이 안수할 때 밖으로 나타내 보이는 성령의 역사와 성령의 은사를 받았다는 것입니다.

그때 사마리아 동네에 시몬이라는 마술사가 있었는데, 그가 베드로를 찾아가서 자기도 누구든지 안수할 때에 성령을 받게 해 줄 수 있는 권세를 넘겨달라고 돈을 주며 부탁을 합니다. 그때, 베드로는 어떻게 했습니까? "네가 하나님의 선물을 돈 주고 살줄로 생각하였으니 네 은과 네가 함께 망할지어다(행8:20)" 이 말은 무슨 뜻입니까? 사마리아성도들이 두 사도의 안수를 통해 받게 된 것은 인격적인 성령 하나님이 아니라, 바로 살아서 역사하시는 성령의 선물 곧 밖으로 나타나는 성령의 은사였다는 것입니다. 그러니 믿을 때 성령을 받은 사마리아성도들이었지만 아직까지 성령의 나타남이 없었고, 하나님의 선물인 은사들이 나타나지 않았던 것을 두 사도가 가서 안수함으로써 그들도 성령의 충만함을 받고 성령이 나타나고 성령의 은사들이 나타나게 되었음을 알 수 있습니다. 성령께서 사마리아 성도들을 지배하고 장악하여 밖으로 나타나는 성령의 역사가 일어났다는 것입니다. 눈으로 밖으로 보이는 성령의 역사가 사마리아 성도들을 통하여 밖으로 나타났다는 것입니다. 이를 시몬이 보고 자신도 돈을 주며 성령 받게 해달라고 했던 것입니다.

또한 이러한 확증은 헬라어원문을 통해서도 살펴볼 수 있습니다. 왜냐하면 이 본문에 등장하는 '성령'이라는 단어에 정관사가 붙어있지 않기 때문입니다. 정관사가 붙어있는 성령은 인격적인 성령하나님을 가리키지만, 정관사가 붙어있지 않는 성령은 사실, 성령 자체라기보다는 성령의 어떤 것 즉 성령의 나타남과 성령의 은사이기 때문입니다. 특히 사도행전의 저자인 누가가 썼던 먼저의 복음 곧 누가복음 11장에 의하면, 예수께서는 "구하는 자에게 성령을 주시지 않겠느냐?(눅11;13)"고 말했던 사실을 찾아낼 수 있습니다. 이 구절에 나오는 '성령'도 사실은 정관사가 붙어있지 않기 때문입니다.

다시 말해, 이 본문은 믿는 자가 구했을 때에 하나님께서는 성령하나님을 주시는 것이 아니라, 성령의 어떤 것 즉 성령의 밖으로 나타남과 성령의 선물인 은사를 주지 않겠느냐는 뜻입니다. 고로 행8장에서 사마리아성도들이 받았다는 성령도 겉으로 표현된 문구만 보게 되면, 성령하나님 같아 보이지만, 헬라어원문에는 성령의 나타남과 성령의 은사인 것을 확인할 수가 있습니다. 그래서 "그들이 내려가서 그들을 위하여 성령 받기를 기도하니 (16) 이는 아직 한 사람에게도 성령 내리신 일이 없고 오직 주 예수의 이름으로 세례만 받을 뿐이더라 (17) 이에 두 사도가 그들에게 안수하매 성령을 받는지라"(행8:15-17). 는 사마리아 성도들이 예수를 믿을 때 내주해 있던 성령이 사도들이 안수할 때 성도들을 지배하고 장악하여 밖으로 가시적으로 나타났다는 뜻으로 이해하면 정확할 것입니다. 이렇다 저렇다 자꾸 따지면 성경말씀을 믿을 수가 없습니다. 성경에 기록되어 있으면 믿는 것입니다. 믿을 때 받은 성령님이 성도들을 지배하고 장악될 때 가시적인 현상이 나타난 것입니다. 그러니까 마술사 시몬이 그것을 보고 너무나 좋아서 돈을 주면서 성령 받게 해달라고 한 것입니다.

셋째, 영적전이 임파테이션은 누가 행할 수 있는가? 정작 중요한 이슈는 성령이나 성령의 은사를 받은 두 사도가 안수함으로 자신이 가지고 있는 성령이나 성령의 은사를 나눠줄 수 있느냐 하는 문제입니다. 결론부터 말씀드리자면, 성령 받은 사도들은 사마리아성도들로 하여금 성령과 성령의 은사를 받게 할 수가 없다는 것입니다. 앞에서도 설명했지만 이들은 예수를 믿을 때 죽었기 때문입니다. 이들은 모두 예수님으로 다시 태어난 것입니다. 예수님이 사도들을 통하여 사마리아 사람들에게 성령의 나타남과 성령의 은사를 전이 했다는 것입니다.

왜냐하면 성령의 은사는 한 성령께서 각 사람의 분량에 따라 나눠주신다고 기록되어 있기 때문입니다(고전12:11). 사람이 나누어주는 것이 아니고 성령께서 나누어주시는 것입니다. 다시 말해 누구에게 성령의 은사를 줄 것인가를 결정하시는 분은 성령이시지 은사자가 아니라, 성령하나님 자신이기 때문입니다. 그리고 성령의 은사를 받을 당사자에게 어떤 성령의 은사를 줄 것인지는 바로 성령 하나님께서 결정하는 것이지 결코 은사자가 자기가 가지고 있는 은사를 인위적으로 나눠주는 것은 아니라는 사실입니다.

그러므로 임파테이션을 통해 내가 가진 은사를 상대방에 넘겨줄 수 있다고 생각하는 그 자체가 잘못된 것임을 즉각적으로 알 수 있습니다. 전적으로 임파테이션은 성령께서 직접 하시는 것입니다.

자신이 가진 은사를 안수를 통하여 임파테이션을 통하여 넘겨준다는 발상은 지극히 잘못된 것입니다. 그렇기 때문에 안수의 주체를 명확하게 해야 합니다.

넷째, 오늘날의 임파테이션의 실체는 무엇인가? 성령의 은사자가 자신의 은사를 넘겨주어 다른 사람에게서 은사가 나타나고 있는 것은 어떻게 설명할 수 있다는 말입니까? 그것은 간단합니다. 아무리 뛰어난 성령의 은사자라 할지라도 자신의 은사를 자신이 남에게 넘겨줄 권한이 없습니다. 그것은 성령께서 직접 하시는 일이지 은사자가 하는 일이 아니기 때문입니다. 그렇기 때문에 자신 안에 주인이신 하나님과 관계를 열어야 합니다. 하나님과 관계는 뒷전으로 하고 은사자를 찾아다니면서 은사 전이 받으려고 아무리 노력해도 성령의 은사는 나타나지 않을 것입니다. 자신안에 계신 하나님과 관계를 열려고 노력해야 합니다. "그런즉 너희는 먼저 그의 나라와 그의 의를 구하라 그리하면 이 모든 것을 너희에게 더하시리라"(마 6:33).

예를 하나 들어보겠습니다. 필자가 신유의 은사를 가지고 있는데 다른 분에게 안수를 통해 임파테이션을 해주어 이제는 그가 치유사역을 하게 되었다면, 이것은 진짜 임파테이션이 아닌가 하는 것입니다. 그것을 필자가 가진 신유의 은사를 안수 받은 사람 안에 성령께서 나타나게 해주신 것입니다. 이것은 '성령의 역사가 아니다' 라고 말하는 것은 오해된 생각입니다. 지금 성령의 역사는 하늘에서 뚝딱하고 떨어지는 것이 아니고 성령을 받은 사람을 통하여 전이되는 것입니다.

　필자가 여러번 말했지만 성령 받은 사람은 예수를 믿을 때 죽고 예수로 태어나 성령의 지배와 장악이 되어 성령의 인도를 받는 사람입니다. 성령의 전이 된 사람입니다. 분명하게 하나님은 고린도전서 6장 19절에서 "너희 몸은 너희가 하나님께로부터 받은바 너희 가운데 계신 성령의 전인 줄을 알지 못하느냐 너희는 너희 자신의 것이 아니라" 말씀하셨기 때문입니다. 그렇기 때문에 성령이나 성령의 은사는 받을 수 있는 상태만 되어 있으면 안수를 통하여 전이될 수가 있습니다.

　성령이나 성령의 은사를 전이 받을 수 있는 상태란 예수를 믿고 죽고 예수로 태어나 성령의 인도를 받아 자신 안에 주인으로 계시는 하나님과 관계가 열린 상태를 말합니다. 예수를 믿으며 죽고 예수로 살고 있는 사람에게 성령님이 성령이나 성령의 은사를 주시지 않을 이유가 없습니다. 하나님은 이렇게 말씀하셨습니다. "자기 아들을 아끼지 아니하시고 우리 모든 사람을 위하여 내주신 이가 어찌 그 아들과 함께 모든 것을 우리에게 주시지 아니하겠느냐"(롬 8:32). 성령이나 성령의 은사나 받을 수 있는 심령상태만 되면 안수를 통하여 전이 받을 수 있습니다. 단 자신 안에 성령하나님으로부터 전이 받는 것입니다. 절대로 능력자를 통하여 전이 받는 것이 아니고 자신 안에 주인으로 계시는 성령하나님으로부터 전이 받는 것입니다.

10장 안수는 과연 무엇이며 어떤 것

(딤전5:22)"아무에게나 경솔히 안수하지 말고 다른 사람
의 죄에 간섭지 말고 네 자신을 지켜 정결케 하라"

안수기도란 기도를 받는 사람의 머리 위에 목사가 손을 얹는 일입니다. 구약에서 안수는 하나님에게 바치고 성별해 두는 것을 의미했습니다. "너는 수송아지를 회막 앞으로 끌어오고 아론과 그 아들들은 그 송아지 머리에 안수할지며"(출29:10). "여호와께서 모세에게 이르시되 눈의 아들 여호수아는 신에 감동된 자니 너는 데려다가 그에게 안수하고"(민2718). "모세가 눈의 아들 여호수아에게 안수하였으므로 그에게 지혜의 신이 충만하니 이스라엘 자손이 여호와께서 모세에게 명하신 대로 여호수아의 말을 순종하였더라"(신34:9).

신약에서는 병을 고칠 때 안수를 했습니다. "거기서는 아무 권능도 행하실 수 없어 다만 소수의 병인에게 안수하여 고치실뿐이었고"(막6:5). "안수하시매 여자가 곧 펴고 하나님께 영광을 돌리는지라"(눅13:13). 세례를 베풀 때 안수했습니다. "세례들과 안수와 죽은 자의 부활과 영원한 심판에 관한 교훈의 터를 다시 닦지 말고 완전한 데 나아갈지니라"(히6:2). 성직자를 성별할 때(행6:1-6, 13:1-13)등에 행했습니다(레16:21).

안수기도란 일반적으로 성직자가 기도 받는 성도를 향해 머리나 몸에 손을 얹든지 등 만지면서 기도하는 것을 말합니다. 예수님의 치유사역을 사복음서에 찾아보면 40여 가지의 치유 행위가 나오는데

말씀으로 명령치유는 사역은 17회 행하셨고 안수하심이나 만짐으로 치유하신 사역은 16회가 나옵니다.

첫째, 성경에 기록된 안수입니다. 먼저 구약 성경에 보면 안수는 여러 경우에 사용되었습니다. 먼저 야곱이 자녀를 축복할 때 자녀의 머리에 손을 얹었습니다(창 48:14). 그리고 제사장이 희생 제물을 바칠 때 짐승의 머리에 안수하였습니다(출 29:10,레 1:4). 하나님의 이름을 훼방하고 저주한 사람을 돌로 쳐서 죽일 때에 하나님의 이름을 훼방하는 말을 들은 자들이 그의 머리에 안수하였습니다(레24:14). 그리고 레위인을 정결케 하여 여호와 하나님을 섬기게 할 때에 이스라엘 자손이 레위인에게 안수하였습니다(민 8:10). 여호수아를 이스라엘의 지도자로 세울 때 모세가 그에게 안수하였습니다(민 27:18-23). 예수님은 병자를 고치실 때 안수를 많이 하셨습니다(마 8:15, 막 1:41,8:23, 25, 눅 4:40 등). 그러나 손을 대시지 않고 그냥 말씀으로 고치실 때도 많았습니다(마 8:13, 9:6, 12:13, 15:28, 17:18 등).

그리고 어린 아이들을 축복하실 때에 아이들을 안고 안수하시고 축복하셨습니다(마19:13-15, 막 10:16). 하지만 사도들을 세우실 때 예수님이 안수하셨다는 기록을 우리는 성경에서 발견할 수 없습니다. 단지 말씀으로 그들을 세우셨으며 아무런 의식이 없었습니다(마 10:1, 막 3:13-15, 눅 6:12,13). 초대교회에서 맛디아를 세울 때에 안수했다는 성경의 기록은 없습니다. 유추해서 생각하면 안수를 했다고 믿는 것이 맞는다고 생각합니다. 안디옥교회가 바울과 바나바를 선교사로 파송할 때에도 안수를 했습니다(행 13:3). 그러나 성령과 지혜가 충만한 일곱 사람을 세울 때에는 사도들이 기도하고 안수하였습니다(행 6:6). 그리고 사마리아의 사람들이 '성령' 받을 때에 사도들이 기도하고 안수하였습니다(행 8:17). 에베소의 어떤 제자들도 바울이 안수할 때에 '성령'이 그들에게 임하였습니다(행 19:6). 디모데는 '장로의 회'에서 안수 받았으며, 그 때 예언으로 말미암아 은사를 받았습니다(딤전 4:14; 딤후 1:6 참조). 그리고 사도 바울은 디모데에게 "아무에게나 경솔히 안수하지 말라"고 당부했습니다(딤전 5:22). 이것을 보면 초대 교회에서 어떤 사람을 직분자로 세울 때 안수가 일반적 관행이었다고 생각됩니다.

그러나 안수 그 자체가 영적인 은사를 전달하는 것은 아니었습니다. 사도행전 6장 3절에 보면 초대 교회의 일곱 사람들은 안수받기 전에 이미 성령과 지혜가 충만하였습니다. 사도행전 13장 3절에 보면 이미 직분자로 봉사하고 있는 바나바와 사울을 따로 세워서 금식 기도하고 안수하여 선교사로 파송하였습니다. 디모데전서 4장 14절에 의하면 예언과 안수는 은사의 '기원'이 아니라 '통로'였습니다. 즉, 안수 자체가 은사를 가져다주는 원인이 아니라 하나님이 은사를 주시는 하나의 수단, 통로가 되었다는 말입니다. 안수하는 사람의 성령이나 은사를 전이 하는 것이 아니고 안수하는 사람의 주인이신 하나님께서 안수하는 사람을 통로로 하여 직접 하시는 것입니다.

둘째, 교회사에서 행해졌던 안수 사역. 초대교회 사도들의 안수 관례는 고대 교회에서 세례와 치유할 때, 그리고 타락한 자와 이단들을 다시 받아들일 때, 결혼과 회개와 임직 시 등에 사용되었습니다. 임직의 경우에 안수 권리는 오직 감독만 가지고 있었습니다. 그리고 안수는 항상 기도와 함께 사용되었으며, 오랫동안 직분은사를 수여하는 상징적 표로 이해되었습니다. 그러나 그것은 서서히 '자동적으로' 역사하는 하나의 성례(聖禮)로 이해되어 갔습니다.

루터파 교회는 초기에 이러한 가톨릭의 견해를 배척하였으나 나중에 그것을 다시 받아들였으며, 심지어 그것에 커다란 가치를 부여하기도 했습니다. 이에 반해 개혁 교회는, 안수는 그리스도의 명령이 아니며, 따라서 꼭 필요한 것은 아니라는 견해를 일치하게 가졌습니다. 그러나 칼빈과 같은 이는 안수에 대해 그것은 유익하며 본받을 만한 가치가 있는 것이라고 생각하였습니다(「기독교 강요」IV,3,16). 예수님이 제자들을 임명할 때 안수 했다는 성경의 기록은 없습니다.

어쨌든 안수는 임직에 있어서 본질적인 요소가 아닙니다. 왜냐하면 그것은 예수님 자신이나 사도들에 의해, 그리고 장로들에 의해 한 마디도 언급되지 않았기 때문입니다. 그리고 안수에 의해 특별한 직분의 영이 기계적으로 전달된다고 생각해서는 안 됩니다. 왜냐하면 안수는 필요한 은사를 '전달'하는 것이 아니라, 그 직분에 요구되는 은사를 '전제'하고 있기 때문입니다. 안수는 어떤 직분으로 부름 받은 자를 공개적으로 세우는 것이며, 그 직분을 시작하도록 엄숙하게 취임시키는 것입니다. 그것은 부름 받은 자가 적법한 절차를 따라 그리고 하나님으로부터 보냄 받았으며, 그리고 그 직분에 필요한 은사들을 소유하고 있으며, 따라서 교회가 그를 그렇게 받아들이고 인정하고 존경해야 한다는 것을 하나님 앞과 교회 앞에 엄숙하게, 공개적으로 선언하는 것이라고 생각합니다. 마치 물세례와 마찬가지라는 것입니다. 물세례는 거듭남(구원)을 얻었다는 외적인 표식에 불과합니다. 성령님께서 인치신 사람들이 회개한 후, 자신의 신앙에 대한 고백과 확증으로써 물세례를 받는 것입니다. 물세례를 자신이 예수를 믿고 교회의 일원이 되었다는 것을 회중에 알리는 것입니다.

셋째, 한국 교회에 만연하고 있는 안수사역. 목사나 장로 안수 식 때 안수를 통해 무슨 영력을 받는 것으로 생각하는 경향이 은연중에 배어 있습니다. 마치 안수 자들의 손을 통해 영력이 전달되는 것처럼 말입니다. 그래서 한국 교회에서는 안수에 대해 마력적으로 생각하는 경향이 강합니다. 그래서 성도들의 관심은 온통 안수 식 자체에 몰려 있습니다. 이것은 우리의 언어생활에도 잘 나타나 있습니다. 사람들은 어떤 사람이 "언제 목사로 임직 받았는가?"라고 묻지 아니하고 "언제 안수 받았는가?"라고 묻는다. 이것은 장로 장립의 경우에도 마찬가지입니다.

그래서 어떻게 하든 안수만 받으면 다 되는 것으로 생각하는 경향이 강합니다. 그러나 중요한 것은 안수 자체가 아니라, 그 사람이 목사나 장로로 세움 받기에 합당한 자격을 갖추었는가 하는 것입니다. 이것은 목사의 경우에, 그 사람이 합당한 신학 교육을 받았는지 여부와 충분한 신학 지식을 소유하고 있는지 여부, 그리고 목사로서 합당한 신앙과 인격을 소유하고 있는지 여부의 문제입니다. 이런 것들은 대개 신학대학원 졸업 여부와 목사 고시 합격 여부, 교회의 청빙 여부로 판정됩니다. 그래서 이러한 과정을 다 통과했다면 그 사람은 목사로서의 자격을 갖춘 것이며, 이것이 본질적으로 중요합니다. 안수는 이제 그 사람이 목사로서 자격이 있으며 교회에서 목사직 수행을 시작하게 되었다는 것을 공개적으로 천명하는 외적 의식일 뿐입니다.

따라서 그 이전의 신학 교육과 준비 과정은 생각하지 아니하고 오로지 안수에만 초점을 두는 것은 잘못된 태도라고 할 수 있습니다. 참고로 화란개혁교회에서는 목사 안수식이란 게 따로 없다는 것입니다. 목사 임직식을 할 때 목사나 신학 교수 한 분이 초청받아 와서 설교를 한 다음 내려와서 혼자서 손을 얹고 간단히 기도함으로 끝난다고 합니다. 거기에는 무슨 거창한 안수식도 없고 사진 찍는 일도 없다는 것입니다. 왜냐하면 그 사람이 목사로서 직무를 수행할 수 있는 자격을 갖추었으며, 합당한 신학 교육을 거쳐 최종적으로 목사고시에 합격했다는 사실이 중요하기 때문입니다.

그리고 장로 임직식 때에는 아예 안수를 하지 않는다고 합니다. 그저 주일오전 예배나 오후 예배 시에 목사가 장로 임직을 위한 예식문을 읽고서 장로 후보자를 불러 세운 후 서약 문답을 하고 교회 앞에 장로 취임 사실을 선포함으로써 끝이 난다는 것입니다. 그 시간은 총 10분 정도밖에 걸리지 않으며, 노회 임원들을 초청하는 일도 없고 타 교회 교인들을 초청하는 일도 없다는 것입니다. 안수 식 같은 것은 아예 없으며 사진 찍는 일도 없다는 것입니다.

그런데 한국 교회에서 문제가 많이 되는 것은 병 고침 곧 치유(治癒)와 관계된 안수 기도입니다. 이런 것은 종교개혁 당시나 그 후의 서양 교회에서는 거의 없었던 일입니다. 따라서 신학적으로 논의가 되지도 않았습니다. 이것은 20세기에 들어와서 오순절 계통에서 문제가 되기 시작했으며 급기야 한국의 장로교회에게까지 들어오게 된 것입니다.

앞에서 살펴본 것처럼, 예수님은 병을 고치실 때에 안수하실 때도 있었고 하지 않으실 때도 있었습니다. 예수님의 병 고치시는 방법은 경우에 따라 다르며 다양했다고 할 수 있습니다. 선석으로 성령의 인도에 따라 안수기도도 하시고, 말씀 선포 명령도 하시고, 만지시기도 하셨습니다. 예수님께서 병자에게 안수하신 것은 그 안수를 통해 하나님의 능력이 전달되기 때문이 아니라, 연약한 인간에 대한 긍휼과 연민의 정을 표현하시기 위해서였을 것입니다. 필자는 안수할 때 마음을 열기 때문에 병이 치유되었다고 생각합니다. 한번 생각해 보시기를 바랍니다. 예수님이 문둥병자의 머리에 손을 얹었다. 아마 하나님께서도 감동하시고 문둥병자도 감동하고 구경하는 사람들도 감동을 받았을 것입니다.

그렇기 때문에 병을 고치거나 영적인 문제로 고생하는 성도에게 담임목사가 손을 얹어서 안수할 때와 앞에 세워놓고 말로 할 때 어떤 행동이 환자가 감동하겠는가, 말로 이야기 하는 것보다 손을 얹고 말하면서 기도하는 편이 훨씬 성령의 역사가 더 강하게 일어날 것입니다. 필자는 이런 의도를 가지고 안수기도를 합니다. 예수님도 마찬가지 였을 것이라고 생각합니다. 분명하게 해야 할 것은 안수하는 목사의 능력으로 병이 고쳐지는 것으로 아는 것이 대단하게 큰 문제입니다. 분명하게 성경은 "하나님이 바울의 손으로 놀라운 능력을 행하게 하시니 심지어 사람들이 바울의 몸에서 손수건이나 앞치마를 가져다가 병든 사람에게 얹으면 그 병이 떠나고 악귀도 나가더라"(행 19:11-12). 말씀하고 있습니다.

따라서 우리는 병자를 위한 기도에서 안수가 꼭 필요하다고 말할 수는 없지만 안수를 하지 않는 것보다 하는 편이 훨씬 환자인 성도의 마음을 열에 할 수가 있다고 생각합니다. 그래서 안수를 해서는 안 된다고 말할 수도 없습니다. 안수는 경우에 따라 시행할 수도 있고 시행하지 않을 수 있습니다. 안수를 하고 안하고는 그 때 성령께서 감동하시는 대로 순종하면 되는 것이라고 생각합니다. 중요한 것은 안수에 마력적인 능력이 있을 것이라고 생각하는 것은 잘못이라는 점입니다. 지신의 능력으로 병을 고치는 것으로 인식하는 것이 잘못이라는 것입니다. 치유의 능력은 전능하신 하나님께로부터 오는 것이지 안수에게서 오는 것은 아니기 때문입니다.

넷째, 안수사역을 어떻게 해야 할까. 따라서 안수의 사용에 있어서 중요한 것은 목회자가 각각의 형편에서 지혜롭게 사용하는 것입니다. 여기에는 실천적인 지혜가 필요합니다. 우리나라 교회의 여러 상황을 고려할 때 목회자는 안수의 무분별한 사용을 자제하는 것이 필요하다고 봅니다. 안수할 때 아무런 변화도 일어나지 않는데 안수를 한다면 오히려 성도들이 안수에 대하여 불신감정만 키우게 될 것입니다. 안수를 하느냐 하시 않느냐가 중요한 것이 아니고 안수할 때 성도들이 변화가 되느냐 안 되느냐에 있는 것입니다. 하나님의 영광을 체험하느냐 하지 못하느냐 이라는 것입니다.

안수를 하고 안하고는 담임목회자가 판단할 일입니다. 필자는 성령의 강력한 감동에 의해 안수가 꼭 필요하다고 판단되는 경우에는 조심스럽게 안수해야 한다고 생각합니다. 중요한 것은 안수 자체가 아니라 본인의 기도이며 하나님에 대한 올바른 믿음이 중요합니다. 절대로 치유는 안수만 해서는 변화와 치유되지 않습니다. 본인이 기도해야 성령의 역사로 영적으로 변하면서 영육이 치유가 됩니다. 절대로 안수만 해서 치유되지 않고 성도가 변화되지 않습니다. 성도 스스로 기도하게 해면서 안수를 해야 합니다.

아울러서 우리는 건덕상의 문제를 중요하게 고려해야 합니다. 어린아이들의 경우에는 손을 잡고 기도하는 것은 자연스러우며 문제될 것이 없습니다. 그리고 남자가 남자 성도들에게 안수하는 경우에도 별 문제는 없을 것입니다. 그러나 남자가 여성을 안수하는 경우는 손을 잡고 기도하지 말아야 합니다. 안수할 때 손을 잡고 기도해야 된다는 규칙은 없습니다. 신중하게 고려해서 해야 될 것입니다. 특별히 젊은 여성의 경우에는 더욱 조심성 있게 안수해야 할 것입니다. 머리와 등에 손을 얹고 안수하면 될 것입니다. 안수한다고 손을 잡고 안수하는 것은 극히 드문 경우이기 때문입니다. 필자는 머리와 등에 손을 얹고 안수를 합니다. 환자는 환부에 손을 얹고 안수합니다. 은밀한 부분은 본인이나 보호자의 손을 얹어 포개서 안수를 합니다. 이것은 신학적인 문제라가보다 건덕상의 문제이며 실제적인 지침입니다.

그리고 안찰(按擦)의 경우는 성경에서 그 예를 찾을 수 없습니다. 성경에 없는 것을 하지 말아야 합니다. 안찰로 인하여 문제가 아주 많이 발생합니다. 예수님께서 병자를 고치실 때, 베드로의 장모의 손을 만지신 경우와(마8:15) 소경들의 눈을 만지신 경우(마 20:34), 그리고 병자의 양쪽 귀에 손가락을 넣고 침을 뱉어서 병자의 혀에 손을 대신 경우(막 7:33) 등을 볼 수 있지만, 병자들 두드리거나 때렸다는 기록은 발견할 수 없습니다. 상한 갈대도 꺾지 아니하시고 꺼져가는 심지도 꺼지 아니하시는 예수님께서 왜 병들고 약한 환자를 두들기고 때려야 하는지 도무지 그 이유를 알 수 없습니다. 따라서 안찰은 어떠한 경우에라도 잘못된 것이며 비성경적인 것이라고 말할 수밖에 없습니다.

환자에게 스스로 기도하게 하고 가만히 머리와 환부에 손을 얹고 안수하면 됩니다. 자신의 힘이나 능력이나 다른 것으로 환자를 치유할 수가 없습니다. 이는 극히 무식한 행동이요, 성령의 역사를 제대로 이해하지 못한 목회자가 하는 무식한 행동이므로 삼가야 합니다. 치유는 그 환자 안에 주인으로 계시는 성령께서 하시는 것입니다.

그러나 안수는 기독교의 기초진리들 가운데 하나임을 아셔야 합니다. ① 안수는 축복하는 수단입니다. "그 어린 아이들을 안고 그들 위에 안수하시고 축복하시니라"(막 10:16). ② 안수는 영성 이전의 수단입니다. "모세가 눈의 아들 여호수아에게 안수하였으므로 그에게 지혜의 영이 충만하니 이스라엘 자손이 여호와께서 모세에게 명령하신 대로 여호수아의 말을 순종하였더라"(신 34:9). ③ 안수는 성령세례의 수단입니다. "이에 두 사도가 그들에게 안수하매 성령을 받는지라"(행 8:17). "아나니아가 떠나 그 집에 들어가서 그에게 안수하여 이르되 형제 사울아 주 곧 네가 오는 길에서 나타나셨던 예수께서 나를 보내어 너로 다시 보게 하시고 성령으로 충만하게 하신다 하니"(행 9:17). "바울이 그들에게 안수하매 성령이 그들에게 임하시므로 방언도 하고 예언도 하니"(행 19:6).

사도 베드로와 요한이 안수기도하자 성령이 임하는 것을 보고 마술사였던 시몬이 사도들에게 돈을 주며, "이 권능을 내게도 주어 누구든지 내가 안수하는 사람은 성령을 받게 하여 주소서!"라고 했습니다. 이에 베드로가 말하기를, "네가 하나님의 선물을 돈 주고 살줄로 생각하였으니 네 은과 네가 함께 망할지어다! 하나님 앞에서 네 마음이 바르지 못하니 이 도에는 네가 관계도 없고 분깃 될 것도 없느니라. 그러므로 너의 이 악함을 회개하고 주께 기도하라 혹 마음에 품은 것을 사하여 주시리라 내가 보니 너는 악독(쓴 쓸개즙)이 가득하여 불의에 매인 바 되었도다!"(행8:20-23)라고 했습니다. 시몬이 말하기를, "나를 위하여 주께 기도하여 말한 것이 하나도 내게 임하지 않게 하소서."(행8:24)라는 애원을 하였습니다. 두 사도는 주의 말씀을 증언하여 말한 후에 예루살렘으로 돌아가며 사마리아인의 여러 마을에서 복음을 전하였습니다.

④ 안수는 영적은사접목의 수단입니다. "네 속에 있는 은사 곧 장로의 회에서 안수 받을 때에 예언을 통하여 받은 것을 가볍게 여기지 말며"(딤전 4:14). ⑤ 안수는 받은 은사를 더욱 더 활성화시킵니다. "그러므로 내가 나의 안수함으로 네 속에 있는 하나님의 은사를 다시 불일듯하게 하기 위하여 너로 생각하게 하노니"(딤후 1:6). ⑥ 안수는 치유사역의 수단입니다. "거기서는 아무 권능도 행하실 수 없어 다만 소수의 병자에게 안수하여 고치실뿐이었고"(막 6:5). "하나님이 바울의 손으로 놀라운 능력을 행하게 하시니"(행 19:11). "믿는 자들에게는 이런 표적이 따르리니 곧 그들이 내 이름으로 귀신을 쫓아내며 새 방언을 말하며 뱀을 집어올리며 무슨 독을 마실지라도 해를 받지 아니하며 병든 사람에게 손을 얹은즉 나으리라 하시더라"(막 16:17-18)

11장 안수는 과연 왜 무엇이 중요할까요?

(딤전5:22)"아무에게나 경솔히 안수하지 말고 다른 사람

의 죄에 간섭지 말고 네 자신을 지켜 정결케 하라"

오늘날 우리가 생각하는 기술적인 의미에서 안수라는 특정의미에 대해 성경이 자체적으로 명확하게 설명하고 있지 않기 때문에 안수에 관해 명쾌한 설명이 불가능합니다. 그럼에도 불구하고, 성경은 하나님이 어떤 목적으로 안수하였는지 그 증거와 능력과 원천에 관한 수많은 실 예를 들어 설명하고 있습니다. 그러므로 안수에 관한 우리의 정의는 성경에서 유추한 안수에 관한 정의와 성경에서 중요하다고 강조하는 것들을 결합하여 정의를 내리는 것이 최선이라고 봅니다.

먼저 안수라는 단어는 "지명하다" 혹은 특정한 목적을 이루기 위해 지명된 사람을 가리킵니다. 그래서 안수에 대해 정의를 내리면 "예배라는 득정한 사억을 위한 신적인 시녕"이라고 할 수 있을 것입니다. 이 정의가 안수라는 단어와 결부되면, 두 가지 사실이 강조됩니다. 첫째로, 안수는 인간의 창작품이나 인간이 지명하여 부르는 것이 아니라는 사실입니다. 인간의 지명에 자격을 갖추기 위해 사람은 배워야 하고, 기술을 익혀야 하며, 조직에 몸담고 일을 할 수 있는 능력을 갖춰야 합니다. 불행하게도, 이러한 것은 하나님 없이도 인간의 조직체에서도 가능합니다. 두 번째로 안수는 성령으로 말미암아 하나님이 행하시는 사역을 강조하는 데 있습니다. 안수에

있어 우리의 책임은 성령에 순종하고 그분의 결정을 받아들이는 일입니다. 이 때문에 안수는 성령께서 이미 만들어 놓으신 약속에 아멘으로 화답하면 됩니다. 그러니까 안수하는 사람을 통하여 성령께서 직접 안수하신다는 것입니다.

하나님을 대신하여 안수를 베푸는 자의 의무는 안수를 받을 자가 하나님에 의해 안수를 이미 받았는지를 구별해야 합니다. 우리는 하나님의 안수를 조직적인 사역에서 발견합니다. 물론 이러한 적용은 개인을 안수할 때도 동일하게 적용됩니다. 디모데 전서 1:12에서 바울은 "나를 능하게 하신 그리스도 예수 우리 주께 감사하노니 나를 충성되이 여겨 내게 직분을 맡기심이니" 여기서 우리는 주님이 바울은 자신의 사역의 자리에 두시고 그것을 이루기 위해 그를 지명하여 불렀다는 것을 알아야 합니다.

중요한 것은 안수란 하나님의 일이라는 사실입니다. 하나님이 가장 최선의 자리에서 사람을 지명하십니다. 하나님은 그 사람이 사역을 성취 할 때까지 이것을 계속하십니다. 하나님의 지명하심은 결코 멈추지 않습니다. 하나님은 안수 받은 자들이 효과적으로 그 일을 수행할 수 있도록 능력을 허락하십니다.

에베소 제자들에게 성령세례가 임한 것은 바울의 안수 때문이었습니다. 물론 하나님으로부터 온 선물입니다. 하지만 바울의 안수를 통해서 성령님이 임했다는 사실을 간과해서는 안 됩니다. 다음 성경을 보십시오. "아볼로가 고린도에 있을 때에 바울이 윗 지방으로 다녀 에베소에 와서 어떤 제자들을 만나 가로되 너희가 믿을 때에 성령을 받았느냐 가로되 아니라 우리는 성령이 있음도 듣지 못하였노라 바울이 가로되 그러면 너희가 무슨 세례를 받았느냐 대답하되 요한의 세례라 바울이 가로되 요한이 회개의 세례를 베풀며 백성에게 말하되 내 뒤에서 오시는 이를 믿으라 하였으니 이는 곧 예수라 하거늘 저희가 듣고 주 예수의 이름으로 세례를 받으니 바울이 그들에게 안수하매 성령이 그들에게 임하시므로 방언도 하고 예언도 하니”(행 19:1~6). 하나님께서 바울을 통하여 에베소 교인들을 안수하신 것입니다. 그것은 성경에 잘 기록되어 있습니다. “하나님이 바울의 손으로 놀라운 능력을 행하게 하시니, 심지어 사람들이 바울의 몸에서 손수건이나 앞치마를 가져다가 병든 사람에게 얹으면 그 병이 떠나고 악귀도 나가더라”(행 19:11-12). 하나님께서 바울의 손으로 놀라운 일을 하시는 것입니다. 바울의 능력이 아니라는 것입니다.

안수는 손을 얹는 것입니다. 이것은 하나님의 능력을 전달할 때 사용되었습니다. 예수님께서는 병자를 고치실 때 주로 안수함으로 기적을 행하셨습니다. 또한 제사장의 직분을 줄 때에도 이와 같이 행했습니다(민 27:18). 그 뿐 아니라 속죄물로 바쳐졌던 짐승늘에게도 안수를 했습니다(출 29:10). 안디옥교회가 바울과 바나바를 선교사로 파송할 때에도 안수를 했습니다(행 13:3). 초대교회는 일곱명의 집사를 선별하고 저들에게 안수함으로 직분을 감당케 했습니다(행 6:5~6).

안수는 하나님의 이름으로 행하는 것입니다. 그래서 하나님으로부터 권능을 받지 않은 사람은 행할 수 없습니다. 안수기도를 하려는 분들은 예수를 믿을 때 죽고 다시 예수로 태어나야 합니다. 거듭나야 한다는 말입니다. 성령으로 세례를 받고 성령의 지배와 장악이 되고 성령의 이끌림을 받은 사람이 되어야 합니다. 안수할 때 하나님께서 자신을 통하여 나타나시도록 자신이 죽어 없어져야 합니다. 자신이 안수하는 것이 아니요, 하나님께서 자신을 통하여 안수하신다는 믿음을 가져야 합니다. 안수할 때에 성령하나님의 역사가 나타나서 안수를 받는 사람에게 가시적인 성령의 역사가 일어나야 합니다. 모든 가정의 가장은 축복권이 있습니다. 가장은 배우자와 자녀를 위해 축복할 수 있으며 이를 위해 안수할 수 있습니다. 성경은 이삭과 야곱의 자녀 축복을 보여주고 있습니다. 저들은 자녀를 축복할 때 안수를 했습니다. 또한 교회의 목사는 축복권이 있습니다. 목사는 교회의 교인들에게 안수함으로써 저들을 영육간의 강건함을 전달해 줄 수 있습니다.

또한 목사가 아니더라도 성령으로 세례를 받고 성령의 지배와 장악되어 성령의 인도를 받는 성령충만한 성도는 안수할 수 있습니다. 아나니아는 사도 바울에게 찾아가 안수했던 사람입니다. 그런데 놀랍게도 아나니아에게 바울을 안수하라고 명했던 것은 예수님이셨습니다. 아나니아는 평신도임에도 불구하고 하나님의 음성을 들었던 것입니다. 예수님께서 아나니아를 통하여 일하셨다는 것입니다.

"그 때에 다메섹에 아나니아라 하는 제자가 있더니 주께서 환상 중에 불러 가라사대 아나니아야 하시거늘 대답하되 주여 내가 여기 있나이다 하니 주께서 가라사대 일어나 직가라 하는 거리로 가서 유다 집에서 다소 사람 사울이라 하는 자를 찾으라 저가 기도하는 중이다 저가 아나니아라 하는 사람이 들어와서 자기에게 안수하여

다시 보게 하는 것을 보았느니라 하시거늘”(행 9:10~12)

아나니아는 평범한 제자에 불과했습니다. 그럼에도 불구하고 예수님의 음성을 들을 수 있었습니다. 예수님의 일을 할 수 있도록 준비된 사람이 아나니아라는 것입니다. 사도 바울은 어떤 사람이었습니까? 기독교인을 핍박했던 극악한 사람이었습니다. 그런데 사도바울도 환상으로 아나니아가 저에게 와서 안수하여 다시 보게 될 것을 보았습니다. 교회직분에 너무 집착하지 마십시오. 성령으로 세례 받아 성령님이 함께하시어 하나님의 권능이 성도 자신을 통하여 나타나는 성도가 마음껏 안수할 수 있게 하십시오. 예언을 전하게 하십시오. 방언하도록 내 버려두십시오. 성령의 은사가 교회 내에 흘러넘치도록 하십시오. 성령의 은사 중 그 어떤 것이라도 거부하지 마십시오. 하나님의 권능이 교회 내에 흘러넘치는 것을 막으려 하지 마십시오.

안수는 직분에 관계없이 행해질 수 있습니다. 평신도라고 해서 안수를 못하는 것은 아닙니다. 집사도 안수할 수 있고 권사도 안수할 수 있습니다. 오직 중요한 것은 저들에게 하나님의 영광체험이 있어야 한다는 것입니다. 성령의 역사가 함께해야 하는 것입니다. 하나님께서 성도를 통해 나타나셔야 한다는 것입니다. 걸어 다니는 성전이 되어야 합니다. “너희는 너희가 하나님의 성전인 것과 하나님의 성령이 너희 안에 계시는 것을 알지 못하느냐”(고전 3:16).

그러나 우리가 꼭 명심해야 할 것이 있습니다. 안수는 함부로 행해져서는 안 됩니다. 자신의 의지에 따라 해서도 안 되고 자신의 정욕에 따라 행해선 안 됩니다. 안수함에 있어 하나님의 능력이 나타나기 위해서는 반드시 안수 자에게 하나님의 능력이 담겨 있어야 합니다. 하나님의 능력이 없다면 안수해도 소용이 없습니다. 아무리 내 의지대로 열심히 해도 아무런 능력이 나타나지 않음은 안수 자에게 하나님의 능력이 없기 때문입니다. 또한 안수는 정욕대로 하는 것이 아닙니다. 뭔가를 바라고 해서도 안 됩니다. 그렇기 때문에 안수 흉내를 내어 성도들에게 자신을 나타내려는 생각을 접어야 합니다. 물론 피안수자에게 성령이 임하기를 바라는 것은 올바른 것입니다. 하지만 그 사람에게 돈을 바라거나 어떤 유익을 바라면서 행해서는 안 됩니다. 성경은 이러한 예를 이렇게 기록하고 있습니다.

"예루살렘에 있는 사도들이 사마리아도 하나님의 말씀을 받았다 함을 듣고 베드로와 요한을 보내매 그들이 내려가서 저희를 위하여 성령 받기를 기도하니 이는 아직 한 사람에게도 성령 내리신 일이 없고 오직 주 예수의 이름으로 세례만 받을 뿐이러라 이에 두 사도가 저희에게 안수하매 성령을 받는지라 시몬이 사도들의 안수함으로 성령 받는 것을 보고 돈을 드려 가로되 이 권능을 내게도 주어 누구든지 내가 안수하는 사람은 성령을 받게 하여 주소서 하니 베드로가 가로되 네가 하나님의 선물을 돈 주고 살줄로 생각하였으니 네 은과 네가 함께 망할찌어다 하나님 앞에서 네 마음이 바르지 못하니 이 도에는 네가 관계도 없고 분깃 될 것도 없느니라 그러므로 너의 이악함을 회개하고 주께 기도하라 혹 마음에 품은 것을 사하여 주시리라 내가 보니 너는 악독이 가득하며 불의에 매인바 되었도다"(행 8:14~23).

시몬은 사마리아에 사는 마술사였습니다. 그에게도 놀라운 마술을 행하여 백성들로부터 큰 자라는 높임을 받았습니다. 그런데 빌립 집사가 사마리아에 와서 귀신을 쫓아내고 중풍병자와 앉은뱅이를 고쳐내는 기적을 행하였습니다. 시몬도 빌립의 기적을 보며 놀랐습니다. 시몬은 빌립에게 세례를 받고 그를 좇았습니다. 베드로와 요한이 와서 안수함으로 성령을 임하게 하는 것을 보고선 더 놀랐습니다. 마술사인 시몬은 안수함으로 성령을 받게 하는 것을 단순한 마술처럼 생각했습니다. 그리고 자신의 명성을 더 높이기를 원했으므로 사도들에게 돈을 줘 그 권능을 사려 했던 것입니다. 시몬은 자신의 정욕대로 안수하기를 원했던 것입니다. 자신의 명성을 드높이기 위해서 안수하기를 원했던 것입니다.

바울은 디모데에게 "아무에게나 경솔히 안수하지 말고 다른 사람의 죄에 간섭치 말고 네 자신을 지켜 정결케 하라"(딤전 5:22)로 말했습니다. 하나님의 권능을 받은 사람은 경솔하게 안수해서는 안 됩니다. 오히려 늘 스스로를 정결하고 거룩하게 유지해야 합니다. 그리고 날마다 하나님의 기름부음을 사모하면서 하나님의 영광 체험을 해야 합니다.

함부로 안수하지 말라고 해서 전혀 하지 말라는 말이 아닙니다. 그런데 오늘날의 많은 교회는 안수에 대해 심한 거부반응을 보이고 있습니다. 그래서 어떤 교회는 직분자를 세우고 저들에게 직분을 줄 때만 안수를 합니다. 또 다른 교회는 세례의식을 행할 때 안수를 합니다. 하지만 안수함으로 병자를 고치고 가정의 가장이 자녀들에게 안수함으로 축복하라고는 가르치지 않습니다.

안수는 하나님께서 제정하신 것입니다. 하나님 나라에는 안수가 빠져서는 안 됩니다. 히브리서 저자는 다음과 같이 안수의 중요성에 대해 말하고 있습니다. "그러므로 우리가 그리스도 도의 초보를 버리고 죽은 행실과 회개함과 하나님께 대한 신앙과 세례들과 안수와 죽은 자의 부활과 영원한 심판에 관한 교훈의 터를 다시 닦지 말고 완전한데 나아갈찌니라"(히 6:1~2)

하나님의 나라에는 반드시 회개와 신앙과 세례와 안수와 부활과 심판에 대한 것들이 있어야 합니다. 이러한 내용들 중 일부를 삭제하는 것은 옳지 못합니다. 하나님 나라에 관한 내용들 중 '안수'가 포함되어 있다는 것이 놀랍지 않습니까? 사실 '안수'보다 더 귀한 것들이 얼마나 많습니까? '헌금'은 어떻습니까? 중요한 내용이지 않습니까? 교회 내에 헌금이 빠지면 되겠습니까? 하지만 '헌금'이라는 단어가 빠져 있다는 것을 기억하십시오. '모임'에 대한 단어도 빠져있음을 기억하십시오. 물론 '헌금'이나 '모임'은 중요합니다. 하지만 그것보다 더 중요한 것은 복음입니다. 히브리서 저자가 말하고 있는 모든 항목들은 모두 다 복음에 관한 것들입니다. 헌금이나 모임이 복음에 포함되지 않는다는 것이 아닙니다. 복음에는 헌금이나 모임보다 더 귀한 것들이 있다는 것입니다. 안수는 결코 소홀히 할 수 없는 것입니다.

가정에서도 안수가 있어야 하고 직장에서도 안수가 있어야 하고 교회에서는 더 많은 안수가 있어야 합니다. 하나님의 영광을 체험한 사람은 반드시 다른 사람에게 그 영광을 전달해 줘야 합니다. 안수는 전이(impartation)의식입니다. 이미 앞서 바울이 에베소에 있는 제자들에게 안수하였을 때 저들에게 큰 능력이 임하였음을 말했습니다.

바울은 디모데에게 편지를 쓰면서 이렇게 말했습니다. 그의 글에서 우리는 안수에 대한 중요한 사실을 발견할 수 있습니다. “그러므로 내가 나의 안수함으로 네 속에 있는 하나님의 은사를 다시 불 일듯 하게 하기 위하여 너로 생각하게 하노니”(딤전 1:6)

디모데는 바울을 통해서 능력을 전이 받았습니다. 대부분의 영어 성경은 이 구절을 이렇게 기록하고 있습니다. “For this reason I remind you to fan into flame the gift of God, which is in you through the laying on of my hands”(딤후 1:6 NIV). 이 영어 성경 말씀을 한국말로 해석한다면 디모데는 하나님의 은사를 가지고 있는데 그 은사는 바울의 안수함에 의해서 받은 것이라는 것입니다. 바울은 안수가 은사를 전이할 수 있음을 말하고 있습니다. 어떤 사람은 디모데가 받은 은사가 성령의 은사가 아니고 단순히 목회를 위한 목회자의 자질에 관한 것이라고 말합니다. 그것이 성령의 은사를 말하는 것이든 아니면 목회자의 자질에 관한 것이든 바울의 안수에 의해 그것이 다시금 드러나게 된다는 것은 확실한 것입니다. 이처럼 안수는 능력을 전이하게 하며 하나님의 은사를 나타나게 합니다.

하지만 전이할 것이 없는 사람은 안수해도 소용이 없습니다. 그래서 안수는 반드시 하나님의 영광체험자만이 실행할 수 있습니다. 육체적으로 정결하지 못하고 영적으로 거룩하지 못한 가장은 자녀에게 축복할 수 없습니다. 안수를 해도 아무런 효과가 일어나지 않습니다. 물론 믿음의 법칙이 적용될 때 역사가 일어나겠지요. 하지만 정결하지 못하고 거룩한 삶을 살지 못하는 가장에게서 자녀가 얻을 수 있는 것은 죄악의 대물림뿐일 것입니다.

하나님의 영광체험을 하지 못하는 교회 목회자는 교인들에게 축복할 수 없습니다. 안수를 한다 해도 거기에는 아무런 기적이 일어나지 않습니다. 당신에게 아무런 영광을 전이하지 못하는 목회자는 더 이상의 목회자가 아닙니다. 물론 아무리 나쁜 아버지라 해도 아버지인 것은 당연합니다. 하지만 목회자는 다릅니다. 목회자가 하나님의 영광체험을 하지 못하면 그는 더 이상 목회자가 아니기 때문입니다. 가정의 아버지는 피를 나눈 관계이지만 목회자는 하나님께서 세우신 것 외에는 당신과 더 이상의 관계는 없습니다. 하나님이 버린 목회자는 이미 당신의 목회자 일 수 없습니다. 하나님이 버린 목회자를 당신도 버리십시오. 사울 왕이 하나님의 명을 거역하고 자신의 뜻대로 백성을 다스렸을 때 어떤 일이 일어났는지 기억하십시오. 하나님께서는 즉시 사울 왕에게서 성령님을 거두셨습니다. 그리곤 사울 왕에게 악신이 임하도록 내 버려두셨습니다. "여호와의 신이 사울에게서 떠나고 여호와의 부리신 악신이 그를 번뇌케 한지라"(삼상 16:14).

먼저 안수기도에 임하는 자세입니다. 첫째로 안수를 받으면 어떤 체험을 하게 될까? 어떤 일이 일어날까? 궁금하게 생각하지 말고 마음대로 상상하지도 마십시오. 성령은 불어오는 바람과 같아서 각자에게 다 다른 모습으로 오시기 때문입니다.

① 몸에 따뜻한 기운이 돌거나, 손과 발이 뜨거워짐을 느끼기도 하고, ② 전기에 감전된 것처럼 찌릿찌릿한 느낌이 오기도 하며, ③

혀가 힘 안들이고 잘 움직이며 이상한 말마디로 심령기도가 시작되는 사람도 있고, ④ 손이나 몸이 떨리기도 하고 몸에 힘이 빠져 쓰러지기도 합니다. ⑤ 시원한 바람이나, 몸에서 무엇이 빠져나가는 느낌이 들기도 하고, ⑥ 눈물이 나고 마음의 아픔이 씻기며, 기쁨과 평화를 강하게 느끼기도 합니다.

이렇듯 안수기도 때에는 성령의 은혜가 내리는 표지로 여러 가지 감성적 체험을 할 수 있습니다. 그러나 아무런 느낌이 없다 해서 성령의 은혜를 못 받는 것은 아닙니다. 성령의 은혜는 생활 속에서 서서히 다가오기 때문입니다. 그러므로 정말 중요한 것은 성령 안수 때 느끼는 한 순간의 체험이 아니라, 성령 안수 그 자체이며 그리스도를 따르기 위해 성령 안에 새 생활로 나아가고자 하는 의지입니다. 우리가 더욱 더 성령 안에 잠기고 성령님과 새로운 관계를 갖고자 기도하고 노력할 때에, 변화와 체험은 앞으로도 계속 드러나게 될 것입니다.

둘째로 준비가 부족한데 선물을 받을 수 있을까? 하고 걱정하지 마십시오. 사탄은 우리가 성령세미나에 충실하지 못 했기 때문에 (실천사항이나 매일묵상, 또는 기도가 부족하다는 이유 등등…) 선물을 받을 수 없다고 생각하거나 실망하고 포기하도록 유혹을 할 수 있습니다.

그러나 하나님의 선물은 우리에게 어떤 자격이나 그만한 준비가 있어서 받는 것이 아니라, 오직 그 분이 자비하시고 우리를 사랑하시기에 거저 주시는 은총인 것입니다. 그러므로 하나님의 사랑과 자비하심에 모든 것을 의탁하고 기도하는 자세가 필요합니다.

12장 안수기도는 성령세례 충만받는 영적활동

(행4:31)"빌기를 다하매 모인 곳이 진동하더니 무리가 다 성령이 충만하여 담대히 하나님의 말씀을 전하니라"

안수기도는 성령으로 세례를 받고 성령의 불로 충만 받고 지배와 장악을 받도록 하는 희한한 도구입니다. 안수기도로 성령의 세례를 받을 수가 있습니다. 육체의 질병을 희한하게 기적적으로 치유할 수가 있습니다. 마음의 상처를 순간 희한하게 치유할 수가 있습니다. 안수기도는 환경의 문제를 순간 희한하게 해결이 가능합니다. 안수기도는 귀신역사를 순간 희한하게 축귀하여 자유하게 할 수가 있습니다.

사람은 육이 있습니다. 육이 있는 이상 언제라도 육체가 될 수가 있습니다. 그래서 사람이 약하다는 것입니다. 성경에 보면 아사 왕이 처음에는 믿음이 너무나 좋았습니다. 그런데 태평성대가 이십 년이 되니 그만 하나님을 잊었습니다. 결국 아사 왕은 망합니다. 우리도 그렇게 되지 말라는 법이 없습니다. 그래서 하나님은 에베소서 5장 18절에서 "술 취하지 말라 이는 방탕한 것이니 오직 성령으로 충만함을 받으라."고 경고하시는 것입니다.

그런데 많은 성도님들이 필자에게 이렇게 말합니다. 목사님! 저는 이 년 전에 성령의 불을 받았습니다. 한마디로 이 년 전에 성령의 불을 받았으니 지금도 성령으로 충만하다는 자찬의 말입니다. 그러면 제가 묻습니다. 지금은 어떻게 믿음 생활을 하십니까? 예! 다른 사람들과 같이 믿음 생활을 합니다. 제가 다시 묻습니다. 지금도 성령의 불을 받고 있습니까? 그러면 누구도 대답을 못합니다. 우리가 알아야 할 것은 성령의 세례를 받는 것은 유일회적인 것입니다.

그 다음부터는 자신의 마음 안에서 성령의 불이 지속적으로 타올라야 합니다. 그래서 성령으로 충만함을 받으라고 하는 것입니다. 그런데 많은 성도들이 한 번 불을 받았으면 계속 성령으로 충만한 것으로 믿어버립니다. 성령으로 충만한 상태는 항상 주님을 습관적으로 찾는 상태입니다. 그래서 우리는 성령으로 충만 하려고 의지적인 노력을 해야 하는 것입니다. 자동으로 성령이 충만하지 못합니다. 성령은 인격이시라 찾아야 역사하시기 때문입니다. 기도원에 가서 손을 들고 벌벌 떨면서 기도한다고 성령 충만하지 않기 때문입니다.

우리가 성령으로 충만 함을 이해하려면 사도행전을 정독해야 합니다. 그래서 성령으로 충만함이 일회성인지 지속적인 것인지를 바르게 이해할 수가 있습니다. 사도행전 1장 8절에 "오직 성령이 너희에게 임하시면 너희가 권능을 받고 예루살렘과 온 유대와 사마리아와 땅 끝까지 이르러 내 증인이 되리라 하시니라." 이 말씀을 듣고 일심으로 기도를 합니다. 그러자 사도행전 2장 1-4절에 "오순절 날이 이미 이르매 그들이 다같이 한 곳에 모였더니 홀연히 하늘로부터 급하고 강한 바람 같은 소리가 있어 그들이 앉은 온 집에 가득하며 마치 불의 혀처럼 갈라지는 것들이 그들에게 보여 각 사람 위에 하나씩 임하여 있더니 그들이 다 성령의 충만함을 받고 성령이 말하게 하심을 따라 다른 언어들로 말하기를 시작하니라." 성령께서 하나씩 하나씩 임했다고 합니다.

오순절 마가의 다락방에서 성령으로 세례를 받고 변화된 성도들은 성령으로 세례를 받은 그것으로 끝나지를 않았습니다. 사도행전 4장 28-31절에 보면 "하나님의 권능과 뜻대로 이루려고 예정하신 그것을 행하려고 이 성에 모였나이다. 주여 이제도 그들의 위협함을 굽어보시옵고 또 종들로 하여금 담대히 하나님의 말씀을 전하게 하여 주시오며, 손을 내밀어 병을 낫게 하시옵고 표적과 기사가 거룩한 종 예수의 이름으로 이루어지게 하옵소서 하더라. 빌기를 다하매 모인 곳이 진동하더니 무리가 다 성령이 충만하여 담대히 하나님의 말씀을 전하니라" 성령으로 충만하려고 지속적으로 성령으로 기도를 했다는 것입니다. 우리도 이렇게 성령으로 충만 하려고 의지적인 노력을 해야 성령으로 충만할 수가 있다는 것을 말씀으로 얼려주신 것입니다.

성령은 우리의 영 안에 좌정하고 계신다고 했습니다. 영의 통로가 열리려면 하나님과 관계가 열리려면 반드시 성령으로 세례를 받아야 합니다. 날마다 성령으로 충만을 해야 영의 통로가 열리고 하나님과 관계가 열려야 영으로 하나님과 교통할 수가 있는 것입니다. 영으로 교통한다는 것은 성령으로 기도한다는 것입니다. 기도는 성령으로 해야 합니다. 그러므로 성령으로 세례를 받지 아니하고 성령으로 충만하지 못하면 영이신 하나님과 교통할 수가 없는 것입니다. 그래서 성도는 성령으로 세례를 받아야 합니다.

성령으로 세례를 받고 지속적으로 성령으로 기도하여 성령의 지배와 장악을 받아 주님의 성품으로 변해야 합니다. 성령으로 충만한 목회자를 통하여 안수기도를 지속적으로 받으면 주님의 성품으로 변하게 되어 있습니다. 안수기도를 받으면 받을수록 예수님의 인격으로 변해야 성령으로 진리로 안수기도를 하는 것이고, 받는 것입니다.

필자는 항상 이렇게 말합니다. 사람은 사랑하고 집중하는 대상을 닮아가게 되어 있습니다. 우리가 날마다 주님을 찾고, 구하는 동안에 예수님을 닮아가는 것입니다. 아니 예수를 믿고 성령으로 세례를 받아 거듭난 성도가 영으로 전하는 생명의 말씀을 받아먹으면서 믿음 생활을 하면 변하게 되어 있습니다. 성령은 살아있는 실체입니다. 그 성령은 세상의 무엇보다도 크신 분입니다. 그분이 우리의 심령에서 주인으로 역사하시면 악은 떠나가야 하는 것입니다. 악이 떠나가면 성령의 평안함이 채워지게 되어 있습니다. 성령은 예수님을 나타내십니다. 예수님은 평안이십니다.

그러므로 성령으로 충만하면 평안해지는 것입니다. 사람은 사랑하는 대상을 닮게 되어 있습니다. 부부가 서로 사랑하기 때문에 살아가다가 보면 닮아지는 것입니다. 그러므로 성도가 예수님을 사랑하면 예수님을 닮아가게 되어 있습니다. 항상 예수님을 생각하면서 기도하니 예수로 충만해져서 속에서 예수가 나오게 되어 있는 것입니다. 그러므로 예수를 믿고 믿음 생활을 오래 했는데 심성이 변하지 않는다면 무엇인가 잘못된 것입니다. 빠른 시간에 찾아서 치유하시기를 바랍니다.

우리는 예수님의 성품으로 변해야 하나님과 영의 통로가 뚫리는 것입니다. 전인격이 예수님을 닮아가야 합니다. 예수님의 성품은 빌립보서 2장 1-11절에 잘 기록되어 있습니다. "그러므로 그리스도 안에 무슨 권면이나 사랑의 무슨 위로나 성령의 무슨 교제나 긍휼이나 자비가 있거든, 마음을 같이하여 같은 사랑을 가지고 뜻을 합하며 한 마음을 품어, 아무 일에든지 다툼이나 허영으로 하지 말고 오직 겸손한 마음으로 각각 자기보다 남을 낮게 여기고, 각각 자기 일을 돌볼 뿐더러 또한 각각 다른 사람들의 일을 돌보아 나의 기쁨을 충만하게 하라. 너희 안에 이 마음을 품으라! 곧 그리스도 예수의 마음이니, 그는 근본 하나님의 본체시나 하나님과 동등 됨을 취할 것으로 여기지 아니하시고, 오히려 자기를 비워 종의 형체를 가지사 사람들과 같이 되셨고, 사람의 모양으로 나타나사 자기를 낮추시고 죽기까지 복종하셨으니 곧 십자가에 죽으심이라. 이러므로 하나님이 그를 지극히 높여 모든 이름 위에 뛰어난 이름을 주사, 하늘에 있는 자들과 땅에 있는 자들과 땅 아래에 있는 자들로 모든 무릎을 예수의 이름에 꿇게 하시고, 모든 입으로 예수 그리스도를 주라 시인하여 하나님 아버지께 영광을 돌리게 하셨느니라."

모두 예수님의 마음으로 변하여 하나님의 마음에 합한 자가 되어야 합니다. 하나님의 마음에 합하여 하나님과 영의 통로를 다 뚫리고 하나님과 관계가 열려서 하나님의 군사가 다 되시기를 바랍니다. 하나님과 영의 통로가 뚫리고 하나님과 관계가 열리는 것은 무엇보다 성령으로 세례를 받아 성령의 불로 충만 받으면서 성령님이 자신을 장악을 해야 시원하게 뚫리기 시작하는 것입니다.

제가 말씀과 성령으로 치유사역을 하면서 체험한 바는 성령을 체험하지 못하여 영의 만족을 누리지 못하던 성도가 여기저기를 다니다가 제가 집필한 책을 읽거나 소문을 듣고 충만한 교회에 오게 됩니다. 와서 성령으로 충만한 찬양을 부르고 기도를 합니다. 그리고 영의 말씀을 듣습니다. 말씀을 듣고 영이 깨어나 기도하기 시작을 합니다. 기도할 때 필자가 안수기도를 합니다. 안수기도를 하면서 기도가 잘못되었으면 교정하여 성령으로 기도하게 합니다. 성령으로 기도를 하면 처음에 하품을 합니다.

그러다가 기침을 합니다. 울기도 합니다. 웃기도 합니다. 양손을 게 발 같이 움츠리고 덜덜덜 떨기도 합니다. 서서히 성도 안에 주인으로 계시는 성령께서 장악을 하는 현상입니다. 이렇게 성령께서 성도를 장악하면 본인이 느끼고 주변 사람들이 보게 되는 것입니다. 그러니까 주변사람들이 자신이 성령으로 세례를 받고 있다는 것을 먼저 안다는 것입니다. 성령은 말이 아니고 살아서 초자연적으로 역사하는 성령이시기 때문입니다. 조금 지나면 성령의 강력한 세례가 임합니다. 마음 안에 있는 상처가 치유되면서 영의 기도가 열립니다. 영의 기도를 하면서 귀신들이 떠나갑니다. 귀신이 여러 가지 해괴한 행동을 다하면서 떠나갑니다. 중풍귀신은 손발이 오그라들다가 떠나갑니다. 조상에 무당의 내력이 있는 성도는 무당 굿거리를 한동안 하다가 무당의 영이 떠나갑니다.

이렇게 기도가 깊어지면 지금까지 자신의 주인노릇을 하던 세상신(귀신)이 여러 가지 역사로 깊은 기도를 방해합니다. 성령으로 깊이 들어가면 떠나가야 하니까, 기를 쓰고 깊이 들어가지 못하게 역사합니다. 잡념을 줍니다. 지난 세월 다른 사람에게 상처받던 생각이 나게 합니다. 그렇게 해서 기도가 깊어지지 못하게 합니다. 정체가 드러났던 귀신이 잡념에 빠지니까, 자연스럽게 떠나가지 않아도 되어 안도하며 기뻐하는 것입니다. 화장실에 가지 않아도 되는 데 화장실에 가고 싶어집니다. 귀신이 화장실에 가도록 역사해서 그 사람에게서 떠나가는 것을 면하는 것입니다. 핸드폰을 끄지 않고 있으면 전화가 옵니다. 아무것도 아닌 일인데 전화를 걸어옵니다. 전화를 받는 순간 귀신은 안도합니다. 떠나가지 않아도 되기 때문입니다. 승용차를 가지고 왔다면 차를 빼달라고 합니다. 그래서 자 빼러 갔다가 오면 기도시간이 끝이 납니다. 지금까지 자신을 좌지우지 하면 괴롭히던 귀신이 아이고 살았다 하면서 좋아합니다. 이렇게 생각하지도 못한 귀신의 방해활동이 성령으로 기도하여 영적인 상태가 되면 일어납니다. 그렇기 때문에 예배에 참석하거나 성령의 역사가 일어나는 치유집회에 참석하면 이러한 역사를 방지하도록 사전에 준비를 단단하게 해야 합니다. 대중교통을 이용하고 불필요한 화장실에 가지 않으며, 핸드폰은 끄고 예배나 집회나 기도에 집중해야합니다. 만약에 생각을 주장한다면 잡념에 관심 갖지 않고 설교를 받아쓰기 한다든지, 기도 시간이면 아랫배에 의식을 두고 예수님을 찾는 일에 집중합니다. 숨을 들이쉬고 내쉬면서 주여! 를 지속적으로 하면서 잡념에 관심을 두지 않고 기도에 집중하는 것입니다. 그러면 자신이 성령으로 초자연적인 상태가 되어 잡념을 일으키던 존재가 성령의 역사로 떠나가는 것입니다. 절대 떠나가라. 떠나가라. 하면서 대적하면 안됩니다. 잡념에 대적하게 되면 기도시간이 끝날 때까지 잡념이 사라지지 않습니다. 그냥 무시하고 기도하는 것입니다. 무시하고 성령으로 기도하는 일에 집중하면 성령의 강한 역사로 잡념이 물러갑니다.

안수기도를 받아 성령으로 세례가 임하면서 이렇한 역사가 일어나기도 합니다. 성령이 임재해서 성도를 장악하면 뜨거움을 체험합니다. 뜨거움은 성령의 임재를 상징하기 때문입니다. 성령님이 전인격을 장악하시면 쓰러지는 현상이 나타날 때가 많습니다. 이는 성령 안에서 육신의 이성적 기능이 잠깐 동안 멈추는 현상입니다. 그래서 성령의 이끌림에 의한 깊은 임재(입신)에 들어가서 여러 가지 신비한 것들을 체험하는 분들도 많습니다. 환상을 보고 예수님을 만나서 말로 표현 할 수 없는 이야기를 듣기도 합니다. 어떤 경우에는 하나님을 찬송하기를 몇 시간이나 쉬지 않고 계속하는 현상이 나타나기도 합니다. 어느 분은 잠을 자다가도 찬양을 했다는 간증을 하기도 합니다. 성령의 임재로 방언이 터지기도 합니다.

많은 분들이 방언통역의 은사가 같이 임하기도 합니다. 성령이 임재하여 역사하기 시작하면 여러 가지 이해 할 수 없는 현상이 우리 교회 집회 때에 일어납니다. 손발을 움추리면서 게발처럼 되거나 얼굴을 찌푸리며 몸이 경직되는 현상이 나타납니다. 이는 특정한 죄를 해결하게 되는 경우입니다. 몸이 뒤틀리거나, 호흡이 가빠지거나 빨라지기도 합니다. 슬픔이 솟구치며 울음이 터집니다. 가슴을 찌르는 아픔, 위장이나 아랫배 부근에서 뭉치가 움직이고, 큰소리가 터지고, 가슴이 답답해지고 기침을 합니다. 하품이나 트림이 나오고, 심한 구토현상, 멀미하는 것처럼 속이 울렁거리며 토할 것 같은 현상이 일어나기도 합니다. 몸 안에서 무엇인가 빠져나가는 느낌이 생깁니다. 이는 귀신이 떠나가는 경우와 상처가 치유되는 현상이기도 합니다.

때로는 사람들에게 마음과 몸이 술에 취했을 때와 같이 몸이 흔들리는 현상이 일어나기도 합니다. 그래서 의자에 앉아 있지 못하고 의자에서 내려와 드러눕기도 합니다. 이런 술 취함을 체험한 후에 몸이 가벼워져서 걸음걸이가 비틀거리며 말까지 더듬게 되는 경우도 있습니다. 그리고 말로 표현할 수 없는 환희를 체험했다고 간증하기도 합니다.

지금까지 설명한 것은 분명하게 나타나는 현상이지만 미세하게 나타나는 현상도 있습니다. 그래서 우리가 성령께서 임하심을 영으로 깨닫지 못한 채 지나치게 되는 경우도 있습니다. 즉, 몸이나 눈까풀의 미세한 떨림, 깊은 호흡, 약간의 땀 흘림, 가슴이 울렁거리는 증상이 있습니다. 커피를 많이 마신 것과 같은 현상이 나타납니다. 때로는 가슴이 짓눌리는 것 같은 기분이 들거나 공기가 답답하게 느껴지기도 합니다. 많은 분들이 이러한 현상을 느꼈다고 성령을 체험했다고 나름대로 단정하고 계시는 분들이 있다는 것입니다. 반드시 밖으로 축출하는 체험을 해야 된다는 것을 아시기 바랍니다. 그런데 더 큰 문제는 많은 분들이 이런 현상이 나타나면 두려워하거나 자리를 이탈하려고 합니다. 그러나 참고 인내해야 성령의 세례를 체험하고 성령으로 자신의 심령이 장악을 당할 수가 있습니다.

만약에 성령이 역사하여 자신을 사로잡을 때 두려움을 견디지 못하고 성령의 역사를 거부하고 자리를 이탈하면 성령의 역사를 훼방하는 행동이 될 수도 있습니다. 성령의 은사를 받고 사용하려면 불같은 성령으로 세례를 체험해야 합니다. 부디 불같은 성령으로 세례를 체험하고 성령으로 충만하여 성령의 은사를 나타내어 하나님의 축복의 도구들이 되시기를 바랍니다.

이렇게 성령으로 세례를 받아 영의 기도가 열리니 기도하는 시간이 지루하지 않습니다. 우리 교회는 주일 예배 때에도 보통 40-50분간 기도를 합니다. 기도할 때 제가 일일이 안수를 하면서 막힌 영의 통로를 뚫는 작업을 합니다. 막힌 영의 통로는 본인이 혼자 기도하여 뚫으려면 상당한 시간이 소요됩니다. 그러나 제가 분별하면서 영의 통로를 막고 있는 제약요소를 제거하며 안수를 하면 훨씬 빨리 영의 통로가 뚫리게 됩니다.

집중적으로 안수 기도하여 영의통로를 뚫는 방법에는 두 가지가 있습니다. 이는 설명하여 기술하기가 좀 그래서 생략을 합니다. 아주 시간이 없고 특별한 분들에게는 특별한 방법을 사용하여 안수하고 치유하여 영의통로를 뚫고 성령의 불세례를 체험토록 합니다.

이렇게 성령으로 세례를 받고 내면이 치유되고 귀신이 떠나가면서 영의 통로가 뚫리면 성도에 따라서는 몸살을 하시는 분도 있습니다. 어떤 분은 일주일 동안 몸살을 하는 분이 있습니다. 대개는 그냥 평안해지는 것이 보통입니다. 그러나 상처가 많은 분들은 분명하게 치유를 받고 일주일에서 한 달까지 몸살을 합니다.

이는 병원에서 수술하고 난 다음에 후유증이 나타나는 현상과 비슷한 현상입니다. 어떤 분은 힘이 없어서 말하기도 힘들어 하시는 분들이 있습니다. 이는 육적인 것이 제거되고 성령으로 체질이 바뀌는 과정에서 일어나는 현상입니다. 모두다 떠나가고 성령의 지배와 장악이 되면 어지러움이나 몸살기운에 없어집니다. 누구든지 이 과정을 통과해야 영의 통로가 뚫리고 영의 사람으로 바뀌게 됩니다. 절대로 두려워하지 말고 체험해야 합니다. 이렇게 체험하고 나면 여러 가지 가시적인 변화를 경험합니다.

기도가 쉬워집니다. 하나님의 음성이 들리기도 합니다. 환상이 보이기도 합니다. 예언의 은사가 나타나나 예언을 하게 됩니다. 신유은 사가 나타나 병을 고치기도 합니다. 자신에게 있던 불치의 질병이 치유가 됩니다. 환경의 변화가 일어납니다. 일들이 잘 풀린다는 것입니다. 가정이 화목해집니다. 마음에 참 평안을 느낍니다. 이렇게 영의 통로가 뚫리면 가시적인 현상이 나타납니다. 하나님은 살아서 역사하시는 초자연적인 분이시기 때문입니다. 더 좋은 것은 마음에 참 평안이 나타난다는 것입니다. 어지간한 일로 혈기를 내지 않는 사람으로 변합니다.

성령의 세례에 대하여 바르게 이해하지 못하는 분들이 있습니다. 예수를 믿을 때 성령께서 믿게 하셨으므로 예수를 믿을 때 성령세례를 받았다고 합니다. 그런데 성령님을 실제적인 분으로 생각하면 쉽게 이해가 됩니다. 성령세례는 예수님을 믿게 하십니다. 그다음 성령의 불로 충만 받는 것은 예수를 믿게 하신 성령님이 전인격을 장악하게 하시는 역사입니다. 눈으로 보이는 역사합니다. 다른 사람이 자신이 성령의 불로 충만 받는 것을 보고 알 수 있습니다. 성령의 불로 충만 되면서 성령님이 전인격을 지배하시고 장악하시기 시작하십니다. 성령의 불로 충만 받지 않으면 전인격이 예수님의 인격으로 변화되지 못합니다. 그렇기 때문에 안수기도를 하는 것이 중요한 것이 아니고 성령의 나타남이 있는 안수기도를 받아야 합니다. 분명하게 성령의 지배와 장악이 되어 하나님께서 사용하시는 목회자나 성도는 안수기도를 할 때 보이는 가시적인 역사가 나타나는 것입니다. 지속적으로 안수기도를 받으면 육체의 질병과 상처가 치유되고 귀신들이 떠나가서 점점 참 평안을 누리면서 살아가게 되는 것입니다.

13장 안수는 바르게 알고 행해야 해요

(딤전5:22)"아무에게나 경솔히 안수하지 말고 다른 사람
의 죄에 간섭지 말고 네 자신을 지켜 정결케 하라"

안수는 잘못된 사역자로 인하여 도리어 귀신들림이나 어두운 영
향을 받을 수 있는 요소는 있지만, 우리가 믿는 신앙의 세계에서
는 굉장히 중요한 요소요 사역의 방법입니다. 히브리서 기자는 우
리 신앙공동체의 기본 교훈의 터 가운데 안수를 그 중의 하나로 보
고 있습니다. "그러므로 우리가 그리스도 도의 초보를 버리고 죽은
행실을 회개함과 하나님께 대한 신앙과 세례들과 안수와 죽은 자의
부활과 영원한 심판에 관한 교훈의 터를 다시 닦지 말고 완전한 데
나아갈지니라"(히6:1-2).

성경을 보면 안수는 다양한 목적과 수단으로 활용이 됩니다. 구
약시대에는 제사 때마다 필요한 동물에게로의 죄의 전가도 안수를
통하여 이루어 졌습니다. 하지만 신약시대에는 예수님을 통하여 죄
의 속제가 단번에 온전히 이루어졌으므로 이러한 목적으로서의 안
수는 없습니다. "곧 그 수송아지를 회막문 여호와 앞으로 끌어다가
그 수송아지 머리에 안수하고 그것을 여호와 앞에서 잡을 것이요"
(레4:4).

오늘 날 우리에게 남이 있고 여전히 유용한 안수의 목적과 경우
를 보면 어떤 직임자로서 사람을 세울 때에 안수를 하게 됩니다. 안
수를 통하여 하나님과 사람 앞에서 공적으로 직임자로서 인정받고

세워지게 됩니다. "온 무리가 이 말을 기뻐하여 믿음과 성령이 충만한 사람 스데반과 또 빌립과 브로고로와 니가노르와 디몬과 바메나와 유대교에 입교한 안디옥 사람 니골라를 택하여, 사도들 앞에 세우니 사도들이 기도하고 그들에게 안수하니라"(행6:5-6).

그리고 축복을 위하여 안수기도를 해 줄 수 있습니다. 이런 경우에는 사역자가 아니더라도 가정에서는 부모가 영적 제사장이니 부모가 자식에게 축복의 안수기도를 해 줄 수 있습니다. "그 어린아이들을 안고 저희 위에 안수하시고 축복하시니라"(막10:16)

"이스라엘이 우수를 펴서 차자 에브라임의 머리에 얹고 좌수를 펴서 므낫세의 머리에 얹으니 므낫세는 장자라도 팔을 어긋맞겨 얹었더라. 그가 요셉을 위하여 축복하여 가로되 내 조부 아브라함과 아버지 이삭의 섬기던 하나님, 나의 남으로부터 지금까지 나를 기르신 하나님, 나를 모든 환난에서 건지신 사자께서 이 아이에게 복을 주시오며 이들로 내 이름과 내 조부 아브라함과 아버지 이삭의 이름으로 칭하게 하시오며 이들로 세상에서 번식되게 하시기를 원하나이다"(창48:14-16).

그리고 안수를 통하여 성령의 기름부음, 성령의 세례를 받게 할 수 있습니다. "이에 두 사도가 저희에게 안수하매 성령을 받는지라"(행8:17). 이러한 안수 때에 성령의 은사가 전이되기도 하고 다시금 불 일 듯하게 일어나기도 합니다. 성령 안에서 이러한 기름부음이나 은사 능력의 전이를 오늘날의 용어로 '임파테이션'이라고 부르기도 합니다. 이런 경우 많은 사람들은 그냥 안수를 받으면 아무에게나 전이되는 것으로 기대를 하는데 이런 경우도 직임과 소임을 따라 흐르며, 또한 영적으로 준비된 사람에게 전이 됩니다. "바울이 그들에게 안수하매 성령이 그들에게 임하시므로 방언도 하고 예언도 하니"(행19:6). "그러므로 내가 나의 안수함으로 네 속에 있는 하나님의 은사를 다시 붙일 듯하게 하기 위하여 너로 생각하게 하노니"(딤후1:6).

그리고 은사를 통하여 우리가 가장 그리고 흔히 행하는 사역이 질병의 치유와 귀신의 축사 사역, 곧 치유 사역에서 안수가 활용됩니다. 그리고 포괄적인 의미에서 치유는 질병의 치유나 귀신들림의 치유뿐만 아니라 내적 상처의 치유 등을 포함한 영, 혼, 육의 모든 영역의 전인적인 치유를 포함합니다. "해질 적에 각색 병으로 앓는 자 있는 사람들이 다 병인을 데리고 나아오매 예수께서 일일이 그 위에 손을 얹으사 고치시니"(눅4:40).

그런데 실제로 안수 사역을 해 보면 그 사람의 머리나 몸에 손을 대지 않고 기도하는 경우와 손을 얹어 안수하며 기도하는 경우에 차이가 있는 것을 알 수 있습니다. 그렇게 손을 얹어 안수하며 기도해 보면 위에서 나열한 안수의 역할 이외에도 안수의 다른 유용함 등을 발견할 수 있습니다.

그렇게 손을 얹어 안수하면서 기도를 해 보면 손을 대지 않고 하는 경우보다 훨씬 영적으로 다양하고 세밀한 정보들이 지식의 말씀의 은사로 알게 되는 것을 경험할 수 있습니다. 경건생활의 상태, 심령 상태, 일상생활의 상태, 성격 등 다양한 것들이 더 세밀하게 알게 되는 것을 경험하게 됩니다. 그러므로 더욱 적절한 영적인 권면이나 예언의 말씀을 전해 줄 수 있습니다.

이렇게도 우리의 영적인 신앙생활에서 안수라는 것은 필수불가결한 것이요, 안수라는 행위가 없이는 우리의 신앙생활의 영적인 것들이 행하여질 수 없습니다. 안수는 이렇게 많은 경우 유용하며 영적으로 유익하고 필수적인 것이므로 바르게 잘 살펴 행하는 안수는 그야말로 생명의 사역, 생명의 안수인 것입니다.

그러나 자기관리가 되지 않은 잘못된 사역자에게 잘못된 안수를 받게 되면 그로 인하여 도리어 좋지 못한 것을 전이 받을 수 있는 것도 또한 안수입니다. 그러므로 성경은 아무에게나 경솔히 안수하지 말고 자신을 지켜 정결하게 하라고 말씀합니다. "아무에게나 경솔히 안수하지 말고 다른 사람의 죄에 간섭지 말고 네 자신을 지켜 정결케 하라"(딤전5:22).

안수 사역의 유익성과 위험성을 우리의 현실 생활에 비유하며 설명 드리면 병원의 치료행위와 같습니다. 많은 경우 의사의 치료행위는 유익한 결과를 냅니다. 하지만 가끔은 은사가 무지하거나 부주의 하는 경우 도리어 치료행위가 해로운 결과를 냅니다. 안수 사역도 이와 같습니다. 병원에서의 치료행위가 대부분의 경우 유익한 결과를 내듯이 안수사역의 열매도 대부분 긍정적이며 유익합니다. 하지만 병원의 치료 행위가 가끔 해로운 결과를 가져오듯이 안수 사역도 그런 경우가 있을 수 있습니다. 그러면 이와 같이 필요하고 유익한 안수와 혹여 잘못 접하게 되면 해로운 영향을 받을 수 있는 안수, 우리는 어떻게 활용하고 대처해야 할까요?

첫째로 사역자의 입장에서는 디모데를 향한 사도바울의 권면처럼 안수에는 위험성이 있는 것을 알아 아무에게나 아무 때나 경솔히 안수하지 말아야 합니다. 영적인 세계를 살펴보면 안수를 받는 사람만 어려움을 당하는 경우가 있는 것이 아니라 사역자도 어려움을 당하는 수가 있습니다. 곧 어떤 잘못된 특정한 영적 상황에서 안수를 하게 되면 사역자가 도리어 귀신이나 병을 안게 되는 경우가 있습니다. 하나님은 이러한 사건들을 통하여 사역자에게 안수에 바른 영적인 지식과 바른 사역을 할 것을 현실의 어려움으로 우리에게 말씀하시는 것입니다.

안수를 할 때는 성령 안에서 하나님의 뜻을 분별해 가며 하나님의 뜻 안에서 안수를 하려 해야 할 것이고 늘 자신을 지켜 정결하게 하고 성령으로 충만한 상태를 유지하려고 애써야 합니다. 그리고 사역자가 어둠의 사역자로 변하게 되는 요인인 교만, 탐심, 정욕 등에서 자신의 마음을 잘 지켜야 할 것이며, 비록 은사와 능력이 영적인 사역에서 필수적인 것들이기는 하지만 본질이 아닌 만큼 집착은 하지 말아야 할 것입니다.

그리고 그저 주신 하나님의 선물이므로 이것을 통하여 자신의 유익을 구하지 말아야 할 것입니다. 그런 것들이 사단이 역사하는 어둠의 통로가 되고 타락의 통로가 됩니다. "아무에게나 경솔히 안수하지 말고 다른 사람의 죄에 간섭지 말고 네 자신을 지켜 정결케 하라"(딤전5:22).

둘째로 안수를 받는 사람들의 입장에서는 분별이 생명입니다. 그러므로 사역지나 사역자를 잘 분별하는 안목이 있어야 합니다. 영적으로 잘 모르고 경험도 부족하고 초보인 시기에는 가능하면 대중적으로 잘 알려지고 무난한 사역지를 찾는 것이 좋을 것입니다. 그러면서 성경과 영적인 공부를 통해서 자신의 안목을 길러가야 하겠지요.

어떤 사람의 어느 곳에 가면 이런 특별한 분이 있더라는 입소문을 듣고 이곳저곳을 많이 가는 것은 위험합니다. 어느 정도 영적인 성장과 안목과 분별력을 갖추기 전에는 대중적으로 알려진 사역지나 사역자를 만나는 것이 좋을 것입니다.

그리고 새로운 사역지나 사역자를 만나고 싶을 때는 그 분의 말씀이나 글 등을 통하여 본질적인 영성 곧 내면의 영성이 바른지, 맑고 깨끗한지 먼저 잘 살펴보셔야 합니다.

대부분 안수를 통하여 귀신들림 등 도리어 어려움을 당하는 분들의 한 속성이 본질적인 영성인 내면을 살피지 아니하고 이런 사역자는 이런 기이한 능력을 행한다는 등 능력이나 현상을 쫓아다니는 사람들입니다.

그리고 꼭 살펴보아야 할 것이 영적인 무지의 부분입니다. 사람이 아무리 착하고 선해 보여도 무지하여 성경에 반대되거나 성경 외적인 것들이 많이 섞여 있으면 미혹된 사역자일 수 있습니다. 영의 세계는 한없이 심오하고 깊은바 영적 사역자에게는 반드시 깊고 폭넓은 영적인 지식과 깊은 이해의 경륜이 있어야 합니다. 착해도 지식이 없으면 의사를 할 수 없듯이, 영적 능력이 있어도 혼잡한 영적 능력 세계에 대한 영적 지식이 없으면 영적 사역을 바르게 할 수 없습니다.

사단이나 귀신의 역사는 항상 눈에 불을 보듯 확연하게 그렇지 드러나지 않습니다. 높고 깊은 영의 세계로 들어갈수록 사단의 광명의 천사로 위장하여 도리어 가짜가 아닌 가장 진짜인 듯하게 위장을 합니다. 이단들의 특징이 그러하듯 처음과 중간단계는 항상 진리로 위장합니다. 가장 끝부분에서 어둠의 속성으로 왜곡하며 이끕니다. 그러므로 다소 깊은 안목으로 잘 살펴보아야 하고 자신의 영적 분별력이 약하면 주변 사람들의 도움을 받는 것도 좋습니다.

그러나 제가 사역을 하면서 살펴보니 안타까운 것은 보통의 사역자나 대부분의 성도님들은 영적인 세계나 영적인 것들에 대해서 거의 무지합니다. 은사 등에 대한 약간의 지식이나 떠도는 수준의 앎을 가지고 있거나 등인데 영의 세계는 결코 그리 단순하지 않습니다. 자연계에도 어마어마한 신비와 비밀과 지식이 있듯이 영의 세계는 그 차원을 넘어 더욱 심오하고 깊습니다. 지식이 없으면 망합니다. 바르고 넓고 깊은 영적인 지식을 배우며 쌓아나가야 합니다. "내 백성이 지식이 없으므로 망하는도다 네가 지식을 버렸으니 나도 너를 버려 내 제사장이 되지 못하게 할 것이요 네가 네 하나님의 율법을 잊었으니 나도 네 자녀들을 잊어버리리라"(호4:6).

안수를 통하여 사역자로부터 도리어 귀신들림을 당하는 경우는 일반적으로는 그렇게 흔하지 않습니다. 그러나 본질적인 영성인 내면의 영성을 추구하는 바른 마음과 바른 분별력이 없이, 다소 신기해 보이는 능력이나 현상만을 좋아서 이곳저곳을 소문으로만 다니는 분들에게는 사역자로부터 도리어 귀신들림을 당하는 일은 흔한 현상입니다.

한편 안타까운 것은 이러한 경우가 아닌 자신이 물질적, 건강적, 심적, 영적으로 어려움을 겪다보니 지푸라기를 잡는 심정으로 이런 저런 다양한 사역자를 만나다가 더 어려움을 당하는 경우입니다. 하지만 세상일도 그러하지만 어려울 때도 더욱 정신을 차리고 냉정하고 차분하게 잘 대처해 나가야 합니다. 그래야 어려움을 겪지 않습니다.

어려움을 만날 때 점치듯 예언하는 자를 자꾸 만나서 해결하려 들지 마십시오. 십중팔구 미혹되고 잘못되어 어려움을 더욱 겪습니다. 어려울 때 아무나 분별없이 만나 의타적으로 해결하려 하지 마십시오.

차분히 이런 어려움이 왜 왔으며 어떻게 풀어가야 할지 지혜를 모으는 가운데 바르고 깊은 영적인 경륜을 가진 사람을 만나 조언을 받으십시오. 깊고 숙성된 예언자는 일반적으로 점치듯 예언하지 않으며 조언하듯 말하여 스스로 바른 결정을 내려갈 수 있도록 유도합니다.

그러나 우리에게는 어려움을 당하면 다른 누군가의 도움으로만 쉽게 해결하려는 속성이 있습니다. 근본적인 원인을 찾아 고치려 하지 않고 땜질하듯 해결만 하고 싶은 것이지요. 이것이 샤머니즘적 신앙이요, 기복신앙의 한 속성이며, 이러한 동기 때문에 도리어 신앙생활로 어려움을 많이 겪는 것입니다.

마지막으로 안수를 받을 때의 자신을 지킬 수 있는 나름의 안전수칙을 전해 드리며 글을 마칩니다. 하지만 안전수칙이란 그것을 지키면 잘못될 가능성을 줄여준다는 것이지 절대적인 것은 아니니 무엇보다 영적인 지식을 쌓아가며 바른 분별력 가운데 행하시면 좋겠습니다.

첫째로 잘 알지 못하는 사역지나 사역자를 만났을 경우에는 안수를 받지 않는 것입니다. "아직은 제가 이곳을 잘 알지 못하니 조금 시간을 가지며 저와 영적인 생각이나 흐름이 같으면 그 때 받겠습니다"라고 겸손하게 말하는 것입니다.

둘째로 영적으로 분별이 되지 않은 상태에서 상황상 의지와 상관없이 안수를 받아야 하는 경우에는 보호기도와 마찬가지로 하늘의 생명의 빛과 성령의 불과 하늘의 천군을 통하여 영적으로 지켜 달라고 기도하며, 예수님의 보혈을 자신의 영혼육에 뿌리는 것입니다.

그리고 결정적인 것은 사역지와 사역자로부터 마음의 문을 꽉 닫는 것입니다. 안수를 받고 있으나 그 안수를 마음으로 완전히 거부하는 것입니다. 영의 세계는 마음의 세계라 마음의 문을 꽉 닫으면 일반적으로는 아무 것도 오갈 수 없습니다.

우리의 영적인 신앙생활에서 안수는 없어서는 아니 되는 필수적인 것이요, 한편 교회나 사역지에서 더욱 활성화 되어야 하는 것입니다. 그러나 한편 생명적인 안수가 어떤 특정한 영적 상황에서는 도리어 어둠의 통로가 되는 경우도 있음을 잘 알아, 안수를 통하여 생명의 열매를 얻되 풍성히 얻으며 어둠의 열매들은 사라져 가는 우리의 신앙생활과 신앙 공동체였으면 좋겠습니다.

어느 여 목사님이 저에게 상담한 내용입니다. "목사님 저는 상대방에 대하여 전화로 기도를 해주어도 제가 기침을 해댑니다. 어느 때는 강단에서 설교할 때도 기침이 나오고 구역질이 나와서 덕이 되지 못합니다. 환자들을 기도할 때 환자는 아무런 역사도 나타나지 않는데 저만 막 기침을 해댑니다.” 그래서 내가 이렇게 대답을 했습니다. “목사님 자신의 관리에 힘써야 하겠습니다. 상대방을 안수하는데 목사님이 구역질이 나오고 기침을 한다는 것은 목사님 안에 있는 상처가 나오는 것입니다. 원래 성령의 역사는 사역자가 먼저 일어납니다. 그 다음에 피 사역자에게로 성령의 역사가 전이되는 것입니다. 그래서 목사님에게서 일어난 성령의 역사로 목사님 안에 있던 상처가 나가면서 기침을 하는 것입니다.” 그랬더니 이 목사님이 이렇게 말합니다. “목사님 어떤 영성 사역하는 목사님이 그러시는데 상대방의 악한영이 나에게서 나가는 현상이라고 합니다.” 그래서 “잘못 아신 것입니다. 어떻게 상대방의 악한 영이 목사님을 뚫고 들어와서 목사님의 입으로 나갑니까? 절대로 잘못 아신 것입니다.” 이런 경우는 그 여 목사님이 치유가 완전히 되지 않아서 자신의 더러운 것들이 나오는 것입니다. 원래 성령의 역사는 자신이 먼저 나타는 것입니다.

자신에게 나타난 성령의 역사가 상대방에게 전이가 되는 것입니다. 그래서 자신에게 나타난 성령의 역사로 자신에게 있던 상처들이 나가는 것입니다. 이런 분은 많은 시간을 치유하여 자신을 깨끗하게 하고 사역을 해야 합니다. 정 그렇게 하지 못한다고 한다면 일주일에 하루라도 자신이 치유를 받으면서 사역을 해야 합니다. 그렇지 못하면 자신의 건강에 문제가 올 수가 있습니다. 젊을 때는 문제가 없을 수 있지만 나이가 들어 체력이 떨어지면 탈진현상이 나타나 사역을 하지 못할 수도 있는 것입니다. 그러면서 목사님에게 이렇게 경각심을 가지고 사역을 하도록 했습니다. “목사님! 앞으로 주의하셔야 합니다. 지금같이 목사님이 성령으로 완전하게 장악되지 않고 치유되지 않은 상태로 계속 환자들을 상대하면 어려움을 당할 수도 있습니다. 왜냐하면 환자들에게 역사하던 악한 것들이 목사님에게 전이 될 수 있습니다. 목사님은 기도를 많이 하는 편이므로 영이 열린 상태라, 환자에게 역사하던 악한 영이 목사님에게 들어올 수가 있다는 것입니다. 이는 목사님이 육체를 가지고 있기 때문입니다. 그러므로 개인을 대상으로 치유 사역을 하는 사역자는 자신의 관리를 잘해야 합니다. 자신의 관리가 잘되지 않으면 상대방에게 역사하던 악한 영들이 사역자에게 전이 될 수가 있다는 것입니다. 이것을 신학적인 용어로 영적 손상이라고 합니다. 앞으로 좀 더 자기 관리에 힘쓰면서 사역을 하시기를 바랍니다.”

성도나 목회자나 영적 손상을 당할 수가 있습니다. 그렇기 때문에 영적 손상을 당할 때 나타나는 현상을 바르게 인식하고 대처해야 합니다. 지금 영적인 사역을 하는 목회자가 무분별하게 성령의 능력을 사용하다가 영적인 손상을 당하여 목회를 하지 못하는 분들이 많습니다. 영적인 것은 성령으로 분별이 가능합니다. 성령의 인도를 따라서 사역을 감당하는 지혜로운 성도, 목회자가 되시기를 바랍니다. 영적인 손상과 손실에 대하여 바르게 알고 안수기도를 하시고 받아야 합니다. 잘못하면 안수기도 해주는 사역자로부터 더러운 것들이 타고 들어올 수도 있습니다. 안수기도를 하는 분들도 피 안수자로부터 나쁜 영들이 침입을 하기도 합니다. 영적전이와 손상에 대하여는 “카리스마로 영적세계를 장악하는 법”을 읽어보시기를 바랍니다.

3부 안수하기를 즐겨하신 예수님

14장 나병환자에게 안수하신 예수님

(마 8:1~4)"예수께서 산에서 내려오시니 수많은 무리가 따르니라. 한 나병환자가 나아와 절하며 이르되 주여 원하시면 저를 깨끗하게 하실 수 있나이다 하거늘 예수께서 손을 내밀어 그에게 대시며 이르시되 내가 원하노니 깨끗함을 받으라 하시니 즉시 그의 나병이 깨끗하여진지라. 예수께서 이르시되 삼가 아무에게도 이르지 말고 다만 가서 제사장에게 네 몸을 보이고 모세가 명한 예물을 드려 그들에게 입증하라 하시니라"

예수님은 안수기도로 나병환자나 각색병자들을 고치셨습니다. 본문에 보면 나병환자가 "주여! 원하시면 저를 깨끗하게 하실 수 있나이다" 했습니다. 그러자 "예수께서 손을 내밀어 그에게 대시며 이르시되 내가 원하노니 깨끗함을 받으라 하시니 즉시 그의 나병이 깨끗하여진지라."라고 성경은 증명하고 있습니다. 예수님은 안수나 만지심으로 환자를 치유하셨습니다. 안수는 예수님이 아주 즐겨하신 사역입니다. 이렇게 예수님은 병든 인생들의 고통을 알아보시고 치유하여 주시기를 원하십니다. 예수님의 은혜로 모두 영 육간에 불치의 질병을 기적치유 받으시기를 바랍니다. 모두 하나님의 역사를 체험함으로 영안이 열리기를 바랍니다. 영이신 예수님을 만남으로 불치병을 치유 받는 은혜를 받기 바랍니다.

자식을 기르는 부모는 자식이 잘못했을 때에 징계를 하게 됩니다. 가장 가벼운 징계는 꾸짖음이고 좀 더 무거운 징계는 벌을 받게 하고, 채찍으로 종아리를 때리기도 합니다. 그러나 결코 자식이 고통스러운 심신의 병이 들도록 병균을 그 몸에 주입하지 않습니다. 음식에 병균을 섞어서 먹이는 것을 통해서 징계하는 일은 없습니다. 우리는 예수님을 믿고 하나님의 자녀가 되었습니다. 하나님께서도 우리의 잘못을 징계하십니다. 꾸짖으시고 여러 가지 벌을 내리십니다. 그러나 결코 흉악한 질병으로 때리시지는 않으십니다.

히브리서 12장 11절에 "무릇 징계가 당시에는 즐거워 보이지 않고 슬퍼 보이나 후에 그로 말미암아 연달한 자에게는 의의 평강한 열매를 맺나니"라고 말씀했습니다. 하나님은 세상의 부모보다 더 크신 사랑을 가지신 하나님 아버지십니다.

마태복음 7장 9절로 11절에 "너희 중에 누가 아들이 떡을 달라 하면 돌을 주며 생선을 달라 하면 뱀을 줄 사람이 있겠느냐 너희가 악한 자라도 좋은 것으로 자식에게 줄줄 알거든 하물며 하늘에 계신 너희 아버지께서 구하는 자에게 좋은 것으로 주시지 않겠느냐"고 말씀하고 계신 것입니다.

첫째. 안수로 병을 고쳐주는 예수님. 병 고침 받는 것이 과연 하나님 우리 아버지와 예수님의 뜻인지 아닌지 이것을 우리 마음속에 확실히 해결해야 되는 것입니다. 많은 사람들이 병 고침 받기 위해서 기도할 때 번민하는 것은 "제가 병 고침 받는 것이 하나님의 뜻인지 아닌지를 확실히 알아야 하겠습니다." 그렇게 합니다. 주님께서 우리 몸에 병이 고침 받고 건강하게 되길 원하신다는 확실한 사건이 성경에 기록되어 있습니다. 마태복음 8장 1절로 4절에 보면 예수님께서 제자들과 함께 산에서 내려오는데 한 문둥병자가 뛰어나와서 예수님 앞을 막았습니다. 이건 굉장한 사건입니다. 왜냐하면 그 당시 이스라엘에서는 문둥병 환자는 성한 사람 앞에 오지 못합니다. 성한 사람이 지나가면 고함을 쳐야 됩니다. "나는 부정하다. 부정하다. 부정하다" 곁에 오지 못하게 합니다. 만일 성한 사람 곁에 오면 돌로써 맞아 죽습니다. 그런데 예수님과 그 일행이 오는데 뛰어 나와서 주님 앞을 막고 엎드렸다는 것은 벌써 죽기로 각오한 사람입니다.

만일 주님께서 이 부정한 문둥병 환자가 어떻게 감히 우리 성한 사람의 행열 앞에 나왔느냐고 고함친다면 순식간에 사람들은 돌을 들어 그를 쳐서 죽였을 것입니다. 그는 죽기로 각오하고 예수님 앞에 나왔습니다. 병 고침 받는 것이 하나님 뜻인지 아닌지 알고 싶어 나온 것입니다. 문둥이로 평생 사는 것이 주의 뜻인지 아닌지 알고 싶었습니다. 그래서 고침 받지 못할 바에는 죽는 것이 낫겠다는 각오로 예수님 앞에 나온 것입니다. 그는 주님을 쳐다보고 말했습니다. "주님! 원하시면 저를 깨끗하게 하실 수 있나이다" 왜냐하면 깨끗이 할 수 있는 능력은 주님께서 가지고 계신다는 것을 이 문둥병 환자는 알았습니다. 하늘과 땅을 지으신 하나님의 아들이라는 것을 그는 시인한 것입니다.

주님은 무엇이든지 하실 수 있으나 자기 문둥병이 낫는 것이 주의 뜻인지 아닌지 그걸 전혀 모르겠다는 것입니다. 그렇기 때문에 원하시면 저를 깨끗하게 하실 수 있나이다. 그때 예수님이 뭐라고 말씀했습니까? 그 많은 사람이 보는 앞에서 제자들 앞에서 그 고름이 질퍽질퍽 나는 그 머리위에 주님 손을 덮석 얹으시면서 "내가 원하노니 깨끗함을 받으라." 즉시 순식간에 고름은 사라지고 문둥병은 고침을 받고, 그는 정상인이 되어 버렸습니다. 생기가 그 몸속에 불어 들어와서 순식간에 새사람이 되어 버리고 만 것입니다. 주님은 이를 통해서 우리의 병을 고치는 것은 결정적으로 주님의 뜻이라는 것을 보여주신 것입니다. 세상에 다 버림받은 문둥병 환자도 주님은 "내가 원하노니 깨끗함을 받으라" 하시고 고쳐 주신 것입니다.

그러므로 우리가 성경을 통해서 보면 죄 사함과 병 고침을 주님께서는 언제나 동등하게 여겼습니다. 죄 사함 따로 하고 병 고침 따로 하지 않았습니다. 언제나 죄 사함이 있는 곳에는 병 고침이 있고, 병 고침이 있는 곳에는 죄 사함이 있어서, 죄 사함과 병 고침은 손의 안쪽과 등과 같이 하였습니다.

마태복음 9장 1절로 8절에 보면 "예수께서 배에 오르사 건너가 본 동네에 이르시니 침상에 누운 중풍병자를 사람들이 데리고 오거늘 예수께서 저희의 믿음을 보시고 중풍병자에게 이르시되 소자야 안심하라 네 죄 사함을 받았느니라. 어떤 서기관들이 속으로 이르되 이 사람이 참람하도다. 예수께서 그 생각을 아시고 가라사대 너희가 어찌하여 마음에 악한 생각을 하느냐 네 죄 사함을 받았느니라, 하는 말과 일어나 걸어가라 하는 말이 어느 것이 쉽겠느냐 그러나 인자가 세상에서 죄를 사하는 권세가 있는 줄을 너희로 알게 하려 하노라 하시고 중풍병자에게 말씀하시되 일어나 네 침상을 가지고 집으로 가라 하시니 그가 일어나 집으로 돌아가거늘 무리가 보고 두려워하며 이런 권세를 사람에게 주신 하나님께 영광을 돌리니라”

마가복음 2장을 보면 중풍병자가 치유 받는 모습이 나옵니다. 이 사건은 예수님께서 원수들 앞에서 행하신 것입니다. 주님이 와계신 곳에 사람들이 인산인해로 모였습니다. 거기에 바리새교인이나 교법사들 주님을 비평하고 책잡으려는 사람들도 기회를 노리고 앉아 있었습니다. 그런데 중풍병 걸린 사람이 예수님 앞에 나왔습니다. 그는 지붕을 뜯고 친구들이 밧줄로 매달아 내렸습니다. 예수님은 그 믿음을 보셨습니다. 믿음은 눈에 보이는 것입니다. 행함이 없는 믿음은 죽은 믿음이 아닙니까? 주님께서 그 믿음을 보시고 “네 죄 사함을 받았느니라” 이 사람은 마음속에 깊이 죄를 통회하고 자복하면서 주님 앞에 나왔음에 틀림이 없습니다. 사람들은 겉으로 보나 주님은 속을 보았습니다.

그가 회개하고 자복하는 모습을 보시고 “네 죄사함을 받았다”고 하니까 거기에 바리새교인이나 교법사들이 마음속으로 “쯧쯧쯧 어찌 사람이 감히 사람의 죄를 용서하는가! 하나님을 모욕하고 있다. 하나님 이외에 누가 죄를 사하는가!” 그들은 예수님이 하나님인 것을 인정하지 않았습니다. 그때 예수님께서 아주 어려운 질문 했습니다. “네 죄 사함을 받았다는 것과 침상을 들고 집으로 돌아가라 하는 말이 어느 것이 쉽겠느냐?” 죄 사함을 받았다는 말은 쉽잖아요. 증거가 안보이니까. 그러나 중풍에 걸려 옴짝도 못하는 사람

"네 침상을 들고 집으로 돌아가라" 는 말은 어렵잖아요. 말만 가지고 하는 것하고 실력으로 보이는 것 하고는 천양지차가 납니다.

그래서 예수님이 예수님을 비웃는 바리새교인이나 교법사에게 이 어마어마한 질문을 했습니다.

"네 죄 사함을 받았다" 하는 말은 아무나 할 수 있다고 생각하지만 "침상을 들고 집으로 돌아가라" 하는 말은 아무나 못하잖아요. "네가 죄 사함을 받았다는 것은 아무나 하는 말이 아니다. 진실로 능력과 실력을 가지고 하는 말이다. 그 증거로서 이 사람 고치는 것 보아라. 네 침상을 들고 집으로 돌아가라" 즉시로 생기가 그 속에 들어오매, 그 사람의 중풍에 걸렸던 몸은 다 고쳐지고 야들야들 부들부들 해져서 일어나 침상을 짊어지고 군중 사이로 걸어 나갔습니다. 예수님이 하시는 말씀은 그냥 허풍으로 하는 말이 아닙니다. 실력이 뒤따른 것입니다. 죄 사함을 받는 것은 그 결과로 병 고침도 따라온다는 것을 보여 주신 것입니다. 이러므로 주님은 죄 사함과 병 고침을 동시에 일어나는 역사로 생각했지, 죄 사함 따로 받고 병 고침 따로 받는 것으로 생각하지 않았었습니다. 그렇기 때문에 복음 증거에는 항상 치료의 역사가 따랐었습니다.

마태복음 8장 14절로 18절에 보면 "예수께서 베드로의 집에 들어가사 그의 장모가 열병으로 앓아누운 것을 보시고 **그의 손을 만지시니 열병이 떠나가고** 여인이 일어나서 예수께 수종들더라. 저물매 사람들이 귀신 들린 자를 많이 데리고 예수께 오거늘 예수께서 말씀으로 귀신들을 쫓아내시고 병든 자를 다 고치시니 이는 선지자 이사야로 하신 말씀에 우리 연약한 것을 친히 담당하시고 병을 짊어지셨도다함을 이루려 하심이더라"

　여기에 예수님의 사역에는 항상 치료의 역사가 따랐습니다. 예수님은 죄 사함 따로 하시고 병 고침 따로 하신 적이 없습니다. 주님 계신 곳에는 항상 죄 사함과 병 고침은 손과 손을 마주잡고 같이 나타나신 것입니다. 베드로의 장모 집에 들어갈 때 베드로의 장모가 열병에 걸렸습니다. 아마 요사이 말로 말하면 장티푸스같은 이런 병에 걸린 것 같습니다. 그런데 예수님께서 그 장모의 손을 잡고 병을 꾸짖었더니 병이 즉시로 떠나가고 그 장모가 일어났습니다. 그러자 수많은 사람들이 귀신들린 사람 각종 앓는 사람을 데리고 오매, 주님이 말씀으로 귀신 쫓아내시고 병든자들을 다 고쳤습니다. 한사람도 남김없이 다 고쳤습니다. 주님을 간절히 찾고 나오는 모든 죄인을 다 용서하신 것같이 주님을 간절히 찾고 나오는 모든 병든 자는 주님이 다 고치신 것입니다. 여기에 특별히 볼 것은 병 고침 받기를 소원하고 나오는 사람을 고쳐 주셨지 주님이 병자를 찾아다니지는 않았습니다. 죄인도 회개하고 나오는 사람을 용서해 주시지 가만히 있는 사람을 용서해 주지는 않습니다. 간절한 마음의 소원이 있어서 죄를 회개하는 사람을 용서해 주시고 병 낫기를 소원해서 주님께 찾아 나오는 사람들을 주님께서 고쳐 주신 것입니다.

　그러므로 이 복음서에 보면 예수님께서는 천국 복음에는 반드시 병 고침이 따른다는 것을 보여주신 것입니다. 천국복음의 기초는 치료에 있다는 것을 주님께서 보여주신 것입니다.

　마태복음 10장 7절로 8절에도 "가면서 전파하여 말하되 천국이 가까왔다 하고 병든 자를 고치며 죽은 자를 살리며 문둥이를 깨끗하게 하며 귀신을 쫓아내되 너희가 거저 받았으니 거저 주어라"고 열두제자에게 말씀하셨습니다. 천국은 그냥 말만으로 천국이 아니라는 것입니다. "회개하라. 천국이 가까이 왔다 했으면 천국의 증거와 열매를 보여주라" 천국의 증거와 열매는 귀신을 쫓아내고 병을 고치는 것이라고 말한 것입니다. 그러면 성경은 뭐라고 했습니까? 천국이 여기있다 저기있다고도 못하리니 천국은 너희 안에 있느니라 했으니, 예수 믿는 우리 안에 천국이 있으면 반드시 병고침 받는 열매와 증거가 나타나야만 된다는 것입니다. 예수님은 열두 제자에게만 그렇게 말씀한 것 아닙니다. 칠십인의 제자를 부르셔서 둘씩 둘씩 각 촌락으로 보내서 복음을 증거하려 했을 때도 똑같은 명령을 하셨습니다.

누가복음 10장 8절로 9절에 "어느 동네에 들어가든지 너희를 영접하거든 너희 앞에 차려 놓는 것을 먹고 거기 있는 병자들을 고치고 또 말하기를 하나님의 나라가 너희에게 가까이 왔다 하라" 보십시오. 어느집에 가든지 주는 음식 먹고 거기에 있는 병은 고쳐라. 공짜로 음식먹고 나오지 말라. 음식 대접받고 그 집에 있는 병은 다 고쳐라. 그리고 말하기를 이것은 천국이 가까이 온 증거라고 말하라. 천국은 치료에 있는 것입니다. 치료는 천국의 기반인 것입니다. 치료 없는 천국은 상상할 수가 없습니다. 천국이 임한 곳에는 항상 치료가 임하시는 것입니다. 성경에는 너희 두 세 사람이 내 이름으로 모인 곳에는 나도 너희 가운데 있겠다고 했는데 예수님은 천국의 왕이신데 천국의 왕이 계신 곳에는 천국이 임하여 계시고 천국이 임하여 계신 곳에는 치료는 반드시 따르게 되어 있는 것입니다.

둘째, 치료는 예수 그리스도의 대속의 은총. 치료는 예수 그리스도의 대속의 은총 속에 들어 있습니다. 주님께서 반드시 천국의 증거로만 치료를 보여준 것 아닙니다. 불쌍히 여기심으로 말미암아서 많이 치료한 것은 아닙니다. 주님이 십자가에 못 박혀 몸 찢고 피 흘려 우리를 대속하신 대속의 은총 속에 치료가 들어 있다는 것입니다. 예수님은 우리의 죄만 위해서 십자가에서 몸 찢고 피 흘린 것이 아니라, 우리의 병을 주님께서 청산하기 위해서 십자가에서 몸 찢고 피 흘렸다는 사실을 성경은 우리에게 분명히 말씀해 주고 있는 것입니다. 죄 사함이 주님의 대속을 통해서 오는 것처럼 병 고침도 주님의 대속을 통해서 우리에게 주어 지셨다는 것입니다. 이사야 53장 4절에 "그는 실로 우리의 질고를 지고 우리의 슬픔을 당하였거늘 우리는 생각하기를 그 는 징벌을 받아서 하나님에게 맞으며 고난을 당한다 하였노라" 예수님이 맞아서 고난당하는 것을 우리는 그냥 예수님께서 하나님께 맞으며 고난당한다고 생각했는데 실로 그 내용인즉, 우리의 질고를 지고 우리의 슬픔을 당했습니다. 우리 질병을 지고 병으로 다가오는 그 모든 슬픔을 예수님께서는 십자가에서 대신 짊어졌다고 말씀하고 있습니다.

이사야 53장 5절에도 "그가 찔림은 우리의 허물을 인함이요 그가 상함은 우리의 죄악을 인함이라 그가 징계를 받음으로 우리가 평화를 누리고 그가 채찍에 맞음으로 우리가 나음을 입었도다"라고 말씀하고 있는 것입니다. 여기에 똑같이 허물을 주님께서 대속하시고 죄를 대속하시고 우리의 저주를 대속하심같이 우리의 병도 주님께서 채찍에 맞으심으로 대신 다 청산해 버렸다고 말씀하고 있는 것입니다.

주님께서 우리를 위해서 대신 갚으셨습니다. 우리가 또 갚을 필요가 어디 있겠습니까? 예수님의 몸 찢고 피 흘려 갚은 것을 우리가 재차 갚을 이유는 없는 것입니다.

이사야 53장 10절에 "여호와께서 그로 상함을 받게 하시기를 원하사 질고를 당케 하셨은즉 그 영혼 을 속건 제물로 드리기에 이르면 그가 그 씨를 보게 되며 그 날은 길 것이요 또 그의 손으로 여호와의 뜻을 성취하리로다"이라고 말했습니다.

하나님께서 소원이 있습니다. 예수님께서 상함을 받아서 우리 질고를 당하는 것이 하나님의 소원이었습니다. 하나님이 얼마나 우리가 병을 앓는 것을 원치 않았기에 예수님 보시고 "네가 대신 상처 받으라. 그래서 내 소원을 이루어라. 모든 사람들 너를 믿고 나오는 사람마다 병에서 놓여남 받게 하기를 나는 소원한다."고 주님께서 말씀하신 것입니다. 그러므로 우리는 잊지 말아야 될 것은 하나님께서 우리에게 베풀어 주신 은택을 무시하지 말아야 됩니다. 하나님께서 우리에게 베풀어 주신 은혜를 우리가 무시해 버리고 감사할 줄 모르면 어떻게 되겠습니까?

성경 시편 103편 1절로 3절에 "내 영혼아 여호와를 송축하라 내 속에 있는 것들아 다 그 성호를 송축하라 내 영혼아 여호와를 송축하며 그 모든 은택을 잊지 말지어다" 많은 예수를 믿는 사람들이 하나님의 은택을 잊어버리고 있습니다. 감사하지도 아니하고 은택을 누리지도 않습니다. 하나님이 주시는 은택을 우리가 감사히 받아들이고 누리기를 하나님은 원하시는 것입니다. 그러면 그 은택이 무엇입니까? "저가 네 모든 죄악을 사하시며 네 모든 병을 고치시며"라고 말했습니다.

죄 사함과 병 고침은 똑같이 주님이 베풀어 주시는 은택이라고 말씀하고 있는 것입니다. 모든 죄가 회개할 때 용서받습니다. 만일 우리가 우리 죄를 자백하면 저는 미쁘시고 의로우사 우리 죄를 사하시며 모든 불의에서 우리를 깨끗하게 하신다고 말씀하셨습니다. 그처럼 우리가 갖은 온갖 병을 다가지고 주님께 나와서 죄를 회개하고 치료 받기를 원하면 주님이 고쳐주는 은혜를 베풀어 주시는 것입니다. 이 은택을 잊지 말라고 말씀하셨습니다. 우리는 절대로 용서와 치료를 분리시켜서는 안 됩니다. 주님은 우리의 죄 사함과 우리의 치료를 동시에 언제나 허락하셨지 이것을 분리해서 말씀하지 아니하셨습니다.

베드로전서 2장 24절에 베드로는 말하기를 "친히 나무에 달려 그 몸으로 우리 죄를 담당하셨으니 이는 우리로 죄에 대하여 죽고 의에 대하여 살게 하려 하심이라 저가 채찍에 맞음으로 너희는 나음을 얻었나니"라고 말씀하고 있는 것입니다.

여기에 하나님의 사도인 베드로가 복음을 말씀할 때 죄 사함과 함께 치료를 동시에 말했습니다. 우리로 죄에 대하여 죽고 의에 대하여 살게 하기 위해서 주님이 십자가에 매달렸고 채찍에 맞은 것이 우리로 나음을 얻게 하기 위해서 그렇게 했다고 말씀한 것입니다. 그러므로 베드로를 중심으로 해서 열 두 사도가 복음을 증거할 때 그들은 어느 곳에 가나 죄 사함을 전하고 예수 그리스도의 이름으로 귀신을 쫓아내고 병을 고쳤습니다. 이일은 사도적인 복음인 것입니다. 오늘날 우리가 이 복음을 전하지 않는다 하면 사도적인 전통을 져버린 것입니다. 사도적인 가르침을 져버린 것입니다. 예수 그리스도의 십자가의 은혜를 반만 쪼개서 전도하고 반은 내버린 것이 되어버리고 마는 것입니다. 예루살렘 공회의 회장이었던 예수님의 동생 야고보는 온 교회에 편지하실 때 야고보서 5장 15절로 16절에 이렇게 말했습니다. "믿음의 기도는 병든 자를 구원하리니 주께서 저를 일으키시리라 혹시 죄를 범하였을지라도 사하심을 얻으리라 이러므로 너희 죄를 서로 고하며 병 낫기를 위하여 서로 기도하라 의인의 간구는 역사하는 힘이 많으니라"

치료와 용서를 명령했습니다. 그냥 해도 좋고 안 해도 좋다고 말하지 않았습니다. "너희 죄를 서로 고하고 병 낫기를 위하여 기도하라"명령입니다. 사도시대에 총회 총회장이었던 야고보가 온 교회에게 낸 공적 문서인 것입니다. "너희 중에 병든자가 있느냐. 저는 교회 장로들을 청할 것이요. 저들은 기름을 바르며 위하여 기도할지니라, 믿음의 기도는 병든 자를 +원하리니 수께서 저를 일으키시리라 혹시 죄를 범하였을지라도 사하심을 얻으리라. 그러므로 너희 죄를 서로 고하며 병 낫기를 위하여 기도하라. 의인의 간구는 역사하는 힘이 많다. 그렇게 말씀한 것입니다" 그러므로 우리는 적극적으로 치료와 죄의 용서를 위해서 교회에서는 기도해야 되는 것입니다.

15장 안수로 희한하게 병 고치시는 예수님

(마 8:14-17)"예수께서 베드로의 집에 들어가사 그의 장모가 열병으로 앓아누운 것을 보시고 그의 손을 만지시니 열병이 떠나가고 여인이 일어나서 예수께 수종들더라. 저물매 사람들이 귀신들린 자를 많이 데리고 예수께 오거늘 예수께서 말씀으로 귀신들을 쫓아내시고 병든 자를 다 고치시니, 이는 선지자 이사야로 하신 말씀에 우리 연약한 것을 친히 담당하시고 병을 짊어지셨도다 함을 이루려 하심이더라."

예수님께서는 안수와 만지심을 통하여 질병을 고치십니다. 모두 사랑이시고 살아계신 하나님을 나타내는 적극적인 행동입니다. 그와 같은 방식으로 베드로의 장모 집에 들르셔서 열병을 앓고 있는 장모의 병을 고쳐 주셨습니다. 전설에 의하면 베드로는 장모님을 모시고 같이 살았습니다. 예수님을 만나 후 베드로는 가정을 떠났습니다. 그러나 후에 베드로의 아내는 베드로의 둘도 없는 조력자가 되었습니다. 전설에 의하면 베드로 아내의 이름은 컨콜디아(Concordia)라고 알려져 있습니다.

같이 로마에서 붙잡혀서 같이 처형당하게 되었습니다. 같이 십자가에 나란히 거꾸로 못 박혔습니다. 괴로운 표정으로 아내를 바라보는 베드로를 바라보면서 아내는 "여보! 주를 기억하시오"라고 외쳤다고 합니다. 어떤 주석가는 바울과 베드로가 전도 여행을 갈 때 베드로의 부인도 같이 동행하였을 것이라고 다음과 같은 말씀을 근거로 말하고 있습니다. "우리가 다른 사도들과 주의 형제들과 게바와 같이 자매 된 아내를 데리고 다닐 권이 없겠느냐"(고전 9:5).

하나님은 온 세상을 창조하시고 섭리하시는 분이십니다. 하나님은 또한 모든 사람들을 창조하시고 주장하시는 분이십니다. 참새 한 마리까지도 하나님의 장중에 있습니다. 모든 행동의 일거수일투족은 하나님이 주장하고 있습니다. 베드로는 빌립과 마찬가지로 뱃세다 사람이었습니다. "빌립은 안드레와 베드로와 한동네 벳새다 사람이라"(요 1:44) 그런데 베드로의 아내는 가버나움 사람이었던 것 같습니다. 베드로는 데릴사위가 되어 가버나움에서 와서 어부로 살고 있었습니다. 가버나움으로 이사 온 것도 모두가 하나님의 섭리였습니다.

베들레헴은 예수님을 낳았고 나사렛은 예수님을 길렀고, 가버나움은 예수님을 일하게 하셨고, 예루살렘은 예수님을 죽였고, 감람원은 예수님을 하늘로 끌어 올리셨습니다. 예수님이 일생동안 제일 일을 많이 하신 곳이 가버나움이었습니다. 그런데 예수님의 수제자는 베드로였습니다.

모든 것이 하나님의 섭리였습니다. 베드로의 장모를 고치시고 베드로에게 믿음을 주시고 베드로를 쓰시려는 하나님의 계획이 보이고 있습니다. 역사 속에는 구속사가 있기 때문입니다. 예수님은 일정한 거처가 없으셨기에 베드로의 집에서 자주 거하셨던 것 같습니다. 본문에서 우리는 예수님께서 안수기도로 희한한 기적을 볼 수가 있습니다.

첫째, 열병으로 앓아누운 베드로의 장모를 만난 예수님. 예수님께서 열병으로 고통당하고 있는 베드로의 장모를 만나 "그의 손을 만지시니" 이는 사랑의 행위입니다. 베드로의 장모는 열병을 앓고 있었습니다. 열병은 전염병이었습니다. 예수님에게 전염될 수도 있습니다. 그러나 주님은 전염병을 관계치 않으시고 만져 주셨습니다. 이는 사랑입니다. 이 병은 지금으로 말하면 장티푸스나 마라리아 같은 병이라고 합니다. 의사 누구는 이 병을 '중한 열병'이라고 포현하고 있습니다. 예수님은 죽어가고 있는 자를 고치신 것입니다. 예수님께서 열병을 앓고 있는 베드로 장모의 손을 만지셨습니다. 그랬더니 병이 나았습니다.

당시 유명한 랍비 할라하(Halacha)는 열병을 앓고 있는 사람에게는 손을 대는 것을 공식적으로 금하였습니다. 그러나 예수님은 율법보다 사람을 살리는데 더 중요성을 두셨습니다. 사람을 살리려고 오셨기 때문입니다. 마태복음 8장 3절에서는 문둥병자에게 손을 대셨습니다. 예수님은 누구에게든지 손을 대시는 사랑의 주님이십니다. 이는 사랑입니다. 고양이와 쥐는 같이 있을 수 없습니다. 기름과 물은 섞이지 않습니다. 뱀과 개구리는 같이 놀지 않습니다.

예수님과 병은 같이 있을 수 없습니다. 병의 원인은 악령이었습니다. 예수님께서 손을 만지시니 병이 떠나갔습니다. 병은 예수님을 알아보았습니다. 병의 원인은 악령이었고 악령은 예수님과 같이 있을 수 없는 존재였습니다. 성경은 우리에게 병의 원인이 악령임을 곳곳에서 보여주고 있습니다. "해 질 적에 각색 병으로 앓는 자 있는 사람들이 다 병인을 데리고 나아오매 예수께서 일일이 그

위에 손을 얹으사 고치시니 여러 사람에게서 귀신들이 나가며 소리 질러 가로되 당신은 하나님의 아들이니이다. 예수께서 꾸짖으사 저희의 말함을 허락치 아니하시니 이는 자기를 그리스도인줄 앎이니라”(눅 4:40-41).

“예수께 이르러 그 귀신 들렸던 자 곧 군대 지폈던 자가 옷을 입고 정신이 온전하여 앉은 것을 보고 두려워하더라”(막 5:15). “예수께서 대답하여 가라사대 믿음이 없고 패역(悖逆)한 세대여 내가 얼마나 너희가 함께 있으며 너희를 참으리요 네 아들을 이리로 데리고 오라 하시니”(눅 9:41).

베드로 장모의 열병의 정체에 대해서는 좀 더 깊은 묵상이 필요합니다. 베드로 장모의 병이 단지 육신의 병만 이었을까요? 그녀가 마음의 병에 걸려 누워 있는 것은 아닙니까? 우리는 이것을 화병이라 부릅니다. 마음 속에서 열불이 올라오는 병입니다. 마태복음에는 기록되어 있지 않은데 동일한 사건을 기록하고 있는 마가복음에서는 “야고보와 요한과 함께 시몬과 안드레의 집에 들어가시니”(막 1:29)라 기록하고 있습니다. 시몬 베드로와 안드레는 서로 형제입니다. 그리고 세베대의 두 아들 야고보와 요한은 이웃에 사는 형제들이었을 것입니다. 베드로의 장모는 자기 딸을 베드로에게 시집보내며 행복하게 살 것을 소원했을 것입니다. 베드로는 그렇게 부자는 아니지만 배 한 척을 소유하고 그런대로 딸을 행복하게 해주며 살았습니다. 더구나 장모인 자기에게도 매우 친절한 사위였습니다.

그런데 어느 날 갑자기 예수라는 사나이가 나타나더니 자기 사위가 예수에게 홀랑 미쳐 배를 버리고 떠나버렸습니다. 더 이상 고

기는 잡아오지 않고 영적인 양식을 듣는다며 산으로, 바다로 나가며 도통 집으로 들어오지 않습니다. 베드로뿐만 아니라 그 형 안드레와 그 이웃집 두 총각들까지 미쳐서 야단입니다. 그러니 이런 꼴을 보고 있던 장모가 속에서 불이 나지 않았겠습니까? 마음에서 열불이 난 것입니다. 베드로 입장에서 생각하면 예수님을 따라다니며 말씀을 듣는 것은 좋은데 자기 아내나 가족들에게는 미안했을 것입니다. 주님을 섬기는 것과 가족을 섬기는 것은 이처럼 서로 조화될 수 없을 때가 많습니다. 주님을 위해 살면 가족이 어려울 때가 있고, 가족을 위해 살면 주님의 길을 가기가 어렵습니다.

옛날 우리 신앙 선배들은 가장으로서의 길은 포기했습니다. 그들은 오직 복음전도자의 한 길로만 갔습니다. 그들은 "초막이나 궁궐이나 내 주 예수 모신 곳이 하늘나라" 하며 천국의 낙원을 생각하며 가난하게 살았습니다. 하지만 현대의 목회자들은 세상에서도 잘 되고 죽어서도 잘되려고 하니 오히려 세상에서나 하늘나라에서나 비난받는 신세가 되기 쉽습니다.

제가 그렇다고 해서 가정을 버리라는 뜻을 아닙니다. 가장의 역할은 아무도 대신할 수 없고 자신이 책임져야 합니다. 그러나 그가 예수의 제자로서 부름 받은 이상 가장 중요한 본분은 십자가의 길을 가는 구도자의 삶입니다. 자기 가정을 위한 최소한의 물질은 필요하나 필요 이상의 물질은 버려야 합니다. 이것이 십자가의 길을 가셨던 주님의 길을 쫓는 제자의 마땅한 모습일 것입니다.

베드로의 삶은 제자의 길을 가는 우리에게는 귀한 모범입니다. 이처럼 가정을 버리며 나갔던 베드로가 예수님을 모시고 자기 집으로 들어오는 일이 발생한 것입니다. 예수님이 오셨는데도 변변히 대접도 못하고 장모님은 몸져누워 있습니다. 베드로는 가족들에게나 예수님에게 모두 죄송스러웠을 것입니다. 예수님의 베드로의 이 곤혹스런 마음을 아셨는지 아무 말씀도 없이 베드로의 장모에게 다가가 그 손으로 만지셨습니다. 그 순간 열병이 떠나고 베드로의 장모가 그 자리에서 벌떡 일어납니다. 이것이 주님께서 베푸시는 은혜입니다. 우리가 그 나라와 그 의를 구하며 나아갈 때 우리 주님께서는 우리의 모든 필요를 채워주십니다. 그것이 먹을 것이든 그것이 입을 것이든 그것이 건강이든 그것이 어떤 생활의 필요이든 채워주십니다.

주님은 베드로의 필요를 채워주셨을 뿐만 아니라 베드로의 장모를 이제 주님의 사역자로 만듭니다. 마태복음 8장 15절에 어떻게 기록되어 있습니까? "열병이 떠나가고 여인이 일어나서 예수께 수종들더라" '수종들다'는 헬라어로 디아코니아 입니다. 디아코니아는 교회의 봉사 사역을 말합니다. 주님은 우리가 기도하며 하나님의 일에 열심 하면 우리 가정에서 우리가 예수 믿는다고 핍박하던 사람을 바꾸어 오히려 주님의 사역자로 만들어주십니다.

그를 반대자가 아니라 변하여 열렬한 지지자가 되게 만드십니다. 장모의 열병이 떠나고 그가 봉사의 일을 하게 되자 베드로의 집은 이제 교회가 되었습니다. 회당에서는 바리새인들이 반대하여 주님의 사역을 할 수 없었습니다. 그러나 이제는 베드로의 집이 교회가 되었기 때문에 그곳으로 사람들이 몰려들기 시작합니다. 마태복음 8장 16절 보십시오. "저물매 사람들이 귀신들린 자를 많이 데리고 예수께 오거늘" 일일이 손을 얹어 병들을 고치십니다.

둘째, 그의 손을 만지시니. 주님께서는 병자들을 고치실 때 두 가지 방법을 사용하셨습니다. 가장 대표적으로는 말씀으로 고치셨습니다. 문둥병자에게 "내가 원하노니 깨끗함을 받으라"(마8:3) 하시니 문둥병자가 깨끗해졌습니다. "네 믿은 대로 될지어다"(마8:13) 하시니 백부장의 하인의 중풍병이 그 즉시로 나았습니다. "네 침상을 가지고 집으로 가라"(마9:6) 하시니 침상에 누워있던 중풍병자가 침상을 들고 일어났습니다. 주님은 말씀 한 마디로 병을 고치실 수 있습니다.

그러나 가끔 주님은 말씀이 아니라 직접 손을 만지심으로 병자를 고치실 때가 있습니다. 앞서 문둥병자를 고치실 때는 "손을 내밀어 저에게 대시며"(마8:3) 말씀하셨습니다. 베드로의 장모의 병을 고치실 때도 "그의 손을 만지시니"(마8:15)라 표현하고 있습니다. 베드로의 장모를 고치실 때 주님은 아무 말씀도 하지 않으셨습니다. 단지 그의 손을 만지셨다, 영어로는 touch 했다고 표현하는데 단지 만지셨을 뿐입니다. 주님의 손은 곧 능력의 통로를 의미합니다. 손을 통해서 능력이 나갑니다. 그렇지만 저는 이 손이라는 것이 단지 능력만을 의미한다고 생각하지 않습니다. 손은 사랑입니다. 예수님은 사랑의 손으로 베드로의 장모의 거칠고 상처난 손을 어루만지셨습니다. 오랜 세월 고생으로 딱딱해진 손을 어루만지신 것입니다. 그때 그 여인의 열병이 떠났습니다.

바로 이 순간 예수님은 그의 육신뿐만 아니라, 그의 마음의 병까지도 고치신 것입니다. 우리는 육체의 질병뿐만 아니라, 마음의 질병이 많은 사람들입니다. 예수님은 우리의 이런 상처를 어루만지시는 분입니다. 그분이 만지시는 순간 우리의 상처가 눈 녹듯 녹아내리기 시작합니다. 우리 복음 성가 중에 "그는 나를 만졌네"라는 노래가 있습니다. "그는 나를 만졌네 내 영혼을 나는 그를 느꼈네 그 숨결을" 저는 이 노래를 부를 때면 "낮은 데로 임하소서"란 영화가 생각납니다. 주인공 안 요한 씨가 30대에 실명을 하게 됩니다. 이에 절망하여 여러 번 자살 시도 끝에 "두려워 말라 내가 너와 함께 한다"는 하나님의 음성을 듣습니다.

안 요한 씨가 하나님을 만나고 난 후 새로운 삶을 찾아 서울역을 향하여 갑니다. 그가 소경이 되어 더듬더듬 가는데 이 음악이 흘러나옵니다. 그 얼굴이 '클로즈업' 되어 나타나는데 그 얼굴에는 기쁨이 가득합니다. 예수님이 우리를 만질 때 이런 놀라운 일이 일어납니다. 귀하도 예수님을 대신하여 고통당하는 다른 사람을 잘 터치하십시오. 말로만 말고 힘껏 안아주세요. 자녀들이나 부부나 연인끼리는 더욱 그리하십시오. 서로 터치할 때 사랑이 전달됩니다. 남녀 이성간에 손을 만지는 행위는 절제해야 합니다.

고아원에서 자란 아이들이 문제가 되는 것이 바로 이 부분입니다. 그들에게는 사랑의 마음으로 터치하는 부모가 없습니다. 이것이 아이들의 마음을 냉혹하게 만듭니다. 2차 대전 당시의 한 예입니다. 이탈리아의 한 작은 도시에 큰 강을 사이에 두고 두 고아원이 있었습니다. 그 중 한 고아원은 연합군의 도움을 받아 시설이 좋고 영양가 있는 음식도 풍부하게 제공되었습니다.

그러나 강 건너편에 있던 다른 고아원은 연합군의 도움이 미치지 못해 시설도 형편없고 기본적인 음식조차 제대로 제공되지 못하였습니다. 그런데 이상한 현상이 벌어졌습니다. 시설이 좋고 좋은 음식을 풍부하게 제공한 고아원의 유아 사망률이 강 건너 열악한 환경의 고아원보다 훨씬 더 높았던 것입니다.

이 같은 사실은 여러 학자들의 관심을 끌었고, 전쟁이 끝나자 몇몇 학자들이 체계적으로 연구를 하기 시작했습니다. 이 결과 중요한 사실을 발견하게 되었습니다. 그것은 바로 터치의 문제였습니다. 전쟁 중에 아이를 잃고 정신이 나가버린 한 엄마가 있었는데, 이 엄마가 어느 날 강 건너편에 있는 바로 이 고아원에 이르게 되었습니다. 그리고는 그 곳에 살면서 그곳에 있는 아기들을 자기 아이로 착각해 날마다 안아주고 쓰다듬어 주었던 것입니다.

유아 사망율이 낮았던 이유가 바로 여기에 있었습니다. 충분한 영양은 제공 받았지만 다른 사람의 터치를 받지 못했던 아이들보다, 비록 충분한 영양은 공급받지 못했지만 사람들로부터 애정 어린 터치를 충분히 받았던 아이들은 더 건강하게 자랄 수 있었던 것입니다. 이렇게 손으로 터치하는 것이 아주 중요한 사랑표현의 방법입니다.

이 내용은 티파니 필드라는 분이 쓴 "사람이 사람에게 줄 수 있는 가장 따뜻한 선물 Touch"라는 책 중에 나온 것입니다. 티파니 필드는 이 사랑의 터치의 중요성을 알고 전 세계적으로 돌아다니며 "사랑의 터치 캠페인"을 벌이고 있습니다.

우리나라 문화는 터치를 잘 하지 않습니다. 정은 많은데 이 정이 전달되어야 합니다. 예수님은 말씀으로도 충분히 고치실 수 있는데 손을 만지심으로써 그의 마음의 상처마저도 치유하셨습니다. 이 터치의 은혜를 경험했던 베드로 사도는 교회를 향하여 "너희는

사랑의 입맞춤으로 피차 문안하라"(벧전5:14)고 베드로전서에서
인사하고 있습니다. 사랑의 표현으로 터치를 많이 하십시오.

셋째, 손을 얹어 사람들의 병을 고치시는 예수. 이런 예수님 앞
으로 많은 사람들이 몰려듭니다. 마태복음 8장 16절에 저물 때 사
람들이 몰려온 이유는 이 날이 안식일이었기 때문입니다. 안식일
에는 일을 해서는 안 됩니다. 일의 범주에는 병자를 고치는 치료행
위도 들어갑니다. 거룩하고 복된 날로 축복받은 안식일이 오히려
사람들을 얽매는 날이 된 것입니다. 주님은 두 팔을 벌리고 언제든
지 사람들을 치유하시려 하였지만 율법에 매인 사람들은 바리새인
과 서기관들의 눈치가 보여 그럴 수 없었습니다. 그래서 그들이 안
식일이 끝나는 저녁에 주님이 계신 베드로의 집으로 몰려든 것입
니다. 주님은 많은 귀신들린 자들을 말씀으로 고쳐주셨습니다.

　귀신들렸다는 것은 실제 영적인 세력에 의해서 장악 당한 사람
들뿐만 아니라 정신적인 질병에 걸린 사람들도 포함됩니다. 당시
사람들은 이 모든 것을 귀신에 의해서 일어나는 현상이라 믿었기
때문입니다. 오늘날에도 이처럼 정신적인 질병을 앓고 있는 사람
들이 많이 있습니다. 우리 눈에 뜨이지 않는 이유는 이들을 모두
정신병원이나 수용시설에서 감금하거나 보호해두기 때문입니다.
우리나라도 이런 심한 정신병자가 약 50만 명에 이를 것이라 추정
합니다. 그 외 우울증이나 가벼운 정신질환을 앓고 있는 사람들 또
한 많을 것입니다. 주님이 이 땅에 오신 이유는 이들을 모든 억압
과 부자유함에서 자유하게 하시기 위함입니다. 주님은 마음에 병

든 자와 육신의 병든 자 모두를 치유하러 오셨습니다. 주님의 구원은 미래의 약속으로만 끝나는 것이 아니라 생생하게 지금 벌어지는 현재였습니다. 말만이 아니라 능력으로 나타났습니다.

요한 사도는 성도들을 향하여 "사랑하는 자여 네 영혼이 잘됨같이 네가 범사에 잘되고 강건하기를 내가 간구하노라"(요삼1:2)고 기도합니다. 주님의 복음은 우리 영혼이 잘되는 복음입니다. 주님의 복음은 우리 범사가 잘되는 복음입니다. 주님의 복음은 우리 육신이 강건하게 되는 복음입니다. 전인적인 복을 받도록 하는 복음입니다. 이 은혜가 온전히 임하시기를 바랍니다.

병들고 귀신들린 자를 고치시는 예수님의 모습을 마태는 이렇게 설명하고 있습니다. 마태복음 8장 17절입니다. "이는 선지자 이사야를 통하여 하신 말씀에 우리의 연약한 것을 친히 담당하시고 병을 짊어지셨도다 함을 이루려 하심이더라" 우리 주님이 우리 연약한 것을 친히 담당하셨다는 것은 떠 맡으셨다는 것입니다. 루터는 이것을 '행복한 교환'이라 불렀습니다. 주님은 우리의 죄를 가져가시고 대신 자신의 의를 우리에게 주십니다. 주님은 우리의 연약함을 가져가시고 우리에게 강건함을 주십니다. 이사야서에서는 "그가 채찍에 맞음으로 우리가 나음을 입었도다"(사53:5)고 말씀합니다. 주님께서 채찍에 맞아서 깊게 패인 상처는 바로 우리가 가진 모든 연약 함들을 상징합니다. 주님은 우리가 맞은 채찍의 상처를 대신 가져가시고 우리에게는 자신의 깨끗한 몸과 마음을 대신 주십니다. 사실 이는 부모의 마음이기도 합니다. 부모는 자식이 아프면 자기가 대신 그 아픔을 당하고 자기 자녀는 강건하기를 바랍니다. 예수님은 바로 우리들의 부모들처럼 우리 곁에 계시면서 우리가 받은 상처에 대해서 더 아파하십니다. 마태는 이사야를 인용하며 예수님께서 우리 병을 짊어지셨다고 말씀합니다. 병이라는 무거운 짐을 지고 가면 얼마나 힘이 듭니까? 그때 나 홀로 그 무거운 인생의 짐을 지고 간다 생각하지 마십시오. 우리가 힘들 때 "주님 당신은 어디 계십니까?" 하고 원망하지만 주님은 바로 우리 곁에 계십니다. 우리를 업고 함께 힘든 길을 걸어가고 계십니다.

우리가 아플 때 우리를 업고 함께 뛰시는 분이 바로 우리 주님이십니다. 성령님이 역사하시는 치유의 장소로 데리고 가시는 분이 바로 예수님이십니다. 필자는 39도를 넘나드는 고열로 10일 이상씩 고생하던 유아들을 3분 이내에 치유하는 희한한 기적을 자주 일으킵니다. 예수님께서 저를 통하여 역사하시는 것입니다. 그것이 바로 이사야서에서 말씀한 "우리의 병을 짊어지셨도다."는 말씀의 의미입니다. 우리는 이를 십자가에 달린 예수님의 모습에서 확인합니다. 십자가에 달리셔서 신음하던 주님의 고통은 바로 오늘 이 순간 내가 당하는 고통을 미리 내다보며 아파하시던 고통이었습니다. 어머니와 같으신 예수님 이 사랑으로 위로 받고 새 힘을 내 실 수 있기를 바랍니다.

우리도 예수님과 같이 고열로 고통당하는 사람을 만나거든 예수님의 이름으로 손을 얹어 안수기도하고 어루만져서 치유하시면서 예수님의 사랑을 전하시기를 바랍니다. 자신이 하는 것이 아니고 자신의 주인이신 예수님이 하십니다. 예수님은 영혼을 살리는 일을 하는 성도들과 함께 하시면서 희한한 기적을 일으키십니다. "예수 그리스도는 어제나 오늘이나 영원토록 동일하시니라(히 13:8).

16장 손으로 사랑을 확증하시는 예수님

(막8:22-26)"벳새다에 이르매 사람들이 맹인 한 사람을 데리고 예수께 나아와 손 대시기를 구하거늘 (23) 예수께서 맹인의 손을 붙잡으시고 마을 밖으로 데리고 나가사 눈에 침을 뱉으시며 그에게 안수하시고 무엇이 보이느냐 물으시니 (24) 쳐다보며 이르되 사람들이 보이나이다 나무 같은 것들이 걸어가는 것을 보나이다 하거늘 (25) 이에 그 눈에 다시 안수하시매 그가 주목하여 보더니 나아서 모든 것을 밝히 보는지라 (26) 예수께서 그 사람을 집으로 보내시며 이르시되 마을에는 들어가지 말라 하시니라"

오늘 본문에는 예수께서 벳새다에서 만난 앞을 못 보는 한 사람을 사람들이 데리고 예수께 와서 손을 대 주시기를 구하자 그를 마을 밖으로 따로 데리고 가셔서 눈에 침을 뱉으시면서 안수하시고 무엇이 보이느냐고 물으셨습니다. 그 때에 그가 대답하기를 "사람들이 보입니다. 나무 같은 것이 걸어 다니는 것이 보입니다."하고 말하자 또 다시 그의 눈에 안수하실 때에 완전히 밝게 보게 된 치유 기적을 기록하고 있습니다. 이장에서는 맹인의 눈을 뜨게 하시는 예수의 손! 이 시간 그런 제목으로 본문을 묵상하겠습니다.

첫째, 예수의 사랑의 손이다. 앞 못 보는 그 사람을 다른 여러 사람들이 데리고 와서 예수께서 그 사람에게 손을 대 주시기를 구하였습니다. 영어 성경에 보면 "begged Jesus to touch him." 즉 그 앞 못 보는 사람을 예수께서 'touch' 해 주시기를 간절히 구하였습니다. 왜였을까요? 우리가 다른 여러 장면에서 보듯이 예수의 곁을 찾는 무리들은 어른 아이 할 것 없이 예수께서 자신의 어린 아들딸이나 혹은 자기 자신을 만져 주시고 안수해 주시고 축복해 주시기를 바라는 간절한 소원이 있었습니다. 예수의 손은 사랑의 손이십니다. 사랑이 담긴 손길은 그 온정이 다릅니다. 복음서에는 예수의 사랑의 손길이 닿는 곳마다 치유의 기적이 일어납니다. 복음서에 보면 예수께서는 병자들을 고치실 때에 직접 만지시거나 안수하셔서 고치신 경우가 여러 번 있습니다.

마태복음 8장 3절에 보면 나병환자에게 손을 내밀어 그에게 대시며 "내가 원하노니 깨끗함을 받으라"고 말씀하실 때에 그 병자의 나병이 깨끗하게 나았습니다. 또 같은 마태복음 8장 15절에 보면 베드로의 장모가 열병으로 앓아누워 있을 때에 그 집에 찾아 가셔서 베드로의 장모의 손을 만지시니까 그 순간에 열병이 떠나갔습니다. 그리고 베드로의 장모가 건강해져서 일어나서 예수께 시중들었습니다. 마태복음 9장 27절 이하에 보면 어느 날 예수님의 곁에 맹인 두 사람이 따라 오면서 "다윗의 자손이여 우리를 불쌍히 여기소서"하고 소리를 질렀습니다. 그 때에 예수님은 어느 집으로 들어가셨는데 그 곳까지 저들 두 맹인이 찾아 갔습니다. 저들에게 예수께서 "내가 능히 이 일 할 줄을 믿느냐"고 물으시자 "주여 그러하오이다."하고 대답하였습니다. 그 때에 예수께서 저들의 눈을 만지시면서 "너희 믿음대로 되라"하고 말씀하시자 그들의 눈이 밝아졌습니다. 이와 비슷한 또 다른 치유 사건이 마태복음 20장 29절 이하에 다시 또 나옵니다. 예수께서 여리고에서 떠나가실 때에 맹인 두 사람이 예수께서 지나가신다는 소문을 듣고 소리쳤습니다. "주여! 우리를 불쌍히 여기소서 다윗의 자손이여" 그 때 무리가 조용히 하라고 꾸짖었습니다.

그러나 저들 두 맹인들은 더욱 크게 소리 질렀습니다. 그 때에 예수께서 머물러 서서 저들을 불러서 말씀하셨습니다. "너희에게 무엇을 하여 주기를 원하느냐" 그 때 저들이 대답하기를 "주여! 우리의 눈 뜨기를 원하나이다."하고 대답하자 예수께서 저들을 불쌍히 여기시며 그들의 눈을 만져 주셨습니다. 그리하자 곧 저들 맹인 두 사람의 눈이 떠져서 그 후로 저들이 예수를 따르기 시작하였습니다. 이 모든 경우에 사용된 예수의 손은 사랑의 간절함을 담은 손인 것입니다.

누가복음 7장 11절 이하에만 나오는 다른 복음서에는 없는 유일한 기적도 있습니다. 한번은 예수께서 나인 성으로 지나가시는데 제자들과 많은 무리들이 동행하였습니다. 성문에 가까이 갔을 때에 사람들이 죽은 자를 메고 나왔습니다. 장례 행렬이었습니다. 어느 홀로 살던 여인의 외아들이 죽은 것이다 불행한 장례식을 동네의 많은 사람들이 돕고 있었습니다. 예수께서 그 어머니를 보고 불쌍히 여기시면서 "울지 말라"고 하셨습니다. 그리고 그 관에 가까이 가셔서 관에 손을 대시며 "청년아 내가 네게 말하노니 일어나라." 하고 말씀하시자 죽었던 자가 관 안에서 일어나 앉고 말도 하였습니다. 다시 살아난 것입니다. 그 살아난 아들을 그 청년의 어머니께 돌려주시자 모든 사람들이 두려워하였습니다. 하나님께 영광을 돌리며 "큰 선지자가 우리 가운데 일어나셨습니다. 하나님께서 자기 백성을 돌보셨습니다."고 말하며 주께 영광을 돌렸습니다.

마태복음 17장 7절에는 예수께서 베드로, 야고보, 요한 이 세 제자들을 데리고 변화산에 오르신 후에 변화 되셨습니다. 예수의 얼굴이 해 같이 빛나고 그 옷이 빛과 같이 희어졌습니다. 예수께서 엘리야와 모세와 함께 만나서 대화하셨습니다. 베드로가 너무 좋아서 그 산 꼭대기에 초막 셋을 지어 드리겠다고 하였습니다. 그 말 할 때에 홀연히 빛난 구름이 그들을 덮었습니다. 그리고 구름 속에서 하나님의 음성이 들렸습니다. "이는 내 사랑하는 아들이요 내 기뻐하는 자니 너희는 그의 말을 들으라" 이 소리를 들은 제자들이 땅에 엎드려서 심히 두려워하고 있었습니다. 그 때에 예수께서 그들 제자들의 곁에 다가 가셔서 저들에게 손을 대시며 "일어나라 두려워하지 말라"고 말씀하시자 제자들이 눈을 들고 예수를 바라보았는데 예수 외에 엘리야나 모세는 보이지 않았습니다.

사도행전 3장에 보면 제 9시 기도 시간에 성전에 기도하기 위하여 올라가던 베드로와 요한이 성전 미문 앞에서 구걸하던 나면서부터 걷지 못하는 불쌍한 사람에게 "은과 금은 내게 없거니와 내게 있는 이것을 네게 주노니 나사렛 예수 그리스도의 이름으로 일어나 걸으라"(행3:6)고 말하며 그의 오른 손을 잡아 일으키니 발과 발목이 곧 힘을 얻고 뛰어 서서 걸으며 그들과 함께 성전으로 들어가면서 걷기도 하고 뛰기도 하며 하나님을 찬송하는 치유와 회복의 기적이 일어납니다.

그 장면에 보면 물론 베드로가 그에게 선포한 메시지의 내용도 중요하지만 베드로가 평생 40여 년 동안 한 번도 일어나 걸어 본 적이 없는 그의 오른 손을 잡아 일으켰다는 사실입니다. 거기 오른 손으로 상대방의 오른 손을 붙잡아 일으키는 그 믿음의 행위가 기적을 낳은 시작이었습니다. 그 때의 베드로의 오른 손에는 그 앉은뱅이 걸인이 일어나 걷기를 간절히 원하는 사랑의 마음, 그를 불쌍하게 여기는 그 사랑의 마음이 손끝에 전달 된 것입니다.

'엘 샤다이'의 작곡가요 가수요 기독교 작가인 마이클 카드(Michael Card)의 〈땅에 쓰신 글씨〉(Scribbling in the Sand)라는 책에 보면 예수께서 엎드려 손가락으로 무엇인가를 땅에 글씨를 쓰시는 그 순간에 예수님 주변의 모든 시선이 한 곳에 집중되었습니다. 마치도 예수님 주변의 시간은 멈추어 선 것과 같았습니다. 얼마간의 침묵의 시간이 흐른 후에 허리를 펴고 일어서신 예수께서 무리들에게 "너희 중에 죄 없는 자가 먼저 돌로 치라"는 짧은 대답을 해 주셨습니다. 더 이상 무리들은 아무 질문도 던지지 못했고 한 사람씩 흩어져 그의 곁을 떠나가고 말았습니다. 간음의 현장에서 붙잡혀 끌려 나왔던 여인을 심판하려고 돌을 치켜들었던 남자들이 제각기 뿔뿔이 해산된 것입니다. 성경에 보면 중요한 표현이 있습니다. "하나씩 하나씩 나가고 오직 예수와 그 가운데 섰는 여자만 남았더라." 여기서 "하나씩 하나씩"이라는 말씀의 강조가 있습니다. 우린 사회적으로 집단행동에 의한 시위나 농성이나 데모대의 큰 힘을 보게 됩니다. 그러나 "하나씩 하나씩" 즉, 각 사람의 모습으로 하면 누가 감히 누구를 향해서 돌을 던지고 혹은 망치질을 할 것인가. 손에 돌을 드는 유대인의 문화적 기준은 남을 판단하는 행위입니다.

그러나 땅에 손가락으로 글씨를 쓰시던 하나님의 아들 예수 그리스도의 행동은 그 어떤 대화로도 막을 수 없는 분노한 무리들의 판단의 돌과 심판의 돌을 일일이 한 사람씩 땅 바닥에 내려놓게 하고 저들이 각자 뿔뿔이 그 현장을 떠나가 버리도록 하시는 위대한 힘이 있으셨습니다. 이것이 예수의 손의 위력이십니다. 땅에 글씨를 쓰시던 예수의 손은 사랑의 손이요, 화해의 손이요, 용서의 손이요, 죄 사함의 손이며, 비판과 판단과 폭력을 멈추게 하시는 신비의 손이셨습니다.

예수께서는 이 땅에 계신 동안에 각색 병자들을 고쳐 주시는 손길로 혹은 어린 아이들을 안수하고 축복하시는 손길로 분주하셨습니다. 성전의 장사꾼들을 내어 좇으시던 예수의 손은 정의와 공의와 성전 제사의 본래성을 회복하기 위한 손길이었습니다.

예수는 십자가에 달려 돌아가시기 전날 밤까지도 식탁에 둘러앉은 제자들에게 떡을 떼어 나누고 포도주를 나누어 마시도록 하시며 마지막으로 사랑의 만찬을 함께 하시던 사랑의 손길이셨습니다. 그 밤에 제자들의 발을 일일이 씻겨 주신 것도 예수의 의미심장한 섬김의 손길이셨습니다. 다음 날 새벽에 붙잡힌 예수의 그 양 손에 대못이 박혔고 그는 골고다 언덕의 십자가에 참담하게 매달려 죽으셨습니다. 예수의 마지막 양 손에는 화해와 용납과 용서와 죄 사함을 위한 피 흘림의 손으로 양 편의 두 손을 죄악에 가득 찬 인간을 위하여 다 내어 주신 희생과 섬김의 손길이셨습니다.

삼일 만에 부활하신 예수께서는 갈릴리에서 밤새도록 물고기를 잡으려 하였으나 빈 배로 새벽을 맞은 제자들에게 찾아가셔서 손수 해변에서 그 못 자국 난 두 손으로 친히 불을 지피우고 떡과 생선을 구워서 제자들에게 먹이셨습니다. 예수의 손길은 죽음 이전이나 부활 이후나 한결 같은 사랑의 손길이요 격려의 손길이요 용서와 용납의 손길이셨습니다. 또한 승천하여 하나님의 우편에 계신 예수의 손은 이 땅에 재림 주로 다시 오실 때까지 천국을 건설하시는 목수의 손이요 건축가의 손이요 인생들의 몸과 마음과 영혼을 어루만져 주시고 온전하게 고치시는 의사의 손이요 인간을 죄와 악으로부터 건지시는 영원한 사랑을 베푸시는 구원주의 손이십니다.

둘째, 따로 데리고 가시는 예수의 손. 예수께서 그 앞 못 보는 사람의 손을 붙잡고 따로 데리고 마을 밖의 한적한 곳으로 데리고 가셨습니다. 그에게 무엇인가 어떻게 해 주시려는 생각과 계획을 갖고 따로 데리고 가신 것입니다. 무리 가운데서 앞 못 보는 그의 손을 잡고 따로 데리고 가시는 것은 그에 대한 인격적인 배려요 사랑이요 관심이요 격려요 친절이요 연민이요 불쌍히 여기는 그에 대한 예수님의 마음을 담은 사랑의 표현의 극치인 것입니다. 그렇습니다. 우리 주님은 나 한 개인을 그렇게 따로 대해 주시며 손을 붙잡고 사랑으로 대해 주시기를 원하시는 주님이십니다. 그 주님은 개인적으로 인격적으로 만나게 될 때에, 체험하게 될 때에만 예수님이 나의 주님, 나의 구주, 나의 영원한 인도자요 안내자요 지도자요 구세주가 되시는 것입니다. 그리고 그 곳, 동네 밖에서 따로 그의 눈에 침을 뱉으셔서 그에게 안수하여 주셨습니다.

어렸을 적 기억이 생생합니다. 밖에서 놀다가 눈에 무엇이 들어가서 너무 아프고 견디기 어려웠습니다. 울면서 엄마에게 도움을 청했습니다. 달리 어찌 방법이 없자. 엄마는 나의 눈을 혀로 핥아서 눈 속에 들어간 티가 빠져 나가도록 해 보시려고 도와 주셨던 기억이 생생합니다. 예수께서 앞 못 보는 이 사람의 눈에 침을 뱉으시며, 눈에 침을 바르시며 안수하시는 장면은 마치 그런 것입니다. 그에게 예수께서 표현하실 수 있는 최고의 사랑, 최고의 애정, 최고의 연민, 최고의 불쌍히 여기는 마음을 담은 사랑의 표현이 그의 눈에 침을 바르시며 안수하시며 기도해 주신 것입니다. 그리고 물으셨습니다. "무엇이 보이느냐"

그 때에 그 앞을 보지 못하던 사람이 대답하였습니다. "사람들이 보입니다. 나무 같은 것들이 걸어가는 것이 보입니다." 이 얼마나 감격스러운 순간입니까? 예수께서 그를 따로 동네 밖으로 데리고 가셨다는 것은 개인적인 배려와 관심과 사랑의 표현이 아닌가요? 예수께서는 그를 무리 중의 한 사람으로 대하신 것이 아니라 개인적으로 따로 데리고 동네 밖의 한적하고 조용한 곳으로 데리고 가셔서 고쳐 주셨습니다. 오늘 날 우리 주님도 마찬가지이십니다. 나를 따로 만나 주시길 원하시는 분이 우리 주님, 나의 사랑의 주님이십니다.

셋째, 침을 뱉으시며 안수하여 치유하시는 예수의 손. 여기, 예수님의 손에서 기적이 나오거나 예수님의 침에 무슨 치료의 효능이 있는 것은 아닙니다. 예수께서 병자에게 손을 대시거나 안수 하였다는 것은 사랑의 표현이요 사랑을 담은 행위를 하신 것입니다. 그의 눈에 침을 뱉으시며 안수하셨다는 것은 그 앞 보는 병자와 예수님 자신이 하나가 되는 사랑의 일체의 표현입니다. 우리가 어찌 남에게 함부로 침을 바르거나 침을 남의 신체에 뱉을 수 있습니까? 우리가 급하면 자기 몸의 상처 난 부위나 피가 나는 부위에 침을 바르지 않는가요. 그건 내가 내 몸에 침을 바르거나 침을 묻히는 나를 향한 나 자신의 내 몸을 보호하고 내 몸을 사랑하는 자기표현이요 자기 응급처방입니다.

그러나 우리가 함부로 남에게 침을 바르거나 침을 뱉을 수 있는가요. 오히려 남에게 침을 뱉는 다는 행위는 오히려 남을 조롱하거나 남을 비난 할 때에 하는 무례한 행동이 아닌가요. 마태복음 26장에 보면 예수께서 십자가에 죽으시기 위해서 붙잡히시고 대제사장 가야바 앞에서 서기관들과 장로들이 모여 있는 자리에서 심문을 당하셨습니다. 그 때 예수를 조롱하는 무리들이 예수의 얼굴에 침을 뱉으며 주먹으로 치고 어떤 사람은 손바닥으로 때렸습니다. 이런 경우에 상대방의 얼굴에 침을 뱉는 것은 상대방을 모멸하고 조롱하는 경우입니다.

그러나 예수께서 맹인의 눈에 침을 바르신 경우는 다릅니다. 인간이 사랑의 마음을 갖고 상대방의 신체 부위에 침을 바르는 것은 상대방과 내가 하나가 된 일체감을 표현하는 사랑의 극치입니다. 예수께서는 자녀를 향한 어머니의 마음처럼 불쌍히 여기고 긍휼히 여기는 마음을 갖고 앞을 보지 못하는 이 사람의 눈에 침을 바르시며 안수하신 것입니다. 또한 이와 같은 예수님의 치유 행위에 대하여 거부감을 갖지 않고 마치도 그 앞 못 보는 사람이 자기의 어머니나 아버지가 자기를 불쌍히 여겨서 눈에 침을 발라 주며 고침 받기를 원하는 상황처럼 예수님의 이 같은 특이한 치유의 과정을 감사함으로 받아들일 때에 그 순간에 기적이 일어난 것입니다. 다시 묵상하지만 침을 바르고, 침을 뱉는 행위를 통해서 안타깝게 여기고, 불쌍하게 여기고, 민망하게 여기고, 고침 받기를 간절히 원하고, 치료되고 회복되고 건강해 지기를 간절히 원하는 사랑과 관심과 애정의 표현이 침을 바르는 치유 행위로 표현된 것이 아닙니까?

앞을 보지 못하는 사람을 예수님께로 데리고 왔던 사람들은 믿음이 있었던 것을 알 수 있습니다. 가끔씩은 믿음이 정말 일취월장 자라나는 사람들도 있지만 대개는 그런 식으로 자라나지 않습니다. 조금씩 조금씩 더 강해지고 더 확실해 지고 조금씩 조금씩 커져가는 게 대부분입니다. 예수님도 우리의 믿음이 그렇게 자라난다는 것을 알고 계시죠. 그래서 시간을 두고 천천히 우리를 이끌어 가십니다. 우리는 때로는 예수님의 손에 이끌려 어디도 가는시도 알지 못했던 맹인처럼 예수님의 손에 이끌려 방향을 모르고 따라가기도 하지만 그래도 이만큼 와서 뒤돌아보면 믿음이 그만큼 성장해 있는 것을 발견하곤 합니다. 하나님께서는 우리에게 작은 믿음의 씨앗이라도 있으면 그 씨앗이 나무가 될 때까지 기다리시고 인내하시면서 우리를 인도해 가십니다. 돌이켜 보면 하나님은 우리도 모르는 사이에 우리 삶의 구석구석에서 우리의 믿음을 도와 주셨고, 그래서 지금 우리들이 이 정도의 믿음이라도 지키고 있다는 것은 아마도 우리 모두가 인정할 수밖에 없는 은혜일 것입니다.

지금까지 그렇게 해 오셨던 주님은 앞으로도 그렇게 해 주실 것입니다. 부족하고 연약해도 상한 갈대를 꺾지 않으시고 꺼져가는 심지도 끄지 않으시는 하나님께서는 항상 우리의 믿음이 부족한 것을 도와주실 것이고 더 큰 믿음, 더 든든한 믿음이 되도록 인도해 가실 것입니다. 이런 하나님의 은혜에 대해서 우리가 해야 할 일은 첫째로 우리 주님이 우리의 믿음을 더해주시려고 우리의 삶을 터치하실 때, 그 손길을 알아차리는 것이고 둘째로는 그 손길을 거절하지 않는 것입니다. 우리들의 마음에 더 나은 신앙으로 가고자 하는 작은 움직임이라도 있다면 그것이 주님이 우리들의 손을 붙들고 믿음을 향해 이끌어 가고 계신다는 증거입니다. 우리들의 영혼에 하나님의 은혜로 인해 작은 놀라움이 찾아왔다면 그것은 예수님이 우리들의 영혼에 침을 뱉으셨기 때문입니다. 그런 것들을 그냥 넘겨버리면 아무런 의미 없이 사라져 버리고 말겠지만, 그것이 우리들의 믿음과 영혼을 위한 하나님의 터치라는 것을 알아차리고 그 방향으로 더 다가간다면 우리들의 믿음은 회복될 것이고 더 크고 확실한 믿음이 될 것입니다. 하나님께서 여러분의 영혼을 만져 주실 때, 그 만져주심을 잘 알아차리시고 그 분의 손길을 거부하지 마시고 꼭 그 분이 이끄시는 방향으로 가시기 바랍니다. 그 기회를 놓치지 마시고 꼭 붙으시기 바랍니다.

17장 어린이들에게 안수하시는 예수님

(막 10:13-16)"사람들이 예수께서 만져 주심을 바라고 어린 아이들을 데리고 오매 제자들이 꾸짖거늘 (14) 예수께서 보시고 노하시어 이르시되 어린 아이들이 내게 오는 것을 용납하고 금하지 말라 하나님의 나라가 이런 자의 것이니라 (15) 내가 진실로 너희에게 이르노니 누구든지 하나님의 나라를 어린 아이와 같이 받들지 않는 자는 결단코 그 곳에 들어가지 못하리라 하시고 (16) 그 어린 아이들을 안고 그들 위에 안수하시고 축복하시니라"

5월 첫 주 어린이 주일입니다. 1856년 미국 매사추세츠 주에서 목회하던 레오날도 목사가 6월 둘째주일을 어린이 주일로 지키자고 제창한 것이 오늘 어린이 주일이 탄생하게 된 동기가 되었다고 합니다. 이것이 마침내 세계 여러 나라로 퍼져나갔습니다. 그래서 오늘까지 세계적으로 6월 눌째수일을 어린이 수일로 지키고 있습니다. 6월 둘째주일을 어린이 주일로 지키자고 한 이유는 6월이 일년 중에서 가장 꽃이 많이 피는 계절이고 산천이 가장 푸르고 아름다운 때이기 때문에 어린이들 이미지와 가장 일치한다고 해서 6월 둘째주일을 어린이 주일로 제하게 되었다고 합니다. 6월의 산천초목을 보십시오. 모든 산들과 초목 들이 잎이 만발하고 이글이글 불타오르는 것 같이 충만하게 솟아납니다.

얼마나 보기가 좋습니까. 모든 생명체가 만발하고 불타오르는 것을 보면 참 감격적입니다. 우리나라도 6월 둘째주일을 어린이 주일로 지켜오다가 방정환 선생 등의 제창으로 5월 5일을 어린이 날로 수정해서 지키게 되었습니다. 그래서 1956년부터 5월 첫 주일을 어린이 주일로 지키게 된 것이 오늘날에 이르게 되었습니다.

이장에서는 어린이들의 존재를 다시 한 번 생각해보는 주일이 되었으면 합니다. 오늘 읽은 본문에서도 예수님이 어린 아이들의 값을 재인식 시키는 내용이 나오고 있습니다. 예수님이 많은 병자들을 고치셨습니다. 그리고 가르치셨습니다. 또 복음을 전파하셨습니다. 기적을 행하기도 하셨습니다. 그래서 예수님 주위에는 언제나 사람들이 모여들었습니다. 그 사람들은 대부분 어른들이었습니다. 그런데 본문을 보면 그 사람들 틈에 어린아이들이 왔다고 했습니다. 부모들이 아이들을 예수께 안수 받게 해 주려고 데리고 왔다고 했습니다. 그러니까 그 진지하던 분위기가 시끄러워졌을 것입니다. 아이들은 언제나 시끄럽습니다. 조용하지를 못합니다. 아이들이 모이면 언제나 시끄럽고 혼란을 일으키고 움직이고 부산합니다.

그래서 제자들이 아이들을 꾸짖었을 것입니다. 꾸짖었다가 보다 조용히 하라고 했거나 아이들은 여기 오면 안 된다. 내 보내려 했을 것입니다. 그랬더니 예수님께서 정색을 하시면서 어린아이들에 대한 값이나 의미를 소홀히 할 우려를 지적하셨다고 했습니다. 그러면서 말씀하시기를 "어린아이들이 내게 오는 것을 금하지 말라, 천국이 저들의 것이니라." 하고 오히려 제자들을 꾸짖으셨다고 했습니다. 예수님은 여기서 어린 아이에 대한 의미를 몇 가지로 새롭게 부여하고 있습니다.

첫째, 어린이도 인격적 대상이다. 당시나 지금이나 사람들은 어린아이들은 인격적으로 대하지 않습니다. 제자들은 아이들이 시끄럽게 하니까 너희들은 비켜라, 집에 가라하고 꾸짖었을 것입니다. 이것은 오늘 우리의 현실에서도 흔히 할 수 있는 일입니다. 그랬더니 예수님이 정색을 하시면서 아이들이 내게 오는 것을 용납하고 내쫓지 말라고 오히려 제자들을 꾸짖으셨다고 했습니다. 당시 사회적 인식도 아이들을 무시했습니다. 성경에 보면 아이들은 사람의 숫자에 포함되지도 않았습니다. 오늘 우리 사회도 마찬가지입니다. 집에 가서 어른이 없고 아이들만 있으면 "여기 사람 없냐"하고 묻습니다. 아이들은 아직 사람으로 취급받지 못하고 있습니다. 대부분 교회에서도 아이들은 어른들처럼 대접받지 못하고 있습니다. 그때도 그랬을 것입니다. 그러니까 예수님이 작심하시고 아이들도 완전한 하나의 인격체임을 새롭게 인식시켜 주시려고 하셨을 것입니다.

어린 아이들의 인격을 소홀히 하면 경시하게 되고 무시하게 됩니다. 그러니까 아이들을 버리게 되고 어린아이를 구타하는 사건이 발생하게 되는 것입니다. 아이들이 무슨 죄가 있다고 그렇게 모질게 구타하고 온 몸이 퍼렇게 멍들도록 때립니까. 그것은 아이들의 인격을 무시하기 때문입니다. 얼마나 아이들의 인격을 무시하면 부모들이 불화하거나 가난에 찌들게 되면 아이들과 함께 동반자살 합니까. 아니면 아이들을 길거리에 고아원에 내 버리라는 것입니까. 그것이 얼마나 큰 죄입니까. 아이들의 인격을 존중하면 그리고 그 아이에게 하나님의 형상이 있다는 것을 안다면 그럴 수 있습니까.

그러니까 예수님은 어린이들의 인격에 대한 인식을 새롭게 가르쳐 주시기 위해서 제자들에게 가르쳐 주셨을 것입니다.

아이들의 인격을 무시하는 사회는 병든 사회입니다. 그런 가정이 있다면 그 가정도, 그 부모도 병든 가정이고 병든 어른입니다. 일제가 악랄했어도 어린 아이들에게까지 그렇게 모질게 하지는 않았습니다. 그런데 공산군은 그렇지 않았습니다. 충남 병촌교회가 6 25 때 66명이 희생되었습니다. 그때 구덩이를 파고 구덩이에 넣어 죽였는데 그때 희생된 사람 중 1살, 2살, 5살, 7살, 8살, 11살, 12살 아이들이 포함되어 있었습니다. 또 정읍의 두암교회 신자들이 6 25 때 27명이 순교했는데 그 27명중에서도 1살, 3살, 4살, 5살, 8살, 10살, 12살, 14살, 16살 아이들이 포함되어 있습니다. 거기 어디에 존엄이 있고 인격이 있고 신성이 있고 가치라는 말들이 있습니까. 그러니까 하나님이 없는 사회가 무서운 사회인 것입니다.

아이들은 잘 가꾸고 가르쳐야 할 대상입니다. 그리고 아이들에게는 말 한마디가 중요합니다. 아이들은 백지와 같은 때입니다. 백지에 그림을 그리기에 따라 달라지듯 마치 아이들이 그런 때입니다. 지존파의 대부였던 김기환이라는 사람이 집이 너무 가난해서 미술시간에 크레파스를 가져가지 못했다고 합니다. 그때마다 선생님으로부터 꾸중을 들었습니다. 어느 날인가는 선생님이 "다음에는 훔쳐서라도 가져오라"며 머리를 쥐어박았다고 합니다. 그날 아이들 앞에서 창피를 당한 김기환은 그때부터 필요한 것은 훔쳐서 가져왔다고 합니다.

그리고 결국 17년 후에 이 아이가 살인범이 되어 사형선고를 받았습니다. 사형받기 전에 최후 진술에서 이 젊은이가 이렇게 말했다고 합니다. "내가 오늘 이렇게 된 것은 초등학교 때 그 선생님 때문이다" 아이가 어리다고 아직 아무 것도 모른다고 무시하고 창피 주고 함부로 말한 것이 이렇게 무서운 결과를 가져오게 된 것입니다. 그래서 예수님은 성경에서 어린 아이의 존재의 의미를 다시 새롭게 인식시켜 주고 있습니다. "어린 아이들이 내게 오는 것을 용납하고 금하지 말라" 이 말씀은 아이들의 인격을 존중하고 값을 인정하라는 말씀입니다.

둘째. 어린이는 어른들의 거울이다. 예수님은 본문에서 "천국은 이런 사람의 것이니라"고 말씀했습니다. "천국은 어린 아이들의 세계다"라는 말은 아닙니다. 천국은 이 아이들처럼 "순수하고 맑고 깨끗해야 갈 수 있다"는 말씀입니다. 아이들은 참 맑고 깨끗합니다. 아이들을 보면 거울과 같습니다. 아이들을 보면 나를 보고 자신을 들여다 볼 수 있습니다. 아이들은 거짓을 모르고 꾸밈을 모릅니다.

필자가 집사 때에 주일학교 부장을 했습니다. 주일날 출석하면 1달란트를 나누어 주었습니다. 그런데 우리 어린 딸이 달란트를 가지고 집 옆에 있는 슈퍼에 가서 물건을 사려고 한 것입니다. 당연하게 슈퍼에서 물건을 줄 수가 없다고 했겠지요. 사탕만 하나 받아가지고 허탈하게 집으로 돌아와 필자에게 하는 말이 아빠 왜 슈퍼에서 달란트로 물건을 주지 않느냐고 묻는 것입니다. 그래서 알아듣게 설명을 한 적이 있습니다. 어린이들에게 전도해오면 2달란트를 줍니다. 어떤 아이는 5명을 데리고 오는 아이도 있습니다. 달란트를 받을 욕심입니다. 그 달란트를 언제 사용하느냐 교회의 여전도 회와 협조하여 달란트 시장을 합니다. 달란트 시장을 하면 모아둔 달란트로 자신이 필요한 것을 살 수가 있습니다. 달란트를 많이 모아둔 아이들은 사고 싶은 것을 마음껏 삽니다. 그때가 생각이 납니다. 순수한 아이들에게 말씀을 전하고 달란트를 나누어주던 그 시절이 그립습니다.

어떤 분이 예수를 믿게 된 동기를 이렇게 고백하였습니다. 어느 날 교회에 갔다 온 아이가 먹지도 않고 잠도 안자고 눈물만 흘리고 한숨만 쉬고 앉아 있었습니다. 왜 그러냐고 물어도 대답도 안하고 울기만 하더라고 합니다. 겨우 설득해서 말문이 열렸는데 아이가 하는 말이 "나는 이다음에 천국에 갈 텐데 우리 아빠가 지옥갈테니 걱정이 되어서 잠을 잘 수가 없다"고 말하더라고 합니다. 그래서 "어디서 들었느냐"고 물으니 교회에서 선생님으로부터 들었는데 예수님을 믿으면 천국에 가고 믿지 않으면 지옥에 간다고 하셨는데 "우리가족 다 믿는데 아빠만 안 믿으니 우리 아빠는 분명 지옥에 갈 것 아니냐"면서 대성통곡을 하면서 울더라는 것입니다. 얼마나 그 심성이 곱고 영혼이 맑고 그 믿음이 순수합니까. 어른들은 들어도 그냥 지나쳐 버리지만 어린 아이들은 그대로 믿습니다. 그러니까 예수님께서 말씀하시기를 "천국은 이런 어린아이들 같아야 간다"고 하신 것입니다.

그래서 아이들은 어른들의 거울입니다. 아이들을 보면 백지와 같은 깨끗함을 보고 맑음을 보게 됩니다. 우리 어른들도 모두 다 그런 때가 있었습니다. 그런데 탁한 세상을 살다보니까 그 맑던 마음이 오염되고 추해지고 탁해져서 눈에 핏발이 서고 욕심이 불일 듯 일어나서 어른이 되면 모두 볼따구니가 두툼하게 솟아오르고 심술, 욕망, 탐욕이 가득 채워져서 배가 두툼하게 솟아오르는 것입니다. 어린 아이는 모두 어른들의 거울입니다. 그래서 예수님은 "아 아이들처럼 되지 않으면 천국에 갈 수가 없다"고 하셨습니다.

셋째. 어린이는 보화이다. 제자들은 아이들을 꾸짖어 내 보내려 했지만 예수님은 정색을 하면서 아이들을 꾸짖지 말라고 타 이르셨습니다. 그리고 그 아이들에게 일일이 안수해 주셨습니다. 여기에는 두 가지 의미가 들어 있다고 볼 수 있습니다. 하나는 아이들의 소원을 들어 주셨다는 것입니다. 그래서 아이들에게 하나하나 안수해 주셨습니다. 또 하나의 의미는 아이들의 소중함을 알게 해 주신 것입니다. 아이들은 무시하거나 꾸짖어 돌려보낼 대상이 아니라는 점을 분명히 하셨습니다. 이 말씀이 후에 유아세례를 주게 된 근거로 작용했습니다. 아이들도 당당하게 세례를 받을 수 있고 영적 복을 받을 대상이라는 것입니다. 유아세례를 처음 주장한 사람은 이레네우스였고 그 후에 오리겐이 주장하였고 다음에는 털투리안이라는 신학자들이 주장하였습니다. 그들 모두 이 본문에 의해서 유아세례를 강조하였습니다. 특히 종교개혁자들은 "아이들은 어른들 보다 더 순수하기 때문에 아이들에게 어렸을 때 세례를 베풀어서 타락하지 않게 보살피고 거룩하게 훈련하여 하나님의 구원의 약속에 동참시키는 것이 당연하다"고 말했습니다. 그런 점에서 아이들 교육에 더 세심한 배려가 있어야 합니다. 아이들은 참 중요한 때입니다.

아이들은 마치 보화와 같습니다. 아이들에게는 보이지 않는, 앞으로 20여년이 지나야 그 아이의 진가를 겨우 볼 수 있는 보화가 잠재되어 있습니다. 그래서 이 아이가 장차 뭐가 될지 아무도 모릅니다. 그래서 예수님은 아이들이 내게 오는 것을 꾸짖지 말고 용납하고 금하지 말라고 제자들을 질책하셨던 것입니다. 그리고 예수님은 아이들을 마치 보화처럼 안아주시고 사랑하시고 안수해 주셨습니다. 아이들은 장차 뭐가 될지 아무도 모릅니다. 그래서 소홀히 하지 말아야 합니다.

박정희 전 대통령이 어렸을 때 교회에 왔었다고 합니다. 그런데 선생님들이 그 아이를 무시했을 것입니다. 보지 않아도 알 수 있는 것은 그 아이가 처음 교회에 왔을 때 키는 작고 가난해서 옷은 남루했을 것이고 코는 흘렸을 것이고 얼굴은 검고 보잘 것이 없었을 것입니다. 그러니까 그 아이를 챙기지 못하고 무시했을 것입니다. 누가 장차 그 아이가 커서 대통령이 될 것이라고 짐작이나 했겠습니까. 후에 그 아이가 커서 대통령이 될 것이라는 것을 미리 알 수 있다면 그때 그 아이를 그렇게 소홀하게 대했겠습니까? 그러니까 아이들은 마치 보화와 같다고 말하는 것입니다. 후에 어느 은사가 이제라도 예수를 믿으라고 하니까 나도 어렸을 때 교회에 갔었다고 대답하였다고 합니다. 그런데 교회에서 별 재미를 느끼지 못해서 계속 다니지 않았다고 대답했다는 것입니다. 그 말이 별로 챙겨주는 사람이 없었다는 말입니다. 그때 교사 누군가가 잘 보살피고 챙겨주었더라면 더 좋은 지도자가 되어 그의 말년에 있었던 불행한 역사를 만들지 않고 이 나라의 운명을 더 바람직하게 바꾸어 놓았을 수도 있었을 것입니다. 그 부분이 아주 아쉬운 부분입니다.

미국의 영적 부흥사 무디의 일화를 읽어보면 그런 경우가 또 있었습니다. 어느 날 무디라는 어린 아이가 교회에 들어 왔습니다. 그때 그 아이의 얼굴에서는 관심을 받아 보지 못해서 두려운 모습과 차가운 표정이 가득 담긴 그런 얼굴로 왔었다는 것입니다. 그런 아이가 들어오자 누구도 거들떠보지 않았지만 애니라는 여교사가 그를 받아들여 품고 사랑하고 보살펴 주어서 그 아이가 마침내 얼굴이 펴지고 밝아지고 웃음을 되찾고 교회에 잘 다니게 되었다고 합니다. 그런데 그 아이가 성장해서 미국에서 18세기 말에 영적 대각성운동을 일으켰던 디엘 무디라는 걸출한 부흥사를 태어나게 한 것입니다. 오늘 아이들을 가르치는 교사들은 한 가지 알 것이 있습니다. 그것은 어린 한 영혼이 20년 후에 어떤 사람이 될 것인가를 생각하고 교육해야 한다는 점입니다. 오늘 당장의 모습만 보면 꾸짖고 조용히 하라고 큰소리로 내 쫓을 수도 있습니다. 그런데 그 아이가 20년, 30년 후에 어떤 사람이 될 것인가를 생각해 보면 소중하게 여기지 않을 수가 없습니다.

어느 교사가 집에 가는 길에 골목길에서 놀고 있는 네 아이를 발견하게 됩니다. 이 교사가 그 아이들을 불러 놓고 전도를 합니다. 아이들에게 예수 이야기, 성경 이야기를 전해 줍니다. 그랬더니 그때부터 이 아이들이 열심히 교회에 나오기 시작했습니다. 그리고 이 아이들이 교회 안에서 놀면서 자라갔습니다. 그리고 30년 후에 선생님의 생일날에 네 통의 축하전보가 도착했습니다. 하나는 중국의 선교지에서 선교사로부터 온 전보였고 두 번째는 미국 연방은행 총재로부터 온 전보였고 세 번째는 대통령 비서관으로부터 온 전보였고 네 번째는 미국 대통령 허버트 후버로부터 온 전보였다는 것입니다. 그때 네 아이들이 성장해서 보낸 전보였습니다. 아이들의 장래를 누가 미리 알 수 있겠습니까. 그 아이가 장차 성장해서 무엇이 되고 어떤 사람이 될는지 누가 알겠습니까. 그래서 아이들은 보화와 같은 존재인 것입니다.

필자가 군대 장교가 되어 초등학교 담임 선생님을 만났습니다. 제가 아주 어렸을 때 만난 담임 선생님이니까 잘 모르고 또 생각조차 나지 않을 수도 있습니다. 그런데 만나자 마자 대뜸 하시는 말씀이 "너는 훌륭한 사람이 될 줄 알았다"하고 말씀했습니다. 칭찬의 말씀이지만 어렸을 때부터 미래를 알 수 있다는 것은 어려운 일입니다. 대부분은 그것을 알 수가 없습니다. 장차 무엇이 될 것인지, 장차 어떤 사람이 될 것인지 그것은 아무도 모릅니다. 하나님께서 그것을 숨겨 놓으셨습니다. 그러니까 아이들은 모두 보배이고 보화라고 말하는 것입니다.

그래서 예수님께서 본문에서 아이들의 값을 말씀하고 계십니다. "예수께서 이르시되 어린아이들을 용납하고 내게 오는 것을 금하지 말라, 천국이 이런 사람의 것이니라 하시고 그들에게 안수하셨다"고 했습니다. 생명 하나, 어린 영혼 하나를 소중히 하라는 교훈을 주시기 위해서 입니다. 그리고 그 어린 생명, 어린 영혼 하나를 실족하게 하는 일이 없게 하라는 가르침도 주고 계십니다.

18장 소경의 눈에 다시 안수 하신 예수님

(막 8:22-26)"벳새다에 이르매 사람들이 맹인 한 사람을 데리고 예수께 나아와 손대시기를 구하거늘, 예수께서 맹인의 손을 붙잡으시고 마을 밖으로 데리고 나가사 눈에 침을 뱉으시며 그에게 안수하시고 무엇이 보이느냐 물으시니, 쳐다보며 이르되 사람들이 보이나이다 나무 같은 것들이 걸어가는 것을 보나이다. 하거늘, 이에 그 눈에 다시 안수하시매 그가 주목하여 보더니 나아서 모든 것을 밝히 보는지라. 예수께서 그 사람을 집으로 보내시며 이르시되 마을에는 들어가지 말라 하시니라."

예수님은 칠병이어로 사천 명을 먹이고 일곱 광주리가 남게 하는 표적을 행하셨습니다. 예수님은 이 표적을 통하여 예수님을 그리스도로 믿고 하나님 나라에 소망을 갖기 원하셨습니다. 그러나 제자들은 표적을 보아도 표적의 의미를 보지 못하는 자였습니다. 그들은 영적인 맹인과 같은 자들이었습니다. 예수님은 제자들이 보는데서 맹인을 데리고 가서 두 번의 안수기도로 눈을 뜨게 하셨습니다. 예수님은 이 사건을 통하여 제자들이 눈을 뜰 수 있다는 소망을 심어주셨습니다. 우리는 하나님 나라의 세계를 보기 위해서 기도해야합니다. 한 번 기도하는 것으로 되지 않습니다. 다시 기도하고 또 다시 기도해야 합니다. 영적인 눈을 뜨기까지 기도해야 합니다. 그러면 하나님이 우리의 눈을 완전히 떠서 하나님 나라의 모든 것을 밝히 보게 해 해주십니다. 이 시간 주님께서 우리의 눈에 안수하사 예수 그리스도와 하나님 나라를 온전히 보게 해주시기를 기도합니다.

첫째, 맹인을 예수님께 데리고 왔다. 마가복음 8장 22절을 보십시오. "벳새다에 이르매 사람들이 맹인 한 사람을 데리고 예수께 나아와 손대시기를 구하거늘" 예수님은 벳세다에 이르렀습니다. 예수님은 이곳에서 베드로 안드레 빌립을 부르셨습니다. 이곳에서 오병이어로 오천명을 먹이고 열두 광주리 남은 곳입니다. 그러나 벳세다 사람들은 예수님의 표적을 보고도 예수님을 믿지 않았습니다. 예수님은 이곳에 폐허가 될 것이라고 예언하였고 말씀대로 폐허가 되었습니다. 예수님이 이곳에 가자 사람들이 맹인 한 사람을 데리고 예수님께 나왔습니다. 그들은 예수님이 안수하여 고쳐주시기를 기도하였습니다. 예수님은 지금까지 듣지 못하고 말 못하는 자를 고쳐주셨습니다.

그리스도는 우리의 막힌 귀를 뚫어주시고 우리의 맺힌 혀를 풀어주십니다. 사람들이 이제는 소경의 눈을 뜨게 해주시도록 데리고 나왔습니다. 소경은 보지 못합니다. 몸이 열 냥이라면 눈은 아홉 냥이라는 속담이 있듯이 눈은 몸에서 중요합니다. 우리가 보지 못하면 일상적인 생활도 할 수 없습니다. 직업을 갖기도 어렵습니다. 무엇보다 많은 위험에 노출됩니다. 자동차의 위험, 웅덩이의 위험, 칼의 위험을 당하여 생명이 위협을 당합니다.

그러나 이런 육신적인 소경보다 영적인 소경이 훨씬 더 위험합니다. 영적인 소경은 하나님도 사단도 귀신도 보지 못합니다. 천국도 지옥도 보지 못합니다. 그들은 죄의 지뢰밭도 모르고 그곳을 밟습니다. 죽음의 위험이 있음에도 불구하고 지옥으로 달려갑니다. 예수님은 육신의 소경도 눈을 뜨게 하시지만, 영적인 소경인 제자들의 눈을 뜨게 하시기를 원하십니다. 우리는 먼저 내가 영적인 소경임을 인식해야합니다 내가 얼마나 위험한 처지에 있는지를 알아야합니다. 우리는 보지 못하는 눈을 뜨기 위해서 예수님께 나와야합니다. 예수님만이 보이지 않는 눈을 뜨게 하여 보게 하십니다.

둘째, 무엇이 보이느냐. 마가복음 8장 23-24절을 보십시오. "예수께서 맹인의 손을 붙잡으시고 마을 밖으로 데리고 나가사 눈에 침을 뱉으시며 그에게 안수하시고 무엇이 보이느냐 물으시니 쳐다보며 이르되 사람들이 보이나이다. 나무 같은 것들이 걸어가는 것을 보나이다. 하거늘" 예수님은 맹인의 손을 붙잡으시고 제자들과 함께 마을 밖으로 데리고 나가셨습니다. 예수님은 맹인 한 사람의 손을 잡고 나가심으로 인격적으로 그를 도우셨습니다. 맹인이 예수님의 친절함에 감동했을 것입니다. 예수님은 한 영혼을 천하보다 귀하게 여기십니다. 예수님은 맹인을 데리고 나가시고 후에 보면 눈을 뜬 사람에게 마을에는 들어가 사람들에게 말하지 말라고 하셨습니다.

이를 볼 때 예수님이 맹인의 눈을 뜨게 하신 것은 제자들에게 교육적인 효과를 위한 것임을 알 수 있습니다. 예수님은 맹인의 눈을 뜨는 사건을 통하여 제자들의 영적인 눈을 뜨기를 원하셨습니다. 예수님은 맹인의 눈에 침을 뱉으시고 그에게 안수하였습니다. 예수님은 보지 못하는 소경에게 고치는 것을 구체적으로 소리로 느끼게 하셨습니다. 침을 뱉은 것은 불결한 것처럼 보이지만 그 당시는 그것을 치료행위로 인식하고 있었습니다. 예수님은 맹인에게 안수 기도하신 후에 무엇이 보이느냐 물으셨습니다.

그는 사람들이 나무처럼 걸어가는 것이 보인다고 말하였습니다.

예수님은 충분히 한 번에 치료하실 수 있는 능력이 있으십니다. 그런데 왜 한 번에 치료하지 않으시고 단계적으로 치료하셨을까요? 예수님은 제자들이 영적인 눈을 단계적으로 뜰 수 있다는 소망을 주시기 위해서입니다. 제자들은 지금 영적인 소경과 같습니다. 그들은 예수님을 그리스도로 보지 못하고 하나님 나라도 보지 못하였습니다. 그러나 예수님이 그들을 위해서 기도하자 그들은 점차 영적인 눈이 떠질 것입니다. 그들은 바로 조금 있다가 예수님을 누구로 생각하느냐 물으시자 예수님을 그리스도로 고백합니다.

하지만 그들의 신앙은 불완전하였습니다. 그들은 그리스도로 고백하였지만 예수님을 정치적인 메시아로 생각하였습니다. 그들은 십자가의 그리스도를 깨닫지 못합니다. 그들은 그리스도의 모습을 나무같이 깨달았습니다. 그러나 예수님은 지속하여 그들에게 십자가의 도를 가르치십니다. 그들이 사도행전에서 성령을 받은 후에는 그들은 온전히 십자가의 도를 깨닫습니다. 그들은 십자가의 그리스도를 깨닫고 십자가의 길을 갑니다. 그들이 성령을 받았어도 그들이 항상 예수님을 볼 수 있었던 것은 아닙니다. 그들은 위기의 순간에 잠깐씩 부활하신 예수님을 보았습니다. 구리거울 같은 것으로 예수님을 희미하게 보았습니다. 하지만 예수님이 재림하시면 성령으로 예수님을 온전히 깨닫게 될 것입니다.

예수님과 얼굴과 얼굴을 맞대며 볼 것입니다. 우리는 불완전한 영적인 지식이 완전해질 것입니다. 예수님은 인내하면서 단계적으로 제자들의 눈을 뜨게 도우셨습니다. 우리는 지금 예수님을 온전히 알지 못한다고 실망하지 말아야합니다. 단계적으로 성장한다는 것을 알고 소망을 가져야합니다. 하나님이 아브라함을 부르시고 키울 때도 마찬가지였습니다. 처음에는 고향과 친척과 아버지의 집을 떠났습니다. 다음에는 믿음으로 물질 문제를 해결했습니다. 그는 물질에서 자유 함을 갖고 땅을 롯에게 양보하였습니다. 롯을 위해서 전쟁을 하며 많은 물질을 사용하였습니다. 그러다 자녀를 낳지 못하는 한계에 부딪혔을 때 그는 하나님을 믿는 믿음을 배움으로 복음 신앙을 깨달았습니다. 복음을 깨달았지만 오래가지는 못하였습니다.

그는 다시 자녀 문제로 첩을 얻기도 하고 이스마엘을 낳기도 하였습니다. 그는 하나님의 꿈을 버리고 소시민적으로 살았습니다. 그러나 하나님은 이런 그에게 다시 열국의 아버지로 소망을 두시고 할례를 시키셨습니다. 그 후에 그는 변화되어 손님을 대접하고 롯을 위해서 중보 기도하여 살리기도 합니다. 아브람은 성장하였어도 노년에 다시 아내를 누이라고 속여서 빼앗기는 잘못을 저지릅니다. 하나님은 이런 아브라함의 허물도 감당하시고 아브라함에게 약속대로 아들이삭을 낳게 하셨습니다.

그와 어디로 가든지 함께 하여수셨습니다. 나중에는 하나님의 사랑을 절대 신뢰하고 육신의 자녀 이스마엘을 쫓아내게 하셨습니다. 아브라함은 이스마엘을 쫓아냈습니다. 하나님은 약속의 자녀 이삭도 하나님께 드리게 하셨습니다. 아브라함은 하나님을 위해서 외아들 이삭까지도 아낌없이 드리는 신앙으로까지 성장하였습니다. 자신의 모든 것이 하나님의 소유라는 것을 깨달았기 때문입니다. 그는 믿음의 조상으로 우뚝 섰습니다. 그는 믿음의 사람으로 온 세계에 영향을 미쳤습니다. 하나님은 아브라함 한 사람을 통하여 이스라엘과 교회가 형성되고 세계만민이 복을 받게 하셨습니다.

하나님은 놀라운 역사를 이루셨습니다. 이와 같이 하나님은 소망 가운데 우리를 점점 성장시키십니다. 하나님은 우리에게 믿음을 주시고 하나님을 절대 신뢰하며 순종하는 자로 키우십니다. 나중에는 하나님 나라에 가서 영생하는 자로 인도하실 것입니다.

셋째, 다시 안수 하신 예수님. 마가복음 8장 25-26절을 보십시오. "이에 그 눈에 다시 안수하시매 그가 주목하여 보더니 나아서 모든 것을 밝히 보는지라 예수께서 그 사람을 집으로 보내시며 이르시되 마을에는 들어가지 말라 하시니라" 예수님은 부분적으로 보는 그의 눈을 완전하게 뜨게 하기 위해서 눈에 다시 안수하셨습니다. 안수하시면서 기도하셨습니다. 그는 주목하여 보고 모든 것이 밝히 보인다고 하였습니다. 그는 예수님을 주목하여 보았습니다. 예수님은 그를 보내시며 마을에는 들어가지 말라고 하셨습니다. 우리는 오늘 말씀에서 맹인의 눈을 완전히 뜨게 하시기 위해서 예수님이 행하신 두 가지를 주목해야합니다. 첫째는 예수님은 눈을 뜨게 하시기 위해서 안수기도하신 것에 주목해야합니다. 구원역사는 전적으로 하나님이 하십니다. 하나님이 은혜로 하시는 것입니다.

그런데 우리가 하나님의 하시는 일에 동역할 수 있는 길이 있습니다. 우리가 동역하는 방법은 기도하는 것입니다. 하나님은 우리의 기도를 들으시고 일하십니다. 계시록에 보면 예수그리스도께서 친히 인을 떼십니다. 예수님이 친히 구원역사와 심판역사를 이루십니다. 그러나 예수님은 성도들의 기도를 들으시고 일하십니다. 우리의 기도가 하나님께 향기가 되어 하나님의 보좌로 올라갑니다. 그 기도가 재앙이 되어 땅에 내립니다. 둘째는 다시 기도하신 것에 주목해야합니다. 예수님이 다시 안수하심으로 눈을 뜨게 하기 위해서 다시 기도해야한다는 것을 가르쳐주셨습니다. 우리는 성령을 받으면 모든 것이 다 한 번에 해결되는 것처럼 생각합니다.

그러나 그렇지 않습니다. 우리는 다시 성령으로 기도하고 또 다시 성령으로 기도하고 말씀 보면서 다시 성령으로 기도하는 영적인 투쟁을 해야 합니다. 하나님은 이런 우리의 영적인 투쟁을 받으시고 모든 것을 밝히 보게 하십니다. 우리의 기도를 받으시고 하나님 나라와 지옥을 보게 하십니다. 사단을 보고 하나님을 볼 수 있게 하십니다. 성경에는 이렇게 다시 기도한 많은 예가 있습니다.

넷째, 다시 기도한 아브라함. 창세기 18장 24절에 "그 성 중에 의인 오십 명이 있을지라도 주께서 그 곳을 멸하시고 그 오십 의인을 위하여 용서하지 아니하시리이까" 아브라함은 롯과 소돔성의 구원을 위해서 기도하였습니다. 처음에는 의인 50명이 있으면 소돔성 전체를 용서해주시고 구원해달라고 하였습니다. 다음에는 45명, 다음에는 40명, 다음에는 30명, 다음에는 20명, 다음에는 10명을 위해서 기도했습니다. 아브라함은 무려 여섯 번을 기도하였습니다. 그렇게 끈질기게 기도하였습니다.

그러나 실제로 소돔에 가보니 의인이 열 명도 없었습니다. 하나님은 소돔 성을 심판하셨지만 아브라함의 기도를 들으시고 롯과 그 가정을 구원하셨습니다. 하나님은 아브라함을 생각하사 롯을 구원하셨다고 나옵니다. 하나님은 우리의 기도를 들으십니다. 우리의 기도를 들으시고 구원역사를 이루십니다. 우리는 반복하여 기도함으로 하나님을 동역하여야합니다.

다섯째, 다시 기도한 엘리야. 엘리야 시대는 우상숭배 하는 시대였습니다. 엘리야는 기도하자 하나님은 3년 6개월 비가 내리지 않게 하셨습니다. 엘리야는 삼 년 육 개월 후에 바알과 아세라 우상을 섬기는 선지자들을 갈멜산에 모아서 모두 처치한 후에 하나님께 비를 내려주시도록 간절히 기도하였습니다. 한번 기도하고 두 번 기도해도 비가 올 조짐이 전혀 보이지 않았습니다. 그러나 엘리야는 일곱 번까지 다시 기도하였습니다. 마침내는 구름 조각이 지중해 바다에 떠오르고 비가 온다는 확신을 가질 수 있었습니다. 하나님은 엘리야의 기도대로 큰 장맛비가 내리게 하셨습니다(왕상18:43-44).

여섯째, 다시 도전하라고 한 엘리사. 엘리사는 죽기 전에 요아스 왕이 찾아와 슬퍼하였습니다. 엘리사는 죽기 전에 마지막 선물로 요아스에게 화살을 주며 구원의 화살이나 아람을 향하여 쏘라고 하였습니다. 다음에 땅을 치라고 하였습니다. 그는 세 번 치고 그쳤습니다. 그러자 엘리사는 대여섯 번을 치지 않았다고 화를 내며 책망했습니다(왕하13:19). 요아스 왕이 대여섯 번을 쳤다면 그가 아람군대를 전멸했을 것이라고 했습니다. 우리는 한두 번 하고 쉽게 포기해서는 안 됩니다. 삼세번이라고 세 번하고 포기해서는 안 됩니다. 믿음이란 여러 번 반복하여 도전하는 것입니다. 믿음이란 도전하고 다시 도전하여 될 때까지 도전하는 것입니다. 안수기도를 할 때도 마찬가지입니다. 한번 안수해서 해결이 안 되었다고 포기하지 말고 해결이 될 때까지 기도하는 습관이 되어야합니다. 다시 하고 다시 하고 치유 되고 해결이 될 때까지 안수기도를 해야 합니다.

4부 구약의 선진들의 안수사역

19장 축복을 전이시키는 안수사역

(창 48:13-20)“오른손으로는 에브라임을 이스라엘의 왼손을 향하게 하고 왼손으로는 므낫세를 이스라엘의 오른손을 향하게 하여 이끌어 그에게 가까이 나아가매 이스라엘이 오른손을 펴서 차남 에브라임의 머리에 얹고 왼손을 펴서 므낫세의 머리에 얹으니 므낫세는 장자라도 팔을 엇바꾸어 얹었더라. 그가 요셉을 위하여 축복하여 이르되 내 조부 아브라함과 아버지 이삭이 섬기던 하나님, 나의 출생으로부터 지금까지 나를 기르신 하나님, 나를 모든 환난에서 건지신 여호와의 사자께서 이 아이들에게 복을 주시오며 이들로 내 이름과 내 조상 아브라함과 이삭의 이름으로 칭하게 하시오며 이들이 세상에서 번식되게 하시기를 원하나이다. 그의 아버지에게 이르되 아버지여 그리 마옵소서 이는 장자이니 오른손을 그의 머리에 얹으소서 하였으나 그의 아버지가 허락하지 아니하며 이르되 나도 안다 내 아들아 나도 안다 그도 한 족속이 되며 그도 크게 되려니와 그의 아우가 그보다 큰 자가 되고 그의 자손이 여러 민족을 이루리라 하고 그 날에 그들에게 축복하여 이르되 이스라엘이 너로 말미암아 축복하기를 하나님이 네게 에브라임 같고 므낫세 같게 하시리라 하며 에브라임을 므낫세보다 앞세웠더라”

하나님의 축복은 하나님에게 축복을 받은 사람을 통하여 전이됩니다. 아무나 목사라고 안수기도를 통하여 축복을 전이시키는 것이 아니고 하나님의 영광을 체험하고 성령으로 세례를 받고 성령의 지배와 장악이 되어 성령의 인도를 받는 사람을 통해서 축복이나 하나님의 권능의 전이가 일어납니다. 제가 누누이 말을 했습니다만, 성령이 역사하는 교회 시대인 현시대나 구약 시대를 막론하고 하나님의 축복은 하나님에게 축복을 받은 사람을 통하여 전이가 됩니다. 우리는 축복을 전이 하는 사람을 만나야 합니다. 사람 잘 만나는 축복을 받아야 합니다. 하나님의 축복을 전이 시키는 사람이 있다는 것입니다. 반대로 자신만 하나님의 축복을 받고 전이 시킬 수가 없는 사람도 있습니다. 이는 절대로 하나님의 주권에 해당되는 것입니다. 하나님의 축복을 받아 전이키는 사람은 하나님이 정하신다는 것입니다.

기름부음으로 말한다면 오늘의 기름부음을 받은 사람입니다. 현재 진행형으로 하나님의 축복을 나누어 주는 사람입니다. 이 사람은 항상 하나님과 친밀한 관계가 되어야 가능합니다. 성령의 음성을 들으면서 사역을 하는 사람입니다. 깊은 영의기도가 열려 하나님과 같은 영의 상태에 들어가 하나님의 음성을 듣고 행동하는 사람입니다. 하나님의 축복을 전이 받으려면 다음과 같은 영적인 원리를 알고 적용해야 합니다.

첫째, 하나님은 질서의 하나님이라는 것이다. 절대로 영적인 질서를 지키신다는 것입니다. 축복의 통로를 명확하게 하신다는 것입니다. 우리는 하나님의 축복의 통로가 되려고 영적인 노력을 해야 합니다. 본문의 핵심은 하나님의 축복을 받은 자가 축복할 수 있고, 그 축복을 하나님의 대리권자로서 축복을 명할 수 있다는 것입니다. 하나님의 일을 하는 사람이라도 아무나 축복을 전이 시킬 수가 없다는 것입니다. 곧 제사장인 아론과 그의 아들들도 모세로부터 축복을 위임받아 이스라엘 백성들을 축복하게 하였습니다. 이것이 하나님께서 명하신 축복에 대한 영적 질서입니다.

특히 애굽에서 총리가 된 요셉은 현실상 직책이 국무총리로서 높은 자였지만, 자기 자식에게 축복을 명할 수 있는 축복을 받지 못했기 때문에 자신의 두 아들인 므낫세와 에브라임에게 축복 받게 하기 위하여 야곱에게로 데리고 갔습니다(창48:1-6). 요셉은 하나님으로부터 축복을 전이 받은 아버지 야곱만이 축복을 전이 시킬 수가 있다는 것을 알았기 때문입니다.

이렇게 볼 때에 하나님의 축복은 아무나 전이 시킬 수가 없다는 것으로 이해할 수가 있습니다. 우리는 하나님의 축복의 통로를 알고 따라갈 수 있는 영성이 무엇보다도 중요합니다. 하나님이 명한 사람만이 하나님의 축복을 전이 시킬 수가 있기 때문입니다. 이는 목사님들도 아무나 축복기도 한다고 축복이 전이 되지 않는 다는 뜻도 됩니다. 현재 목회를 하시는 목사님들도 하나님의 축복을 받아 전이 시키는 목사님이 계신다는 것입니다.

또 하나님의 축복은 받았지만 전이 시키지 못하는 목사님도 계시는 것입니다. 성도가 하나님의 축복을 전이 시키는 목회자를 만나는 것은 해변 모래사장에서 단추를 찾는 것과 같이 어려울 수가 있습니다. 그러나 하나님이 하락하시면 보다 쉽게 찾을 수도 있습니다. 그렇다고 목사님들에게 축복안수를 받는 것을 꺼려하지 마시기를 바랍니다. 하나님의 축복을 전이 시킬 권능이 없는 목사님에게 축복안수를 받아도 하나님이 허락하시면 축복을 받기 때문입니다.

둘째, 축복의 전이. 하나님께서는 아브라함을 축복하시고, 그 아브라함이 이삭을 축복하게 하였습니다. 이삭은 야곱을 축복하게 하였습니다. 야곱은 열두 아들을 축복함으로 하나님의 선민 이스라엘을 이루었습니다. 하나님의 축복은 반드시 축복 받은 자에 의해서 축복하게 하여 그 축복의 역사를 세상에 표현되게 하여 자신이 복의 근원이라는 사실을 알리시는 분이십니다. 특히 하나님은 자신이 명한 축복을 한 사람에게서만 머무르게 하시는 것이 아니라, 그 축복이 자손들에게까지 이어져 가도록 역사함으로 하나님은 항상 축복을 역사하시는 축복의 근원이심을 증거하고 계십니다.

그러나 성령이 역사하는 교회 시대를 살아가는 성도들은 성령이 자신의 영 안에 임재하여 계시므로 예수 이름으로 축복을 전이 시킬 수가 있습니다. 성령=축복이기 때문입니다. 그러므로 자신의 자녀들에게 축복 안수를 하여 축복을 전이 시킬 수가 있다는 것입니다. 저는 가장들이 자녀들에게 축복 안수를 하라고 합니다. 자신이 하나님에게 받은 축복을 자녀들에게 전이 시키는 것입니다. 가장인 나는 하나님에게 축복을 받았다는 믿음을 가지고 담대하게 자녀들에게 축복 안수를 합니다.

문제는 아버지의 축복 안수를 받으며 자란 아이들이 영육 간에 건강하게 자란다는 것입니다. 저는 우리 아이들은 초등학교 다닐 때부터 아침마다 축복안수를 했습니다. 결과는 모두 바른 신앙을 가지고 공부 잘하여 앞길을 열어가고 있다는 것입니다. 어디를 가나 곱게 자랐다고 칭찬을 듣고 있습니다. 가장들이여 자녀들에게 매일 아침 축복 안수를 하시기를 바랍니다. 조금만 관심을 가지면 할 수가 있는 것입니다. 관심이 중요합니다.

할 수만 있다면 목사님들로부터 축복기도를 많이 받는 것입니다. 저는 우리 교회 성도들의 아이들에게 매주 축복기도를 해줍니다. 목사님들로부터 축복기도를 받으면서 자란다는 것은 축복 중에 축복입니다.

1) 므낫세와 에브라임의 축복(창48:1-6). 므낫세와 에브라임은 요셉의 아들인데도 요셉은 자신의 아들들을 축복하지 못하고 야곱에게로 데리고 갔습니다. 그 이유는 자신에게는 아버지(야곱)에게서 물려받은 축복권이 없었기 때문이었습니다. 그래서 자신의 아들인데도 그 아들에게 축복할 수 있는 권리가 없기 때문에 요셉은 하나님의 축복을 이어받은 야곱에게 사기의 아들들을 네리고 간 것이었습니다. 야곱은 에서와 다르게 하나님의 축복을 아버지(이삭)에게서 물려받은 축복 권이 있는 사람이었습니다. "그 아비 이삭이 그에게 이르되 내 아들아 가까이 와서 내게 입 맞추라. 그가 가까이 가서 그에게 입 맞추니 아비가 그 옷의 향취를 맡고 그에게 축복하여 가로되 내 아들의 향취는 여호와의 복 주신 밭의 향취로다. 하나님은 하늘의 이슬과 땅의 기름짐이며 풍성한 곡식과 포도주로 네게 주시기를 원하노라. 만민이 너를 섬기고 열국이 네게 굴복하리니

네가 형제들의 주가 되고 네 어미의 아들들이 네게 굴복하며 네게 저주하는 자는 저주를 받고 네게 축복하는 자는 복을 받기를 원하노라. 이삭이 야곱에게 축복하기를 마치매 야곱이 그 아비 이삭 앞에서 나가자 곧 그 형 에서가 사냥하여 돌아온지라"(창 27:26-30)

야곱은 형 에서를 뒤로하고 아버지 야곱으로부터 축복을 받았습니다. 축복은 하나님에게 축복을 받은 자에게서 전이되고 흐르는 것입니다. 그래서 야곱은 므낫세와 에브라임을 보면서 요셉에게 "이들 후의 네 소생이 네 것이 될 것이다(창48:6)"라고 말했습니다. 곧 야곱에 의한 축복을 받은 후 탄생한 아들들만이 자신의 소유로 축복할 수 있다는 뜻입니다. 그래서 야곱의 축복을 전수 받기 전에 태어난 요셉의 아들들은 야곱의 축복 안수를 받은 후부터 비로소 야곱의 소유라는 것입니다.

다시 말해서 가나안 루스 땅에서 하나님의 축복을 받은 야곱은(창48:3), 그 복에 따라 열두 아들들을 얻었기 때문에 요셉이 낳은 아들들은 야곱의 복으로 인해 탄생된 자들이기에 야곱의 것이라는 것입니다.

그런데 여기에서 한번 생각해보고 넘어가야 하는 부분이 있습니다. 축복안수 할 때 우수와 좌수의 관계입니다. 성경에 보면 요셉이 므낫세와 에브라임을 야곱에게 데리고 갔습니다. 데리고 가서 형 므낫세는 좌측에 세우고, 동생 에브라임은 우측에 세웠습니다. 이유는 눈이 어두운 야곱이 축복안수를 할 때 형 므낫세는 우수를 얹고, 동생 에브라임은 좌수를 얹도록 자리를 위치한 것입니다. "오른손으로는 에브라임을 이스라엘의 왼손을 향하게 하고 왼손으로는 므낫세를 이스라엘의 오른손을 향하게 하여 이끌어 그에게 가까이 나아가매"(창48:13). 그런데 야곱이 손을 엇바꾸어 얹어 요셉이 생각한 반대로 축복안수를 합니다. "이스라엘이 오른손을 펴서 차남 에브라임의 머리에 얹고 왼손을 펴서 므낫세의 머리에 얹으니 므낫세는 장자라도 팔을 엇바꾸어 얹었더라"(창48:14)

이를 본 요셉이 그 아버지가 오른손을 에브라임의 머리에 얹은 것을 보고 기뻐하지 아니하여 아버지의 손을 들어 에브라임의 머리에서 므낫세의 머리로 옮기고자했다고 기록되어 있습니다. 그러나 아버지 야곱이 자신도 안다하면서 그대로 축복 안수를 했습니다.

"요셉이 그 아버지가 오른손을 에브라임의 머리에 얹은 것을 보고 기뻐하지 아니하여 아버지의 손을 들어 에브라임의 머리에서 므낫세의 머리로 옮기고자 하여 그의 아버지에게 이르되 아버지여 그리 마옵소서 이는 장자이니 오른손을 그의 머리에 얹으소서 하였으나 그의 아버지가 허락하지 아니하며 이르되 나도 안다 내 아들아 나도 안다 그도 한 족속이 되며 그도 크게 되려니와 그의 아우가 그보다 큰 자가 되고 그의 자손이 여러 민족을 이루리라 하고 그 날에 그들에게 축복하여 이르되 이스라엘이 너로 말미암아 축복하기를 하나님이 네게 에브라임 같고 므낫세 같게 하시리라 하며 에브라임을 므낫세보다 앞세웠더라"(창48:17-20)

이렇게 축복 안수시 우수와 좌수는 서열을 나타내는 중요한 요소라는 것입니다. 그러므로 우리가 축복안수를 할 때 아무렇게나 손을 얹고 축복안수를 하면 안 된다는 것입니다. 반드시 성령의 음성을 듣고 성령께서 감동하시는 대로 손을 얹어 축복 안수를 해야 한다는 것입니다. 이처럼 요셉이 애굽 땅에서 므낫세와 에브라임을 낳았듯이 우리들도 애굽과 같은 이 땅에 오신 예수 그리스도로 말미암아 탄생된 므낫세와 에브라임 같은 존재들입니다.

그러나 하나님께서는 우리를 배척하지 않으시고 예수 그리스도로 말미암아 태어난 우리들을 하나님의 소유로 인정하고 축복하시는 것입니다. 예수를 믿어 성령이 영 안에 들어오심으로 하나님의 축복을 받은 성도들이라는 것입니다. 이것이 아들에 대한 사랑의 표현인 것입니다.

2) 육신적 계보와 영적인 계보. 세상의 눈으로 보면 므낫세와 에브라임은 요셉의 아들이지만, 영적 계보로 보면 야곱의 것인 것입니다. 이 사실을 요셉도 잘 알고 있었습니다. 현실적으로는 야곱은 늙고 병든 모습이었고, 요셉은 대국의 국무총리로서 대단한 위치에 있지만, 야곱만이 하나님의 축복권이 있는 자이기 때문에 요셉은 자신의 두 아들을 야곱에게로 데리고 가서 축복을 받아야 합니다. 세상적인 지위는 요셉이 높았어도 하나님의 축복은 하나님의 축복을 받은 자만이 줄 수 있기 때문입니다.

신앙적인 적용으로 우리들도 육적인 계보로 보면 세상 사람의 아들들이지만, 영적인 계보로 보면 예수 그리스도를 믿음으로 하나님의 아들들이 되는 것입니다. 그래서 축복받은 자의 씨로서 축복하는 자에게 축복을 받을 권리가 있는 것입니다.

요셉으로 말미암아 그의 아들들이 야곱의 축복을 받았듯이 우리는 예수 그리스도로 말미암아 하나님의 축복을 받는 것입니다. 예수를 믿는 우리는 하나님의 축복을 받을 권리를 가진 성도들입니다. 하나님으로부터 기름부음을 받은 성직자로부터 하나님의 축복을 전이 받을 수 있는 권리가 있습니다.

셋째, 축복을 전이시키는 권리. 축복권이 없는 사람은 상대를 축복할 권리가 없습니다. 곧 하나님의 축복을 명할 수 있는 권리를 위임받지 못한 자는 절대로 남을 축복할 수 없는 것입니다. 저의 개인적인 소견으로 축복의 권리는 현재 성령이 역사하는 교회시대를 살아가는 성도들은 반드시 성령으로 세례를 받은 성도만이 축복권이 있다고 생각합니다. 그래서 타종교 교주나 무당들은 절대로 인간을 축복하며 행복하게 할 권리가 없기 때문에 사기꾼인 것입니다. 예를 들어서 결혼할 때 한국은 사회적으로 이름 있는 저명인사를 주례로 세워 신랑신부를 축복하지만, 미국에서는 반드시 목사를 주례로 세워 신랑신부를 축복하게 합니다. 그것은 목사만이 합법적으로 하나님의 축복을 명할 수 있는 대리권자라는 것입니다.

우리도 이를 명심해야 합니다. 하나님으로부터 축복권을 위임받은 사람 만이 축복을 전이 시킬 수가 있다는 것입니다. 그래서 가장은 자신의 자녀들을 축복 할 수가 있는 것입니다.

창세기에 나오는 두 사람을 비교하면 이렇습니다.

요셉 : 세상 적으로는 명성을 쌓고 출세를 했어도 축복권이 없었습니다.

야곱 : 세상 적인 주권은 없었어도 하나님의 축복권이 있었습니다. 야곱은 비록 양식이 없어서 애굽에 왔지만 자신이 가진 축복권으로 당당히 바로 왕을 축복했습니다(창47:10). "요셉이 자기 아버

지 야곱을 인도하여 바로 앞에 서게 하니 야곱이 바로에게 축복하
매 바로가 야곱에게 묻되 네 나이가 얼마냐 야곱이 바로에게 아뢰
되 내 나그네 길의 세월이 백삼십 년이니이다 내 나이가 얼마 못 되
니 우리 조상의 나그네 길의 연조에 미치지 못하나 험악한 세월을
보내었나이다 하고 야곱이 바로에게 축복하고 그 앞에서 나오니라"
(창47:7-10)

지금도 세상적인 지위는 높지만 축복권이 없을 수 있다는 것입니
다. 반대로 세상 적인 주권은 없어도 하나님의 축복권이 있을 수 있
다는 말입니다. 반드시 하나님으로부터 축복권을 받아야 축복할 수
가 있다는 말입니다. 하나님의 축복은 하나님의 질서와 법에 따라
움직입니다. 하나님 → 모세 → 아론 → 아론의 아들들(축복권을 위
임하여 백성들에게 하나님의 축복을 명하게 함)의 관계처럼 하나님
의 축복을 받은 자만이 하나님의 축복을 명할 수 있습니다.

1) 사울왕. 아말렉과의 전쟁에서 이기고도 사무엘의 축복을 이어
받지 못해 망하는 자가 되었습니다. 사무엘의 말대로 하지 못한 것
은 지도자로서의 축복을 받지 못했기 때문입니다. 아울러 우리들이
하나님의 말씀대로 살아갈 수 있다면 그 자체가 축복이며 능력인
것입니다.

2) 다윗왕. 하나님의 축복을 받은 사실을 증거함으로 하나님의
복을 나누는 자가 되었습니다. 출애굽 당시 가나안 전쟁 때를 보면
열두 지파의 족장들은 반드시 여호수아에게 권리를 위임받고 전쟁
에 나아갈 수 있었습니다.

교회에서도 참된 지도자는 바리새인들처럼 전통적인 방법과 의

식에 의해 지도자로 선출 되는 것이 아니라, 하나님의 축복을 받은 자로서 그 권리를 위임받아 교인들을 축복할 권리가 있는 자가 지도자인 것입니다. 저의 짧은 견해로는 하나님의 축복을 받은 자는 성령으로 기름부음을 받은 자라고 생각을 합니다. 오늘의 기름부음을 받은 목회자가 축복을 전이시킬 수가 있다는 것입니다. 성령으로 기름부음을 받으려면 반드시 성령으로 세례를 받아야 합니다. 그리고 성령이 하시는 말씀을 들을 줄 아는 지도자가 되어야 성령이 시시각각 지시하시는 명령대로 축복을 전이 할 수가 있기 때문입니다.

그런데 문제는 아무나 축복한다고 축복을 받는 것이 아니라는 것입니다. 축복은 하나님이 승인해야 자신의 것이 되는 것입니다. 아무나 축복 안수를 받았다고 당장 축복을 받는 것이 아닙니다. 반드시 하나님의 원하시는 수준이 되어야 비로소 하나님이 축복을 풀어 놓아 주시는 것입니다. 우리는 무엇보다도 하나님이 원하시는 영육의 수준이 되려고 노력을 해야 합니다.

저에게 많은 장로님이나 목사님들이 질문을 합니다. 신령한 분들에게 예언을 받을 때 당대에 거부가 된다고 예언을 들었는데 지금 나이가 65세인데 거부가 안 되는데 이유가 무엇이냐고 질문하는 분들이 있습니다. 이는 당대에 거부가 될 영육의 수준이 되지 않았기 때문에 하나님이 미루시는 것입니다. 언제든지 하나님이 원하시는 영육의 수준이 되면 당대에 거부가 되는 축복을 풀어주십니다.

우리는 막연하게 축복 안수를 받았으니 가만히 있어도 축복을 받는다는 생각을 접어야 합니다. 부단하게 기도하여 영성훈련을 하여 하나님의 마음에 합한자가 되려고 노력을 해야 합니다.

이는 아브라함을 보면 알 수가 있는 것입니다. 하나님은 아브라함을 하나님의 시간표에 맞추어 훈련을 시키셨습니다. 성경이 말하는 시간에는 두 종류가 있습니다. '크로노스' '카이로스'입니다.

그러므로 우리가 시간성을 따질 때 크로노스에만 집착할 것이 아니라, 하나님의 카이로스에도 관심을 가져야 합니다. 어떤 약속은 먼 것 같지만 우리가 하나님의 뜻에 순종하고 준비되어 있으면 생각보다 빨리 이루어질 수 있고 어떤 약속은 가까운 것 같지만 불순종하고 준비되어 있지 않으면 마냥 질질 끌기만 합니다.

예언 사역자인 그래엄 쿡은 "하나님은 (성취의) 시기가 아니라 (인격의) 성장을 측정하신다"고 말했습니다. 원래 하나님은 출애굽한 백성들의 광야 훈련으로 일 년으로 예정하셨지만 그들이 번번히 불순종한 결과 그들은 40년 동안 광야에서 쳇바퀴 도는 생활을 하다가 멸망해갔습니다.

하나님은 아브라함이 75세 일 때 말씀을 주셨습니다(창 12:1-5). 그가 가나안 땅에 도착했을 때 하나님은 두 번째 말씀을 주셨습니다(창 12:7). 이것은 첫 번째 말씀에 대한 확인이라고 할 수 있습니다. 세 번째 말씀은(창 13:14-17) 첫 번째 말씀을 재 강조하신 말씀입니다.

그는 그 후 83세에 네 번째 말씀(창 15장)을 받았고 99세에 다섯 번째 말씀을 받았습니다(창 17장). 이때 그는 '내 앞에서 흠 없이 행하라'는 말씀을 받습니다.

하나님은 또한 우리에게 주신 말씀이 이루어져 가는 동안 우리를 하나님의 사람으로 변화시키십니다. 우리가 그 말씀이 이루어지기를 사모하고 기도하며 기다리는 동안 하나님의 사람으로 변해 가는 것입니다. 그리고 하나님이 원하시는 그릇으로 준비되었을 때 비로소 그 말씀이 이루어집니다. "그러므로 누구든지 이런 것에서 자기를 깨끗하게 하면 귀히 쓰는 그릇이 되어 거룩하고 주인의 쓰심에 합당하며 모든 선한 일에 예비함이 되리라"(딤후 2:21).

기다리는 기간은 사람에 따라 그릇에 따라 다릅니다. 미래에 대한 말씀이 이루어지기까지 아브라함은 25년을 기다렸고, 모세는 40년을 기다렸고, 요셉은 13년을 기다렸고, 다윗도 13여 년을 기다렸습니다. 더군다나 하나님은 힘든 일이나 장애물에 대해서는 잘 말씀해주시지 않습니다. 하나님은 요셉에게 형제들과 부모가 자기에게 절하는 꿈을 보여주셨지만 앞으로 어떤 장애가 놓여있다는 말씀은 해주시지 않았습니다.

비록 하나님은 다윗이 청소년일 때 왕으로 기름 부으셨지만 앞으로 어떤 고난이 닥쳐올 것인가에 대해서는 전혀 언급하시지 않았습니다. 그 꿈을 이루어 가는 동안 그들은 하나님이 원하시는 합당한 그릇으로 준비되고 연단되어 갔습니다.

그리고 요셉처럼 하나님의 은혜로 인해 세상적으로는 출세한 것 같았어도 참된 축복을 받기 위해 하나님의 축복권이 있는 야곱의 앞으로 나아간 것처럼, 날마다 하나님의 축복권을 가지신 예수 그리스도 앞으로 나아가 축복을 위임받고, 내 가족과 이웃을 축복할 수 있는 자가 복의 근원이신 하나님과 연합된 사람인 것입니다. 이러한 축복의 권한이 항상 우리에게 함께 하시기를 소원합니다.

20장 지혜의 영이 충만한 안수사역

(민 27:22-23)"모세가 여호와께서 자기에게 명령하신 대로 하여 여호수아를 데려다가 제사장 엘르아살과 온 회중 앞에 세우고 그에게 안수하여 위탁하되 여호와께서 모세에게 명령하신 대로 하였더라"

모세가 안수하니 여호수아가 지혜의 영이 충만했다고 말합니다. 구약성경 신명기 34장 9절에 보면 "모세가 눈의 아들 여호수아에게 안수하였으므로 그에게 지혜의 영이 충만하니 이스라엘 자손이 여호와께서 모세에게 명령하신 대로 여호수아의 말을 순종하였더라"고 말씀하고 계십니다. 이렇게 안수기도가 중요합니다.

모세는 하나님의 소명을 받은 이후로 단 한 번도 실패가 없었던 사람이었습니다. 모세에게 있어서 하나님의 소명을 받았다는 것은 그 자체가 하나님과의 대면을 뜻하는 것이었습니다. 항상 하나님과 대면하면서 살았기 때문에 모세에게는 실패라는 것이 없었던 것입니다. 물론 실패라고 간주할 수도 있는 경우가 있기는 있었습니다. 므리바에서 마실 물이 떨어지자 또 여전히 백성들의 불평불만과 원망이 튀어나왔습니다. 이때에도 모세는 백성들에게 직접 책망하려고 하지 않고 하나님 앞에 엎드렸습니다. 하나님은 변함없이 해결책을 제시해 주십니다.

"지팡이를 가지고 네 형 아론과 함께 회중을 모으고 그들의 목전에서 너희는 반석에게 명령하여 물을 내라 하라"(민 20:8上). 그런데 백성들의 거듭되는 원망과 불신앙에 마침내 모세도 폭발하게 됩니다. 하나님께서 반석에게 명령하라고만 하셨는데 모세가 반석을 지팡이로 두 번 치게 됩니다.

"모세가 그의 손을 들어 그의 지팡이로 반석을 두 번 치니 물이 많이 솟아나오므로 회중과 그들의 짐승이 마시니라""(민 20:11). 하지만 이 작은 분노가 모세로 하여금 가나안 땅에 들어가지 못하게 되는 징계로 돌아옵니다. "여호와께서 모세와 아론에게 이르시되 너희가 나를 믿지 아니하고 이스라엘 자손의 목전에서 내 거룩함을 나타내지 아니한 고로 너희는 이 회중을 내가 그들에게 준 땅으로 인도하여 들이지 못하리라 하시니"(민 20:12).

너는 날마다 나와 대면하면서 왜 내 말을 믿지 못하고 거룩하게 구별된 내 말을 욕되게 하였느냐는 질책이었습니다. 하나님은 하나님의 말씀을 가볍게 여기는 것을 참지 않으십니다. 반대로 말하면 하나님은 하나님의 말씀에 목숨을 거는 사람을 사용하십니다. 이후로 모세가 얼마나 하나님 말씀에 목숨을 걸었겠습니까? 그래서 실패가 없었던 것입니다.

모세의 후계자 여호수아는 어땠을까요? 여호수아는 하나님과 대면하는 모세를 처음부터 끝까지 가장 곁에서 지켜본 사람이었습니다. 그는 아말렉과의 전투에 앞장서서 전투를 지휘했던 장군이었습니다. "모세가 여호수아에게 이르되 우리를 위하여 사람들을 택하여 나가서 아말렉과 싸우라 내일 내가 하나님의 지팡이를 손에 잡고 산 꼭대기에 서리라"(출 17:9)

그래서 결과가 어떻게 되었습니까? "여호수아가 칼날로 아말렉과 그 백성을 쳐서 무찌르니라 여호와께서 모세에게 이르시되 이것을 책에 기록하여 기념하게 하고 여호수아의 귀에 외워 들리라 내가 아말렉을 없이하여 천하에서 기억도 못 하게 하리라"(출 17:13-14). 여지없이 무찔렀고 하나님께서는 책에 기록하고 여호수아가 이 사실을 결코 잊어버리지 말게 하라고 하셨습니다.

여호수아는 모세가 시내산에 올라갈 때 유일하게 동행했던 사람이었습니다. "모세가 그의 부하 여호수아와 함께 일어나 모세가 하나님의 산으로 올라가며"(출 24:13). 나중에 백성들의 금송아지 숭배 사건 이후에 진 바깥에 회막을 만들었을 때 모세는 진과 회막을 왕래하였지만 여호수아는 회막을 떠나지 않았습니다. "사람이 자기의 친구와 이야기함 같이 여호와께서는 모세와 대면하여 말씀하시며 모세는 진으로 돌아오나 눈의 아들 젊은 수종자 여호수아는 회막을 떠나지 아니하니라"(출 33:11). 젊은 수종자 여호수아가 임시 성막이라고 할 수 있는 회막에서 떠나지 않고 봉사했다는 사실에서 우리는 여호수아의 충성심을 짐작할 수 있을 것입니다.

여호수아는 가나안 정탐시 다른 열한 명과 함께 파송되었었는데, 그 중 열 명의 정탐꾼들은 극히 비관적인 보고를 했습니다. "이스라엘 자손 앞에서 그 정탐한 땅을 악평하여 이르되 우리가 두루 다니며 정탐한 땅은 그 거주민을 삼키는 땅이요 거기서 본 모든 백성은 신장이 장대한 자들이며 거기서 네피림 후손인 아낙 자손의 거인들을 보았나니 우리는 스스로 보기에도 메뚜기 같으니 그들이 보기에도 그와 같았을 것이니라"(민 13:32-33).

그러자 백성들은 밤이 새도록 통곡했습니다. "온 회중이 소리를 높여 부르짖으며 백성이 밤새도록 통곡하였더라”(민 14:1). 그리고 다른 지도자를 세워 애굽으로 돌아가자고 주장합니다. 하지만 갈렙과 여호수아는 그들에게 대하여 통분히 여기며 옷을 찢고 담대하게 이야기합니다. “이스라엘 자손의 온 회중에게 말하여 이르되 우리가 두루 다니며 정탐한 땅은 심히 아름다운 땅이라 여호와께서 우리를 기뻐하시면 우리를 그 땅으로 인도하여 들이시고 그 땅을 우리에게 주시리라 이는 과연 젖과 꿀이 흐르는 땅이니라”(민 14:7-8).

이러한 여호수아의 믿음과 담대함과 순종으로 인하여 하나님은 여호수아를 후계자로 세우기에 이르렀습니다. “모세가 여호와께서 자기에게 명령하신 대로 하여 여호수아를 데려다가 제사장 엘르아살과 온 회중 앞에 세우고 그에게 안수하여 위탁하되 여호와께서 모세에게 명령하신 대로 하였더라”(민 27:22-23). 그리고 그 이유에 대해 다음과 같이 설명합니다. “그러나 그나스 사람 여분네의 아들 갈렙과 눈의 아들 여호수아는 여호와를 온전히 따랐느니라 하시고”(민 32:12). 온전히 따랐기 때문에 여호수아는 모세의 후계자가 될 수 있었던 것입니다. 마치 모세에게 대하여 하신 말씀 같지 않습니까? “이르시되 내 말을 들으라 너희 중에 선지자가 있으면 나 여호와가 환상으로 나를 그에게 알리기도 하고 꿈으로 그와 말하기도 하거니와 내 종 모세와는 그렇지 아니하니 그는 내 온 집에 충성함이라”(민 12:6-7).

또한 여호수아는 모세가 죽은 후에 지도자가 되는데, 지혜의 영이 충만하여 백성들이 그 말에 순종했다고 기록하고 있습니다. “모세가 눈의 아들 여호수아에게 안수하였으므로 그에게 지혜의 영이 충만하니 이스라엘 자손이 여호와께서 모세에게 명령하신 대로 여호수아의 말을 순종하였더라"(신 34:9). 모세가 여호수아에게 안수를 하자 하나님은 마침내 여호수아에게 직접 나타나시기에 이르렀던 것입니다. "여호와의 종 모세가 죽은 후에 여호와께서 모세의 수종자 눈의 아들 여호수아에게 말씀하여 이르시되"(수 1:1).

그런데 여기에서 우리가 주목하여 볼 것은 하나님께서 여호수아에게 하신 말씀입니다. "네 평생에 너를 능히 대적할 자가 없으리니 내가 모세와 함께 있었던 것 같이 너와 함께 있을 것임이니라 내가 너를 떠나지 아니하며 버리지 아니하리니 강하고 담대하라 너는 내가 그들의 조상에게 맹세하여 그들에게 주리라 한 땅을 이 백성에게 차지하게 하리라 오직 강하고 극히 담대하여 나의 종 모세가 네게 명령한 그 율법을 다 지켜 행하고 우로나 좌로나 치우치지 말라 그리하면 어디로 가든지 형통하리니"(수 1:5-7). "내가 네게 명령한 것이 아니냐 강하고 담대하라 두려워하지 말며 놀라지 말라 네가 어디로 가든지 네 하나님 여호와가 너와 함께 하느니라 하시니라"(수 1:9).

여기에 보면 하나님께서는 여호수아에게 강하고 담대하라는 말씀을 세 번씩이나 하십니다. 두 번째 말씀에서는 오직 강하고 극히 담대하라고 말씀하십니다. 뿐만 아니라 함께 하겠다는 말씀도 여러 번 반복하십니다. 너와 함께 있을 것이다, 떠나지 않겠다, 버리지 않겠다, 너와 함께 하겠다, 어디로 가든지 형통할 것이다 등 어떻게 하든지 여호수아가 믿음으로 담대하게 가나안 정복을 완수할 수 있도록 격려하십니다.

문제가 있는 것일까요? 하나님은 왜 여호수아를 믿지 못하시는 것일까요? 여호수아의 나이도 이제는 모세가 처음 부르심을 받았을 때와 비슷해졌습니다. 아마도 모세가 81세 때 여호수아가 40세였을 것입니다. "내 나이 사십 세에 여호와의 종 모세가 가데스 바네아에서 나를 보내어 이 땅을 정탐하게 하였으므로 내가 성실한 마음으로 그에게 보고하였고"(수 14:7)

그 후 39년 동안 모세의 오른팔로 항상 모세의 바로 옆에서 섬겼던 사람이 여호수아였습니다. 이제 79세가 된 여호수아이지만, 그리고 숱한 전쟁과 모세의 모든 사역과 함께 했던 사람이 여호수아이지만 이제 이스라엘 전체 백성들을 인도하기에는 아직은 많이 부족했던 것 같습니다. 그 이유가 무엇일까요? 그 정도 경력이면 무슨 일이든지 다 할 것 같은데 말입니다. 저는 그 원인을 여호수아가 하나님을 대면한 적이 없었다는 데에서 찾고 싶습니다. 환상이든 음성이든 천사이든 여호수아는 한 번도 하나님과 교통한 적조차도 없었습니다. 그리고 모세가 죽은 후에 처음으로 하나님께서 여호수아에게 직접 말씀하신 것이었습니다.

하지만 아직 여호수아가 하나님을 대면한 것은 아니었습니다. 아직까지는 백성들이 여호수아를 완전히 따르는 것은 아니었습니다. 하나님과 대면하는 삶을 살았던 모세와는 달리 여호수아는 모세에게 충성하는 사람이었습니다. 물론 모세에게 충성하는 것이 하나님께 충성하는 것이었지만, 그는 오로지 충성심 하나로 모세의 모든 의도를 따르고 시행했었습니다. 그러다가 그를 지도하던 모세가 사라졌을 때 여호수아는 심한 불안감을 느꼈다고 생각합니다. 아니, 불안감까지는 아니라도 심한 부담을 느꼈을 것이라고 생각합니다. 하나님도 이 점을 너무나도 잘 아시기 때문에 여호수아에게 거듭거듭 강하고 담대하라고 주문하셨던 것입니다.

그렇게 여호와 하나님의 격려를 받으며 여리고성 정복을 향한 계획들을 하나하나 시행해 나갑니다. 여리고성에 정탐꾼을 보내 가나안 땅 거민들의 반응을 살펴보고 계획을 세웁니다. 물론 이 계획이라는 것이 여리고를 무너뜨리기 위한 군대를 준비하는 것이 아니라 하나님의 전적인 지시를 따라 백성들이 여리고성을 돌고 함성을 지르는 전략이었지만, 그 전투를 시작하기 위해는 일단 요단강을 어떻게 건너야 하는가에 대한 계획도 수립되어야 합니다. 이러한 모든 계획은 전부 하나님의 인도하심에 순종하기만 하면 되는 것이었지만, 그것도 사실은 확신이 없으면 실행하기 몹시 어려운 일들뿐이었습니다. 요단강을 건너기 위해 도강 장비를 마련하거나 임시 다리를 건설하는 것이 아니라 아무 준비 없이 다만 언약궤를 멘 제사장이 앞장서게 하고 군대는 그냥 그 뒤를 따라가는 것이라든가, 마침내 여리고성을 눈앞에 두고 할례를 받으라든지 하는 일들은 도무지 전쟁하자는 건지 말자는 건지 모를, 아니 그것보다 훨씬 황당한 일일 수밖에 없었으니까요.

하지만 아직까지는 여호수아의 명령을 따라 말도 안 되는 하나님의 일을 실행해 나가게 됩니다. 그러다가 여호수아가 하나님과 대면하는 듯한 장면을 만나게 됩니다. 길갈에서 할례를 받게 하고 그곳에서 유월절을 지켰는데, (이 때부터 만나가 그쳤습니다.) 그 후로 여리고성 가까이 갔을 때 갑자기 군대장관이 나타납니다. 여호수아가 놀라서 소리칩니다. "여호수아가 여리고에 가까이 이르렀을 때에 눈을 들어 본즉 한 사람이 칼을 빼어 손에 들고 마주 서 있는지라 여호수아가 나아가서 그에게 묻되 너는 우리를 위하느냐 우리의 적들을 위하느냐 하니"(수 5:13).

여호와의 군대 대장은 여호수아에게 신을 벗으라고 명합니다. "여호와의 군대 대장이 여호수아에게 이르되 네 발에서 신을 벗으라 네가 선 곳은 거룩하니라 하니 여호수아가 그대로 행하니라"(수 5:15). 이 장면은 모세가 떨기나무 앞에서 하나님의 음성을 들었을 때와 동일합니다. "하나님이 이르시되 이리로 가까이 오지 말라 네가 선 곳은 거룩한 땅이니 네 발에서 신을 벗으라"(출 3:5)

알다시피 신을 벗으라는 말씀은 자신의 모든 조건을 다 벗어던지라는 말씀입니다. 인간 냄새를 다 지우라는 말씀이기도 합니다. 자신의 지위, 소유, 경력, 명예, 영광, 자랑 다 벗어던지라는 말씀입니다. 왜냐고요? 그런 것 다 가지고 있으면 하나님을 절대로 만날 수 없기 때문입니다. 하나님과 결코 대면할 수 없기 때문입니다. 하지만 이제 와서 여호수아에게 군대 대장을 보내셔서 신을 벗으라고 하신 이유는 과연 무엇일까요? 아니, 그보다도 40여 년 동안 하나님과 대면하였던 모세를 지근거리에서 섬겼던 그 여호수아에게 아직도 신고 있는 신이 남아 있었을까요? 숱한 전쟁에서 승리를 거두고 누구보다 모세를 잘 알고 그의 뜻을 잘 이해하고 있었으며 언제 어떤 경우에도 갈렙과 함께 온전히 여호와를 따랐던 여호수아가 아닙니까?

"그나스 사람 여분네의 아들 갈렙과 눈의 아들 여호수아는 여호와를 온전히 따랐느니라"(민 32:12). 그런데 하나님은 새삼스럽게 그 발에서 신을 벗으라고 군대 대장까지 보내셨습니다. 그럼 여호수아가 아직까지 아무런 준비가 되어 있지 않았다는 뜻일까요? 이제부터 다시 시작하라는 말씀일까요? 하필이면 여리고성 공격을 앞둔 바로 그 시점에 왜 군대대장이 나타난 것일까요? 모세 대신 회막을 떠나지 않고 지켰던 여호수아가 아닙니까? 모든 전쟁에서 앞장서서 숱한 승리를 이끌어내었던 대장군이 아닙니까? 물론 여리고성 공격을 담대하고 확신 있게 감당하라는 사인일 수 있습니다. 이미 여러 차례 말씀하셨던 바를 더욱 의지하게 하시려는 의도일 수 있습니다. 그리고 이 전쟁은 여호와의 전쟁이므로 군사적인 옵션이 아니라 하나님께 대한 믿음만으로 승리하라는 지시일 수도 있습니다. 아마 모두에 해당될 것입니다.

하지만 이 말씀은 어쩌면 여리고성 점령 이후에 여호와께 온전히 바칠 물건을 훔친 아간의 범죄와 관련이 있을 수 있습니다. 왜냐하면 아간의 범죄로 말미암아 아이성 정복에 실패하였고, 그 실패로 말미암아 여호수아가 하나님과 대면할 수 있게 되었기 때문입니다. 무리들 가운데 한 사람의 범죄로 인하여 이스라엘 전체가 범죄한 것이 되었기 때문입니다. "이스라엘 자손들이 온전히 바친 물건으로 말미암아 범죄하였으니 이는 유다 지파 세라의 증손 삽디의 손자 갈미의 아들 아간이 온전히 바친 물건을 가졌음이라 여호와께서 이스라엘 자손들에게 진노하시니라"(수 7:1)

결국 백성들은 스스로의 죄(아간의 죄)를 인지하지 못하고 아이성을 쉽게 생각하고, 하나님께 기도하지 않고 공격했다가 실패하게 됩니다. "백성 중 삼천 명쯤 그리로 올라갔다가 아이 사람 앞에서 도망하니 아이 사람이 그들을 삼십육 명쯤 쳐죽이고 성문 앞에서부터 스바림까지 쫓아가 내려가는 비탈에서 쳤으므로 백성의 마음이 녹아 물 같이 된지라"(수 7:4-5). 그런데 바로 이 지점에서 여호수아의 하나님 대면이 이루어집니다. 아마 여호수아의 인생에 있어서 가장 비참한 심령이 되어 있었을 것입니다. 난생 처음 처절한 실패를 맛보았기 때문입니다. 성경은 이렇게 기록합니다.

"여호수아가 옷을 찢고 이스라엘 장로들과 함께 여호와의 궤 앞에서 땅에 엎드려 머리에 티끌을 뒤집어쓰고 저물도록 있다가 이르되 슬프도소이다 주 여호와여 어찌하여 이 백성을 인도하여 요단을 건너게 하시고 우리를 아모리 사람의 손에 넘겨 멸망시키려 하셨나이까 우리가 요단 저쪽을 만족하게 여겨 거주하였더면 좋을 뻔하였나이다 주여 이스라엘이 그의 원수들 앞에서 돌아섰으니 내가 무슨 말을 하오리이까"(수 7:6-8)

성경에는 당시 상황만 나타나 있지만 저는 이 장면이야말로 여호수아가 자신의 모든 조건을 버리고 하나님 앞에 앉아 하나님과 대면하는 시간이었다고 생각합니다. 처음으로 실패한 여호수아가 모세가 없는 상태에서 하나님과 일대일로 대면하였던 것입니다.

그리스도인은 하나님과 대면할 줄 아는 사람이어야 합니다. 아직까지 한 번도 하나님 앞에 자신을 벌거벗기고 서 본 적이 없는 신앙인은 반드시 그런 경험이 있어야 합니다. 한 번 그런 경험을 가지면 모든 것이 달라집니다. 아무리 귀중한 것이라도 포기할 준비가 됩니다. 그러면 하나님의 음성이 들리기 시작합니다. 그러나 아무리 믿음이 좋은 사람이라도 자기를 내려놓지 않고는 하나님의 음성을 가감 없이 듣기 어렵습니다. 하나님과의 대면이 한 번에 끝날 수도 있고 지속적으로 나타날 수도 있지만 적어도 한 번이라도 하나님과 대면했던 사람은 하나님과의 인격적인 관계가 열리게 됩니다. 이것은 구원과는 관계없습니다. 신앙인의 인격적 변화, 신앙적 변화, 삶의 태도의 변화와 깊이 관련되어 있습니다. 노숙체험이 중요한 이유가 바로 이것입니다. 비록 짧은 기간이지만 아무 것도 없이 가면을 벗어던지고 민낯으로 하나님과 대면할 수 있는 기회가 주어지기 때문입니다.

물론 하나님과 한 번 대면했다고 해서 단번에 100% 바뀌는 것은 아닙니다. 가던 길을 돌아서서 완전히 반대 길로 갈 수 있지만 그 과정에서 시행착오의 가능성은 여전히 남아 있습니다. 그것이 인간 아닙니까? 예를 들어 여호수아는 하나님과 대면한 이후에 아이성을 점령하고 나서 약간의 실수를 범하게 되는데, 그것은 기브온 주민들의 거짓에 속아 넘어간 일이었습니다. 기브온이 이스라엘에게 진멸당할 것을 우려하여 먼 곳에서 온 것처럼 꾸며 서로 화친조약을 맺은 일이었습니다. 결국 속은 것을 알고 그들을 책망하게 됩니다.

"여호수아가 그들을 불러다가 말하여 이르되 너희가 우리 가운데에 거주하면서 어찌하여 심히 먼 곳에서 왔다고 하여 우리를 속였느냐 그러므로 너희가 저주를 받나니 너희가 대를 이어 종이 되어 다 내 하나님의 집을 위하여 나무를 패며 물을 긷는 자가 되리라 하니"(수 9:22-23)

성경은 이렇게 된 이유를 잘 설명합니다. "무리가 그들의 양식을 취하고는 어떻게 할지를 여호와께 묻지 아니하고 여호수아가 곧 그들과 화친하여 그들을 살리리라는 조약을 맺고 회중 족장들이 그들에게 맹세하였더라"(수 9:14-15). 여호와께 묻지 않고 화친을 맺었다고 기록하고 있습니다.

그러면 하나님과 대면했다는 사람과 그렇지 못한 사람 사이에 무슨 차이가 있느냐고 할 수 있습니다. 물론 겉으로 보면 별 차이를 느끼지 못할 수도 있습니다. 그러나 중요한 것은 하나님과의 인격적인 관계 가운데에서 행한 일은 좋은 일이든 나쁜 일이든 반드시 하나님과의 관계 가운데에서 열매로 나타난다는 사실입니다. 비록 일시적으로 실수했을 때에라도 바로 하나님을 의식하면서, 하나님 존전의식으로 살아가게 된다는 것입니다. 후에 기브온이 여호수아와 화친(항복)한 일로 주변 부족들이 연합하여 기브온을 치게 되는데 이 때 여호수아는 비록 자기들을 속인 나라이지만 이미 화친조약을 맺었기 때문에 기브온을 위하여 밤새도록 행군한 후에 그 연합군을 진멸하게 되는 것입니다. 그 과정에서 하나님은 여호수아에게 나타나셔서 그 편을 들어주십니다. "그 때에 여호와께서 여호수아에게 이르시되 그들을 두려워하지 말라 내가 그들을 네 손에 넘겨주었으니 그들 중에서 한 사람도 너를 당할 자 없으리라 하신지라"(수 10:8). 여호수아는 하나님과의 대면으로 말미암아 아무런 불안감도 두려움도 가지지 않게 되었습니다. 오로지 하나님의 말씀만을 믿고 따라가는 진정한 지도자가 되었던 것입니다.

21장 사무엘의 안수와 기름부음사역

(삼상 16:6-23) "그들이 오매 사무엘이 엘리압을 보고 마음에 이르기를 여호와의 기름 부으실 자가 과연 그 앞에 있도다 하였더니 여호와께서 사무엘에게 이르시되 그 용모와 신장을 보지 말라 내가 이미 그를 버렸노라 나의 보는 것은 사람과 같지 아니하니 사람은 외모를 보거니와 나 여호와는 중심을 보느니라 이새가 아비나답을 불러 사무엘의 앞을 지나게 하매 사무엘이 가로되 이도 여호와께서 택하지 아니하셨느니라 이새가 삼마로 지나게 하매 사무엘이 가로되 이도 여호와께서 택하지 아니하셨느니라 이새가 그 아들 일곱으로 다 사무엘 앞을 지나게 하나 사무엘이 이새에게 이르되 여호와께서 이들을 택하지 아니하셨느니라 하고 또 이새에게 이르되 네 아들들이 다 여기 있느냐 이새가 가로되 아직 말째가 남았는데 그가 양을 지키나이다 사무엘이 이새에게 이르되 보내어 그를 데려오라 그가 여기 오기까지는 우리가 식사 자리에 앉지 아니하겠노라 이에 보내어 그를 데려오매 그의 빛이 붉고 눈이 빼어나고 얼굴이 아름답더라 여호와께서 가라사대 이가 그니 일어나 기름을 부으라 사무엘이 기름 뿔을 취하여 그 형제 중에서 그에게 부었더니 이 날 이후로 다윗이 여호와의 신에게 크게 감동되니라 사무엘이 떠나서 라마로 가니라 여호와의 신이 사울에게서 떠나고 여호와의 부리신 악신이 그를 번뇌케 한지라 사울의 신하들이 그에게 이르

되 보소서 하나님의 부리신 악신이 왕을 번뇌케 하온즉 원컨
대 우리 주는 주의 앞에 모시는 신하에게 명하여 수금 잘 탈
줄 아는 사람을 구하게 하소서 하나님의 부리신 악신이 왕에
게 이를 때에 그가 손으로 타면 왕이 나으시리이다 사울이 신
하에게 이르되 나를 위하여 잘 타는 사람을 구하여 내게로 데
려오라 소년 중 한 사람이 대답하여 가로되 내가 베들레헴 사
람 이새의 아들을 본즉 탈 줄을 알고 호기와 무용과 구변이
있는 준수한 자라 여호와께서 그와 함께 계시더이다 사울이
이에 사자를 이새에게 보내어 이르되 양 치는 네 아들 다윗을
내게로 보내라 하매 이새가 떡과 한 가죽 부대의 포도주와 염
소 새끼를 나귀에 실리고 그 아들 다윗의 손으로 사울에게 보
내니 다윗이 사울에게 이르러 그 앞에 모셔 서매 사울이 그를
크게 사랑하여 자기의 병기 든 자를 삼고 이새에게 사람을 보
내어 이르되 청컨대 다윗으로 내 앞에 모셔 서게 하라 그가
내게 은총을 얻었느니라 하니라 하나님의 부리신 악신이 사
울에게 이를 때에 다윗이 수금을 취하여 손으로 탄즉 사울이
상쾌하여 낫고 악신은 그에게서 떠나더라”

다윗은 한 사람의 양치는 소년에 불과한 평범한 사람입니다. 그
러나 사무엘은 다윗을 불러서 기름을 붓고 안수하여 이스라엘 왕으
로 삼는 일을 하였습니다. 사무엘은 이새의 일곱 아들들을 먼저 만
나 보았지만 하나님께서 그들에게 기름을 부으라고 말씀하시지 않
습니다. 사무엘상 16장 7절 “여호와께서 사무엘에게 이르시되 그

용모와 신장을 보지 말라 내가 이미 그를 버렸노라 나의 보는 것은 사람과 같지 아니하니 사람은 외모를 보거니와 나 여호와는 중심을 보느니라" 이새의 일곱 아들들은 모두 하나님의 보실 때에 퇴짜를 맞았습니다. 아들 축에도 끼지 못하는 막내아들, 여덟 번째 아들 다윗이 사무엘 앞에 불려 왔습니다.

사도행전 13장 22절 "다윗을 왕으로 세우시고 증거 하여 가라사대 내가 이새의 아들 다윗을 만나니 내 마음에 합한 사람이라 내 뜻을 다 이루게 하리라" 하나님이 보실 때 다윗이 하나님의 마음에 맞음으로 하나님께서 다윗을 예선하여 왕으로 세우려는 기름을 부었습니다. 사무엘상 15장 28절 "사무엘이 그에게 이르되 여호와께서 오늘 이스라엘 나라를 왕에게서 떼어서 왕보다 나은 왕의 이웃에게 주셨나이다" 다윗이 사울보다 나은 점이 무엇이 있습니까?

다윗은 사울보다 모든 것이 부족합니다. 먼저 키도 작고 나이도 어리고 모든 면에서 비교도 되지 않는 사람입니다. 그러나 다윗이 사울보다 나은 것은 믿음과 용기입니다. 삼상 17장 26절 "다윗이 곁에 섰는 사람들에게 말하여 가로되 이 블레셋 사람을 죽여 이스라엘의 치욕을 제하는 사람에게는 어떠한 대우를 하겠느냐 이 할례 없는 블레셋 사람이 누구관대 사시는 하나님의 군대를 모욕하겠느냐" 하나님을 공경하고 높이고 하나님의 능력을 믿는 소년이었음으로 하나님의 마음에 합한 사람이 되었습니다.

사무엘상 17장 34절 - 36절 "다윗이 사울에게 고하되 주의 종이 아비의 양을 지킬 때에 사자나 곰이 와서 양 떼에서 새끼를 움키면 내가 따라가서 그것을 치고 그 입에서 새끼를 건져내었고 그것이 일어나 나를 해하고자 하면 내가 그 수염을 잡고 그것을 쳐죽였었 나이다 주의 종이 사자와 곰도 쳤은즉 사시는 하나님의 군대를 모 욕한 이 할례 없는 블레셋 사람이리이까 그가 그 짐승의 하나와 같 이 되리이다” 다윗은 목동으로 있을 때에 어린 소년이지만 자기 책 임을 완성하는 사람입니다.

목숨을 걸고 용기 있게 곰과 사자와 싸우는 목동으로, 양을 구해 오는, 자기 생명을 돌보지 않는 맡은 일에 충성하는 이 일도 역시 하 나님의 마음에 들었던 것입니다. 믿음과 용기를 보시고, 책임 완수 를 보시는 하나님께서 다윗을 마음에 든다 하시며 기름을 부은 것 입니다. 하나님은 하나님을 위하여 다윗에게 기름을 부으라고 말씀 하셨습니다. “이새를 제사에 청하라 내가 네게 행할 일을 가르치리 니 내가 네게 알게 하는 자에게 **나를 위하여 기름을 부을지니라**”(삼 상 16:3). 그만큼 하나님은 다윗을 신임하셨습니다. 사무엘을 기름 부음을 받은 다윗은 성령의 감화 감동을 받게 되고, 성령이 충만하 게 함께 하는 사람이 되었습니다.

우리가 성령 충만을 ✝하면서 노래를 하지만 왜 성령 충만이 임하 지 않습니까? 우리가 먼저 하나님 보시기에 합한 사람이 되어야 성 령 충만이 임하게 됩니다. 하나님을 경외했고, 높이고, 하나님을 향 한 믿음이 있고, 용기가 있고, 충실하게 책임 완수를, 목숨을 아끼지 않으며 하는 사람이 되면 하나님께서 성령의 기름을 우리 위에 부어 주심으로 성령의 감동, 충만함이 임하게 되는 것입니다. 다윗이 성령 의 충만함을 임하는 기름을 부음 받은 후에는 하나의 목동이 변화되 어 큰일을 하고, 하나님의 귀히 쓰임을 받는 사람이 되었습니다.

첫째, 귀신이 쫓겨 나가는 신유의 능력이 나타났다. 사울 왕이 악신으로 인하여 심한 괴로움을 당할 때에, 성령 충만함이 임한 소년 다윗이 사울 곁에서 수금을 탈 때에 사울 왕을 괴롭히던 악신이 떠나갔습니다. 오늘날도 성령 충만함이 임한 사람에게는 신유의 은사가 나타나고 마귀, 귀신, 악신이 떠나가는 것을 우리도 체험하는 일입니다. 귀신 들린 병자들은 성령 충만한 사람이 있을 때에는 얌전히 고분고분하다가 그 사람이 떠나가면 발작을 또 하는 것을 봅니다. 성령이 충만 할 때에 안수를 하여 병마를 쫓으면 쫓겨 나가지만, 성령이 충만치 못할 때에는 오히려 멸시 조롱을 당합니다.

다윗도 성령의 기름을 부음 받고 사울의 악신을 수금으로 쫓아내었듯 우리도 성령의 충만한 기름 부음을 받은 때에는 신유의 역사가 나타나는 것입니다.

둘째, 골리앗을 때려잡은 담력이 생겼다. 하나님의 명예를 위하여 목숨을 걸고 나섰습니다. 신앙의 힘이 생깁니다. 다윗이 성령의 감동이 되자 싸움의 대상이 상대조차 하지 않을 정도의 어린 소년이 하나님의 명예를 위하여 "다윗이 블레셋 사람에게 이르되 너는 칼과 창과 단창으로 내게 오거니와 나는 만군의 여호와의 이름 곧 네가 모욕하는 이스라엘 군대의 하나님의 이름으로 네게 가노라 오늘 여호와께서 너를 내 손에 붙이시리니 내가 너를 쳐서 네 머리를 베고 블레셋 군대의 시체로 오늘날 공중의 새와 땅의 들짐승에게 주어 온 땅으로 이스라엘에 하나님이 계신 줄 알게 하겠고 또 여호와의 구원하심이 칼과 창에 있지 아니함을 이 무리로 알게 하리라 전쟁은 여호와께 속한 것인즉 그가 너희를 우리 손에 붙이시리라”
하면서 골리앗에게 달려나갈 때에 하나님은 다윗과 함께 동행하시
며 다윗을 통하여 골리앗을 죽였습니다.

오늘도 성령이 충만한 사람은 하나님의 명예를 위하여 자기 생
명을 아끼지 않고, 헌신, 봉사, 선교, 전도, 충성으로 달려 나아갑니
다. 사람의 생각으로 되지 않을 일을 하나님께서 이런 사람이게 함
께 하여 승리를 얻게 하시어 하나님의 명예가 빛나게 하는 것입니
다. 하나님은 이런 믿음과 용기가 있는 사람을 도우시며 빛나게 하
여 주어 골리앗을 이기게 하십니다. 사도 시대에도 겁쟁이 였던 베
드로도 성령 충만을 받은 후에는 그리스도의 복음을 담대히 생명을
걸고 증거 하였고 스데반이나 다른 신앙인들도 생명을 바쳐 복음을
증거한 것을 보게 됩니다.

주의 일을 담대하게 능력 있게 증거 하기 위하여서는 성령 충만
을 받고, 하나님의 명예를 위하여 용기 있게 나아 갈 때에 하나님께
는 영광이요 우리에게는 기쁨이 되는 기적이 나타나는 것입니다.
수의 일을 능력 있게 행하고 승리하려면 성령 충만을 받고, 담대하
게 나아 갈 때에 성령 충만함의 역사로 기적적인 승리를 받게 되는
것입니다.

셋째, 공부하지 못한 다윗이 대 종교 시인이 되었다. 성령 충만함
을 받을 때에 지혜로운 사람이 됩니다. 다윗은 학교를 한 번도 다녀
본 일이 없고, 들에서 목동으로 양이나 먹이던 사람입니다. 국문학
이나 시문학을 공부한 일이 없습니다.

그러나 다윗이 성령 충만한 가운데 영혼의 진액을 쏟아 부어 가면서 부르짖은 다윗의 기도는 뒤에 시편이 되어 주옥과 같은 시가 되어 후대의 많은 사람의 심령을 새롭게 할뿐만 아니라, 최고의 시로 남았습니다. 시를 쓰는 사람은 반드시 시편을 읽고 그 시를 배운 후에야 시를 쓰게 됩니다. 베드로도, 예수님도 학교에 한 번도 안 다닌 사람이지만, 그 놀라운 지혜가 어디에서 왔겠습니까? 성령께서 사람을 사로잡아 찬송을 부르게 하고, 성경을 쓰게 하고 기도를 하게하고, 시를 쓰게 한 것입니다.

송명희란 처녀도 불구자로 학교에 한 번도 안간 뇌성마비 환자, 불구자가 주옥같은 시집을 5권이나 출판하였습니다. 무디도 역시 구둣가게 종업원인 평범한 무식한 사람이지만 성령이 충만하니 100만 명을 구원하는 놀라운 능력의 사람이 되었습니다. 성령께서 충만하게 역사 할 때에 세상의 모든 학문을 초월하는 지혜로움이 임합니다.

넷째, 하나님의 기름부음을 받는 자를 귀히 여겼다. 다윗은 하나님께서 기름 부어 세운 사울 왕을 자신이 마음대로 죽이지 않았습니다. 삼상26장 9-12절에 보면 "다윗이 아비새에게 이르되 죽이지 말라 누구든지 손을 들어 여호와의 기름 부음 받은 자를 치면 죄가 없겠느냐 하고 다윗이 또 이르되 여호와께서 살아 계심을 두고 맹세하노니 여호와께서 그를 치시리니 혹은 죽을 날이 이르거나 또는 전장에 나가서 망하리라. 내가 손을 들어 여호와의 기름 부음 받은 자를 치는 것을 여호와께서 금하시나니 너는 그의 머리 곁에 있는 창과 물병만 가지고 가자 하고 다윗이 사울의 머리 곁에서 창과 물병을 가지고 떠나가되 아무도 보거나 눈치 채지 못하고 깨어 있는 사람도 없었으니 이는 여호와께서 그들을 깊이 잠들게 하셨으므로 그들이 다 잠들어 있었기 때문이었더라"

다윗은 말씀의 사람이었습니다. 여호와의 규례를 항상 따라 사는 사람이었습니다. 그 길은 복의 길입니다. 주님은 그의 의를 따라 상을 베푸십니다. 그 의는 다윗의 것이 아니라 그가 "여호와의 도"를 지키고, 절대 의이신 "하나님을 떠나지 아니하였으며", 여호와의 "규례"를 자기 앞에 두고, 죄악에서 자신을 지킨 결과였습니다. 하나님의 말씀에 순종한 삶이 그로 하나님 앞에서 옳은 모습이 되게 한 것입니다. 하나님은 이런 다윗을 주목하셨고, 다윗의 손이 깨끗한 대로 그에게 신실함을 나타내셨습니다. 자비, 완전함, 깨끗함과 같은 주의 길을 따라 사는 사람에게 주님은 그분의 성품에 부합한 복을 주십니다.

우리는 하나님과 동행할 때 은혜를 누립니다. 하나님은 다윗의 등불이 계속해서 타오를 수 있게 해주셨습니다. 그러기에 그는 흑암 속에서도 계속해서 등불을 비출 수가 있었습니다. "주의 말씀은 내 발의 등이요 내 길에 빛"(시 119:105)입니다. 하나님이 우리의 등불입니다. 우리는 그 등불을 힘입어 어두운 세상에 빛을 비춥니다. 등불이 있어야 세상을 이길 수 있습니다.

하나님의 등불은 생명입니다. 주님께서 다윗의 생명을 보호하셨습니다. 하나님의 도에 행하게 되면 항상 빛을 발합니다. 다윗은 하나님의 완전하신 도(道)와 티 없는 말씀을 따라 행했습니다. 하나님은 말씀 밖에서 자신을 계시하신 일이 없기에 그분의 말씀을 벗어나서는 그분을 의지할 길이 없습니다. 하나님은 그분께 피하는 다윗을 위해 친히 방패가 되셔서 그를 완전하게 보호하셨고, 다윗은 이 보호 안에서 힘을 얻어 완전한 길을 걸을 수 있었습니다.

다섯째, 하나님의 의중에 순종했다. "폐하시고 다윗을 왕으로 세우시고 증거하여 가라사대 내가 이새의 아들 다윗을 만나니 내 마음에 합한 사람이라 내 뜻을 다 이루게 하리라 하시더니"(행13:22). 이 말씀은 바울이 제 1차 전도여행을 하기 위하여 수리아 안디옥을 떠나 살라미, 바보, 버가를 거쳐 비시디아 안디옥에 이르러 그곳에서 안식일을 맞이했을 때 회당에서 한 설교 내용의 일부분입니다.

바울은 이스라엘 역사에 대한 이야기로 설교를 시작하였는데, 하나님께서 조상들을 가려 뽑으시고 그들을 애굽에서 구원하여 가나안으로 들어가게 하시고 약 450년 동안이나 사사를 세워 다스리게 하여 선지자 사무엘 때까지 이르렀으나 백성들이 왕을 세워 주실 것을 요구함으로 하나님께서는 베냐민 지파 사람 기스의 아들 사울을 왕으로 세우셔서 40년 동안을 다스리게 하셨으나 그를 왕 위에서 폐하시고 다윗을 왕으로 세우셨는데, 하나님께서는 그를 "내가 이새의 아들 다윗을 만나니 내 마음에 합한 사람이라 내 뜻을 다 이루게 하리라"고 말씀하셨다는 내용입니다.

다윗은 하나님의 마음에 합한 왕이었습니다. 하나님의 마음에 꼭 드는 왕, 하나님의 마음에 꼭 맞는 왕이었다는 말입니다. 한 평생 하나님만 의지했던 순결하고 영감이 넘치는 신앙인이었던 사람이 바로 다윗 왕이었습니다. 사무엘이 이새의 아들들 중에서 막내인 다윗을 보았을 때를 성경은 이렇게 표현합니다. "그의 빛이 붉고 눈이 빼어나고 얼굴이 아름답더라"(삼상 17:12) 그리고 사무엘이 다윗에게 기름을 부은 그날 이후로 "다윗이 여호와의 신에 크게 감동되니라"고 말씀합니다(삼상 17:13).

다윗의 용모가 준수하고 아담하였던 것은 단지 얼굴이 잘 생기고 신체가 건장한 데 있지 않았습니다. 하나님께서 다윗을 사로잡고 그와 함께 한 데 있었습니다. 그런 다윗의 신앙은 하나님만을 온전히 의지하는 순결로 나타났으며, 또한 하나님의 뜻을 잘 이해하여서 받들어 사는 선지자적인 삶으로 나타났습니다. 이는 다윗이 하나님을 한마음으로 모시고 살며 주께서 자신 가까이에 계신 것을 한없이 기뻐하고 즐거워한 것에서, 그리고 다윗의 자손 중에서 메시야가 나서 다윗의 왕위에 앉을 것이라고 하신 하나님의 변치 않는 약속을 알고 있으면서 장차 오실 메시야를 바라보면서 그의 부활을 예언한 데서 잘 알 수 있습니다(행 2:25-28).

결론적으로 다윗은 하나의 목동이었습니다. 사무엘의 안수와 기름부음을 받고 완전하게 달라진 것입니다. 믿음과 용기로 책임감을 갖고 하나님의 명예를 위하여 살아갈 때에 하나님의 마음에 합한 자가 되어 이스라엘의 왕이 되고 하나님의 뜻을 그를 통하여 이루고 나타나게 하셨습니다. 우리는 하나님의 마음에 합하여 질 때에 성령이 임하고, 하나님의 능력이 나타나는 사람이 되어 지혜와 승리가 항상 우리에게 임하고 있음을 알아야 합니다.

22장 하나님의 천사의 안수사역

(왕상 19:4-7)"자기 자신은 광야로 들어가 하룻길쯤 가서 한 로뎀 나무 아래에 앉아서 자기가 죽기를 원하여 이르되 여호와여 넉넉하오니 지금 내 생명을 거두시옵소서 나는 내 조상들보다 낫지 못하니이다 하고 로뎀 나무 아래에 누워 자더니 천사가 그를 어루만지며 그에게 이르되 일어나서 먹으라 하는지라. 본즉 머리맡에 숯불에 구운 떡과 한 병 물이 있더라 이에 먹고 마시고 다시 누웠더니 이에 일어나 먹고 마시고 그 음식물의 힘을 의지하여 사십 주 사십 야를 가서 하나님의 산 호렙에 이르니라"

안수기도는 탈진에 빠진 사람에게 기력을 회복하게 합니다. 오늘 본문에 보면 엘리야가 탈진에 빠져서 죽기를 구하고 있는 장면입니다. 그런데 하나님께서 천사를 보내어 탈진을 극복하게 합니다. 성경은 이렇게 말하고 있습니다. "로뎀 나무 아래에 누워 자더니 **천사가 그를 어루만지며** 그에게 이르되 일어나서 먹으라 하는지라 (6) 본즉 머리맡에 숯불에 구운 떡과 한 병 물이 있더라. 이에 먹고 마시고 다시 누웠더니 (7) 여호와의 **천사가 또 다시 와서 어루만지며** 이르되 일어나 먹으라. 네가 갈 길을 다 가지 못할까 하노라 하는지라 (8) 이에 일어나 먹고 마시고 그 음식물의 힘을 의지하여 사십 주 사십 야를 가서 하나님의 산 호렙에 이르니라"(왕상 19:5-8). 이와같이 어루만짐 안수기도는 탈진을 극복하는 적극적인 수단이 됩니다.

엘리야는 바알의 제사상 450인과 아세라 선지자 400인과 갈멜산 정상에서 영적대결을 청하여 여호와만이 하나님이심을 증명해 보이고, 큰 승리를 거두게 되었습니다. 이 승리의 기세로 우상의 심장부였던 이스르엘로 달려가서 바알 종교를 완전히 멸절시키려고 했습니다. 그러나 이세벨의 대적으로 좌절되게 되었을 뿐만 아니라, 자신의 생명도 부지할 수 없게 됩니다. 그는 갈멜산의 대결투에 온 힘과 정신과 영력을 다 기울여서 승리하기만 하면 모든 것을 끝일 줄 알았는데 너무나도 허탈하게 된 것입니다.

엘리야의 마음에 찾아온 것은 실망과 좌절과 낙담이었습니다. 그때에 엘리야에게 영육의 탈진이 찾아왔습니다. 육체적 정신적 피로로 인해서 엘리야는 기진맥진해 더 이상 이세벨과 싸울 힘이 없었습니다. 자신의 사역이 실패했다는 자괴감으로 그는 낙담하여 그곳을 도망치게 됩니다. 그에겐 이 탈진상태에서 벗어나 육체적, 정신적, 영적 재충전이 필요했습니다. 그래서 그는 하나님의 산 호렙으로 도망을 칩니다. 그래서 그는 "여호와여 넉넉하오니 지금 내 생명을 취하옵소서"(왕상19:4)라고 울부짖습니다. 그는 완전히 탈진했습니다. 죽기를 간구할 정도로 극도로 쇠약해져 있었던 것입니다. 그때 하나님의 천사가 찾아왔습니다. "로뎀 나무 아래에 누워 자더니 **천사가 그를 어루만지며** 그에게 이르되 일어나서 먹으라 하는지라"(왕상 19:5). 천사가 어루만졌습니다. 어루 만졌다는 것은 안수했다는 것입니다. 그리고 음식을 먹었습니다. "본즉 머리맡에 숯불에 구운 떡과 한 병 물이 있더라 이에 먹고 마시고 다시 누웠더니"(왕상 19:6). 먹고 마시고 다시 누웠습니다. "이에 일어나 먹고 마시고 그 음식물의 힘을 의지하여 사십 주 사십 야를 가서 하나님의 산 호렙에 이르니라"(왕상 19:8). 천사에게 안수 받고 음식을 먹고 탈진을 회복하였습니다. 영적 탈진은 목회에 있어서 어두운 그림자임에 틀림없습니다. 목회자가 탈진이 찾아왔다면….

첫째로 하나님과 사람과 함께 이제는 "자신"를 돌아봐야 할 시점이 되었다는 것입니다. 갑자기 이기적인 사람이 되라는 말이 아닙니다. 탈진이 밀려오면 그런 증세가 나중에 후유증이 되어 큰 병이라는 부메랑으로 되돌아오기도 합니다. 탈진은 에너지가 바닥이 났음에도 전력질주를 했다는 신호입니다. 차에 기름이 없으면 기름을 채워주어야 하는데 기름도 없이 전력질주를 하면 차는 순간 망가지거나 멈추고 맙니다. 차일피일 미뤄두었던 것들을 처리하지 않으면 안 된다는 신호가 탈진입니다. 탈진을 부정적으로 보면 안 됩니다. 프랑스의 대체의학자이며 심리치료사인 기 코르노는 마음의 치유에서 그런 말을 하였습니다. 모든 병은 몸이 급사(急死)하지 않도록 몸이 만들어낸 대체물이라는 것입니다. 고로 모든 병은 메시지입니다. 그래서 병이 하는 말을 들으면, 살아나지만 병이 하는 말에 귀 기울이지 못하면 그는 죽고 만다는 것입니다. 그러니 병에게 감사하라는 역설적인 말을 하였습니다. 즉 탈진에 지쳐하지 말고 탈진에 감사해야 합니다. 하나님께서 탈진한 당신의 종들에게 뭔가 새롭게 말씀하실 것이 있다는 메시지가 바로 탈진이기 때문입니다. 영적으로 한 단계 업그레이드가 되는 계기가 된다는 것입니다. 카리스마적인 권능을 갖게 되는 계기가 됩니다.

둘째로 자신의 내면세계를 성령으로 정리하라는 신호입니다. 탈진이 찾아오는 것은 자신의 내면세계가 부실하다는 영육의 신호입니다. 탈진의 주범은 스트레스입니다. 스트레스가 쌓였다는 것은 잠재의식에 상처와 영적인 문제와 이성적인 문제가 복합적으로 뒤엉켜서 영육이 자기 기능을 하지 못하게 방해한다는 것입니다. 이들로 인하여 스트레스를 더 많이 받게 되는 것입니다. 이것을 성령으로 정리하라고 탈진이 찾아오는 것입니다. 반드시 영에서 성령의 역사가 일어나야 잠재의식이 정화되는 것입니다. 자신의 노력이나 능력으로 잠재의식을 정화할 수가 없습니다. 전문적으로 성령 치유하는 곳에 가셔서 성령으로 세례를 받으면서 생명의 말씀과 성령의 역사로 치유를 받으면 빠른 시간 내에 정상으로 회복이 되는 것이 보통입니다. 빠른 시간 내에 내면세계를 정화하지 않고 시간을 끌면 만성스트레스에 걸리게 됩니다. 만성스트레스에 걸리면 회복하는데 시간이 많이 걸리고 정도에 따라서 회복을 하지 못할 수도 있습니다. 우리 크리스천들은 마음 안에 성전의식을 가지고 내면관리에 관심을 갖아야 합니다. 탈진에 빠졌다가 생명의 말씀과 성령으로 내면이 강화되면 카리스마적인 권능이 강하게 나타납니다. 그렇기 때문에 탈진은 나쁜 것만은 아닙니다.

셋째로 육신에 건강검진이 필요하듯 전인적인 건강검진이 필요한 때가 되었음을 자각해야 합니다. 우리나라 사람들은 모이면 먹습니다. 모임의 장소가 먹는 곳입니다. 이 때 음식을 아무것이나 먹지 말라는 것입니다. 반드시 음식을 조절해야 합니다. 아무 음식이나 먹으면 안 됩니다. 당뇨나 지나친 복부비만은 적신호입니다. 필자는 먹는 것을 철저하게 절재합니다. 그리고 미뤄두었던 운동도 하나님의 일이라는 확신을 갖고 임해야 합니다. 얼마 전 타계하신 클레어몬트 신학대학의 목회상담학 교수인 하워드 클라인벨은 평소 운동을 하는 것은 몸에 선물을 주는 행위라고 말하였습니다. 몸에 그간 못 준 선물을 주어야 할 때가 온 것입니다.

넷째로 세미한 음성을 들어야 합니다. 즉 재 소명에 대한 부르심입니다. 흔히 말하는 첫사랑의 회복입니다. 주님이 나를 불러주신 그 부르심을 기억하며 지금 있는 현장에서 다시 한 번 재 소명(Re-Calling)을 받을 필요가 있습니다. 가능하다면 첫 부르심을 받았던 기도원이나 교회에 가서 성령으로 충만한 가운데 깊은 영의기도를 해보는 것도 은혜를 회복하는데 중요한 계기가 될 수 있을 것이라고 봅니다. 엘리야가 동굴에서 세미한 음성을 듣고 살아나고 소명을 회복했듯 각자의 "영적 동굴"로 들어가서 기다리며 성령으로 기도하는 마음자세가 필요하다고 봅니다.

성경의 엘리야는 모세와 함께 구약의 양대 기둥이고 예수님이 변화산에서 불러내기도 하셨지만, 극한 탈진 속에 삶의 의미를 상실했습니다. 왕상 17,18장에 엘리야는 하나님께 기도해 국가에 비가 오지 않게도, 오게도 했고, 또 영적대결을 청하여 기도로 하늘에 불이 떨어져 이방 선지자들을 다 죽이고 영적 승리로 큰 역사를 이루고는 19장에서 갑자기 영적 난조에 빠집니다.

첫째, 엘리야의 탈진 원인. 왜 엘리야가 이렇게 나약한 존재가 되고 말았을까요? 본문에 그 이유를 추정할 수 있는 단서가 나타납니다. 본문 10절입니다. "저가 대답하되 내가 만군의 하나님 여호와를 위하여 열심히 특심하오니 이는 이스라엘 자손이 주의 언약을 버리고 주의 제단을 헐며 칼로 주의 선지자들을 죽였음이오며 오직 나만 남았거늘 저희가 내 생명을 취하려 하나이다." 자신이 하나님의 일을 열심히 했지만, 이제 "자신 혼자 밖에 남지 않았다."라는 한

탄을 하고 있는 것입니다. 말로 할 수 없는 고독감이 그를 찾아왔고, 그는 '자신 밖에 없다.'라는 두려움에 빠진 것입니다. 우리도 비슷한 경우에 빠집니다. 열심히 살아갑니다. 항상 최선을 다하고, 자신에게 주어진 일을 잘 감당합니다. 그런데 어떤 계기에 '자신 밖에 없다.' 라는 생각에 빠지면 주저앉게 됩니다. '나 혼자 아무리 열심히 해도 소용이 없다.' 라는 생각에 빠지면 모든 의욕을 잃어버리고 맙니다. '혼자만 남았다.'라는 고독감은 그렇게 힘든 것입니다.

또한 엘리야는 육체적으로 탈진했을 것입니다. 그동안 열심을 가지고 하나님의 일을 했습니다. 우리가 같이 읽은 10절에도 "여호와를 위해 열심히 특심하오니" 라는 단어가 이를 증명합니다. 그러다가 그는 지친 것입니다. 그것을 탈진, 영어로 Burn out 이라고 합니다. "열심으로 살다가 다 타버리고 재만 남았다." 라는 뜻으로 그렇게 말하는 것입니다. 엘리야는 지금 사방에 적이고 자기를 도와줄 사람이 없다는 생각에 그만 우울증에다가 탈진이 찾아온 것입니다. 혼자라고 할 때 두려움은 배가합니다. 그렇기 때문에 하나님께서 항상 함께하신다고 알려주시는 것입니다. 필자도 탈진에 빠졌을 내 깊은 기도 가운데 하나님께서 함께하고 계시다는 음성을 들은 다음부터 탈진이 서서히 해소가 되었습니다.

둘째, 엘리야의 탈진 회복. 하나님께서 탈진에 빠진 엘리야를 회복시키시는 5가지 과정이 있으셨습니다.

1. 잠을 자며 쉬어야 합니다. 본문 5절에 "로뎀나무 아래 누워 자더니"가 나옵니다. 엘리야가 마음으로 기도하다가 잠을 자는 것입니다. 절대로 잠만 자는 것이 아닙니다. 마음으로 기도하며 영육이

쉼을 갖는 것입니다. 사람은 낮에 활동 할 때 혈압이 올라가고 몸의 균형이 깨지는데 8시간 이상 잠을 자므로 자율신경이 균형을 잡아 건강해 집니다. 또한 잠을 충분히 자야 면역 기능이 향상되어 병균을 이길 힘도 생기고 스트레스(Stress)도 날려 버립니다.

2. 먹는 것입니다. 본문 5절에 "천사가 어루만지며 이르되 일어나서 먹으라 하는지라"가 나오고 호렙에 이르러 두 번 먹었다는 기록이 나옵니다. 사람은 영적 존재이고 육체의 존재여서 몸과 영혼은 떨어 질 수 없습니다. 크리스천은 영-혼-육이 균형이 잡혀야 합니다. 한쪽으로 치우치면 문제가 발생합니다. 전인격을 성령께서 지배해야 합니다. 우리는 세상 것으로 만족하지 말고 하나님께서 주시는 것을 먹어야 합니다. 엘리야는 하나님께서 주시는 것을 먹었습니다. 예수님은 낙심한 제자들에게 갈릴리 바닷가에서 구운 생선과 떡을 먹이셨고, 엠마오에서 십자가 죽음을 보고 낙심한 제자들에게 떡을 떼시며 위로해 주셨습니다.

3. 안수 어루만짐 입니다. 본문 5절 중반에 "천사가 어루만지며", 7절에 "여호와의 사자가 또다시 와서 어루만지며"가 나옵니다. 주님께서 안수를 통하여 잠재의식의 스트레스를 처리하고 소진한 영적능력을 충전한 것입니다. 엘리야가 로뎀나무 아래서 잠 잘 때 하나님의 사자가 그를 어루만졌습니다. 이는 안수로 영적충전과 스트레스를 정화했다는 말입니다. 힘들고 아파하는 사람은 말보다 안수하여 영적충전과 스트레스를 정화하면 새 힘을 얻게 됩니다. 동물들 뿐 아니라 사람들도 어루만짐(skin ship)을 통해 영적충전과 스트레스 해소와 위로를 느낍니다.

4. 부드러운 말씀의 위로입니다. 탈진을 극복하는 최고의 치료제입니다. 본문 9절 "엘리야가 그 곳 굴에 들어가 거기서 유하더니 여호와의 말씀이 저에게 임하여 이르시되 엘리야야 네가 어찌하여 여기 있느냐", 13절에 보면 "엘리야야 네가 어찌하여 여기 있느냐"라고 하시면서 하나님이 부드러운 터치로 엘리야에게 위로해 주시는 내용이 나옵니다. 하나님은 우리를 몽둥이로 때리시고, 쫓아다니며 심판하시고 골탕 먹이시는 분이 아니라 인자와 자비로 우리를 이끄시는 분이십니다. 필자도 하나님의 음성을 듣고 탈진이 해소되기 시작을 했습니다.

5. 두 번째 기회를 주시는 소명(Calling)입니다. 하나님께서 함께 하심을 알려주십니다. 혼자가 아니라는 것을 확인 시키십니다. 하나님은 굴에 숨어 있는 엘리야에게 "너는 돌이켜 하사엘과 예후에게 가라! 엘리사에게 기름을 부어 일하게 하라!"고 명령하십니다. 우리는 하나님의 일을 하다가 그만두고 싶은 마음이 있고 탈진이 되어 다 놓고 싶어집니다. 그럼에도 하나님은 우리에게 돌이 킬 수 있는 두 번째 기회를 주십니다.

셋째, 하나님의 소명을 받는다. 호렙산(시내 산)은 모세가 하나님을 만난 장소이고, 하나님의 계명을 받은 곳이고, 이스라엘의 선조들이 하나님의 임재 앞에서 하나님을 성실하게 섬기겠다고 언약을 체결했던 거룩한 곳입니다. 즉 호렙 산은 하나님이 이스라엘 백성에게 자신을 처음으로 드러내 보이셨던 곳입니다. 하나님은 호렙산의 동굴에 있던 엘리야에게 말씀하십니다. "엘리야야 네가 어찌하여 여기 있느냐(왕상 19:9)"

이 질문에서 핵심은 '여기'라는 부분입니다. 하나님은 엘리야에게 허락하신 사명지인 이스라엘을 떠나 도망하여 여기 호렙 산에 있는 이유를 질문함으로 엘리야에게 자신의 현주소를 다시 생각해 보고 자기의 사명을 다시 붙잡게 하려고 한 것으로 보입니다. 탈진한 예언자는 하나님께 자기중심적인 불평을 터뜨리며 오직 사태의 어두운 면만을 주시하고 있습니다. "오직 나만 남았거늘 그들이 내 생명을 찾아 빼앗으려 하나이다(왕상 19:10)"

엘리야의 탄식에는 하나님에 대한 무언(無言)의 비난이 서려 있습니다. 그러나 하나님은 엘리야를 불러 당신 앞에 세웁니다. "너는 나가서 여호와 앞에서 산에 서라(왕상 19:11a)" 하나님은 탈진하여 고장 난 당신의 종 엘리야를 재소환하십니다. 하나님은 엘리야를 '리콜'(recall)하십니다. 고장 난 자동차만 리콜 대상이 아니라, 탈진한 인간도 리콜 대상이 됩니다. 영적 탈진에 빠진 사람들이 보통의 말로 혹은 지금까지의 방식으로 설득되어 그들의 암울한 영적인 동굴 밖으로 걸어 나오는 일은 거의 없습니다. 하나님은 지금까지 엘리야의 사역을 이끌었던 전통적인 방식인 바람과 지진과 불이 아니라(참고 출 19:16~18), 새로운 방식인 '세미한 소리(음성)'를 통하여 그를 다시 세웁니다(왕상 19:11b~12). 영력을 충전하니 소명을 다시주십니다.

그리고 하나님은 엘리야에게 새로운 임무를 맡기십니다. 다메섹의 하사엘에게 기름을 부어 아람 왕이 되게 하고, 예후 장군에게 기름을 부어 이스라엘의 왕으로 세우고, 엘리사에게 기름을 부어 엘리야의 후계자로 삼으라는 것입니다(왕상 19:15~16). 하나님은 우상 숭배자들에게 내릴 심판을 세 가지 방식으로, 곧 이스라엘의 대적(하사엘)과

장래의 통치자(예후)와 장래의 예언자(엘리사)를 통해 집행하려고 하십니다. 엘리야의 새로운 사역은 이전 사역보다 보다 확대됩니다. 사역 영역이 국제적으로 확장되고, 국가의 최고 지도자를 교체하고, 후임자를 세움으로 엘리야 자신의 사역이 유종의 미를 거두도록 해야 합니다. 그리고 하나님은 영적 탈진으로 좁아진 엘리야의 시야를 교정하여 바알에게 무릎 꿇지 아니한 칠천 인의 동역자를 보게 합니다(왕상 19:18). 그의 제2기 사역은 더 이상 외롭지 않을 것입니다.

이어지는 열왕기상 19:19~21은 엘리야가 이스라엘로 되돌아가 엘리사를 만나 그를 후계자로 부르는 사건과 엘리사의 순종을 보여 줍니다. 엘리야는 하나님의 명령이 자기에게 구체적으로 전해지자 호렙 산에서의 쉼과 재충전의 시간을 청산하고 거기서 떠나 자기가 임해야 할 사역지로 주저하지 않고 나아갑니다. 처음 왔던 길로 되돌아가는 엘리야의 장도는 그가 그에게 새롭게 부여된 사명을 받아들였음을 통지하고, 그의 개인적 위기가 끝났음을 알려 줍니다.

넷째, 탈진을 치유하시는 하나님. 하나님은 음성을 통하여 새로운 사명을 고취시킴으로써 엘리야의 영적 탈진을 치유하십니다. 엘리야의 불평을 압도하는 새로운 사명 의식의 고취가 그의 입을 막게 됩니다. 엘리야의 사역 포기와 생명 포기는 하나님의 직접적인 재위임에 의해서 극복됩니다. 하나님이 그에게 새로운 사명을 주셨을 때 의심은 끝나고 걱정은 사라집니다. 하나님은 탈진한 엘리야를 '리콜'(recall)하셔서 '리콜링'(recalling, 재소명, 제2의 소명)하심으로 그를 치유하시고 새롭게 사용하십니다. 사역 속에서 경험하게 되는 탈진과 우울증과 좌절감으로 말미암아 자기 의와 자기 연민에 빠져 영적 탈진에서 헤매는 사람이 치료받을 수 있는 최상의 방법은 새로운 사명을 발견하여 매진하는 것입니다. 하나님의 음성을 듣는 것입니다. 인간은 밥만 먹고 사는 게 아니라 의미를 먹고 삽니다. 인간은 의미 없음을 견딜 수 없습니다. 인간을 살게 하는 힘은 '의미에의 의지'입니다. '왜 사는지를 아는 사람은 어떻게든 살 수 있습니다.' 엘리야는 이때 왜 살아야 하는지를 재발견한 것입니다.

다섯째, 새로운 삶을 사는 엘리야. 엘리야의 제2기 사역에는 동역자가 바뀝니다. 지금까지의 사환과는 결별하고 후임자가 될 엘리사와 함께 동역합니다. 그의 새로운 사역은 전통적인 하나님의 현현 양식인 바람과 지진과 불이 아닌 새로운 방식인 세미한 음성으로 시작됩니다. 영적 탈진은 지금까지의 삶의 방식을 떨어내는 진통의 과정이기도 합니다. 진통의 과정이 끝나면 새롭게 탄생하여 새로운 일을 감당할 수 있게 됩니다. 그리고 사역의 범위가 더 확대됩니다. 탈진을 극복하니 하나님의 카리스마적인 권능을 가진 사역자가 됩니다. 엘리야에게 음성을 들려주심으로 엘리야가 하나님께서 함께 하신다는 믿음으로 담대함을 갖게 하십니다. 하나님께서 동행하시니 자신에게 카리스마적인 권능이 있다는 것을 확인합니다. 엘리야 시대뿐만 아니라, 현대에도 사람들은 때때로 탈진과 우울증 그리고 극한 고독감과 좌절감을 경험하게 됩니다. 그런데 이때 영적으로 회복시키시고 재기할 수 있게 해 주시는 하나님으로부터 두 번째 소명을 발견하면 삶에 대한 새로운 의지와 희망을 얻을 수 있게 됩니다. 탈진은 영적으로 한 단계 업그레이드 하는 계기가 되는 것입니다.

23장 죄인에 대한 사죄의 안수사역

(레 4:27-31)"만일 평민의 한 사람이 여호와의 계명 중 하나라도 부지중에 범하여 허물이 있었는데 (28) 그가 범한 죄를 누가 그에게 깨우쳐 주면 그는 흠 없는 암염소를 끌고 와서 그 범한 죄로 말미암아 그것을 예물로 삼아 (29) 그 속죄제물의 머리에 안수하고 그 제물을 번제물을 잡는 곳에서 잡을 것이요 (30) 제사장은 손가락으로 그 피를 찍어 번제단 뿔들에 바르고 그 피 전부를 제단 밑에 쏟고 (31) 그 모든 기름을 화목제물의 기름을 떼어낸 것 같이 떼어내 제단 위에서 불살라 여호와께 향기롭게 할지니 제사장이 그를 위하여 속죄한즉 그가 사함을 받으리라"

레위기 4장 27절 이하에 보면, 범죄한 사람은 흠 없는 암염소나 어린 양 같은 대속물(代贖物)을 성막에 있는 제사장 앞으로 끌고 와서 그 속죄 제물의 머리에 안수(按手)를 합니다. 이 대속물은, 사람이 지은 죄 때문에 그 죄값으로 사람 대신 죽임을 당하는 생축(生畜)으로, 앞으로 온 인류의 죄를 사하기 위하여 세상에 오실 예수 그리스도에 대한 예표(豫表)입니다. 이 흠 없는 속죄제물이 인간의 흠과 점을 담당하고 죽음으로써 인간의 죄값이 지불되고, 죄를 범한 사람이 죄 사함을 받아 의롭게 되는 것입니다. 이 양이나 염소는 죄인이 하나님 앞에 나아갈 때 의지하는 제물입니다. 그런데 하나님의 이름을 훼방하고 저주한 사람을 돌로 쳐서 죽일 때에 하나님의 이름을 훼방하는 말을 들은 자들이 그의 머리에 안수하였습니다(레

24:14). "그 저주한 사람을 진영 밖으로 끌어내어 그것을 들은 모든 사람이 그들의 손을 그의 머리에 얹게 하고 온 회중이 돌로 그를 칠지니라"(레 24:14).

"그(그리스도)는 우리를 위하여 자신을 버리사 향기로운 제물과 생축으로 하나님께 드리셨느니라."(에베소서 5:2). 여기서 굉장히 중요한 절차가 하나 있습니다. 그것은 대속물의 머리에 '안수(按手)'하는 일입니다. 안수란 대속물의 머리에 손을 얹는 의식을 가리키는데, '넘어가다, 담당하다, 하나가 되다'는 의미입니다. 우리가 환자에게 안수 기도를 합니다. 안수를 할 때 안수하는 사람 안에 있는 하나님의 능력이 환자에게 넘어갑니다. 내가 너와 하나가 되고, 내 능력은 네게로 건너가며, 네 병은 내 것이 되는 것입니다.

"아론은 두 손으로 산 염소의 머리에 안수하여 그 죄를 염소의 머리에 두어"(레위기 16:21). 이것은 하나님께서 우리에게 세우신 '약속'입니다. 그렇기 때문에 안수하면 안수를 통해 죄가 대속물의 머리로 건너가고, 대속물에게 옮겨지는 것입니다.

"그 죄를 염소의 머리에 두어…"(레위기 16:21). 죄는 눈으로 볼 수 있거나 우리 육체로 느낄 수 있는 것이 아닙니다. 그렇기 때문에 죄가 넘어가는 것을 우리가 육안으로 보거나 우리 감각으로 느낄 수 없습니다. 그러나 우리가 대속물에게 안수할 때, 양(羊)이 불쌍하든 안 불쌍하든, 죄가 기억이 나든 안 나든, 죄는 분명히 넘어갑니다. 하나님의 약속은 안수하는 사람의 감정이나 기억보다 더 크기 때문입니다. 그 약속은 변할 수 없습니다. 안수하고 난 뒤에 흠 없는 어린 양에게 미안한 마음과 양심의 가책이 생기면, 죄가 양에게 넘어갔습니까, 안 넘어갔습니까? 안수하고 난 뒤에 마음에 양심의 가책이 생기면, 그것은 양심의 가책일 뿐입니다. 죄가 남아 있는 것이 아닙니다. 일단 안수하면 그의 죄는 하나님께서 세우신 약속에 따라 양에게로 분명히 옮겨진 것입니다.

그래서 이 속죄제사는 약속의 제사입니다. 안수하는 사람이 하나님의 약속을 믿는 믿음으로 안수하기 때문에, 이 제사는 또한 믿음의 제사이기도 합니다. 그 안수 속에 하나님의 약속을 믿는 믿음이 동반되고 있습니다. 안수를 하고 나면 속죄제물과 나는 하나가 되어, 내 죄는 속죄제물에게로 넘어가고, 속죄제물의 의(義)는 내 것이 됩니다. 이제 대속물에게 안수를 하고 손을 뗐습니다. 그러면 내 죄는 분명히 대속물에게로 넘어갔고, 나는 죄가 없게 된 것입니다.

이제 흠 없는 어린 양이 평민의 죄를 담당했습니다. 그렇기 때문에 그 어린 양은 '죄의 삯은 사망'이라는 하나님의 말씀에 따라 평민의 죄값을 지불하기 위해 죽임을 당해야 합니다. 실제로 어린 양에게 죄가 넘어갔기 때문에 사망이 실제로 어린 양에게 임하는 것입니다. 그 양을 잡는 사람은 성막 안에 있는 제사장입니다. 시퍼런 단도를 뽑아 양의 목을 찌르면, 양은 선혈을 흘리고 죽어갑니다. 평민은 그 양의 죽음과 피를 볼 때 "죄가 저렇게 무섭구나. 죄인을 향한 하나님의 진노가 저렇게 크시구나. 내가 저렇게 죽어야 하는데, 양이 저렇게 죽는구나. 하나님께서는 내가 저렇게 죽은 것으로 보시는구나. 저 양이 죽어서 내가 사는구나." 하는 마음이 생길 것입니다. 안수를 통해 양이 나와 하나가 되었기 때문에, 그 양의 죽음이 나의 죽음이요, 그 양의 죽음이 나의 생명이 되는 것입니다.

첫째, 문둥병 자에 대한 기름부음. 문둥병이 다 나았을 때 문둥병자는 공동체로 돌아갈 수 있습니다. 이때 행해지는 문둥병자를 위한 정결 예식은 하나의 잔치이며 축제입니다. 당사자 뿐 아니라 공동체적으로 잃어버린 자를 다시 찾은 것에 대한 기쁨이 있기 때문입니다. 문둥병으로부터 회복된 자가 공동체에 들어오기까지의 정결 예식이 주는 의미를 되새겨볼 때 큰 은혜가 됩니다.

첫째로 피 뿌림이 있습니다. 정결 예식은 1차적으로 진 밖에서 이뤄집니다. 새 두 마리로 예식이 행해집니다. 새 한 마리는 죽여서 피를 받아 사용합니다. 이 때 백향목과 홍색실과 우슬초와 함께 가져다가 흐르는 물 위에서 잡은 새 피를 찍어 정결함을 입을 자에게 일곱 번씩 뿌리고 바릅니다. 홍색실은 고난을, 백향목은 성전 건축의 재료로 사용된 나무로 죽은 자와 다를 바 없었던 문둥병자가 깨끗케 되었음을 상징합니다. 다른 한 마리는 잡은 새의 피를 바른 후에 다시 날려 보냅니다. 정결함을 받은 자는 옷을 빨고 모든 털을 밀고 물로 몸을 씻은 후 자기 장막에서 칠일을 거하며 기다리는 것으로 1차 정결 예식의 끝을 맺습니다. 이 예식에서 가장 중요한 것은 피 뿌림입니다. 정결함을 받을 자에게 피를 일곱 번 뿌리고 새에게도 묻혀 날려 보냈습니다. 그의 죄와 문둥병에서 깨끗케 되고 자유함을 얻었음을 상징적으로 보여줍니다. 피 뿌림의 예식을 통해 비로소 정결함을 받은 자는 공동체로 돌아갈 자격을 얻습니다. 문둥병과 같이 심각한 죄로 말미암아 죽을 수밖에 없었던 우리가 영원한 생명을 얻고 하나님을 아바 아버지라 부르고, 상속자가 된 것은 오직 하나, 그리스도의 피가 있었기 때문입니다. 그리스도의 피를 통해서만 구원을 얻게 됩니다.

둘째로 기름 부음이 있습니다. 1차적으로 진 밖에서 예식을 행한 후에 회막문 앞에서도 정결 예식이 행해졌습니다. 1차 정결 예식이 이뤄지고 8일째 되는 날이었습니다. 제사장은 희생제물을 취하여 속건제, 속죄제, 번제, 소제를 드렸습니다. 이때 정결케 하는 제사장은 희생제물의 피와 기름을 취하여 차례대로 정결함을 받을 자의 우편 귓부리와 우편 엄지손가락과 우편 엄지발가락에 바릅니다(14~18, 26~29절). 피는 속죄를 의미하는 것이고, 기름은 위로부터 임하는 성령의 은혜와 능력을 상징합니다. 피로 말미암아 정결케 된 자는 더나가서 하나님이 주시는 기름부음의 능력, 즉, 성령님의 은혜와 능력을 덧입음으로 살아가야 한다는 것을 증거 합니다. 또한 기름부음을 통해서 문둥병자가 그 병으로부터 완전히 나았음을 공개적으로 선포했습니다. 이렇게 해서 하나님 백성의 공동체로 완전히 받아들여지게 되는 것입니다(레14:2-20참조). 문둥병과 같은 죄로 인해 죽을 수밖에 없었던 우리 구원받은 하나님 나라 백성들은 구원받은 것에 만족하지 말아야 합니다. 성령의 기름부음을 받아 신앙이 성장하고 하나님 나라의 온전한 백성으로서의 삶을 살아야 합니다. 이 시대는 그리스도인들이 온전한 삶을 살아가는데 많은 어려움이 있습니다. 때문에 더욱 성령의 역사가 필요합니다. 성령의 역사하심을 간절히 소망하며 살아가길 바랍니다.

둘째, 제사장들을 구별하기 위해 기름을 바름. "너는 아론과 그 아들들에게 기름을 발라 그들을 거룩하게 하고 그들로 내게 제사장

직분을 행하게 하고"(출30:30). "여호와의 관유가 너희에게 있은즉 너희는 회막문에 나가지 말아서 죽음을 면할지니라 그들이 모세의 명대로 하니라"(레10:7). "자기 형제 중 관유로 부음을 받고 위임 되어 예복을 입은 대제사장은 그 머리를 풀지 말며 그 옷을 찢지 말 며 어떤 시체에든지 가까이 말지니 부모로 인하여도 더러워지게 말 며 성소에서 나오지 말며 그 하나님의 성소를 더럽히지 말라 이는 하나님의 위임한 관유가 그 위에 있음이니라 나는 여호와니라"(레 21:10-12). 이 사건은 하나님 앞에서 매우 중요한 사건이었습니다. "모세가 관유를 취하여 장막과 그 안에 있는 모든 것에 발라 거룩하 게 하며, 또 단에 일곱 번 뿌리며, 또 그 단과 그 모든 기구와 물두멍 과 그 받침에 발라 거룩하게 하며, 또 관유로 아론의 머리에 부어 발 라 거룩하게 하며. 모세가 또 아론의 아들들을 데려다가 그들에게 속옷을 입히고 띠를 띠우며 관을 씌웠으니 여호와께서 모세에게 명 하심과 같았더라"(레 8:10-13).

레위기 10장에 나답과 아비후 사건이 나옵니다. "아론의 아들 나 답과 아비후가 각기 향로를 가져다가 여호와의 명하시지 않은 다른 불을 담아 여호와 앞에 분향하였더니 불이 여호와 앞에서 나와 그 들을 삼키매 그들이 여호와 앞에서 죽은지라"(레10:1-2). 나답과 아비후가 하나님 앞에 나아가 제사를 드리는데, 하나님의 방법대로 드리지 아니함으로 불이 하나님께 나와서 그들을 사르는 사건입니 다. 졸지에 그것도 한꺼번에 두 아들을 잃었는데, 하나님은 아론에 게 그 자녀들을 위해서 슬퍼할 기회도 주시지 않고, 심지어 머리도 풀지 못하게 하시고, 성전 문도 떠나지 못하게 하셨는데, 그 이유는 아론에게 거룩한 관유, 즉 기름부음이 있었기 때문이었습니다.

"그들이 나아와 모세의 명대로 그들을 옷 입은 채 진 밖으로 메어 내니 모세가 아론과 그 아들 엘르아살과 이다말에게 이르되 너희는 머리를 풀거나 옷을 찢지 말아서 너희 죽음을 면하고 여호와의 진노가 온 회중에게 미침을 면케 하라 오직 너희 형제 이스라엘 온 족속이 여호와의 치신 불로 인하여 슬퍼할 것이니라 여호와의 관유가 너희에게 있은즉 너희는 회막문에 나가지 말아서 죽음을 면할지니라 그들이 모세의 명대로 하니라"(레10:5-7).

이처럼 기름부음의 사건이 단순한 사건이 아니었습니다. 하나님이 특별히 구별하는 의미였습니다. 그것은 하나님 앞에는 매우 심각하게 받아드려졌고, 매우 심각한 중대한 사건이라는 것을 볼 수 있습니다. 사실 오늘날 성령의 기름부음이 우리에게 함께 하시는데 우리가 이러한 관점에서 보면 매우 심각합니다. 내가 그 부분은 성경적으로 어떻게 받아들여야 할지는 모르겠습니다. 그러나 우리가 이런 구절에서 그러한 내막을 볼 수 있을 거라고 생각합니다.

내가 어떤 분의 책을 봤는데, 그분 같은 경우에는 세계적으로 많이 알려진 예언 사역자입니다. 그런데 그에게 어느 날 예언의 기름부음이 강하게 임하고 있었는데, 어떤 A라는 사람이 그분 앞에서 자꾸 저주하는 말을 하는 것입니다. 그러니까 그분이 참다못해서 A라는 사람에게 저주 비슷한 말을 퍼부어 댔는데, 너무나 놀랍게도 그 저주한 말이 그대로 그 사람에게 일어났습니다. 그런데 문제는 그분이 그 일로 인해서 거의 죽을 뻔했습니다. 몇 달 동안을 침대에서 일어나지도 못하고 죽을 뻔 했는데, 그러면서 하나님께서 그분에게

비춰 주셨던 바는, 기름부음이 함께 할 그 시점에 그분이 그 기름부음을 가지고 범죄 했다는 것입니다. 우리가 그러한 부분을 어떻게 받아 들여야 할지는 잘 모르겠지만, 구약의 제사장들을 구분할 때, 하나님이 기름을 붓게 하셨는데 그 기름부음이 하나님 앞에서 아주 중대하고 소중한 것으로 받아들여지고 있는 것을 볼 수 있습니다.

레위기 21장 10절-12절에 "자기 형제 중 관유로 부음을 받고 위임되어 예복을 입은 대제사장은 그 머리를 풀지 말며 그 옷을 찢지 말며 어떤 시체에든지 가까이 말지니 부모로 인하여도 더러워지게 말며 성소에서 나오지 말며 그 하나님의 성소를 더럽히지 말라 이는 하나님의 위임한 관유가 그 위에 있음이니라 나는 여호와니라" 이렇게 말씀하시므로 그 기름부음이 하나님 앞에서 아주 소중하게 다루어지고 있는 것을 볼 수 있습니다.

셋째, 왕들을 세울 때, 기름부음을 사용함. 사무엘상 10장 1절에 보면 "이에 사무엘이 기름병을 취하여 사울의 머리에 붓고 입 맞추어 가로되 여호와께서 네게 기름을 부으사, 그 기업의 지도자를 삼지 아니하셨느냐" 사무엘이 사울에게 기름을 붓는 것은 아무도 없는 곳에서 둘만의 사건이었습니다. 그때 아무도 보지 않았습니다. 그런데 나중에 사울이 실제로 왕이 되었고, 하나님의 뒷받침이 함께 하셨습니다.

그리고 사무엘이 예언한 대로, 사울이 사무엘을 떠나 갈 때, 그 일들이 그대로 이루어지고, 성령이 놀라울 정도로 임해서 그가 예언할 때, 사람들이 그것을 보고 '기스의 아들 사울도 예언자 중에 한 사람이냐'라고 말할 만큼, 성령이 그에게 강력하게 임했던 것을 볼 수 있습니다(삼상10:2-11). 사무엘상 16장 1절을 보면 사울이 반복해서 하나님 앞에 불순종함으로 하나님이 사울을 버렸다고 하셨는데, 앞에서 말씀드린 대로 24장에 가면 성경은 여전히 그를 하나님의 기름부음 받은 자라고 부르고 있습니다. 하나님의 기름부음이 함께 하셨기 때문에 하나님이 그를 버린 이후에도 성경은 그를 하나님의 기름부음 받은 자라고 표현하고 있습니다. 이만큼 성령의 기름부음이 중대한 의미를 갖는 것을 여기서도 볼 수 있고, 다윗의 경우에도 마찬가지였습니다.

사무엘상 16장 13절에 "사무엘이 기름 뿔을 취하여 그 형제 중에서 그에게 부었더니 이 날 이후로 다윗이 여호와의 신에게 크게 감동되니라" 여기에서 중요한 것을 볼 수 있는데, 기름부음이 성령의 임하심과 깊은 관련이 있는 것을 볼 수 있습니다 "여호와의 영이 다윗 위에 능력으로 임하셨습니다." 라고 표현하고 있습니다. 그래서 기름 붓는 것과 성령이 능력으로 임하시는 것이 밀접하게 연결되어 있는 것을 볼 수 있습니다. 앞에서 보았듯이 사무엘상 10장 6절에 성령이 사울에게 놀랍게 임했고, 9절과 11절에도 역시 비슷한 것을 볼 수 있습니다.

앞으로 살펴보겠지만, 여기 중요한 부분이 있는데, 사무엘상 16장 14절 "여호와의 신이 사울에게서 떠나고" 이 시점에서도 사울은 여전히 왕입니다. 그래서 왕관을 가지고 있습니다. 그러나 기름부음은 떠나 있습니다. 이렇게 기름부음이 떠났는데도 나중에 보면 다시 그에게 성령이 임해서 예언도 했고, 또 성경은 여전히 하나님의 기름부음 받은 자라고 부르고 있습니다.

이것이 어제의 사람입니다. 아직도 실제로 사역을 하고 있고, 영향력의 위치도 여전히 가지고 있고, 타이틀도 많이 가지고 있는데, 하나님의 기름부음은 떠난 것을 말합니다. 반면에 다윗을 보면 사무엘상 16장 13절 이후로 하나님의 성령이 강력하게 그 위에 임하여 계시고, 그 위에 기름부음이 있습니다. 그런데도 아직 왕관은 주어지지 않았습니다. 이것이 우리가 말하는 내일의 사람입니다.

지금부터 한 십 여 년 전 시화에서 목회할 때입니다. 내면의 상처를 치유 받으려고 어느 집회에 내가 참석했습니다. 그때 여러 지역에서 사람들이 많이 왔는데, 그 중에 한 분은 여러 가지 얘기라든가, 되어져가는 일들을 보니까. 참 성령께 민감한 것 같았습니다. 그런데 그분이 저에게 와서 하는 말이 하나님의 기름부음이 엄청 함께 하신다는 것입니다. 그래서 이런 사람을 옆에서 만져야 기름부음이 옮아온다면서 자꾸 만지는 것입니다.

그런데 그 당시만 해도 교인도 별로 없고 교회도 제대로 되지도 않고, 그냥 아등바등하면서 어떻게 하든지 교회를 세워보려고 하는 시점이었기 때문에 속으로 생각하기를 "기름부음이 함께하기는 무슨 기름부음이 함께해, 기름부음이 함께 하면 뭐가 나타나야 될 텐데 아무것도 안 나타나는데, 무슨 능력이 크게 나타나는 것도 아니고, 교회가 성장하는 것도 아니고, 눈에 보이는 가시적인 효과가 나타나는 것도 아니고," 그래서 나의 반응이 별로였습니다. 그런데 그분의 말이 맞았던 것 같습니다. 하나님의 기름부음이 이미 나에게 있었습니다. 그것이 아직 나타나지 않았을 뿐이었습니다.

다윗은 왕으로 기름부음을 받고 실제로 왕이 된 것은 13년 후의 일입니다. 그런데 왕으로 기름부음을 받았는데, 자기 눈에 보기에는 아무것도 보이지 않고 사울에게 죽지 않으려고 10년이 넘도록 도망만 다닙니다. 나타나는 것이 아무 것도 없습니다. 하나님의 기름부음이 함께 하시는데 때로는 적군에게 피해서 미친 것처럼 보일 필요가 있을까요?

"그 날에 다윗이 사울을 두려워하여 일어나 도망하여 가드 왕 아기스에게로 가니, 아기스의 신하들이 아기스에게 말하되 이는 그 땅의 왕 다윗이 아니니이까 무리가 춤추며 이 사람의 일을 노래하여 이르되 사울이 죽인 자는 천천이요 다윗은 만만이로다 하지 아니하였나이까 한지라. 다윗이 이 말을 그의 마음에 두고 가드 왕 아기스를 심히 두려워하여 그들 앞에서 그의 행동을 변하여 미친 체하고 대문짝에 그적거리며 침을 수염에 흘리매, 아기스가 그의 신하에게 이르되 너희도 보거니와 이 사람이 미치광이로다 어찌하여 그를 내게로 데려왔느냐, 내게 미치광이가 부족하여서 너희가 이 자를 데려다가 내 앞에서 미친 짓을 하게 하느냐 이 자가 어찌 내 집에 들어오겠느냐 하니라"(삼상 21:10-15).

그런데 삼상 16:13절에 보면 기름부음은 실제로 그날 이후로 함께 하셨습니다. 그 기간 동안 하나님의 일을 위해서 빚어지고 있었습니다. 즉, 기름부음은 여전히 함께 하는데 아직 왕관이 아직 주어지지 않았을 뿐입니다. 이것이 내일의 사람입니다. 그래서 구약에서도 기름부음과 성령의 임하심이 밀접하게 관련되어 있는 것을 볼 수 있습니다.

5부 신약의 사도들의 안수사역

24장 돈으로 살수 없는 베드로의 안수

(행 8:9-24)"(18-24)시몬이 사도들의 안수로 성령 받는 것을 보고 돈을 드려 (19) 이르되 이 권능을 내게도 주어 누구든지 내가 안수하는 사람은 성령을 받게 하여 주소서 하니 (20) 베드로가 이르되 네가 하나님의 선물을 돈 주고 살줄로 생각하였으니 네 은과 네가 함께 망할지어다 (21) 하나님 앞에서 네 마음이 바르지 못하니 이 도에는 네가 관계도 없고 분깃 될 것도 없느니라 (22) 그러므로 너의 이악함을 회개하고 주께 기도하라 혹 마음에 품은 것을 사하여 주시리라 (23) 내가 보니 너는 악독이 가득하며 불의에 매인 바 되었도다 (24) 시몬이 대답하여 이르되 나를 위하여 주께 기도하여 말한 것이 하나도 내게 임하지 않게 하소서 하니라"

돈을 주고 안수기도를 받아 성령의 권능을 받으려고 시도하는 자체가 불신앙입니다. 성령의 권능은 돈을 주고 살수가 없는 것입니다. 하나님께서 친히 안수하는 사람을 통하여 역사하는 것입니다. 베드로는 이렇게 말합니다. "베드로가 이르되 네가 하나님의 선물을 돈 주고 살줄로 생각하였으니 네 은과 네가 함께 망할지어다(행 8:10)" 하나님께서 베드로를 통하여 역하시기 때문입니다. 하나님께서 믿음의 사람들을 통하여 직접 일하시는 것입니다. 예루살렘

교회에 큰 핍박이 일어남으로 성도들이 흩어졌습니다. 이렇게 하면 교회가 잔멸하여 질줄 알았지만 오히려 흩어진 그 곳에서 복음이 증거 되는 것입니다. 그 지역이 예루살렘에서 유다로 사마리아로 땅 끝으로 증거가 되는 것입니다. 오늘의 말씀은 사마리아에 복음이 증거 되는 이야기입니다.

사도행전 8:6-7절을 보시면 "빌립 집사가 사마리아에서 복음을 전하자 많은 사람에게 붙었던 더러운 귀신들이 크게 소리를 지르며 나가고 또 많은 중풍병자와 앉은뱅이가 낫는 표적이 일어난 것"입니다. 이러한 일로 그 성에 큰 기쁨이 있었습니다. 그리고 많은 사람들이 복음을 믿었습니다.

우리도 이러한 말씀을 보면 어떤 생각이 듭니까? 오늘날도 이러한 표적이 나타나면 사람들이 예수를 많이 믿을 텐데 하는 생각이 들지 않습니까? 그런데 우리에게 이러한 표적이 일어난다고 해서 죄를 회개하고 예수님을 믿는 것이 아니라고 주님께서 이미 말씀하셨습니다. 요나의 표적 외에는 보여주실 표적이 없다고 하신 것입니다.

그리고 누가복음 16장에서 부자와 나사로의 비유에서 부자가 자기 형제들이 지옥에 들어오지 않도록 나사로를 보내주시면 그들이 믿을 것이라고 할 때에 아브라함이 무어라고 합니까? 모세와 선지자들이 있으니 그들에게서 들으라고 합니다. 그러자 부자가 죽었다가 살아난 자가 증거 하면 그들이 회개할 것이라고 하자 모세와 선지자의 말을 듣지 아니하면 죽었다가 살아나는 자가 있을지라도 듣지 아니할 것이라고 합니다.

우리는 이러한 말씀을 들으면서도 그래도 표적이 없는 것보다는 나을 것이라고 합니다. 그래서 요즈음도 이러한 표적과 기적을 말하는 곳이 많습니다. 병 고치는 이야기만이 아니라 예수를 믿었더니 부자가 되었더라, 자식이 좋은 대학에 들어갔다, 행복한 가정이 되었다는 등의 여러 가지 사람들이 좋아할 만한 것들을 제시하고 있습니다. 그러면 아무래도 많이 믿을 것이 아니냐고 생각하는 것입니다. 그런 것이 아니라고 하면 처음에 무엇을 알고 나옵니까? 그러니 처음에는 좋게 말하고서 나중에 복음을 전하면 되지 않습니까? 라고 말하는 것입니다. 그러나 우리가 표적을 보고 주변의 사람들에게서 일어나는 기적을 본다고 해서 예수님을 믿는 것이 아니라는 것을 오늘 시몬이 증거하고 있는 것입니다.

사도행전 8:9-11절입니다. 사마리아에서 마술로 유명한 사람입니다. 자칭 큰 자라고 하였고, 모든 사람들에게서 청종하면서 하나님의 능력이라고, 신의 능력이라고 불린 것이지요! 그러니 단지 눈속임만 하는 마술이 아니라 상당히 신비적인 능력도 나타난 것으로 보입니다. 그래서 사마리아 사람들이 오랫동안 시몬의 마술에 놀라서 시몬을 따랐는데 이제 빌립이 와서 능력을 행하니 상대가 안 되는 것입니다. 그래서 많은 사람들이 빌립을 따랐는데 이 시몬도 빌립을 따른 것입니다.

사도행전8장 13절을 봅니다. 시몬도 믿고, 세례를 받은 후에 전심으로 빌립을 따라 다녔다는 것입니다. 그런데 얼마 후에 사마리아가 복음을 들었다는 소식을 듣고서 베드로와 요한이 현장을 확인하러 온 것입니다. 이들이 와서 성령받기를 기도하니 성령이 임하는 것입니다. 지금까지는 세례만 받았고 성령이 임하지 않았는데 베드로와 요한이 와서 안수하니 성령이 임하시는 것입니다. 이것을 보고서 시몬이 무어라고 합니까?

사도행전8장 18-19절을 봅니다. 돈을 드리면서 자기도 안수하면 성령이 임하는 그런 권능을 달라고 하는 것입니다. 그러자 엄청난 저주를 받습니다. 사도행전8장 20-25절의 내용입니다. 하나님의 선물을 돈을 주고 사려고 하였으니 그 돈과 함께 망하라고 한 것입니다. 너는 악독이 가득하며 불의에 메여 있다는 것입니다. 그러니 회개하고 주께 기도하라고 합니다. 혹시 사하여 주실지 모른다고 합니다. 그러자 시몬이 그런 벌이 임하지 않기를 기도해 달라고 합니다만 그 이상은 아무 말이 없습니다. 이 사람이 회개하였는지 아닌지에 대하여 언급이 없습니다.

그러면 시몬이 그동안 빌립을 따라다니면 믿고 세례를 받고 전심으로 빌립을 따라 다닌 이유가 무엇입니까? 자기가 지금까지 마술 행한 것은 잽도 안 되는 것임을 안 것입니다. 마술해서 돈을 벌고 존경 받는 일이란 것이 만 원짜리 일이라면 성령이 임하여 권능을 행하는 것은 부르는 것이 값이라고 생각한 것입니다. 이것이 바로 시몬의 생각이었습니다. 그래서 영어 단어에 simony 성직매매 죄가 생긴 것입니다.

귀하가 주일날 예배를 드리고 연보를 하였을 것입니다. 그것도 적지 않은 금액입니다. 수입의 10퍼센트라는 것이 적은 금액이 아닙니다. 그것만이 아니라 선교헌금도 하셨고, 감사헌금도 하셨을 것입니다. 또 다음 주는 구제헌금도 하고자 합니다. 그런데 왜 하신 것입니까? 솔직하게 자신에게 질문하여 봅시다. 정말 나 같은 죄인 살려주신 주님의 은혜가 감사하고 나의 모든 것이 전부 주님의 은혜로 된 것임을 인정하면서 전부가 주님의 것입니다. 그러므로 저는 이 돈으로 사는 것이 아니라 주님의 은혜로 사는 것입니다. 모든 것이 주님께로부터 왔으니 주님께로부터 거저 받는 것이기에 이것으로 이웃을 사랑하는 형식으로 내어 놓습니다, 하면서 드린 것입니까?

아니면 헌금해서 복을 받자고 한 것입니까? 십일조 하면 복 받는다고 해서 지금까지 한 푼도 떼어먹지 않고 십일조를 하였습니다. 그리고 온전한 십일조를 하라, 인색하지 않게 하라는 말을 듣고서 조금씩 넉넉하게 하였습니다. 그런데 오랫동안 그렇게 하여도 부자는 안 되는 것입니다. 그러면 그런 목사를 고발을 하던지 해야지 왜 계속해서 하고 있습니까? 미국에서는 실제로 고소하여 손해배상을 받았다는 보도를 보았습니다. 그래도 혹시 손해가 나면 어떻게 하나 그래서 하고 있습니까?

그러나 복음을 듣고 나니 헌금해서 복을 받는 것이 아니라 예수님의 희생으로 복을 받고 사는 것임을 알았습니다. 그래서 전에 보다 헌금을 적게 한 것입니까? 그러나 헌금해서 복 받는 것이 아니라 예수님의 십자가의 희생으로 우리가 모든 복을 받고 하는 것을 안다면 돈을 사랑하지 않아야 하지 않습니까? 그런데 오히려 복음을 빌미로 주님을 사랑하는 것이 아니라 노골적으로 돈을 더 사랑하고 있는 것입니다.

시몬이 왜 돈으로 하나님의 선물을 살려고 한 것입니까? 돈이란 세상에서 못할 일이 없습니다. 생명도 연장시킵니다. 앞으로 복제하면 되지 않겠습니까? 그러므로 돈을 사랑함이 일만 악의 뿌리라는 것은 세상은 돈으로 모든 것을 다 할 수 있는 세상입니다. 그러나 하나님의 선물을 돈으로 살수가 없는 것입니다. 하나님의 은혜를 돈으로 계산하여 거래할 수가 없는 것입니다. 돈을 주고 살수 없다는 것은 돈이 단순한 돈이 아닙니다. 돈 안에는 사람들의 땀과 수고와 정성과 탐욕이 다 들어 있습니다. 공짜로 주어지지 않습니다. 그러므로 돈만이 아니라 우리의 어떤 애씀과 수고와 정성으로 하나님의 선물을 받아 낼 수가 없다는 것입니다. 하나님의 선물은 오직 은혜로 주어지는 것입니다. 그 은혜가 공급되기 위하여 하나님의 아들이 십자가의 저주를 받으신 것입니다. 대신 십자가를 지신 주님의 은혜를 모독하는 행위가 시몬입니다.

시몬은 사마리아 성을 방문한 베드로와 요한이 성도들에게 안수할 때 성령이 임하는 것을 보고, 사도들에게 돈을 주며 자신에게도 그런 능력을 달라 구했습니다(행8:18,19). 하나님의 능력을 돈을 주고 사려는 망령된 일을 저지른 것입니다. 이 일로 인해 시몬은 사도들로부터 "네가 하나님과 관계도 없고 분깃될 것도 없는 자"(행8:21)라는 책망을 받았는데, 오늘은 이 마술사 시몬에 대해서 살펴봄으로 몇 가지 신앙적 교훈을 생각해보고자 합니다.

첫째, 먼저 마술사 시몬의 행적을 보면서 세례를 받고 열심히 교회를 다닌다고 다 구원받는 것은 아니라는 것을 알게 됩니다(행8:21). 빌립이 전도하기 전 사마리아 성에서 마술을 행하며 "자칭 큰 자"(행8:9)라 자부하던 시몬은 빌립이 보여주는 표적과 큰 능력을 보고 놀라 세례를 받고 열심히 빌립 집사를 따라다녔다 했습니다(행8:13). 빌립을 따라다니며 열심히 빌립 집사가 하는 선교 사역을 도운 것입니다. 이렇듯 세례도 받고 하나님의 사역에도 열심히 참여했던 시몬이었지만, 베드로와 요한은 하나님의 능력을 돈으로 사려했던 시몬에게 "하나님 앞에서 네 마음이 바르지 못하니 이 도에는 네가 관계도 없고 분깃될 것도 없는 자"(행8:21)라고 말하고 있습니다. 일종의 출교 선언이라 할 수 있는데, 이 말씀을 통해서 보면 마술사 시몬은 처음부터 하나님과 상관없는 자였다는 것을 알 수 있습니다.

아무리 열심히 교회를 나오고 세례를 받고, 직분을 감당해도 하나님과는 상관이 없는 사람들이 있습니다. 교인이 되는 것과 그리스도인이 되는 것은 또 다른 문제라는 겁니다. 가룟유다도 3년 동안이나 예수님을 열심히 따르며 12 제자로 택함을 받아 사도의 사명을 감당했지만, 그럼에도 그는 처음부터 믿음과는 상관이 없는 사람이었습니다. 마술사 시몬과 가룟유다처럼 믿음이 없어도 세례를 받을 수 있고, 믿음이 없어도 하나님의 일을 할 수 있습니다. 오늘날에도 믿음이 없이 세례를 받고, 교회를 나오고, 심지어 목사가 되는 사람들이 있습니다. 이처럼 믿음 없이 교인이 될 수는 있지만, 참된 믿음이 없이는 그 누구도 하나님의 나라를 유업으로 얻을 수 없다는 것을 알아야 합니다.

둘째, 마술사 시몬의 또 다른 특징은 표적을 구하는 신앙이었다

는 겁니다(행8:9). 빌립을 만나기 전 시몬은 사마리아 성에서 마술로 사람들을 놀라게 하며 자칭 큰 자라 자부하던 사람이었습니다(행8:9). 순교자 저스틴은 마술사 시몬에 대해 깃타 출신으로 일찍이 애굽에 건너가 철학과 마술을 배운 자라 소개하고 있고, 평생 영지주의자들과 투쟁한 교부 이레니우스는 마술사 시몬을 이단 '영지주의'를 창시한 인물로 소개하고 있습니다.

신비적 영성에 관심이 많았던 마술사 시몬이 빌립 집사를 따라다닌 이유도 사실은 "빌립이 행하는 표적과 큰 능력을 보고 놀랐기 때문"(행8:13)이었고, 이 능력을 얻고자 베드로와 요한에게 돈을 주고 성령의 능력을 사려했다가 저주를 받은 겁니다. 시몬이 처음부터 하나님과 복음에 관심이 있어서 빌립을 쫓은 것이 아니라, 신비한 영적인 능력을 얻고자 빌립을 쫓고, 사도들을 쫓아다녔다는 겁니다. 교회 안에서도 마술사 시몬과 같이 진리의 말씀에 대해서는 관심이 없고 영적인 현상만 추구하는 사람들이 있습니다. 사도 바울은 이런 사람들을 "표적을 구하는 자"(고전 1:22)라고 지적했는데, 교회 안에도 하나님의 진리보다 표적을 구하고 이것에 더 큰 관심을 갖는 사람들이 많다는 겁니다.

종말에 관해 이야기 할 때도 성경에 기록된 예언의 말씀에는 관심이 없고, 누가 봤다는 환상과 계시에만 관심을 갖는 사람들이 있습니다. 한국교회 안에 이런 사람들이 많으니까 다미 선교회가 득세를 했던 것이고 지금도 신사도운동에 영향을 받은 자칭 선지자라는 사람들이 성도들을 미혹하고 있는 겁니다. 마술사 시몬처럼 환상과 계시를 쫓고 신비한 영적 체험만을 추구하고 표적을 구하는 자들은 반드시 잘못될 수밖에 없습니다. 기독교 안에 하나님의 신비한 역사가 있지만, 기독교인들은 신비주의자가 되어서는 안 된다는 겁니다. 신비주의자가 아닌 말씀주의자가 되어야 한다는 겁니다. 왜입니까? 아무리 열심히 믿어도 말씀이라는 반석 위에 집을 짓지 않으면 홍수의 심판을 이길 수 없기 때문입니다(마 7:24-27).

셋째, 마술사 시몬은 하나님의 권능을 돈으로 사려 했습니다(20, 21). 빌립이 행하는 표적에 놀라 그를 쫓던 마술사 시몬이 예루살렘에 있던 사도 베드로와 요한이 사람들에게 안수하여 성령을 받게 하는 모습을 보겠습니다(행8:17), 돈을 주며 자신에게도 사람들에게 안수하면 성령을 받게 하는 능력을 달라고 구했습니다(행 8:18,19). 돈을 주고 성령을 사겠다는 망령된 요구를 한 것입니다. 이에 진노한 베드로가 "네가 하나님의 선물을 돈 주고 살 줄로 생각하였으니 네 은과 네가 함께 망할지어다. 하나님 앞에서 네 마음이 바르지 못하니 이 도에는 네가 관계도 없고 분깃될 것도 없느니라." (행8:20,21)고 저주를 선언했습니다.

그렇다면 마술사 시몬이 왜 돈을 줘서라도 성령의 능력을 사려 했을까요? 아마도 사도들에게 돈을 주고 성령의 능력을 사서, 이것을 또 돈을 주고 팔려 했던 것으로 보입니다. "내가 안수하는 사람은 성령을 받게 하여 주소서"(행8:19)라고 요구한 이유가 여기 있다는 겁니다. 한 마디로 투자의 개념으로 돈을 주고 성령을 사려고한 겁니다. 그래서 사도 베드로가 "네 은과 네가 함께 망할지어다."라고 저주를 내린 겁니다. 디모데전서 6장 5절에서 사도 바울은 디모데에게 "마음이 부패하여지고 진리를 잃어버려 경건을 이익의 재료로 생각하는 자들이 있다"라고 경계하고 있습니다. 마술사 시몬처럼 하나님이 주신 거룩한 직분과 능력을 "이익의 재료"로 즉, 사사로운 이익을 얻는 수단으로 삼으려는 자들이 있다는 겁니다.

하나님이 주신 직분을 가지고 물질적인 욕심을 채우려는 삯꾼들이 있습니다. 그런가 하면 오늘날 한국교회 안에는 하나님이 주신 직분을 이용해서 자신의 정치적인 이익을 얻으려는 정치꾼들이 암약하고 있습니다. 북한선교를 하자면서 순진한 성도들에게 극우적인 이데올로기를 주입시켜 자신의 정치적 기반으로 삼으려는 자들이 있습니다. 이들이 바로 마술사 시몬과 같이 '경건을 이익의 재료로 삼는' 자들입니다. 돈을 주고 성령의 능력을 사서, 돈을 주고 팔려했던 마술사 시몬과 같이 '경건을 이익의 재료로 삼는' 삯꾼과 정치꾼들에겐 하나님의 무서운 저주와 심판이 내려진다는 것을 알아야 합니다.

넷째, 시몬은 하나님의 심판은 두려워하면서 진실한 회개는 하지 않았습니다(행8:24). 성령을 돈을 주고 사려 했다가 사도 베드로로부터 저주와 심판의 말을 듣자 시몬이 베드로에게 "나를 위하여 주께 기도하여 말한 것이 하나도 내게 임하지 말게 하소서"라고 부탁을 했습니다. 이런 부탁을 한 것을 보면 시몬이 하나님의 심판을 두려워했던 것으로 보입니다. 문제는 하나님의 심판은 두려워하면서 정작 자신의 죄가 하나님 앞에서 얼마나 심각한 것인가는 깨닫지 못했다는 겁니다. 사도들로부터 죄를 지적받고 책망을 받았다면 그 자리에서 죄를 자백하고 회개하는 것이 맞습니다. 하지만 성경 어디를 봐도 시몬이 회개한 모습을 찾아볼 수가 없습니다. 죄의 결과는 두려워했지만, 죄 자체에 대해서는 그 심각성을 알지 못했다는 겁니다.

이런 사람들은 눈에 보이는 심판이 내려지지 않는 한 결코 죄 짓는 일을 포기하지 않습니다. 이 땅의 삶이 끝나고 하나님 앞에 설 때 비로소 죄의 결과가 얼마나 심각한 것인지 깨달을 수 있다는 겁니다. 마술사 시몬이 훗날 애굽의 신비종교와 기독교를 혼합한 영지주의라는 이단을 창설한 것을 보면 저가 결코 회개하지 않았다는 것을 알 수 있습니다. "복음의 도에는 관계도 없고 분깃될 것도 없는 자"(행8:21)라 했던 베드로의 평가가 정확한 것이었음을 알 수 있다는 겁니다. 심판에 대한 두려움이 하나님을 찾는 계기가 될 수 있지만, 우리가 진정으로 하나님의 자녀로 거듭나려면 죄를 회개해야 합니다. 심판이 두려워 뉘우치는 척하면 안 되고, 죄 자체를 미워하고 끊어버려야 비로소 진정한 하나님의 자녀가 될 수 있다는 겁니다.

25장 안수로 죽은 자를 살리는 베드로

(행 9:36-43)"욥바에 다비다라 하는 여 제자가 있으니 그 이름을 번역하면 도르가라 선행과 구제하는 일이 심히 많더니 그 때에 병들어 죽으매 시체를 씻어 다락에 누이니라 룻다가 욥바에서 가까운지라 제자들이 베드로가 거기 있음을 듣고 두 사람을 보내어 지체 말고 와 달라고 간청하여 베드로가 일어나 그들과 함께 가서 이르매 그들이 데리고 다락방에 올라가니 모든 과부가 베드로 곁에 서서 울며 도르가가 그들과 함께 있을 때에 지은 속옷과 겉옷을 다 내보이거늘 베드로가 사람을 다 내보내고 무릎을 꿇고 기도하고 돌이켜 시체를 향하여 이르되 다비다야 일어나라 하니 그가 눈을 떠 베드로를 보고 일어나 앉는지라. 베드로가 손을 내밀어 일으키고 성도들과 과부들을 불러 들여 그가 살아난 것을 보이니 온 욥바 사람이 알고 많은 사람이 주를 믿더라. 베드로가 욥바에 여러 날 있어 시몬이라 하는 무두장이의 집에서 머무니라."

하나님은 체험적인 믿음을 가진 베드로의 안수기도를 통하여 도르가를 살립니다. 베드로가 예수님의 이름으로 도르가를 살림으로 인하여 하나님의 살아계심을 증명한 것입니다. 베드로는 예수님이 회당장 야이로의 딸을 살리는 것과 죽은지 4일이 지난 나사로를 살리는 것을 직접 보았기 때문에 담대하게 기도하여 도르가를 살린 것입니다. 도르가를 살림으로 인하여 하나님의 살아계심이 증명되어 "온 욥바 사람이 알고 많은 사람이 주를 믿더라." 고 성경을 말씀하고 있습니다. 이렇게 하나님의 살아계심을 증명하면 백 마디 말로 복음을 증거 하는 것보다 복음 전파가 쉬워지는 것입니다. 그래서 하나님은 하나님의 사람들을 훈련하여 하나님의 살아계심을 증명하게 하시는 것입니다.

도르가는 새로운 삶을 통해 많은 사람들이 주를 믿게 한 여 제자였습니다. 도르가는 하나님의 특별한 은혜로 나사로처럼 죽었다가 다시 살아났습니다. 그래서 욥바의 많은 사람들이 다시 살아난 도르가를 보고 주를 믿었다고 했습니다. 도르가가 다시 살아남으로 두 가지를 나타냈다고 생각합니다.

첫째는, 도르가가 다시 살아남으로 죽은 자를 다시 살릴 수 있는 하나님의 능력을 나타냈습니다. 하나님께서 살아계신다는 것을 증명된 것입니다. 하나님께서 성도들에게 기적을 체험하게 하는 것은 하나님의 살아계심을 증명하게 하기 위함입니다. 도르가는 죽었다가 다시 살아남으로 인간의 생사화복을 주장하시는 하나님의 살아계심이 증명되었습니다. 오늘 우리가 관념적인 신앙을 탈피하기 위하여 무엇보다도 하나님의 살아계시고 역사하시는 능력을 나타내야 합니다. 그래서 체험적인 실제적인 신앙이 되어야 합니다. 그래서 세상 사람들에게 살아계신 하나님을 증명하는 일꾼이 되어야 합니다.

둘째로 도르가가 다시 살아남으로 나타낸 것은 자기의 변화된 삶이었습니다. 죽음을 경험한 사람은 천국 중심의 삶을 살게 되고, 살아계신 하나님을 증명하는 하나님 중심의 삶을 살게 되고, 이웃 중심의 삶을 살게 되고, 보다 높은 차원의 삶을 살게 됩니다. 도르가가 살아났을 때 그는 보다 높은 차원의 삶을 살게 되었습니다. 선행과 구제도 더 많았을 것입니다. 더 주님을 높이며 증거 하는 삶을 살았을 것입니다.

사실 우리 그리스도인들에게 가장 중요한 것은 변화된 인격과 삶입니다. 죽었다가 다시 살아난 경험을 통해서만 변화되는 것이 아니라, 예수님을 믿고 의지하고 성령의 인도를 받으므로 그 인격과 삶이 변화되어야 합니다. 더 좋은 변화를 가져오지 않는 성도의 삶은 하나님께 영광 돌릴 수 없고 하나님의 살아계심을 증명 할 수 없습니다. 도르가가 변화된 새로운 삶을 살았을 때 많은 사람들을 주님께로 돌아오게 했습니다. 그녀는 살았을 때에도 주님을 증거 했고, 죽었을 때에도 주님을 증명했고, 그리고 다시 살아났을 때는 더 능력 있게 주님의 살아 역사하심을 증명 했습니다.

살아계신 하나님의 기적의 결론은 복음을 증거하고 살아계신 하나님을 증명 하는 것입니다. 많은 사람을 주님께로 돌아오게 하는 것입니다. 도르가는 무명한 자 같으나 사도행전의 한 페이지를 아름답게 수놓고 있는 찬란한 별이 되었습니다. 주님의 사랑을 가장 생생하게 진하게 나타내 보여준 유명한 자가 되었습니다.

첫째, 기독교는 체험의 종교이다. 우리가 믿는 기독교는 체험의 종교입니다. 자기가 직접 하나님의 사랑과 살아계심의 은혜를 체험하지 못한다면 솔직히 누군가의 설득이나 간접적인 교육으로 하나님을 진정으로 믿기는 좀 어렵습니다. 일단 우리가 개인적으로 하나님의 은혜를 체험하기만 하고 나면 그 다음부터는 누가 뭐라고 해도 하나님을 부인할 수 없게 됩니다. 왜냐하면 내가 하나님의 살아계심을 직접 체험했으니까. 내 몸으로 하나님을 느꼈기 때문에 누가 무슨 소리를 해도 미혹되지 않습니다. 체험이 없으니까 이단들에게 속는 것입니다.

베드로 역시 변화산 위에서의 경험이 너무나 굉장했기 때문에 수십 년이 지난 후에도 잊지 못하고 베드로 후서에서 그때의 일을 회상하고 있는 것입니다. 자연법칙을 깨고 어떤 놀라운 일을 하게 되면 사람은 그걸 기적이라고 말합니다. 일어날 법한 일이 일어나는 것을 가지고 기적이라고 호들갑을 떠는 사람은 잘 없습니다. 기적은 그렇게나 어렵고도 신기한 것입니다. 하나님의 살아계심을 체험하면 좌로나 우로나 치우치지 않는 믿음이 됩니다.

둘째, 기적은 누구를 위하여 일으킬까요? 오늘 본문에는 베드로가 행한 몇 가지 기적들이 나와 있습니다. 본문의 바로 앞에는 중풍병자를 고친 기사가 나오고, 본문의 바로 다음에는 하늘로부터 내려온 보자기 환상을 본 일이 나옵니다. 오늘날 특히 중풍병자와 암환자들이 많습니다. 이분들은 세상 의술로서 완전한 치유가 어렵습니다. 그런데 기도로 이 병자들을 낫게 한다면 이건 정말 엄청나게 굉장한 일이 될 것입니다. 성경에는 중풍병자들이 나은 기록이 많이 있습니다. 중풍병자가 세상의 의술로 나은 경우는 잘 보지 못했습니다. 저도 여러 병자들을 위해서 기도했지만 다른 병자들은 기적적인 치유가 되었는데, 중풍병자는 온전하게 정상으로 돌아오지 않았습니다. 암환자를 지속적인 집회 참석과 집중기도하여 성령께서 완전하게 장악이 되니 치유가 되었습니다. 하나님의 나라가 되니 치유가 되더라는 것입니다.

그런데 이런 기적은 왜 일어납니까? 베드로가 훌륭하고 위대한 사람이라는 것을 광고하기 위해서? 아니면 베드로를 잘 먹고 잘살게 해주려고? 그도 아니면 베드로의 영적인 권위를 높여 주려고? 보통 기적은 하나님이 만드신 자연법칙을 깨는 것을 말합니다. 그런데 이 자연법칙도 사실은 하나님이 만드셨습니다. 그러므로 이 자연법칙이 자주 깨어진다면 이건 더 이상 법칙이라고 불리기가 어렵게 됩니다. 더구나 자기가 만든 법칙을 스스로 깨뜨린다면 이건 좀 이상합니다. 그래서 기적은 정말 드물게 일어납니다. 아니 일어나기가 정말 어렵습니다. 그런데도 기적은 일어납니다. 하나님께서 필요하시면 기적을 일으키십니다. 그렇게 하여 하나님의 살아계심을 증명하십니다.

그러면 왜 기적이 일어나는 것일까요? 하나님의 살아 역사하심을 증명하여 믿지 않던 자들이 예수를 믿고 하나님께 돌아오도록 기적을 일으키시는 것입니다. 복음 전도를 위하여 하나님의 살아계심을 증명하시기 위하여 기적을 행하시는 것입니다. 인간 아무개를 영화롭게 하려고 하시는 것이 아니라, 하나님의 살아계심을 증명하시려고 기적을 베푸시는 것입니다.

오늘 본문에 나오는 욥바는 예루살렘의 북서쪽 50km정도에 위치한 항구입니다. 이 항구는 그 옛날 솔로몬이 성전을 짓기 위해 레바논에서 목재를 들여오던 항구로 유명합니다. 요나가 바로 이곳에 하나님의 낯을 피하여 도망갔습니다. 유명한 로마의 율리우스 케사르(시저)가 이 항구를 유대인들에게 주었고 유대인들이 로마인들과 독립전쟁을 할 때까지 이 항구는 유대인들에게 속합니다. 그러므로 이 본문의 배경이 되는 시점에서 욥바는 이방인의 도시가 아니고 유대인의 도시입니다.

셋째, 욥바의 다비다. 그러므로 지금 욥바에는 유대인들이 아주 많습니다. 그런데 이 욥바에 다비다라고 하는 여성 제자가 있었습니다. 여기서 말하는 제자는 예수님을 직접 따른 사람이 아니라, 그냥 예수님을 믿고 그 계명을 지키는 사람 즉 신자를 말합니다. 당시 이스라엘 사람들은 두 개의 이름을 가지고 있었습니다. 아람어식 이름과 그리스식 이름입니다. 다비다는 아람식이고 도르가는 그리스식입니다.

아람어는 곧 히브리어의 모국어입니다. 로마의 식민지이지만 로마인들 중에서 지배층이나 지식인들은 라틴어가 아니라 그리스어를 사용했기 때문에 유대인들은 로마식의 이름을 가지고 있습니다. 다비다나 도르가는 똑 같은 뜻을 가지는데 그 뜻은 '영양'입니다. 빨리 달리고 품위가 있는 그래서 은혜로움이나 아름다움의 상징이 되었는데 바로 본문의 다비다가 그런 일을 한 사람입니다. 주위에 어려운 형제를 돕는 선행을 베푸는 헌신된 여인이었습니다. 믿음이 좋은 여인 이었습니다.

그런데 베드로가 룻다에 머물고 있을 그때에 이 다비다가 병들어 죽어서 이제 시체를 씻어서 다락에 두었답니다. 왜 시체를 다락에 두었는지는 나와 있지 않습니다. 어쩌면 사람들은 구약의 선지자들이 사람을 살릴 때 다락에서 이적을 행했던 것을 기억하고 다비다에게도 똑같은 은혜가 임하기를 기원하고 그랬는지도 모릅니다. 여하튼 다비다가 죽자 사람들은 다비다의 시체를 씻어서 다락에 두고는 성령의 감동하심으로 룻다에 거하고 있던 하나님의 사람 베드로에게 빨리 와 달라고 사람을 보냅니다. 룻다는 욥바와 약 16km 정도 떨어져 있답니다.

더운 지역에서는 시체가 빨리 썩기 때문에 당일 매장이 관습인 이스라엘에서 사람들은 성령의 감동과 지시에 따라 기적을 바라고 룻다에 있는 베드로를 급히 청한 것입니다. 왜냐면 베드로가 룻다에서 중풍병자였던 애니아를 낫게 한 사실을 알고 있었기 때문입니다. 죽으면 모든게 끝인데도 이 사람들은 포기하지 않고 이웃도시인 룻다로 사람을 보내서 기적의 베드로를 초청한 것입니다.

베드로를 초청하면서 한글 성경에는 번역이 되지 않았지만 '우리에게까지' 같이 와 달라고 요청했답니다. 여기서 '우리'는 사도행전을 기록한 누가를 비롯해서 믿음의 형제들을 말하는 것이라고 보면 틀림없을 것입니다. 그런데 욥바의 제자들은 베드로에게 사람을 보내어 지체 말고, 곧 내려와 달라고 강경하게 이야기하면서도 한편으로는 제발 와 달라고 사정합니다. 뭔가 앞뒤가 안 맞는 것 같지만, 그만큼 룻다의 제자들은 베드로가 오면 다비다를 살릴 수 있으리라고 여겼다는 것이고, 또 다비다에게 하나님의 기적이 임하기를 간절히 소원한 것입니다. 그래서 시체를 다락에 두고는 룻다로 두 명의 제자를 급히 보낸 것입니다.

사람은 태어났으면 언젠가는 반드시 죽는 것이 일반적인데 이들은 지금 다비다를 이대로 떠나보낼 수가 없습니다. 다비다가 그 정도로 이 사람들에게 은혜를 베풀었기 때문입니다. 자기들이 너무 다비다에게 큰 은혜를 입었기 때문에 욥바의 제자들은 이웃도시에 있는 하나님의 사람 베드로를 청한 것입니다.

이 소식을 듣고 베드로가 욥바에 도착하니 과부들이 다비다의 시체가 있는 다락으로 베드로를 따라와서는 서서 웁니다. 그리고는 베드로에게 다비다가 자기들을 위해서 좋은 일을 얼마나 많이 했는지 이야기 합니다. 그냥 이야기만 한 것이 아닙니다. 자기들이 입고 있는 다비다가 해준 속옷과 겉옷을 보여줍니다. 혹시라도 오해하실까봐 이야기하는데 여기서 속옷은 오늘날의 속옷 개념이 아닙니다. 그냥 겉옷 안에 입는 옷으로 요즘 식으로 하면 긴 남방이나 티. 겉옷은 외투도 되고 이불도 되며 전당포에서도 잡아줄 만큼 고가입니다.

이런 옷을 입은 과부들이 다비다의 선행을 증거하며 베드로에게 제발 다비다를 살려달라고 빕니다. 베드로가 이런 힘이 있다고 믿었을까요? 다비다는 과부들이 볼 때 반드시 이 세상에 있어야 할 사람입니다. 하나님의 사랑을 온몸으로 실천한 그리스도의 제자입니다. 그래서 이들은 지금 울고 있습니다. 물질적으로 다비다의 은혜를 갚을 수 없어서 더 슬퍼하고 있었는지도 모릅니다.

당시 과부들은 가난한 이의 대명사입니다. '고아와 과부와 나그네'는 성경에서 항상 가난한 사람들을 말할 때 사용되는 단어들입니다. 이 가난한 이들은 너무나 다비다의 은혜가 고마웠기 때문에 다비다가 앞으로도 자기들과 함께 있어야 한다고 생각했고 때마침 주님의 수제자이면서 룻다에서 중풍병자를 고친 베드로의 이야기를 듣고 그에게 매달린 것입니다.

넷째, 다비다야! 일어나라. 자, 일단 사람이 죽었습니다. 아프기나 하면 기도해서 치료의 광선을 발해 달라고 성령님께 간청하겠지만, 이미 죽은 시체를 향하여 무엇을 할 수 있을까요? 사람이 할 수 있는 일이 있고 할 수 없는 일이 있습니다. 죽은 이를 살리는 것은 글쎄요, 그러나 이때 베드로는 죽은 아이를 살리신 예수님이 생각났습니다. 나사로는 죽은지 사흘이 지나서 이미 무덤에 들어있었지만, 회당장 야이로의 딸은 방금 죽어서 침상에 그래도 누워있었을 것입니다.

베드로가 막막할 때 그는 주님이 야이로의 딸을 살리신 것이 생각났습니다. 선생님께 배운 것을 이제 제자가 써먹는 겁니다. 더구나 다락방에 안치된 시체를 보고 베드로는 그 옛날 엘리야와 엘리사를 생각했는지도 모릅니다. 주님은 영이지만 엘리야와 엘리사는 단순히 주의 선지자, 인간에 불과합니다. 그렇다면 주의 사자인 베드로도 그런 일을 할 수 있습니다. 베드로가 사람을 다 내어 보내고 무릎을 꿇고 기도합니다. 예전에 선생님은 일어서서 명하셨지만, 베드로는 상황이 급박하여 주님의 권능을 힘입기 위해 무릎 꿇고 기도한 것입니다.

사실 예전에 주께서는 이미 열두제자들에게 죽은 자를 살리는 권능을 주셨습니다. 마태복음10:8에 "병든 자를 고치며 죽은 자를 살리며 나병환자를 깨끗하게 하며 귀신을 쫓아내되” 이 말이 그냥 단순히 의례적으로 하는 말이 아닙니다. 우리가 그 말씀을 믿을 때에 하나님의 놀라운 역사는 일어나는 것입니다.

베드로는 자기에게 죽은 자를 살리는 권능을 주신 주님께 기도한 것입니다. 주님 저의 기도를 들으시고 이 여인 다비다를 살려주시옵소서. “예수님! 살아서 역사하시는 주님의 권능을 저들에게 보여주소서” “다비다를 살려서 하나님의 살아계심이 증명되게 하옵소서” 이렇게 기도한 것입니다. 기도를 마친 베드로는 시체를 향하여 말합니다. “예수님의 이름으로 명령한다. 다비다야 일어나라” 시리아 사본과 벌게이트 역에는 “우리 주 예수 그리스도의 이름으로”라는 구절이 있습니다. 베드로는 주님의 권능을 힘입어 주님의 이름으로 시체에게 명한 것입니다.

이미 인간적으로 모든 것이 끝난 것 같은 상태에서 베드로는 주님의 말씀을 믿고 성령의 임재 가운데 그에게 기도하고 이제 시체를 향하여 일어나라고 명한 것입니다. 베드로가 다비다야 일어나라고 한 말은 아람어로 ‘타비다 쿰’입니다. 그런데 그 옛날 주께서 야이로의 딸에게 하신 말씀은 ‘탈리다 쿰’이지요. 아람어 철자 한개만 다르지 똑같은 말입니다. 주는 이미 승천하셨지만 주께서 파송한 주의 제자들은 이제 주께서 주신 권능을 행하고 있습니다.

다섯째, 기적의 효과. 일어나라는 주님의 음성을 듣고다비다가 곧 일어나니 베드로가 손을 내밀어 다비다를 잡아 일으킵니다. 그리고 과부들과 온 성도들이 다비다가 다시 살아난 모습을 봅니다.

어떻게 되었을까요? 당연히 성도들과 과부들은 놀라고 기뻐했겠지만, 온 욥바 사람이 알고 많은 사람이 믿더라고 합니다.

그러나 이걸로 기적의 효과가 끝이 난 것이 아닙니다. 욥바에 사는 가죽가공업자인 시몬은 자기와 이름이 같은 시몬 베드로를 자기의 집에 유하게 하고, 그 집에서 고넬료의 초청을 받게 되는 것입니다. 베드로는 이제 이방인을 향하여 전도하게 되는 놀라운 일을 하게됩니다. 로마의 백부장으로 가이사랴에 주둔하고 있던 고넬료의 가정을 주께로 인도하게 되는 것입니다. 하나님의 교회가 이 기적으로 말미암아 튼튼하게 서게 된 것입니다.

여섯째, 죽은 자를 살리신 이유. 그럼 왜 하나님은 이미 죽은 다비다를 살리신 것일까요? 그 당시 진실된 믿음을 가진 성도들 중에 다비다만 죽은게 아닙니다. 수많은 성도들이 이런 저런 이유로 죽었을 것입니다. 그들 중에 다비다만큼 다른 이를 구제하고 선행을 한 신자가 없었을 까요? 그렇지 않을 것입니다. 성령의 시대인 초대교회에서 다비다만큼 자기의 재물을 가지고 이웃을 놉고 하나님을 진실로 믿는 이들이 많았을 것입니다.

그랬는데 왜 하필 다비다 만입니까? 그것은 바로 다비다의 구제와 헌신 그리고 진실된 믿음이 다비다의 도움을 받은 과부들로 하여금 베드로에게, 아니 베드로가 대표하는 하나님에게 매달리게 한 것입니다. 가난한 과부들은 다비다의 은혜에 갚을게 없었습니다. 그래서 그녀에게 엄청난 은혜를 입고서도 단지 그녀를 위해서 기도만 할 뿐입니다. 그래서 과부들은 더 슬픕니다. 자기들의 은혜를 갚

기도 전에 다비다가 죽었기 때문이지요. 다비다의 시체를 앞에 두고도 이대로는 도저히 다비다를 못 보낸다고 베드로에게 매달리게 만든 이유입니다.

다비다가 나에게 행한 은혜의 증거가, 그녀가 한 선행의 증거나 이렇게나 내 몸에 있는데 은혜를 갚기도 전에, 좀 더 감사하기도 전에 다비다가 죽었기 때문에 더 과부들은 슬퍼하고 베드로를 청하여 다비다의 선행을 말한 것입니다. 다른 수많은 신약의 성도들이 죽어갈 때에 성경의 기록에는 그 누구도 시체를 다락에 두고 제자들에게 찾아와서 살려 달라고 요청한 기록은 없습니다.

그렇다면 살려달라고 요청하기만 하면 누구나 다 살아 날 수 있습니까? 그렇지는 않습니다. 만일 그렇다면 예수 믿는 사람은 아무도 죽지 않을 겁니다. 그러므로 각 교회는 준비한 묘지가 필요 없을 것입니다. 게다가 베드로를 급히 청한 욥바의 교인들과 과부들은 다비다가 얼마나 자기들을 도왔는지 그 증거를 보여주며 울기만 했지 베드로에게 제발 다비다를 살려 달라고 요청한 기록은 없습니다.

그러나 베드로가 그 먼 거리를 사람들의 요청을 받아 들어갔을 때에는 단순히 장례식을 집전하려고 간 것은 아닙니다. 왜냐하면 욥바의 성도들은 다비다를 다락에다 두었기 때문입니다. 다락은 예로부터 선지자들이 죽은 자를 살리던 장소였습니다.

열왕기상17:19 "엘리야가 …자기가 거처하는 다락에 올라가서 자기 침상에 누이고" 열왕기하4:21 "아들을 하나님의 사람의 침상 위에 두고" 여기서 하나님의 사람 엘리사의 침상 역시 다락에 있습니다. 그렇기 때문에 시체를 다락에 두고 베드로를 불렀다는 것은 죽은 이를 살려달라는 강한 요청인 것입니다. 하루 만에 장례를 치르는 관습을 가지고 있고, 사흘이 지나면 영혼이 완전히 하나님께로 떠난다고 믿었던 욥바의 성도들은 다비다의 영혼이 아직은 여기에 있다고 생각하고 급히 베드로를 불렀던 것입니다. 그들의 기도에 성령께서 감동하신 것입니다.

그럼 왜 주님은 다비다를 다시 살려 주셨을까요? 왜 하나님은 다른 성도들의 죽음에는 눈감고 계시다가 다비다를 다시 살리셨지요? 그것은 다비다가 다시 살아야 욥바에 있는 불신자들이 하나님의 살아계심을 체험하여 하나님께로 돌아올 수가 있었기 때문입니다. 그리고 아직 다비다를 통하여 욥바에서 해야 할 일이 있다고 인정했기 때문입니다. 아마 다비다의 시신을 다락에 두고 베드로를 부른 것은 욥바 성도들의 공통적인 생각이기 보다는 성령께서 역사하신 것입니다. 성령께서 다비다를 살려서 욥바에 있는 사람들을 구원하기 위함이었습니다.

어떤 이는 이렇게 말합니다. '우리가 이 땅에서 해야 할 일이 있는 동안에는 주께서 우리의 목숨을 거두어 가시지 않는다' 정말 그런지 아닌지는 놔두고 한번 진지하게 생각해 보아야 할 말입니다. 아직도 이 땅에서 주를 위해서 해야 할 사명이 있다면 우리는 결코 저세상으로 갈 수 없습니다. 아직도 해야 할 일이 있는데 이일마저 다 해놓고서야 주께로 가서 편히 쉴 수 있을 것이기 때문입니다. 아직 생명의 면류관을 쓸 자격이 안 되었는데 갈 수는 없습니다.

26장 에베소교회에서 바울의 안수사역

(행 19:1-20)"아볼로가 고린도에 있을 때에 바울이 윗지방으로 다녀 에베소에 와서 어떤 제자들을 만나 (2) 이르되 너희가 믿을 때에 성령을 받았느냐 이르되 아니라 우리는 성령이 계심도 듣지 못하였노라 (3) 바울이 이르되 그러면 너희가 무슨 세례를 받았느냐 대답하되 요한의 세례니라 (4) 바울이 이르되 요한이 회개의 세례를 베풀며 백성에게 말하되 내 뒤에 오시는 이를 믿으라 하였으니 이는 곧 예수라 하거늘 (5) 그들이 듣고 주 예수의 이름으로 세례를 받으니 (6) 바울이 그들에게 안수하매 성령이 그들에게 임하시므로 방언도 하고 예언도 하니 (7) 모두 열두 사람쯤 되니라 (8) 바울이 회당에 들어가 석 달 동안 담대히 하나님 나라에 관하여 강론하며 권면하되 (9) 어떤 사람들은 마음이 굳어 순종하지 않고 무리 앞에서 이 도를 비방하거늘 바울이 그들을 떠나 제자들을 따로 세우고 두란노 서원에서 날마다 강론하니라 (10) 두 해 동안 이같이 하니 아시아에 사는 자는 유대인이나 헬라인이나 다 주의 말씀을 듣더라"

오늘 사도바울이 에배소교회에서 말씀을 전하고 안수할 때 성령의 불이 임했습니다. 책을 읽는 귀하에게도 책을 읽는 동안 성령의 손으로 안수하시어 성령의 강력한 불이 임하기를 바랍니다. "주의 말씀은 우리의 꿈과 희망입니다." 하나님은 성경말씀을 통해 가장 좋은 것들을 주신다고 약속하셨기 때문에 우리가 예수를 제대로 믿고 예배생활에 정성을 다하고 하나님의 말씀에 순종하며 살면 반드시 복을 받게 됩니다. 우리 인간은 이 세상을 살면서 시험, 걱정, 모든 무거운 짐, 괴로움을 가지고 살아가고 있습니다. 그러나 누구든지 만 가지 복의 근원 되신 하나님 아버지 앞에 나와서 복을 구하면 하나님의 축복과 평안을 누리며 살 수가 있습니다.

하나님의 말씀을 들은 대로 작은 것부터 하나씩 실천해 나갑시다. 그러면 하나님께서는 인생에 복을 주시고, 가정에 화목을 주실 줄 믿습니다. 그동안 얽혔던 인간관계도 회복 시켜 주셔서 원수가 친구로 변화될 줄 믿습니다. 하나님의 말씀을 실천함으로 직장생활이 복되시고 좋은 지위를 얻게 되길 바랍니다. 세상의 가치기준으로 볼 때 지금의 사람들이 웬만큼 부요한 삶을 살아가고 있지만, 인생의 각종 문제와 사건을 만나면서 스트레스와 우울증으로 고통하고 있습니다. 오늘 우리가 주의 말씀이 있는 현장을 사셔서 말씀으로 모든 사람과 더불어 심령의 복과 삶의 복을 나누는 제자의 삶을 사시기를 바랍니다. 주의 말씀이 삶의 능력이요 축복이 됩니다.

첫째, 성령 충만 받으라. "이르되 너희가 믿을 때에 성령을 받았느냐 이르되 아니라 우리는 성령이 계심도 듣지 못하였노라 바울이 이르되 그러면 너희가 무슨 세례를 받았느냐 대답하되 요한의 세례니라 바울이 이르되 요한이 회개의 세례를 베풀며 백성에게 말하되 내 뒤에 오시는 이를 믿으라 하였으니 이는 곧 예수라 하거늘 그들이 듣고 주 예수의 이름으로 세례를 받으니 바울이 그들에게 안수하매 성령이 그들에게 임하시므로 방언도 하고 예언도 하니 모두 열두 사람쯤 되니라"(행19:2-7).

　예수님을 믿고 신앙생활을 하면서 성령세례와 성령의 불로 충만 받는 것이 참으로 중요합니다. 왜냐하면 천국은 성령의 인 치심을 받는 사람이 가는 곳이기 때문입니다. 그러면 '성령의 인 치심'이란 무슨 말입니까? 너는 내 것이라고 도장을 찍는 다는 뜻입니다. 하나님이 우리를 "너는 내 것, 내 자녀, 내 백성"이라고 소유를 주장하시기 위하여 성령으로 세례를 주시는 것입니다. 그러니 성령세례를 받는 것이 얼마나 소중합니까? 그런데 에배소 성도들은 말씀훈련을 받았지만, 성령을 알지도 못하고 도무지 성령이 계심도 듣지 못했습니다. 관심이 없으니 예수님을 믿을 때 임하신 성령님이 밖으로 나타나지 않았다는 것입니다. 제가 여러번에 걸쳐서 강조했습니다만 영적인 일은 관심이 중요한 것입니다. 에배소 교회 성도들은 성령에 대하여 말도 듣지 못하고 알지도 못한 고로 성령에 대하여 관심을 갖지를 못했습니다. 참으로 안타깝고 불쌍한 일입니다.

　지금도 예수를 영접한 사람 가운데서도, 말씀을 배우고 확신하는 신앙에 거하면서도 성령에 대하여 너무나 무지한 사람들이 많습니다. 에배소 성도들처럼 성령에 대해서 너무나 모르면서도 신앙생활을 열심히 하는 사람들이 있습니다. 이런 분들은 성령을 사모하여 성령의 불로 충만 받으시기 바랍니다. 성령으로 봉사하고 기도하고 전도하고 예배드리면 얼마나 복됩니까? 바울 사도는 어디를 가든지 예수는 그리스도라, 인생의 모든 문제의 해답이라는 복음을 가르치고 전했고, 특별히 성령을 받으라고 변함없이 강조 했습니다. 즉 하나님의 자녀들이 예수를 믿고 말씀을 붙잡았으면, 이제는 성령의 권능을 받고 복음 전하는 사명과 직분 따라 살아야 한다는 것입니다.

귀하가 성령 충만을 교회에 열심히 출석한다거나 봉사를 하거나 찬양을 잘 하는 것 등으로 오해 하면 안 됩니다. 하나님은 모든 그리스도인들이 성령 충만함을 받기를 원하십니다. 하나님께서 왜 자녀 된 우리가 성령 충만을 받기를 원하실까요? 하나님의 자녀 된 우리가 항상 하나님께 영광을 돌리며 행복하게 살아가길 원하시기 때문입니다. 하나님은 "너희의 마음으로 주께 노래하며 찬송하며 우리 주 예수 그리스도의 이름으로 항상 하나님께 감사하라"(빌 4~12)고 말씀하십니다. 따라서 성령은 우리의 수원지가 되셔서 우리에게 영원히 목마르지 않는 생수를 공급하여 주시고, 기쁨의 강물이 넘쳐나게 하십니다.

귀하가 신앙생활, 교회 생활, 가정생활, 학교생활을 잘하기 위해서, 축복받는 주인공이 되기 위해서 해야 할 일은 무엇이라고 생각하십니까? 부지런히 무엇인가를 저장할 저장고를 파는 것이 아니라, 자신의 영 안에 계신 성령으로부터 축복의 생수를 공급받는 것입니다. 성령 충만이 모든 생활의 비결입니다. 성령으로 채움을 받는 것입니다. 우리들은 더 좋은 직장, 더 나은 삶, 그 무엇을 위해 성령으로 행하지 않고 스스로 물 저장고를 파고 있지 않습니까? 어떤 방법을 찾고, 돌파구를 마련하려고 애를 쓰지 않습니까? 문제를 해결하는 가장 간단하고 쉬운 방법은 자신이 성령으로 충만해지는 것입니다. 이스라엘의 역사는 12의 역사입니다. 구약성경은 열두 지파의 맥입니다. 신약성경은 열두제자의 기둥입니다.

그리고 천국에는 열 두문이 있고 열두 보석이 있습니다. 열두 기둥이 있고 열두 기초석이 있습니다. 12라는 숫자는 완전하고도 충족한 숫자입니다. 그런데 바울이 안수하자 곧바로 성령이 열두 사람에게 임하여 방언도 하고 예언도 하였습니다. 그 수는 모두 열두 사람쯤 되었다고 기록하였습니다. 여기에서 열두 사람이란 숫자를 의도적으로 말한 것은 또 다른 의미가 있는 것입니다. 즉 많은 무리들 가운데서 분명한 제자들이 나왔다는 말입니다.

열두제자가 나왔다는 것이 중요하지 않습니까? 예수님의 열두 제자처럼, 주님이 꼭 필요로 하는, 그런 열두제자가 우리 충만한 교회에서도 나오기를 바랍니다. 오늘 우리에게도 성령이 충만하게 역사하실 것입니다. 그래서 에베소의 열두 제자 같이 성령 충만한 제자들로 세워지길 바랍니다. 주의 종을 돕는 동역자가 되어 많은 영혼을 구원할 수 있는 열두제자가 세워지길 축원 합니다. 오늘 책을 읽는 동안 성령의 불로 충만을 받으시기를 바랍니다. 성령으로 지배와 장악되고 성령의 인도를 받는 삶으로 바뀌시기를 바랍니다.

둘째, 주의 말씀이 역사하는 현장. "바울이 회당에 들어가 석 달 동안을 담대히 하나님 나라에 대하여 강론하며 권면하되"(행19:8). 바울이 말씀을 담대하게 전할 수 있었던 것은 성령이 함께 하시고 힘을 주셨기 때문입니다. 그는 가는 곳마다 사단의 많은 도전과 공격을 받았지만, 오히려 유대인의 회당에서 복음을 가르치고 전하였습니다. 그렇게 한 이유는 전도는 해도 되고 안 해도 되는 선택사항이 아닌, 필수선택임을 알고 있었습니다. 성령께서 귀하의 마음에 강하고 담대함을 주시기를 축복합니다. 그래서 믿음생활에 늘 승리하고, 담대하게 예수를 그리스도라 전하는 하나님의 군사로 세워지기를 바랍니다.

"어떤 사람들은 마음이 굳어 순종치 않고 무리 앞에서 이 도를 비방하거늘 바울이 그들을 떠나 제자들을 따로 세우고 두란노 서원에서 날마다 강론하여 이같이 두 해 동안을 하매 아시아에 사는 자는 유대인이나 헬라인이나 다 주의 말씀을 듣더라"(행19:9~10). 바울이 말씀을 전할 때, 제자가 된 사람이 있는가 하면, 오히려 마음이 굳어 순종치 않고 무리 앞에서 말씀을 갖고 비방하는 무리가 있었습니다. 매사에 비판적인 사람은 믿음이 자라지 않고 열매가 없습니다. 아시아에 사는 유대인이나 헬라인처럼, 말씀을 늘 사모 하면서 긍정적으로 받읍시다. "복 있는 사람은 악인의 꾀를 좇지 아니하며 죄인의 길에 서지 아니하며 오만한 자의 자리에 앉지 아니하고 오직 여호와의 율법을 즐거워하여 그 율법을 주야로 묵상하는 자로다 저는 시냇가에 심은 나무가 시절을 좇아 과실을 맺으며 그 잎사귀가 마르지 아니함 같으니 그 행사가 다 형통하리로다"(시 1:1~3)고 했습니다.

하나님의 말씀을 감사로 받고 그대로 행하면 복 있는 사람이 되어 모든 행사가 형통하게 됩니다. 바울은 시비를 걸어오는 사람들을 더 이상 가르칠 필요가 없다고 판단하였습니다. 그래서 회당을 떠나 제자들을 따로 세우고 두란노 서원에서 날마다 말씀을 강론하였습니다. 결국 누가 손해가 됩니까? 하나님의 말씀은 듣고 순종하는 자를 위해 준비된 언약입니다. 강론은 말씀의 뜻을 풀어서 설명했다는 말입니다. 밭은 농부가 뿌리는 씨앗을 그냥 받아들임으로 많은 열매를 거둬들이듯이, 귀하가 강단말씀을 아멘으로 받아들이면 30배, 60배, 100배로 결실하게 되어 있습니다.

말씀을 삶의 적용하도록 돕는 곳이 구역 현장입니다. 강단말씀을 듣고 잃어 버렸다가도 구역 모임에서 다시 말씀을 되새김질을 하는 것입니다. 구역장은 강단의 말씀이 구역 모임을 통해 성도의 삶에 잘 적용하도록 돕는 사역을 해야 합니다. 구역 모임에서 강단말씀의 나눔을 통해 한 주간의 성공과 실패담을 나누고, 삶의 양식으로 삼는 것입니다. 우리가 말씀을 삶에 적용하며 살아갈 때에 하나님 아버지로부터 복을 받는다는 사실을 안다면 그래서 구역 모임을 가볍게 여길 수 없다는 사실도 알게 될 것입니다. 세계의 모든 노벨상은 유대인이 다 차지하고 있습니다. 유대인은 어려서부터 구약 성경에 대해서 철저히 일어서든지 앉던지 길을 가든지 눕든지 자녀들에게 가르치는 일에 힘쓰는 민족입니다.

자녀들의 신앙교육을 힘쓰시기 바랍니다. 교회 학교에 사랑하는 자녀들을 꼭 보내시고, 어려서부터 신앙교육을 잘 받게 해야 합니다. 주일학교 부장과 학생회 부장은 어린아이들이 강단말씀을 노트에 기록하고 그 말씀을 붙잡도록 가르치기 바랍니다. 귀하의 자녀가 어려서부터 말씀을 붙잡고 기도하는 아이가 된다면 요셉과 사무엘과 다윗 같은 인물이 될 것입니다. 이 시대에 큰 재목으로 길러 내시기 바랍니다.

"하나님이 바울의 손으로 희한한 능을 행하게 하시니 심지어 사람들이 바울의 몸에서 손수건이나 앞치마를 가져다가 병든 사람에게 얹으면 그 병이 떠나고 악귀도 나가더라 이에 돌아다니며 마술하는 어떤 유대인들이 시험적으로 악귀 들린 자들에게 대하여 주 예수의 이름을 불러 말하되 내가 바울의 전파하는 예수를 빙자하여 너희를 명하노라 하더라 유대의 한 제사장 스게와의 일곱 아들도 이 일을 행하더니 악귀가 대답하여 가로되 예수도 내가 알고 바울도 내가 알거니와 너희는 누구냐 하며 악귀 들린 사람이 그 두 사람에게 뛰어올라 억제하여 이기니 저희가 상하여 벗은 몸으로 그 집에서 도망하는지라"(행19:11~16).

하나님의 치료의 역사는 시공간을 초월하여 사람이 상상할 수 없는 희한한 능력으로 나타납니다. 본문에도 바울이 병든 자에게 손을 얹은즉 각종 질병이 치료되는 역사가 일어났습니다. 하나님 바울의 손으로 희한한 능력을 행하게 하셨습니다. 우리 충만한교회에도 하나님의 능력이 함께 하심으로 어떤 질병이나 병마가 틈탈 수가 없습니다. 귀하의 가정에 연약한 육체와 질병으로 고통 받는 사람이 있다면 이 시간에 깨끗이 치료되기를 축원합니다. 본문에 보면 어떤 마술하는 유대인들은 예수의 이름을 빙자하였다고 했습니다.

빙자했다는 것은 예수를 믿음의 대상으로 섬긴 것이 아니고, 단순히 자기 이익을 위해 예수의 이름을 이용했다, 믿음과는 상관없이 예수의 이름을 불렀다는 말입니다. 예수의 이름을 빙자했던 사람들은, 마술하던 유대인들과 유대의 한 제사장 스게와의 일곱 아들입니다. 기도를 하고 봉사를 해도 예수를 정말 믿지 않으면 역사가 나타나지 않습니다. 예수를 빙자하던 사람, 믿음이 없는 사람의 현실이 어떻게 됩니까? 악귀가 말하길 '예수도 내가 알고 바울도 내가 알거니와 너희는 누구냐' 며 올라타 눌러 버립니다. 몸이 크게 다쳤습니다. 그리고 얼마나 급했던지 벗은 몸으로 도망쳐 버렸습니다. 얼마나 부끄럽습니까? 예수를 온전히 믿지 않는 사람은 이와 같습니다. 예수그리스도를 '나의 주 나의 하나님'으로 온전히 믿으십시오. 예수만이 인생의 해답이 되시고, 구원자가 되어 주십니다. 생명의 주 예수그리스도를 바로 믿고 섬기면 삶이 변화되고 하나님의 도우심을 맛보고 기적을 보게 됩니다. "에베소에 사는 유대인과 헬라인들이 다 이 일을 알고 두려워하며 주 예수의 이름을 높이고 많은 사람들이 많이 와서 자복하여 행한 일을 알리며 또 마술을 행하던 많은 사람이 그 책을 모아 가지고 와서 모든 사람 앞에서 불사르니 그 책값을 계산한즉 은 오만이나 되더라 이와 같이 주의 말씀이 힘이 있어 흥왕하여 세력을 얻으니라"(행19:17-20).

종교는 헬라말로 "데이쉬 다이모니아"라는 뜻인데, '데이시'라는 것은 두렵다, '다이모니아'는 귀신이라는 뜻입니다. 그래서 종교란 헬라말로 해석하면 귀신을 두려워한다는 뜻입니다. 종교생활을 하는 사람은 귀신을 두려워합니다. 부적을 붙이고 굿하고 절하는 것은 귀신을 두려워하기 때문입니다. 그런데 예수를 믿고 교회를 다니는 데도 귀신을 무서워하는 분들이 있습니다. 샤머니즘의 신앙의 잔재가 교회에 들어와 있기 때문입니다. 샤머니즘의 신앙이 귀신을 무서워하는 것입니다. 예수님을 믿으나 신앙생활은 종교행위로 하기 때문에 귀신의 노리개가 되는 것입니다. 고로 하나님의 복을 받지 못합니다. 성경은 이렇게 말합니다. "네가 하나님은 한 분이신 줄을 믿느냐 잘하는 도다. 귀신들도 믿고 떠느니라"(약 2:19). 귀신들이 성도들을 보면 두려워서 한 길로 왔다가 일 곱길로 도망치는 것입니다. 성도들은 귀신은 제압하고 이기는 자들입니다.

성경 요 14:6에서 예수님은 "나를 말미암지 않고는 아버지께로 갈 자가 없다"고 말씀 하셨습니다. 바울이 전하는 주의 말씀은 힘이 있어 에베소 지역에서 역사하던 혼돈과 공허와 흑암의 권세를 꺾고, 마술과 우상 문화가 떠나감으로 새로운 세상이 되었습니다. 많은 사람이 자복하고, 마술을 행하던 많은 사람이 그 책을 모아다가 다 불살라 버렸습니다. '주의 말씀이 힘이 있어 흥왕하여 세력을 얻었다' 무슨 말입니까? 교회가 말씀 충만한 사람으로 가득차자, 부흥 성장하게 되었다는 것입니다.

두란노 서원으로 에베소, 서머나, 버가모, 두아디라, 사데, 빌라델비아, 라오디게아의 사람들이 와서 말씀을 배웠습니다. 결국은 이 사람들을 통해 아시아의 유명한 일곱 교회가 탄생하였습니다. 교회는 말씀 충만한 사람이 있게 되면 하나님의 나라는 그만큼 확장되어 나가는 것입니다. 주의 말씀으로부터 모든 것이 시작 됩니다. 우리 안에 주의 말씀이 살아 역사하면 생각이 바뀌고, 환경이 바뀌고 치유되고 회복되며, 번성하는 은혜가 임하게 될 것입니다. 귀하가 가는 곳마다 주의 말씀이 역사하는 현장이 되기를 축원 합니다.

셋째, 말씀을 삶에 적용하라. 자식이 없어 고통 중에 살던 한나가 하나님께 기도하여 응답으로 사무엘을 낳은 후 신앙 고백한 내용이 삼상 2:6~8절에 나옵니다. "여호와는 죽이기도 하시고 살리기도 하시며 음부에 내리게도 하시고 올리기도 하시는도다 여호와는 가난하게도 하시고 부하게도 하시며 낮추기도 하시고 높이기도 하시는도다 가난한 자를 진토에서 일으키시며 빈핍한 자를 거름더미에서 드사 귀족들과 함께 앉게 하시며 영광의 위를 차지하게 하시는도다 땅의 기둥들은 여호와의 것이라 여호와께서 세계를 그 위에 세우셨도다”

한나의 신앙고백처럼 우리가 하나님 아버지께 기도하면 무엇이든 다 들어 주십니다. 먼저 성령을 사모하고 구하세요. 그러면 보혜사 성령께서 오셔서 평생 동반자가 되어주시고 때마다 일마다 도와주실 것입니다. 성령은 가난의 진토에서 일으켜 주시고, 거름더미위에서도 부를 얻게 하시고, 지위를 높이시고, 영광스러운 자리에 앉혀 주십니다. 그리하여 열방을 구원하는 제자로 사용하여 주실 줄 믿습니다. 이 귀하신 성령 하나님이 각자의 마음 안에 주인으로 임재하여 주시기를 축원합니다. 또한 성도 모두가 강단을 통하여 주의 말씀을 붙잡으시기 바랍니다.

무슨 일이든 맡겨 놓으면 갑절로 남기는 충성된 사람이 됩시다. 자기 직분에 무책임적인 사람이 되면 안 됩니다. 모든 성도마다 말씀이 충만한 삶을 살면 하나님의 영광을 보게 될 것입니다. 작은 자가 천을 이루고 약한 자가 강국을 이루는 것은 시간문제일 것입니다. 주의 말씀과 성령의 불로 충만이 역사하는 현장이 있기를 바랍니다. 현장은 무엇입니까? 주님을 높이는 곳, 영혼을 전도하는 곳이라면 어디든 현장이 됩니다. 하나님은 현장에서 우리들을 시험하십니다. 이 현장이 각자에게 있어서 현장마다 역사하시는 하나님의 영광을 보게 되기를 축원합니다.

27장 바울이 안수로 희한한 일들을 행함

(행 19:11-22)"(11-12)하나님이 바울의 손으로 놀라운 능력을 행하게 하시니 (12) 심지어 사람들이 바울의 몸에서 손수건이나 앞치마를 가져다가 병든 사람에게 얹으면 그 병이 떠나고 악귀도 나가더라"

하나님께서 바울의 안수기도와 손을 통하여 희한한 능력을 행하십니다. 바울이 안수할 때 병자가 치유됩니다. 귀신에게 고통당하는 자가 자유 함을 입습니다. 악귀들이 떠나갑니다. 성령으로 충만함을 입습니다. 성령으로 지배와 장악된 바울이 안수할 때 이런 놀라운 일들이 일어났습니다. 귀하도 성령으로 충만한 가운데 안수하면 바울과 같이 놀랍고 희한한 기적의 역사들을 일으킬 수가 있습니다. 물론 하나님께서 귀하를 통하여 하시는 일입니다. 하나님께 쓰임을 받는다는 것은 축복 중에 축복입니다.

행20:31절에 보면 바울이 에베소 지방에서 전도한 기간이 3년으로 되어 있습니다. 사도 바울의 선교 사역 중 가장 사랑과 관심을 쏟은 곳이 바로 에베소지방입니다. 또한 사도 바울이 한 곳에서 가장 오랫동안 선교 사역을 감당한 곳도 에베소입니다.

바울이 에베소 사역 중 중점적으로 한 것은 크게 세 가지로 볼 수 있습니다. ①오직 하나님의 복음을 전하는 일입니다. 행19:10절 "같이 두 해 동안을 하매 아시아에 사는 자는 유대인이나 헬라인이나 다 주의 말씀을 듣더라" 두란노 서원에서 바울은 오직 하나님의 말씀만을 전했습니다. 두란노 서원은 유명한 철학자의 이름을 딴 철학 강단이라고 합니다. 무엇보다도 전하는 일이 귀한 일입니다.

롬10:14절 "그런즉 저희가 믿지 아니하는 이를 어찌 부르리요 듣지도 못한 이를 어찌 믿으리요 전파하는 자가 없이 어찌 들으리요" 그렇습니다. 우리는 먼저 복음을 전하는 운동을 일으켜야 합니다. ② 병든 자를 고치는 신유의 사역을 했습니다. 행19:11절 "하나님이 바울의 손으로 희한한 능을 행하게 하시니" 우리들도 이런 능력을 받아야 합니다.

③귀신을 쫓는 사역을 했습니다. 행19:12절 하 반절에 "악귀도 나가더라"고 했습니다. 그렇습니다. 복음을 전하는 일과 병을 고치는 일과 귀신을 내어쫓는 일은 복음의 3대 사역입니다. 막6:12-13절을 보면 예수께서 제자들을 둘씩둘씩 짝 지어 전도 단을 파송했을 때 제자들이 감당했던 세 가지 사역이 바로 '회개하라!'는 복음을 전파한 일과 병자들에게 기름을 발라 고치는 일과, 그리고 귀신을 쫓아내는 일이었습니다.

본문은 바울이 이미 성령의 충만함을 입은 12명의 제자들과 더불어 에베소에서 복음을 전했는데 주의 능력이 나타난 사건들을 소개하고 있습니다. 바울이 에베소 전도의 대부분이 하나님의 말씀을 가르치는 일을 했는데 그 결과가 중요합니다. 바로 희한한 능력이 나타났습니다.

사도행전19: 11-12절 "하나님이 바울의 손으로 희한한 능을 행하게 하시니 심지어 사람들이 바울의 몸에서 손수건이나 앞치마를 가져다가 병든 사람에게 얹으면 그 병이 떠나고 악귀도 나가더라"

본절을 이해하기 위해서는 10절 '하'의 말씀을 다시 읽어봐야 합니다. "다 주의 말씀을 듣더라!" 바울사도가 에베소에서 2년 동안 매일 주의 말씀을 강론했습니다. 그랬더니 유대인이나 헬라인이나 다 주의 말씀을 들었습니다. 분명 바울이 가르쳤는데 사람들은 모두 주의 말씀으로 들었습니다. 주의 말씀을 전하고, 주의 말씀을 배울 때, 그것을 하나님께서 기뻐하십니다. 하나님께서는 주의 말씀을 전하고, 주의 말씀을 배우고, 주의 말씀을 순종하는 그런 사람을 너무나 기다리시고 기뻐하십니다.

그런 사람과 함께 일하십니다. 하나님께서는 말씀이 있는 곳에서 '희한한 능력'이나 이적까지라도 행하십니다. 왜냐하면 하나님은 말씀의 하나님이시기 때문입니다. 여기서 말하는 '희한한 능력'이란 아무나 할 수 있는 것이 아니라 하나님께서 신임하시는 전도자에게만 주신 능력을 말합니다. 여기서 희한한 능력이란 주로 병 고치는 것과 악귀를 쫓아내는 일 기적을 행하는 일을 말합니다. 하나님께서 필자를 통하여 희한한 기적을 일으키고 계십니다. 열이 39도가 되어 15일을 고통당하던 아기를 안수기도하면 3분만이 열이 내리고 완치가 되는 일을 필자를 통하여 역사하고 계십니다.

희한한 능력이 여기에서 두 가지 경우로 나타나는데 하나는 바울의 안수 기도를 통해서 나타났고, 또 하나는 멀리 있어 올 수도 없는 병자들에게 바울의 손수건이나 앞치마를 가져다가 얹었을 때 병이 낫고, 악귀가 떠나갔습니다. 여기 손수건은 지금 우리가 생각하고 있는 그런 예쁜 손수건이 아닙니다. 바울이 천막을 지을 때 땀을 닦는 수건이었고, 앞치마도 천막 짓는 일을 할 때 두른 것입니다. 여기서 중요한 것은 손수건이나 앞치마가 어떤 능력을 가지고 있는 것이 아니라는 것입니다. 그것은 오직 하나님의 능력의 역사입니다.

하나님의 능력을 믿는 자 속에서 일어납니다. 바울의 믿음과 환자의 믿음이 하나님의 능력을 일으킨 것입니다. 막5:25절 이하에 보면 12년 동안 혈루증으로 고생하던 여인이 길거리를 지나가시는 예수님의 뒤를 따라가 겉옷자락을 만진 이야기가 나옵니다. 그런데 그 여인이 예수님의 겉옷을 만지는 순간 12년 동안 혈루의 근원이 딱 말라버렸습니다.

치료를 받을 수 있었던 것은 그 여인의 믿음이었습니다. 막5:28절에 "이는 내가 그의 옷에만 손을 대어도 구원을 얻으리라 함일러라" 이 여인은 예수님의 옷자락만 만져도 병이 낫겠다는 믿음이 있었습니다. 걸음을 멈추신 예수님이 그 여인에게 "딸아 안심하라 네 믿음이 너를 구원"하였다고 말씀했습니다.

행5:15절 이하에 보면 병든 자의 침상 위에 베드로의 그림자만 덮여도 병자가 나았다는 기사가 있습니다. 그림자가 병을 고친 것이 아니라 하나님의 능력이 그렇게 한 것입니다. 바로 그것이 희한한 능력입니다. 지금도 하나님의 능력은 역사하십니다. "예수 그리스도는 어제나 오늘이나 영원토록 동일하십니다." 어떤 사람은 기도하다가 치료받기도 하고, 주의 종의 안수를 통하여 치료받기도 하고 예배 시간에 말씀을 듣다가 치료받는 경우도 있습니다. 어째든 확실한 진리는 주님의 희한한 능력을 행하신다는 사실입니다. 그래서 본문의 해 19:11절은 "바울이 희한한 능력을 행하였다"고 하지 않고 "하나님이 바울의 손으로 희한한 능력을 행하게 하셨다"는 것입니다.

또 행19:12절에 "악귀도 나가더라!"고 했습니다. 악귀는 글자 그대로 악한 귀신입니다. 지금도 많은 사람들이 귀신에 잡혀 고생하고 있습니다. 심지어 예수 믿는 성도들 가운데서도 많이 있습니다. 그러나 그런 사람들은 믿음이 없는 사람입니다.

성경 전체를 살펴보면 단 한 곳도 귀신이 하나님의 능력 앞에서 승리한 적이 없습니다. 예수님의 발자국 소리만 들어도 귀신은 떨었고, '거기서 나오라'는 명령 한마디에 귀신이 쫓겨났습니다. 한 마디로 귀신은 저 혼자 있을 때는 강한 존재이며 사람과 함께 있을 때는 난폭하고 힘있는 존재인 것처럼 행세하지만 주님의 능력 앞에서는 기를 펴지 못하고 추풍낙엽처럼 떨어지는 존재입니다.

본문에서 손수건과 앞치마만 덮어도 병자가 고침 받고 귀신이 쫓겨나는 사건은 무엇을 의미합니까? 한마디로 하나님의 희한한 능력을 행하시는 분이시고 그 하나님을 믿는 기독교 역시 산 종교이며 능력의 종교임을 나타낸 것입니다. 현대 과학이나 의학을 문자 그대로 최첨단을 치닫고 있습니다. 그러나 하나님의 능력에는 비할 길이 없습니다. 인간의 최첨단 과학은 목숨을 좀 더 연장해서 오래 살 수 있게 할 수는 있습니다. 그러나 영원한 생명을 주거나 만들지는 못합니다. 그런 면에서 본문에서 말하는 '희한한 능력'이란 '비교할 수 없는 능력이며 흉내 낼 수 없는 능력'을 의미합니다. 이 능력이 오직 하나님께만 있음을 절대 믿으시기 바랍니다.

여기서 잠깐 '악귀'에 대하여 알아보겠습니다. 어떤 성도들은 '누가 귀신이 있다'고 하면 화를 내면서 '귀신이 어디 있는가? 그것은 성경 적이 아니다. 그것은 미신적이다'고 야단치면서 그런 식으로 믿으면 안 된다고 점잖게 꾸짖는 사람이 있습니다. 그러나 오히려 그렇게 충고하는 사람이 잘못된 기독교인입니다. 성경에는 온통 성령에 대한 말씀이 많이 나오는 반면, 마귀와 귀신들 이야기도 굉장히 많이 나옵니다.

성령께서는 일하실 때에 그 부하로 천사들을 사용하십니다. 마찬가지로 악한 영들의 대장은 마귀요, 그 부하들은 바로 귀신들입니다. 마귀의 이름은 대단히 많습니다. "사탄, 바알세불, 공중권세 잡은 자, 용, 옛 뱀" 등입니다. 마귀와 귀신들은 어디에서 생긴 것인가? 그들도 하나님이 창조하신 것인가? 우리나라에서는 옛날부터 사람이 죽은 후, 그 혼이 귀신이 된 것이라고 믿어왔습니다. 국제선교원장인 신태웅 박사는 "한국귀신 연구"라는 책에서 "한국 사람들은 사람이 죽으면 혼(魂) 귀(鬼)와 백(魄) 등, 세 가지로 분리하게 된다고 믿었습니다. 그래서 혼은 하늘로 올라가고 백은 땅에 귀의하고 귀는 공중에 존재하여 이 귀가 일반적으로 신주(神主)로서 영접되어 각 가정에서 제사를 지낼 때 와서 음식을 먹는다"고 믿는다고 썼습니다. 이 외에 귀신은 비명(非命)에 죽거나 원한으로 죽은 자들의 귀가 귀신이 되어 공중에 떠돌아다닌다고 한국 사람들은 믿었다고 했습니다. 그러나 이러한 모든 것은 너무나 어리석은 생각입니다.

기독교적인 것은 하나님이 창조하신 천사들 중에 3분지 1에 해당하는 천사들이 하나님의 자리를 탐내서 반역을 일으켰다가 쫓겨난 자들로, 그 중의 하나였던 천사장 루시퍼가 귀신의 대장인 마귀가 되고 그 밑에 있던 부하 천사들이 귀신들이 되었다고 믿고 있습니다.

그러면 성령과 악령을 어떻게 구분할 수 있습니까? (1)성령을 받은 자는 자유 함과 기쁨이 있습니다. 롬8:2절 "그리스도 예수 안에 있는 생명의 성령의 법이 죄와 사망의 법에서 너를 해방하였음이라" 성도들은 사탄의 속박의 사슬에서 벗어나니 자유 함과 기쁨이 넘칩니다. 그러나 악령을 받은 자는 두려움이 있습니다. 속박을 느낍니다. 롬6:15절 "너희는 다시 무서워하는 종의 영을 받지 아니하였고"라고 한 것을 보면 사탄 마귀는 무서워하는 종의 영을 받게 하는 것입니다. 여기서 종의 영이란, 노예의 정신과 태도를 말합니다. 종은 언제나 두려움 가운데 삽니다. 무엇인가 늘 쫓기며 살므로 언제나 그 얼굴이 어둡습니다. 그렇습니다. 악령을 받은 자는 어둠에 있기 때문에 빛을 두려워합니다.

⑵성령과 악령의 차이는 그 열매로 구분합니다. 마7:17절 "좋은 나무마다 아름다운 열매를 맺고 못된 나무가 나쁜 열매를 맺나니" 좋은 나무냐, 나쁜 나무냐는 그 열매를 보고 알 수 있습니다. 그러면 좋은 열매는 어떤 것이고 나쁜 열매는 어떤 것입니까? 갈5:19-23절에 나쁜 열매, 즉 악령의 열매는 "음행, 더러움, 호색, 우상숭배, 술수, 원수 맺는 것, 분쟁, 시기, 분 냄, 당 짓는 것, 분리함, 이단, 투기, 술 취함 방탕" 입니다. 그러나 성령의 열매는 "사랑과 희락과 화평과 오래 참음과 자비와 양선과 온유와 절제"입니다.

⑶성령과 악령의 구분은 그 인도함을 보면 알게 됩니다. 성령은 우리를 어찌하든지 좋은 길로 인도하여 영생의 길을 가게 하십니다. 그러나 악령은 자기를 위해 섬길 때는 무엇인가 도와주는 것처럼 같다가도 끝에는 멸망의 길로 이끌고 맙니다. 그래서 주님은 요10:10절에서 "도적이 오는 것은 도적질하고 죽이고 멸망시키려는 것뿐이

요. 내가 온 것은 양으로 생명을 얻게 하고 더 풍성히 얻게 하려는 것이라"고 했습니다.

행19:13-16절을 보면 사이비 집단의 정체가 드러나고 그 집단이 무너지는 모습을 보여줍니다. 언제나 은혜의 역사가 강하면 거짓 역사도 따릅니다. 태양 빛이 강렬하면 그림자가 짙게 나타나듯 은혜로운 역사가 있을 때, 그것을 악용하는 자도 있습니다. 행19:13절 "이에 돌아다니며 마술하는 어떤 유대인들이 시험적으로 악귀 들린 자들에게 대하여 주 예수의 이름을 불러 말하되 내가 바울의 전파하는 예수를 빙자하여 너희를 명하노라 하더라" 우리 그때 일을 한 번 상상해 보시기 바랍니다. 사도바울이 명령하니 귀신이 나가고 병든 자가 벌떡 일어났습니다. 그러니 얼마나 사도바울의 인기가 높았겠습니까? 인기가 대단했을 것입니다.

마술 하는 어떤 유대인들이 "주의 말씀이 힘이 있어 흥왕하여 세력을 얻는" 그것을 보았습니다. 놀라운 능력이었습니다. 주술사들은 바울이 예수의 이름으로 기적과 능력을 행하는 것을 목격했습니다. 고대 세계에서는 악령을 내쫓기 위해 주문을 외울 때 주술적(呪術的)인 이름들을 사용했습니다. "바울이 전파하는 예수를 빙자하여 너희를 명하노라"라고 했습니다. 무당들이 예수의 이름을 사용했습니다. 경건의 능력을 부인한 채 경건의 모양만 도입해서 마술하는 사람들이 사도바울의 흉내는 낸 것입니다.

이들은 예수님의 이름을 이용하여 자기가 높아지고 자기의 사욕을 채우려는 사람들입니다. 이런 사람들에게 우리 주님이 속아넘어가신 분입니까? 천만에 말씀입니다. 갈6:7절 "스스로 속이지 말라 하나님은 만홀히 여김을 받지 아니하시나니 사람이 무엇으로 심든지 그대로 거두리라” 지금도 이런 사람들이 많습니다. 예수님의 이름을 파는 자들이 많이 있습니다. 예수는 안 믿으면서 예수님을 이용하는 사람들입니다. 교회 안에도 이런 사람들이 많습니다. 또 예수 이름으로 사회사업을 한다면서 돈을 거두어 먹는 단체도 많습니다. 지금 잘못된 사이비 종교 때문에 우리 기독교가 얼마나 어려움을 당합니까?

사도행전19장 14절 “유대의 한 제사장 스게와의 일곱 아들도 이 일을 행하더니” 유대의 한 제사장의 일곱 아들이 “이 일”을 행하였다고 합니다. 여기서 “이 일”이란 “마술”을 의미합니다. 여기 “한 제사장”이라고 했는데 당시 에베소에서는 유대인의 회당의 랍비를 제사장으로 불렀습니다. 여기서 보면 일곱 아들이 다 마술을 행하는 사람이라고 했는데 16절을 보면 사실은 두 아들만 마술을 행한 것 같습니다. 그 당시 마술사란 일정한 주문을 외움으로 귀신의 힘을 빌려 신통한 일을 행하는 사람을 말합니다. 당시 마술사들은 때로는 병을 고치기도 했고, 귀신을 내쫓기도 했습니다.

그 마술사들이 사도바울이 행하는 능력을 보고 탄복한 나머지 자신들을 실험해 볼 양으로 악귀 들린 자를 찾아가 “내가 바울의 전파하는 예수를 빙자하여 너희에게 명하노라!”하고 호령했습니다. 그랬더니 과연 놀라운 기적이 일어났습니다. 어떤 역사가 일어났습니까?

사도행전19장 15-16절 “악귀가 대답하여 가로되 예수도 내가 알고 바울도 내가 알거니와 너희는 누구냐 하며 악귀 들린 사람이 그 두 사람에게 뛰어올라 억제하여 이기니 저희가 상하여 벗은 몸으로 그 집에서 도망하는지라” 정말 놀라운 일이 일어났습니다. 귀신이 화가 난 것입니다. 귀신들은 보통 사람들과는 달리 먼저 하나님의 사람들을 알아보고 그들의 믿음과 능력들을 먼저 파악했습니다. 그들 자신들이 하는 일을 멸하러 오신 예수를 이미 이전부터 알고 있었으며(막1:24/34;5/눅4:41/히2:14/요일 3:8), 나아가 바울이 그 예수의 사도이며 믿음과 능력의 사람이라는 사실도 알고 있었습니다.

그러나 이제까지 자기 귀신 이름으로 밥 벌어먹고 자기의 똘마니 노릇을 하던 존재들이 장사가 잘될 것 같으니까 간판을 예수 이름으로 바꾸다니 화가 났습니다. 이 귀신들은 스게와의 아들들이 예수의 이름을 빙자함을 먼저 알고 있었던 것입니다. 악의 세력은 그렇게 만만한 것이 아닙니다. 그래서 마귀가 대답하기를 “예수님도 내가 알고, 바울도 내가 알거니와 너희는 누구냐?”고 하면서 마술사들에게 달려들어 할퀴고 두들겨 패는 바람에 마술사들의 죽도록 얻어맞고 벌거벗은 몸으로 도망가는 개망신을 당했습니다.

귀신은 귀신같이 압니다. 저 사람이 하나님의 사람인지 아닌지를 말입니다. 마음속에 예수님을 영접하지 못하고 생명의 역사가 없는 사람은 마귀가 더 잘 압니다. 예수님의 생명이 없는 사람은 마귀를 이길 수가 없습니다. 그러나 예수님을 나의 구주로 영접하고 신앙의 강한 훈련을 받은 사람에게는 예수님의 능력이 함께 합니다. 이런 성도가 귀신에게 “나사렛 예수 그리스도의 이름으로 나가라!”고 명하면 사단 마귀는 벌벌 떨고 나갑니다.

예수님이 이 땅에 오신 목적 중 하나가 마귀를 멸하시려고 오신 것입니다. 요일3:8절 “죄를 짓는 자는 마귀에게 속하나니 마귀는 처음부터 범죄 함이니라 하나님의 아들이 나타나신 것은 마귀의 일을 멸하려 하심이니라” 본문에 마술사들은 예수님의 이름이 그 안에 없었습니다. 그래서 귀신이 “예수님도 내가 알고, 바울도 내가 알거니와 너희는 누구냐?” 가소롭게 보고 혼을 내 준 것입니다.

이들이 얼마나 망신을 당했습니까? 그들이 마귀에게 당했다는 소문이 아마 삽시간에 에베소 전역에 퍼졌을 것입니다. 이들의 권위와 위업은 땅바닥에 떨어졌을 것이고, 반면에 사도바울의 권위는 더더욱 올라가게 되었을 것입니다. 지금 우리가 살고 있는 이 시대에도 사이비집단과 이단들이 득실거렸습니다. 사이비란 에베소의 마술사처럼 예수님을 빙자하는 사람들입니다. 예수님을 빙자한다는 것은 믿지는 않지만 시험적으로 이용해보는 자들입니다.

특히 우리가 경계해야 할 것은 사이비 종교단체나 이단들입니다. 저들은 저마다 그럴싸한 이름을 내걸고 선교단체니, 자선단체니 성경공부 그룹이니 무슨 운동이니 하면서 예수님을 빙자해서 돈을 뜯고 가정을 파괴시키고 기독교를 망신시키고 영혼들을 사냥해 갑니다.

다시 본문으로 들어갑니다. 본문의 마술사들은 예수님 이름을 팔다가 죽을 뻔했습니다. 에베소는 특히 마술사가 많았습니다. 당시 에베소 식 마술이라는 말이 생길 정도였습니다. 저들이 하나님을 시험하고 믿지도 않는 예수님의 이름을 이용하여 인기와 명예와 돈벌이를 해보려고 하다가 마귀들에게 개망신만 톡톡히 당했습니다.

귀신도 영입니다. 속으면 그것은 귀신도 아닙니다. 약2:19절 “네가 하나님은 한 분이신 줄을 믿느냐 잘하는도다 귀신들도 믿고 떠느니라” 귀신들도 바울을 알고 있었습니다. 그러나 예수가 없는 마술 사들은 죽사발이 되었습니다. 마귀도 우리 속에 있는 성령을 압니다. 그러므로 저들이 우는 사자와 같이 근방에서 으름장을 놓을 수는 있어도 절대로 우리에게 대들지는 못합니다.

우리 속에 있는 성령이 저들보다 크고 위대하기 때문입니다. 어떻든 우리는 이 사건을 통하여 마술사들이 항복하고 복음이 승리하는 아름다운 역사를 봅니다. 마술사들이 봉변을 당한 후 몇 가지 사건이 일어났습니다. 하나는 유대인들이 정신을 차린 것입니다.

사도행전19장 17절 “에베소에 거하는 유대인과 헬라인들이 다 이 일을 알고 두려워하며 주 예수의 이름을 높이고” 여기 ‘유대인과 헬라인’은 모두 다 ‘디아스포라’ 즉 흩어진 유대인으로써 회당에서나 두란노 서원에서 바울사도의 설교나 성경공부를 배웠던 자입니다. 그런데 그들이 다 에베소의 오랜 전통에 빠져 마술사에게 깊이 빠졌던 자들입니다. 그런 그들이 가짜 예수쟁이들이 마귀에게 골탕을 먹었다는 말을 듣고는 두려워하여 즉 예수 이름을 높였다고 했습니다.

이것이 참다운 하나님의 역사의 결과입니다. 그들은 진실로 하나님의 아들 예수 그리스도의 능력을 비로써 깨닫게 된 것입니다. 그들이 얼마나 예수님을 무시했습니까? 예수님을 십자가에 못 박은 것은 유대인들이었습니다. 자기의 동족들이 예수님을 죽인 것입니다. 그런 그들이 뒤늦게나마 그분은 우리의 찬송과 경배를 받으실만한 분이라고 고백했습니다. 우리는 오직 예수님만 높여야 합니다.

6부 안수하고 안수 받는 분들의 유의사항

28장 안수 받을 때 생소한 체험을 통과해야

(고전 2:10)"오직 하나님이 성령으로 이것을 우리에게 보이셨으니 성령은 모든 것 곧 하나님의 깊은 것까지도 통달하시느니라"

안수 받을 때 권능을 극대화 하려면 성령으로 세례를 받은 연후에 성령의 불로 충만 받아야 합니다. 그런데 성령의 불로 충만을 받게 되면 이해하지 못할 두려움이 자신을 주장하게 되는 경우가 많습니다. 성령으로 지배와 장악된 사역자로부터 안수를 받을 때 마찬가지로 두려움이 역사할 수가 있습니다. 목회자들도 설명할 수 없는 현상이 일어남으로 안수사역을 꺼려합니다. 이를 극복하지 않으면 안수를 받아 가며 영육의 문제를 해결할 수가 없습니다. 안수사역을 할 수가 없습니다. 체험하려고 노력을 해야 영적인 진보가 있습니다. 우리가 신앙생활을 하면서 가장 극복하기 어려운 부분이 영적 두려움일 것입니다. 우리는 알지 못하는 세계에 대해서 막연한 두려움을 지니고 있습니다.

특히 영적 세계는 일반적으로 잘 알려져 있지 않기 때문에 모든 것이 생소하고 낯설기만 합니다. 특별하게 성령체험은 더욱 생소하고 두렵고 불안하게 합니다. 목사님들도 불안해하는 경우가 많습니다. 그러므로 자연적으로 막연한 두려움을 가지고 있는 것입니다.

많은 사람들이 이런 막연한 두려움 때문에 성령의 불로 충만을 받아 영적 변화를 얻기를 달갑지 않게 생각합니다. 변화란 성장을 의미하며 성장이란 새로운 세계에 들어가는 것을 말합니다. 변화하기 위해서는 먼저 두려움을 이기는 법을 배워야 합니다.

영적인 일은 많은 오해를 불러올 수 있습니다. 영적인 일은 생소하기 때문입니다. 왜냐하면 다수가 영적이지 못하기 때문입니다. 우리는 영적이란 말을 자주 종교적이라는 말과 혼동합니다. 세속적인 일이 아닌 종교적인 일을 하는 것을 영적인 일이라고 표현하지만, 사실 엄격하게 말하면 그 말은 틀립니다. 종교적인 일과 영적인 일은 근본적으로 다릅니다. 전혀 영적이지 않은 사람들도 종교적인 일을 할 수 있습니다. 거듭나지 않고 영적 감흥을 전혀 느끼지 못하는 사람이라 할지라도 종교적인 일은 얼마든지 할 수 있습니다. 그러나 영적인 일은 성령을 받지 않고는 할 수 없는 일이며, 성령의 움직임을 파악하지 못하고는 전혀 할 수 없는 일입니다.

영적인 일은 영적이지 못한 다수의 신앙인들로 인해서 오해를 받게 됩니다. 예를 든다면 교회는 평안해야 한다는 것입니다. 그래서 예배를 드리며 말씀을 들을 때 영적인 두려움이 찾아오면 자신에게 문제가 있다고 인정하는 것이 아니고, 교회가 문제가 있다고 단정해 버리는 것입니다. 성령의 역사가 일어나면 영적인 두려움이 자신을 주장할 수가 있습니다. 이는 자신의 육체에 역사하는 세력이 두렵게 하는 것인데 이러한 현상이 생소하고 한 번도 들어보지도 체험하지도 못했기 때문에 받아들이지 않는 것입니다. 그래서 마음을 닫거나 장소를 이탈하거나 다시 찾지 않는 다는 것입니다. 그래서 점점 영적 감각이 둔한 사람이 되어가는 것입니다.

영적 감각이 둔한 사람들은 자신들의 입장을 고수하기 위해서 영적인 사람들을 무시하거나 비난합니다. 이런 일로 인해서 영적인 일에 대해서 두려움을 가집니다. 영적 세계에는 하나님만 계시는 것이 아니라 무수한 악령이 존재합니다. 그러므로 이런 악령에 대해서 두려움을 가지고 있습니다. 악령에 대한 지식이 부족한 사람들은 막연한 두려움을 가지고 있습니다. 이들은 세속적인 지식으로 인해서 마귀에 대해 거부감과 두려움을 지니게 됩니다. 그래서 영안이 열리지 않게 됩니다. 예수를 믿으나 성령의 역사를 이해하지 못하는 육신적인 신앙인이 되는 것입니다.

두려움은 무지에서 비롯됩니다. 성장과 변화에 대한 올바른 지식이 없기 때문에 자신에게 이상한 변화가 나타나면 두려워합니다. 혹시 잘못되는 것이 아닌가 하고 의심합니다. 다른 사람이 자신들과 다른 행동을 하게 되면 색안경을 쓰고 봅니다. 영적 지식이 부족하기 때문에 자신에게나 주변에서 나타나는 변화를 제대로 이해하지 못하고 두려워합니다. 예수님이 어두운 바다를 걸어서 제자들이 타고 있는 배로 다가왔을 때 제자들은 두려워하면서 떨었습니다. 상식을 초월하는 현상을 목격한 제자들이 겪는 당연한 두려움이었습니다. 우리 역시 상식을 넘어서는 변화가 자신과 주변에서 일어나면 두려워하게 됩니다. 영적인 변화에 대한 지식이 부족하면 우리는 즉시 두려워하게 되고 그런 변화를 받아들이지 못하고 거부하게 됩니다.

영적인 변화는 예고하고 찾아오는 것이 아닙니다. 성령님은 비인격적으로 역사하시기 때문입니다. 그래서 우리가 생각하지 못한 이상한 변화는 언제라도 우리 가운데 나타날 수 있습니다. 그러므로 우리가 경험하지 못한 것에 대한 지식들을 풍성하게 갖추는 것이 두려움을 이기는 비결입니다. 많은 영적 지식들은 자신의 삶 속에서 다가오는 영적 변화를 자신 있게 맞이할 수 있게 해 줍니다.

두려움은 우리가 겪는 영적 변화의 결과를 예측할 수 없을 경우에 생깁니다. 주님에게 모든 것을 맡기면서 살아야 한다는 사실을 알지만 그러나 정작 모든 것을 맡겼을 때 과연 주님이 모든 것을 지켜주실지 확신이 들어가지 않습니다. 예를 들어 병에 걸렸을 때 주님이 치유하여 주실 것을 온전히 믿고 전적으로 맡기는 문제에서 우리는 두려움이 생깁니다. 하나님은 치유하시는 분이지만 자신의 병을 치유해 주실지에 대해서는 두려움이 앞섭니다. 이런 형태의 두려움으로 인해서 우리는 영적 모험을 하기 보다는 안전한 방법을 선택하는 쪽으로 기울어집니다. 그래서 우리는 항상 적당한 수준으로 타협하면서 신앙에도 손상이 가지 않고 우리의 삶도 위태롭지 않은 그런 절충을 하게 됩니다. 이 모든 일이 두려움 때문에 생기는 현상입니다.

두려움은 다수의 선택을 항상 올바른 일로 만듭니다. 우리는 많은 사람이 가는 길이 안전하다고 여깁니다. 다수결의 원칙은 진리처럼 여깁니다. 다수의 선택은 항상 안전하다는 그릇된 상식을 가지고 삽니다. 이것은 우리의 두려움이 만들어낸 잘못된 결론입니다. 성경은 소수의 진리를 자주 언급합니다. 그리고 그 소수의 진리 편에 설 용기를 얻기를 권합니다. 영적인 일은 소수의 편에 서는 일입니다. 그러므로 모험이 따릅니다. 베드로가 물 위에 발걸음을 옮겨놓는 일은 전적으로 모험입니다. 상식을 초월하는 일을 오로지 모험으로 행동했습니다. 영적인 일에는 이런 모험이 절대로 필요하기 때문에 두려움이 없어야 합니다.

하나님의 능력을 덧입는 일은 두려움을 극복했을 때 가능해집니다. 모든 사람들이 불가능하다는 일을 믿음으로 도전하여 성취시키는 일이 능력을 행하는 일입니다. 성공에 대한 아무런 보장이 없습니다. 그렇기 때문에 용기가 필요한 것입니다. 결과를 예측할 수 없는 일을 하는 것은 어리석은 행동임에는 분명합니다. 그러나 이런 일을 할 수 있는 것은 믿음이 있기 때문입니다. 믿음은 두려움을 극복하는 힘이지만 그 믿음을 얻기까지 넘어야 할 산이 많습니다. 두려움을 극복하여 믿음의 길로 나가는 데에는 우리의 노력으로는 사실 불가능합니다. 우리는 천성적으로 두려워하는 사람입니다. 그러므로 두려움을 이기기 위해서는 오로지 하나님의 은혜가 필요합니다. 하나님의 은혜는 그냥 얻어지는 것이 아니라 극심한 시험을 통해서 얻어지는 것입니다.

우리가 두려워서 할 수 없는 일을 할 수밖에 없는 입장에까지 몰아가시는 하나님의 은혜가 없이는 우리는 두려움을 이길 수 없습니다. 가고 싶지 않은 길을 갈 수밖에 없는 상황으로 몰아가시는 하나님의 손길이 있어야 하는 것입니다. 하나님이 두려움을 없애기 위해서 우리를 극한의 상황으로 몰아갈 때 우리는 그 상황을 고난이라고 표현합니다. 극한의 고난과 시험 앞에서 비로소 우리는 두려움을 떨치고 문제와 정면으로 마주하게 되고 이 과정에서 믿음이 만들어지는 것입니다. 이런 일이 한 번으로 끝나는 것이 아니라 여러 차례 경험함으로써 제대로 믿음이 생기게 되고 두려움이 사라지게 되는 것입니다. 두려움이 사라짐과 동시에 영안이 열려가는 것입니다.

우리가 영적 변화를 경험하고 영안을 열고 성장하기 위해서 반드시 고난이라는 굴레를 통과하게 되는 까닭이 이런 우리의 두려움을 이겨내야 하기 때문인 것입니다. 두려움을 통과하지 않고서는 절대로 영적 성장이 이루어질 수 없습니다. 영적 변화는 사람들에게서 오해도 받을 수 있고, 자신 스스로도 두려워하게 됩니다. 두려움을 이기지 않고서는 성장할 수 없기 때문에 하나님은 우리를 강제로 막다른 길로 이끌어 가지 않으면 안 되게 하시는 것입니다. 그러므로 우리 스스로 영적 변화에 대해서 담대할 필요가 있습니다. 이미 경험한 지도자들의 경험을 자신의 것으로 해서 담대함을 만들어내야 합니다. 영적 지식은 담대함을 얻게 하는데 많은 도움이 됩니다. 담대함을 얻으면 우리는 막다른 지경으로 몰리는 그런 고난은 당하지 않아도 되는 것입니다.

안수기도를 어떻게 받고 어떻게 해야 할까요? 안수기도의 주체자는 성령하나님이십니다. 많은 분들이 안수기도를 하는 사람이 권능이 있고 성령의 불의 역사를 일으키는 것으로 알고 있는 경우가 많습니다. 심지어는 안수기도 하는 목회자 역시도 자신이 능력자인 줄로 착각하고 사역을 하는 분들이 있습니다. 이는 지극히 영적인 무지의 소치입니다. 절대로 안수기도 하는 목회자의 능력이나 성령의 불이 아닙니다.

필자가 누누이 강조했지만 안수기도 하는 목사나 성도는 예수를 믿을 때 죽었습니다. 하나님께서 분명하게 말씀하셨습니다. "그리스도의 사랑이 우리를 강권하시는 도다. 우리가 생각하건대 한 사람이 모든 사람을 대신하여 죽었은즉 모든 사람이 죽은 것이라. 그가 모든 사람을 대신하여 죽으심은 살아 있는 자들로 하여금 다시는 그들 자신을 위하여 살지 않고 오직 그들을 대신하여 죽었다가 다시 살아나신 이를 위하여 살게 하려 함이라(고후 5:14-15)" 분명하게 "자신을 위하여 살지 않고 오직 그들을 대신하여 죽었다가 다시 살아나신 이를 위하여 살게 하려 함이라고" 하셨습니다. 예수님을 위하여 살게 하려고 부르신 것입니다. 예수님께서 하신 일을 하게 하려고 부르신 것입니다. 예수님은 영이십니다. 육체가 죽지 않고 예수님을 위하여 살아갈 수가 없습니다.

그래서 죽었다가 다시 살아나 예수님으로 살도록 하시는 것입니다. 이제 자신의 인간적인 생각이나 지혜나 열심으로 살지 말아야 합니다. 성령의 인도를 받아야 합니다. "무릇 하나님의 영으로 인도함을 받는 사람은 곧 하나님의 아들이라(롬 8:14)" 그래서 하나님은 "만일 우리가 성령으로 살면 또한 성령으로 행할지니(갈 5:25)"라고 말씀하십니다. 예수를 믿고 성령으로 거듭난 성도는 성령으로 깨달아야 하고, 성령으로 기도해야 합니다. 자신은 예수를 믿을 때 죽고 다시 예수로 태어나 예수님을 위하여 살기 때문입니다. 예수를 믿고 성령으로 거듭난 크리스천들은 특별하고 위대한 사람들입니다. 예수님의 인생을 살고 있기 때문입니다. 그렇기 때문에 빠른 시간 내에 자신이 없어지고 순수하게 성령으로 깨닫고, 성령으로 기도하면서 성령의 지배와 인도를 받아야 합니다. 그래야 하나님께서 주시는 것들을 온전하게 누리면서 살아갈 수가 있는 것입니다.

그렇기 때문에 안수기도 하는 사람이 능력 있는 것이 아닙니다. 안수기도 하는 사람을 통하여 성령하나님께서 역사하시는 것입니다. 절대로 안수기도 하는 사람의 능력이나 권능이 아닙니다. 만약이 자신이 능력 있고 권능 있는 사람이라고 한다면 그 사람은 사이비 이단이요, 하나님의 자리에 앉아서 하나님의 것을 도적질 하는 사탄입니다. 더 나아가 예수로 죽고 예수로 태어난 사람이 아니기 때문에 여전하게 아담으로 세상신의 영향아래에서 사탄의 노예로 살아가는 사역자입니다. 이런 사람이 주면에 있다면 멀리해야 합니다. 절대 성령의 사람이 아니고 사탄의 하수인이기 때문입니다.

그래서 안수하는 사역자가 예수를 믿을 때 죽고 예수로 다시 태어난 사람이 아니면 아무리 머리에 손을 얹고 입바른 말로 축복을 하면서 안수를 하여도 하나님의 역사는 일어나지 않습니다. 분명하게 안수사역을 하는 자도 죽었다가 다시 살아난 사람이어야 하고, 안수를 받는 사람도 죽었다가 다시 살아난 사람이 되어야 합니다. 그래서 하나님은 "그런즉 너희는 먼저 그의 나라와 그의 의를 구하라 그리하면 이 모든 것을 너희에게 더하시리라"(마 6:33). 말씀하시는 것입니다. 그렇기 때문에 안수를 받는 성도들은 안수하는 사역자가 하나님과 관계가 열린자에게 안수를 받아야 합니다.

안수를 받을 때에도 안수기도 받는 것이 전부가 아니라 자신이 기도를 해야 합니다. 자신이 기도해야 자신 안에 성령의 역사가 일어나서 성령으로 지배와 장악이 되고 성령으로 충만해져야 영육의 고통을 가하는 귀신들이 자신 안에서 역사하시는 성령의 권위로 물러가는 것입니다. 자신이 성령으로 기도하면서 안수기도를 받아야 자신이 성령으로 충만한 하나님의 나라가 될 수가 있는 것입니다. 그렇지 않고 안수기도 받는 것으로 만족하면 영원한 천국에 갈 때까지 문제는 해결이 안 되는 것입니다.

알아야 할 것은 예수를 믿고 성령으로 거듭난 크리스천들이 변화되지 않는 것은 사람에게 소망을 두기 때문입니다. 사람에게 은혜를 받고, 사람에게 능력을 받으려고 한다는 것입니다. 예수를 믿으면서 죽고, 예수로 태어나 예수님이 주인인데 여전하게 주인이 바뀌지 않았다는 것입니다. 이제는 목사님에게 은혜를 받았다고 하지 말아야 합니다. 하나님께서 목사님을 통하여 은혜를 받게 하셨다고 해야 한다는 것입니다. 목사님이 능력이 많다고 하지 말아야 합니다. 목사님은 하나님께서 함께하시니 목사님을 통하여 능력을 나타내신다고 말해야 합니다. 하나님께서 주인이 되어야 한다는 것입니다. 하나님께서 주인이 되어야 성령으로 자신이 변화되는 것입니다.

알아야 할 것은 안수기도 할 때 성령하나님께서 역사하시는 것입니다. 그래서 안수기도를 받는 사람도 하나님과 관계가 열려야 하고, 안수기도를 하는 사람도 하나님과 관계가 열려야 합니다. 그래야 안수기도를 하는 분의 주인이신 성령하나님께서 밖으로 나타나시면서 안수 받는 사람을 성령으로 충만하실 수가 있습니다. 역으로 안수기도를 받는 사람도 하나님께서 주인으로 역사하실 수 있는 영육의 상태가 되어야 성령의 역사가 일어나 영육의 문제나 성령의 불의 역사가 일어나는 것입니다. 그렇기 때문에 안수기도를 받는 사람이 기도하지 않으면 아무리 능력이 많은 분이 안수기도를 해도 성령하나님의 역사가 일어나지 않는 것입니다.

많은 크리스천들이 성령의 불을 받으려고 합니다. 그래서 성령의 불 안수를 해달라고 합니다. 그런데 성령님이 직접 불로 역사하시는 것입니다. 사역자가 성령의 불로 안수를 하는 것이 아닙니다. 필자도 성령의 불 안수를 합니다. 그런데 안수기도 받는 사람이 기도하지 않으면 성령의 불의 역사가 일어나지 않습니다. 그래도 자꾸 불을 받도록 불 안수만 해달라고 하는 분들이 있습니다. 절대로 본인이 기도하지 않아 성령의 지배와 장악이 되지 않으면 뜨거운 불의 역사를 체험할 수가 없습니다. 본인이 아랫배에서 나오는 소리로 뜨겁게 기도를 하면서 사모해야 자신 안에 주인으로 계시는 성령하나님께서 뜨거운 불로 역사하십니다.

바르게 알아야 할 것은 안수기도를 하는 사역자도 영의 흐름을 인식하고 안수를 해야 합니다. 그래야 안수 기도할 때 피 안수자의 영적인 상태를 인식하고 사역할 수가 있습니다. 안수기도를 받는 사람은 사역자에게 역사하시는 성령으로부터 에너지가 자신의 몸속으로 쭈욱 스며드는 그 기분은 느껴보지 않은 사람은 알 수 없는 상쾌함입니다. 마치 환자가 링거를 꽂고 누워있으면 정신이 맑아지고 힘이 솟아 기분이 좋아지는 것과 흡사합니다. 이는 전적으로 사역자의 능력이 아니라, 사역자의 주인으로 역사하시는 성령님의 능력입니다. 절대로 사역자의 개인의 능력이 아닙니다. 바르게 이해해야 합니다.

몸에 스며드는 것 이외에 자신의 주변에 흐르는 영의 흐름을 느낄 수 있습니다. 이 경우는 축사를 위해서 어떤 지역에 들어가는 경우 영의 흐름이 마치 물 흐르듯이 움직이는 느낌을 받습니다. 강하게 몰아치기도 하는 것이 마치 파도가 밀려오는 것과 같습니다. 악한 영의 흐름은 음산하고 불쾌하며 어둡습니다. 이와 반대로 성령의 흐름은 밝고 신선하며 따뜻합니다. 가정을 방문하면 먼저 느껴지는 것이 이런 흐름입니다. 기도도 많이 하고 경건한 삶을 사는 사람의 집으로 들어가면 향기가 나고, 밝은 기분이 들며, 정신이 맑아지고 기분이 좋아집니다. 그런데 문제가 있는 가정에 들어가면 기분이 가라앉고 어둡고 음산합니다.

이런 느낌의 강도에 따라서 영적 진단을 할 수 있는 것입니다. 영적 흐름은 대기의 흐름과 같아서 경건한 사람이나 성령의 지배를 받아 성령의 능력 있는 사람이 가면 반드시 변화를 나타내게 마련입니다. 온도가 일정한 방 안에서는 대기의 흐름이 전혀 없습니다. 그런데 방 한가운데 얼음덩이를 가져다 놓거나 난로를 피우면 대기는 움직이기 시작합니다. 그리고 활발한 흐름이 생기기 시작합니다. 이와 같이 아무렇지도 않은 곳이라 할지라도 경건한 사람이나 능력 있는 사역자가 관여하면 변화가 즉시 나타납니다. 이것은 힘의 균형이 깨어지기 때문에 필연적으로 그런 현상이 나타나는 것입니다.

아직 이런 영의 흐름을 느끼지 못한다면 분발하여 영의 흐름을 느낄 수 있도록 노력하십시오. 그런 기능은 자각으로부터 시작합니다. 이런 영의 흐름이 있는 줄도 알지 못하면 눈먼 장님과 같아서 전혀 느끼지 못하지요. 이제 알았기 때문에 느끼는 과정으로 들어갑시다.

눈을 감고 기도할 때 자신의 몸속에 어떤 기운이 흐를 것이라는 믿음을 가지고 시작하십시오. 영적 감각이 예민한 사람은 쉽게 느끼지만 감각이 다소 둔한 사람은 시간이 걸릴 것입니다. 평소와 같이 기도하십시오. 스타일을 바꾸면 생소해져서 희미한 흐름을 놓칠 수 있습니다. 기도하면서 몸에 나타나는 어떤 변화가 있다면 그 때부터 정신을 집중하고 그 흐름에 집중하여 살피십시오. 영의 흐름은 자신의 몸에 있는 영(성령이든 자신의 영이든 심지어는 악령이든지)이 운동하는 에너지이므로 반드시 움직임이 나타납니다. 다만 이것을 자신이 눈치를 챌 수 있는 요령을 발견하는 것입니다. 필자는 숨을 깊게 들이쉬고 내쉬면서 기도를 하면 깊은 곳에서 뜨거운 기운이 올라오는 것을 느낍니다. 제안에서 역사하시는 성령으로부터 올라오는 영적인 기운입니다.

그러므로 누구나 영적 흐름을 경험할 수 있는 것입니다. 강하고 약한 차이가 있을 뿐이고 이런 흐름을 예민하게 잡아내는 능력은 처음 그 느낌을 경험하는 것이 중요한 것입니다. 첫 경험이 힘들고 어려울 뿐 그 이후는 아주 쉽게 파악할 수 있는 그런 능력입니다.

29장 안수 받을 때 수치심을 경계해야

(고전 2:10)"오직 하나님이 성령으로 이것을 우리에게 보이셨으니 성령은 모든 것 곧 하나님의 깊은 것까지도 통달하시느니라"

성도들의 수치심과 부끄러움은 귀신의 영향입니다. 안수기도를 하여 성령이 임재하여 역사하기 시작하면 여러 가지 이해 할 수 없는 현상이 우리 교회 집회 때에 일어납니다. 손발을 움츠리면서 바다에 사는 게 발처럼 되거나 얼굴을 찌푸리며 몸이 경직되는 현상이 나타납니다. 이는 특정한 죄를 해결하게 되는 경우입니다. 몸이 뒤틀리거나, 호흡이 가빠지거나 빨라지기도 합니다. 슬픔이 솟구치며 울음이 터집니다. 가슴을 찌르는 아픔, 위장이나 아랫배 부근에서 뭉치가 움직이고, 큰소리가 터지고, 가슴이 답답해지고 기침을 합니다. 하품이나 트림이 나오고, 심한 구토현상, 멀미하는 것처럼 속이 울렁거리며 토할 것 같은 현상이 일어나기도 합니다. 토하기도 합니다. 사지가 뒤틀리기도 합니다. 중풍의 영이 정체를 폭로하여 흡사 중풍 걸린 사람이 되기도 합니다. 무당이 굿을 할 때 손을 흔드는 것과 같이 흔들기도 합니다. 몸 안에서 무엇인가 빠져나가는 느낌이 생깁니다. 이는 귀신이 떠나가는 경우와 상처가 치유되는 현상이기도 합니다.

때로는 사람들에게 마음과 몸이 술에 취했을 때와 같이 몸이 흔들리는 현상이 일어나기도 합니다. 그래서 의자에 앉아 있지 못하고 의자에서 내려와 드러눕기도 합니다. 이런 술 취함을 체험한 후에 몸이 가벼워져서 걸음걸이가 비틀거리며 말까지 더듬게 되는 경우도 있습니다. 그리고 말로 표현할 수 없는 환희를 체험했다고 간증하기도 합니다. 어떤 분은 부끄럽고 창피했다고 하기도 합니다.

지금까지 설명한 것은 분명하게 나타나는 현상이지만 미세하게 나타나는 현상도 있습니다. 그래서 우리가 성령께서 임하심을 영으로 깨닫지 못한 채 지나치게 되는 경우도 있습니다. 즉, 몸이나 눈까풀의 미세한 떨림, 깊은 호흡, 약간의 땀 흘림, 가슴이 울렁거리는 증상이 있습니다. 커피를 많이 마신 것과 같은 현상이 나타납니다. 때로는 가슴이 짓눌리는 것 같은 기분이 들거나 공기가 답답하게 느껴지기도 합니다.

이런 현상이 일어나면 거룩하게 믿음생활을 하던 분들은 수치스럽거나 부끄럽게 생각을 합니다. 그래서 필자는 안수기도를 하기 전에 무슨 현상이 일어나더라도 거부하거나 부끄럽게 생각하거나 수치스럽게 생각하지 말라고 당부합니다. 하나님께서 자신을 만져 주시기 때문에 일어나는 현상이기 때문입니다. 하나님께서 하시는 역사이기 때문에 인간이 이해하지 못할 수가 많기 때문입니다. 사람이 어찌 하나님의 역사를 이해할 수가 있겠습니까? 악을 쓰고 울면서 발작을 하여 머리가 산발이 되면 의아해 하시는 분들이 있고 수치스러워하시는 분들이 있기 때문입니다. 그런데 깨닫고 보면 아주 좋은 축복입니다. 알아야 할 것은 안수를 받는 다든지, 불같은 성령의 역사를 체험하여, 심령에서 성령의 불이 올라와 성령의 권능의 역사로 상처가 기침이나 토함이나 하품 등으로 상처가 빠져나가기 시작하면 변화가 오기 시작하는 것입니다. 이런 체험을 한 분들의 다수가 몸에 힘이 쭉 빠져서 며칠 동안 힘이 없는 체험을 하기도 합니다. 그런데 심령은 변하여 혈기가 없어지고 마음에 참 평안을 찾으며 영으로 기도를 하게 됩니다. 방언기도를 하던 분들도 이런 체험을 하고난 다음에 방언기도의 소리가 달라지는 경우도 있습니다. 이런 체험을 처음하시는 분들이 이해하지 못하고 지속적인 성령의 역사를 체험하는 것을 중단하시는 분들이 있습니다. 처음은 괴롭지만 절대로 잘못된 역사가 아닙니다. 이는 천지 만물을 초자연적으로 역사하시는 하나님께서 자신의 주인 되어 자신을 만져주시기 얼마나 행복한 일입니까? 감사와 영광을 돌려야 할 일입니다.

우리가 알아야 할 것은 예수를 믿으면서 영육의 고통을 달고 사는 것은 옛 사람이 없어지지 않아서 수치심과 부끄러움을 버리지 못하기 때문입니다. 예를 든다면 예수를 믿고 교회에 다니면서 영육의 문제를 가지고 있으면 믿음이 부족하기 때문이라는 잘못된 생각으로 인한 것입니다. 영육의 고통과 문제를 생명의 말씀과 성령으로 치유하려고 하지 않기 때문에 믿음생활을 20년을 해도 영육의 문제를 달고 사는 것입니다. 이로 인하여 목사가, 장로가, 권사가, 안수집사가 집사가 영육의 문제가 있는 것을 수치심이나 부끄러움 때문에 밖으로 발성하지 못하고 혼자만 끙끙 앓고 살아간다는 것입니다.

그러나 이는 지극히 잘못된 이론입니다. 절대로 예수를 믿었다고 완벽할 수가 없는 것입니다. 육체를 가지고 사는 이상 모두 문제를 가지고 살아가고 있다고 인정해야 자신이 영육이 건강하게 지낼 수가 있습니다. 예수를 믿고 목사가 되고, 장로가 되고, 권사가 되고, 안수집사가 되고, 집사가 되었어도 육체를 가지고 있기 때문에 영육의 문제 있을 수가 있는 것입니다. 있는 것이 당연한 것입니다. 이를 인정하고 자신에게 일어나는 영육의 문제를 하나님과 담임목회자에게 드러내고 시인해야 치유가 되는 것입니다. 만일 부끄럽고 수치스럽다고 드러내지 않고 숨기면서 하나님께서 해결하여 주시기만 바라고 기도한다면 영원한 천국에 갈 때까지 해결 받지 못하고 치유되지 않을 수가 있습니다. 하나님은 마음을 열고 자신의 영육의 문제와 질병과 영적인 문제를 드러내고 시인해야 해결하시고 치유하시기 때문입니다.

우리가 밝히 알고 대처해야 할 것은 혈통을 따라서 위로 올라가 보면 누구나 우상을 숭배했을 수가 있고, 무당을 초청하여 굿을 했을 수가 있고, 제사도 지냈을 수가 있고, 잡신도 섬겼을 수가 있고, 마음에 상처도 받았을 수가 있습니다. 자신은 완벽하다고 생각하거나 자랑하는 성도는 교만한 것입니다. 문제가 없다고 마음을 열지 않으니 성령의 역사가 일어나지 않아 자신을 정확하게 보지 못하는 것입니다. 예수님은 누가복음 5장 31-32절에서 "예수께서 대답하여 이르시되 건강한 자에게는 의사가 쓸 데 없고 병든 자에게 라야 쓸 데 있나니 내가 의인을 부르러 온 것이 아니요, 죄인을 불러 회개시키러 왔노라" 말씀하셨습니다. 자신에게도 문제가 있을 수 있다고 생각하고 겸손해야 합니다. 목회자와 성도는 너나나나 할 것 없이 육체를 가지고 있는 한 누구나 완벽하지 못하고 영육의 문제가 있을 수가 있습니다. 그렇기 때문에 자신의 영육의 문제를 드러내어 해결하려고 해야 합니다. 혹에라도 목사가, 장로가 원사가 안수집사가 집사가 귀신이나 마음의 상처나 질병으로 고생한다고 흉을 잡아 입방아를 찧고 다니는 성도가 되어서는 안 됩니다.

하나님은 자신이 인정하고 드러내고 입술로 시인하는 부분만 치유하여 주십니다. 많은 목회자와 성도들이 잘못알고 있는 것은 교회에 다니면서 예배드리고 기도하고, 능력자에게 안수 받으면 오만 가지 문제가 자동으로 해결되는 것으로 알고 있습니다. 그러나 하나님은 그렇게 역사하시지 않습니다. 마음을 열고 인정하고 드러내고 시인하는 부분만 치유하여 주십니다.

그리고 금식하면 만사가 다 되는 것으로 알고 행하는 분들이 있습니다. 금식은 자신의 육성이 너무나 강해서 성령의 역사가 일어나지 못할 때 하는 것입니다. 목회가 안 되고, 가정이나 개인의 문제를 해결하기 위해서 금식하는 것은 샤머니즘의 신앙의 잔재에서 기인한 것입니다. 절대로 금식한다고 교회 부흥 되고, 가정의 문제 해결되고, 영육의 질병이 치유되는 것이 아닙니다. 오히려 부작용만 나타나기도 합니다. 어떤 목사님과 사모님은 21일 금식을 2번하셨다는데 두 분 모두 육체의 질병과 골다공증 수치가 높아졌다는 것입니다. 필자의 견해로는 차라리 금식하는 기간에 성령의 역사가 일어나는 곳에 가셔서 말씀 듣고 기도하고 안수 받으면 성령의 지배와 장악이 되면서 영적인 목회자와 성도로 변화되어 문제가 해결이 된다는 것입니다. 하나님의 역사가 일어나게 하려면 인간적인 노력을 하면 할수록 방해가 된다는 것입니다. 인간적인 열정이나 노력으로 문제가 해결이 되고 질병과 상처가 치유된다면 밤을 새워가며 기도하면 자신이 원하는 대로 해결이 될 것 아닙니까? 절대로 그렇게 되지 않습니다.

분명하게 자신은 예수를 믿을 때 죽었고, 다시 예수님으로 태어나 예수님의 인생을 사는 것입니다. "그리스도의 사랑이 우리를 강권하시는 도다. 우리가 생각하건대 한 사람이 모든 사람을 대신하여 죽었은즉 모든 사람이 죽은 것이라. 그가 모든 사람을 대신하여 죽으심은 살아 있는 자들로 하여금 다시는 그들 자신을 위하여 살지 않고 오직 그들을 대신하여 죽었다가 다시 살아나신 이를 위하여 살게 하려 함이라(고후 5:14-15)" 그러므로 자신의 옛 사람이 없어져야 성령님이 역사하셔서 자신을 장악하시는 것입니다. 자신을 성령님이 장악하고 지배를 해야 능력도 강하게 나타나고, 문제도 해결되고, 질병이나 상처도 치유가 되는 것입니다.

결론적으로 예수를 믿고 교회에 들어와 믿음생활을 해도 영-혼-육이 완벽할 수가 없는 것입니다. 목사, 장로 권사, 안수집사, 집사가 영육의 문제가 있다는 것이 수치심이나 흉이 될 수가 없습니다. 그러내어 해결하려고 해야 합니다. 절대로 부끄러움이나 흉이 아니고 극히 정상적인 것입니다. 육체를 가지고 있는 한 영원한 천국에 갈 때까지 성화되어야 합니다. 질병이 있다고, 귀신에게 고통을 당한다고, 수치스럽게 여기거나 부끄러워 말을 못하는 것은 귀신의 장난입니다. 밝히 드러내야 성령의 역사로 문제가 해결되고 질병이나 상처나 귀신역사가 치유되는 것입니다.

안수 받고 기도하면 모두 치유가 되지 않습니다. 본인이 인정하고 드러낸 부분만 치유되고 해결이 됩니다. 하나님은 예수를 믿고 성령으로 거듭난 성도들이 건강하기를 원하십니다. 모두 아브라함의 복을 받으면서 하나님을 나타내기를 원하십니다. 그래서 성도들이 세상 사람들에게 복음을 전도할 때 예수 믿으면 영육의 질병이 치유가 됩니다. 하면서 전도하기도 합니다. 그런데 예수만 믿는다고 영육의 문제와 환경의 문제가 치유 될까요? 물론 정확하게 성령의 인도를 받으면서 하나님과 관계가 열리는 신앙생활을 하면 영육의 문제와 환경의 문제가 해결됩니다. 하나님의 뜻이 영육이 건강하고 환경에 축복을 받으면서 세상에 하나님을 나타내는 것이기 때문입니다.

그런데 예수를 믿고 능력자에게 안수를 받으며 기도해도 영육의 문제와 환경의 문제가 해결이 안 될 수가 있습니다. 바른 복음의 진리를 적용하고 성령의 인도를 받으면서 자신 안에 계신 하나님과 관계를 열어야 현실적으로 당하는 고통이 해결되기 시작하는 것입니다. 예수를 믿었으면 먼저 예배에 참석하면서 기도하고 안수를 받으면서 성령으로 세례를 받고 충만 받으면서 자신이 성전 되어가는 일에 집중해야 합니다. 영육의 문제와 물질문제 환경의 문제 해결은 자신 안에 주인으로 계시는 하나님의 권능으로 해결이 되기 때문입니다. 그러니까, 영육의 문제도 고통을 당하다가 예수를 믿고 영육의 문제해결에만 집중하면 문제해결이 되지 않는 것입니다. 이유는 자기 열정과 힘으로 문제를 해결하려고 하기 때문입니다. 아직 변화되지 못하여 육체가 되어있기 때문에 영이신 하나님께서 역사하실 수가 없는 것입니다. 하나님은 성령으로 거듭난 영의 상태에서 문제를 해결하실 수가 있습니다.

그리고 크리스천이 영육의 문제와 재정의 문제와 환경의 문제가 있을 때 무조건 능력자를 찾아가서 안수 받고 기도하면 해결이 될

까요? 그렇게 쉽게 생각한 것과 같이 해결이 안 됩니다. 이유는 3가지입니다. 첫째로 욕심으로 문제를 해결하려고 하기 때문입니다. 전적으로 하나님의 권능으로 문제가 해결이 되는 것인데, 자기 열정과 노력과 다른 사람의 힘으로 문제를 해결하려고 하기 때문에 문제가 해결이 될 수가 없습니다. 이유는 문제 뒤에 역사하는 존재는 사람의 능력보다 한 차원 높고 강한 영적존재입니다. 이들은 사람의 힘으로는 어찌할 수가 없는 존재입니다. 반드시 영적존재보다 강한 초자연적인 하나님의 권능으로 떠나갑니다. 그렇기 때문에 성령으로 자신의 전인격이 성전으로 견고하게 지어지는 것에 중점을 두고 자신도 기도하고 능력자의 안수도 받아야 합니다.

둘째로 기도가 바르냐? 바르지 못하느냐 입니다. 무조건 영육의 문제를 해결하여 달라는 구하는 기도를 하는 것이 보통입니다. 문제만 해결하여 달라고 기도합니다. 능력자의 안수를 받아도 자신 안에 성전에 견고하게 지어지는 것이 목적이 아니라, 영육의 문제 해결에 목적으로 두고 받습니다. 분명하게 영육의 문제와 환경의 고통을 당하는 장본인을 예수를 믿을 때 죽고, 다시 예수님으로 태어나 예수님의 인생을 사는 것입니다. 그렇기 때문에 무조건 문제 해결을 원하는 기도나, 능력자의 안수기도는 예수로 다시 태어난 영적인 상태가 아닐 수 있기 때문에 아무리 기도해도 해결이 안 될 수가 있는 것입니다. 그리고 하나님은 영육의 문제를 통하여 영적인 사람으로 바뀌기를 원하십니다. 그래서 하나님께 기도할 때 문제를 해결하여 달라는 기도가 아니라, 어떻게 해야 문제가 해결이 될 수 있는가 질문을 하여 지혜를 구해야 합니다. 반드시 성령으로 기도하며 질문을 해야 합니다. 성령의 기도란 자신의 생각이나 힘이나 노력이나 말로 기도하는 것이 아닙니다. 오로지 성령님께 전 인격을 지배당한 상태에서 성령께서 역사하시고 감동하심을 따라 기도해야 합니다. 성령으로 기도하여 하나님께서 알려주신 지혜대로 순종할 때 성령님의 역사로 영육의 문제 뒤에 역사하는 존재들이 물러갑니다. 문제 뒤에 역사하는 존재들이 성도의 성령으로 기도할 때 성전에서 분출되는 성령의 역사로 떠나가기 때문입니다.

셋째로 하나님의 문제해결의 원칙을 적용해야 합니다. 많은 목회자와 성도들이 무조건 기도하고 능력자의 안수를 받으면 모든 문제가 해결이 되는 것으로 알고 있습니다. 이것은 복음을 오해한 것입니다. 필자가 20년이란 세월동안 개별치유사역을 하다가 터득한 하나님의 치유의 원리는 본인이 인정하고 시인한 부분만 치유하신다는 것입니다. 예를 든다면 허리가 아픈 성도가 허리를 치유하려고 열심히 기도하고 능력자의 안수만을 받으면 치유가 안 될 수가 있다는 말입니다. 하나님! 허리가 아픕니다. 어떻게 해야 치유가 될 수 있습니까? 하나님은 이렇게 본인이 인정하고 시인하고 구하는 부분만을 치유하십니다. 예를 든다면 머리가 아픈데 하나님! 제가 머리가 아픕니다. 머리를 치유하여 주세요, 하면서 기도하고 능력자에게 안수기도를 받을 때도 능력자에게 머리가 아프다고 말을 해서 머리에 있는 문제를 해결하면서 안수해야 치유가 된다는 말입니다. 막연하게 안수 받으면 모든 질병이나 문제가 해결된다고 생각하고 기도하고 안수를 백번 받아도 치유가 안 됩니다. 하나님은 반드시 본인이 인정하고 시인하고 요청하는 부분만 해결하여 주십니다. 영육의 문제 뒤에 역사하는 영적존재 역시 문제가 있는 부분을 지적하면서 기도하고 안수해야 해당된 부분에 역사하는 귀신이 떠나갑니다. 많은 크리스천들이 복음을 오해하고 하나님을 원망하는 경향이 있습니다. 무조건 안수 받고 예수이름으로 기도하면 해결될 것으로 생각하고 철야하며 봉사하며 헌금하며 기도해도 치유가 되지 않으니 하나님을 원망합니다. 그런데 복음을 깨닫고 보면 치유를 원하고 기도하는 본인에게 문제가 있었기 때문에 해결이 되지 않습니다. 명확하게 하나님! 제가 편두통이 있습니다. 어깨통증이 있습니다. 물질문제가 있습니다. 회사에 이런 문제가 있습니다. 우리 집 둘째 아들에게 문제가 있습니다. 소화가 되지 않습니다. 위장병이 있습니다. 심장부정맥이 있습니다. 허리통증이 있습니다. 이렇게 명확하게 인정하고 시인하는 부분만 지혜를 주시고 해결되도록 역사하십니다. 그렇기 때문에 문제 해결하여 주시옵소서. 질병을 고쳐주시옵소서. 잘되게 하여 주시옵소서, 이렇게 막연하게 기도하면 정확하게 어떤 문제인지 모르시기 때문에 치유를 해주실 수가 없는 것입니다.

하나님은 성령이 역사할 때 명확하게 인정하고 시인하고 드러낸 부분만 치유하십니다. 본인이 열심히 기도하고 능력자의 안수 받는다고 영육의 모든 문제가 해결이 안 된다는 것입니다. 본인이 꼭꼭 집어내고 드러낸 부분이 해결하십니다. 하나님은 현실 문제를 통하여 하나님과 관계가 열린 성도가 되게 하기 때문입니다. 그래서 하나님을 마음을 열어라, 마음을 열어라, 하시는 것입니다. 마음을 열고 시인하고 드러내십시오, 그러면 하나님께서 해결하실 것입니다.

30장 안수기도 아무나 하면 이런 일이 생겨

(딤전 5:22)"아무에게나 경솔히 안수하지 말고 다른 사람의 죄에 간섭하지 말며 네 자신을 지켜 정결하게 하라"

안수기도 할 때 피 사역자 안에 주인으로 계시는 성령하나님으로부터 성령의 불이 나타나도록 하는 수준이 되어야 합니다. 안수 기도하는 사역자의 영적인 능력에 따라 말씀으로 축복하는 사역자가 있습니다. 한 단계 깊은 사역자는 성령세례만 베풀 수 있는 사역자가 있습니다. 그러나 피 사역자들에게 안수기도를 제대로 하실 사역자는 피 사역자 안에서 성령의 역사를 밖으로 나타나게 할 수 있는 사역자가 되어야 합니다. 그러니까 안수기도 한다고 다 같은 사역자라고 생각하고 아무에게나 안수기도를 받으면 안 됩니다. 안수기도를 하시는 사역자들도 자신의 영적인 수준을 바르게 인식하고 안수기도를 베풀어야 할 것입니다.

안수기도를 정확하게 하려면 성령세례와 성령의 불로 세례를 바르게 깨닫고 사역해야 합니다. 성령세례는 예수를 믿을 때 받은 것입니다. 성령님이 믿는 성도 안에 임재하신 것입니다. 성령의 불로 세례는 임재하신 성령께서 이성과 육체를 뚫고 밖으로 나타나는 것입니다. 이렇게 성령하나님께서 피사역자 안에서 밖으로 나타나게 하는 영적인 수준이 되었을 때 안수기도를 해야 합니다.

우리가 성령의 불로 충만함을 바르게 깨달으려면 "나는 너희로 회개하게 하기 위하여 물로 세례를 베풀거니와 내 뒤에 오시는 이는 나보다 능력이 많으시니 나는 그의 신을 들기도 감당하지 못하겠노라 그는 성령과 불로 너희에게 세례를 베푸실 것이요(마 3:11)”라는 말씀을 바르게 깨달아야 합니다. ‘그는’ 예수님을 말씀하는 것입니다. 예수님은 지금 어디에 계십니까? 밖에 계십니까? 아닙니다. 성경말씀은 이렇게 말씀하십니다. “너희는 너희가 하나님의 성전인 것과 하나님의 성령이 너희 안에 계시는 것을 알지 못하느냐”(고전 3:16). 이와 같이 성령으로 예수님을 주인으로 영접한 사람 안에 임재하여 주인으로 계십니다. 예수님은 영원한 천국에 갈 때까지 영원하게 살아서 역사하시는 분입니다.

예수님은 한시적인 분이 아닙니다. 지금 예수님을 믿어 성령으로 세례 받은 성도 안에 주인으로 계시며 영원하게 성령의 불로 역사하시고 계십니다. 자신 안에 주인으로 계시는 성령하나님으로부터 성령과 불로 세례를 계속 받아야 한다는 진리로 이해해야 정확한 깨달음입니다. 자신 안에 주인이신 성령하나님으로부터 지금(항상) 성령과 불로 세례를 받아야 합니다. 그래야 성령과 불로 세례(성령 충만)로 항상 충만 할 수가 있습니다. 성령의 불로 세례란 항상 성령의 불로 잠기는 것을 말하는 것입니다.

그런데 예수님은 인격이시라 찾으셔야 역사하십니다. 성령으로 충만함을 유지하려면 본인이 의지적인 노력을 해야 합니다. 한번 성령으로 세례를 받았다고 영원히 성령 충만하지 못합니다. 왜 그렇습니까? 성도가 생명이 있는 한 이성과 육체를 가지고 있기 때문입니다. 성경은 이렇게 말씀하고 있습니다. “형제들아 내가 이것을 말하노니 혈과 육은 하나님 나라를 이어 받을 수 없고 또한 썩는 것은 썩지 아니하는 것을 유업으로 받지 못하느니라"(고전15:50). 그래서 "혈과 육은 하나님 나라를 이어 받을 수 없고"라고 강조하심으로 성도가 혈과 육을 필요로 하는 생명을 가지고 살고 있는 한 성령으로 충만 하려고 의지적인 노력을 해야 육체로 돌아가지 않습니다. 그래서 성경말씀에 "술 취하지 말라 이는 방탕한 것이니 오직 성령으로 충만함을 받으라."(엡 5:18). '술 취하지 말라'는 것은 세상에 취하지 말라는 말씀입니다. "오직 성령으로 충만함을 받으라." 고 현제 진행형으로 말씀하고 계시는 것입니다. 지금 "오직 성령으로 충만함을 받으라."는 것입니다. 그러니까, 자신 안에서 예수님으로부터 성령의 불로 충만함이 지속되어야 합니다. 예수님은 영원하시기 때문입니다. 그러니까, 성령의 불로 충만함이란 성령 충만이요, 예수님으로 충만한 것입니다. 안수기도는 이런 수준인 분이 하는 것입니다.

알아야 할 것은 겨우 성령세례만 베풀 수 없는 수준으로 안수기도를 하니까, 여러 가지 불상사가 발생하는 것입니다. 안산에 사는 A집사가 새벽기도를 참석하고 나오다가 박아무개 목사에게 안수기도를 받고 불상사가 발생했습니다. 자신의 이성과 육체에 역사하던 악한 세력이 정체를 드러낸 것입니다. 드러낸 영적존재를 밖으로 배출하지 못하여 자신의 이성과 육체에 역사하던 귀신이 전인격을 장악하고 역사하여 정상적인 생활을 하지 못하고 3년 이상을 이 목사 저 목사를 찾아다니면서 안수기도를 받느라고 집을 한 채 판 돈을 모두 허비해도 해결되지 못하고 고통만 당하다가 결국 정신병원에 입원한 것입니다. 참으로 안타까운 현실입니다. 이런 경우는 자신 안에 숨어있던 사악한 존재들이 정체를 드러냈을 때 필자와 같이 전문적인 사역자를 만났으면 2시간 내로 해결이 됩니다. 그런데 안수 한번해서 해결이 안 됩니다. 안수기도하는 기술이 필요한 것인데 영적인 면에 무지하여 한 성도의 삶이 망가져 버린 것입니다. 그래서 하나님은 "아무에게나 경솔히 안수하지 말고 다른 사람의 죄에 간섭하지 말며 네 자신을 지켜 정결하게 하라"(딤전 5:22). 하십니다. 하나님은 분명하게 안수기도를 받을 때도 주의 하라고 하십니다. 안수기도를 하는 사역자도 주의를 해야 합니다. 안수를 받는 성도나 목회자도 분별력을 길러 분별하며 안수를 받아야 합니다. 처음 능력이나 은사를 받게 되면 무척 흥분하게 됩니다. 우리는 본능적으로 새로운 것을 접하게 되면 가슴이 설레고 흥분합니다. 영적사역자가 축귀사역을 할 때 귀신의 역사로 성도가 발작할 때 흥분하여 소리를 지르는 것입니다.

이 시기에 있는 사람들이 흔히 소홀하기 쉬운 부분이 있습니다. 그것은 경험이 부족한 데서 오는 것이며, 배우지 못한 무지함에 기인하기도 합니다. 특히 초기 성령의 능력이 나타나면 아무에게나 안수해서 자신에게 주어진 능력을 드러내고 싶어 하는 경향이 있는 것입니다. 이 때 안수기도를 하는 사람이나 받는 사람이나 경각심을 가져야 합니다. 이 부분은 능력을 받지 않은 일반적인 성도에게도 매우 중요한 내용이므로 반드시 알아두어야 합니다.

다음 이야기를 읽어 보시면 이해가 갈 것입니다. 우리아들은 지금 10학년(고1) 인데 순하고 조용한 아이입니다. 1년 반전쯤 제가 밤에 꿈을 꾸었는데 아이가 머리부터 등 뒤로 뱀처럼 우둘투둘한 것으로 덮여있고 가느다란 혀를 날름거리는 그런 모습이었습니다. 며칠 후 또 꿈을 꾸었는데 이번에는 아이가 누워있고 가슴뼈가 이상하게 튀어나와서 내가 그것을 붙들고 막 아이를 흔들며 야단치는 꿈이었습니다. 평소에 제가 영적인 꿈을 자주 꾸는 편이어서 3년 전부터 꿈을 기록해놓는 편입니다. 그런 꿈을 꾸고 나서 걱정은 되었지만 특별한 증상도 없고 저의 경험도 짧아서 어쩌지 못하다가 작년 여름부터 아이가 친구들을 잘 사귀지 못하는 것을 알게 되어 상담도 3개월가량 받고 했습니다. 상담사는 큰 문제는 없고 아이가 내성적이어서 그런 것 같다고 하고 끝을 맺었습니다.

그러다가 올해 2월 어느 날 새벽기도에서 오랜만에 충만히 기도하고 집으로 돌아와 평소대로 아이 방에 들어가 아이의 머리에 손을 얹고 기도해주는데 속에서 "리워 야단" 이라는 단어가 올라왔습니다. 그날부터 갑자기 아이가 아프기 시작하면서(두통 복통) 학교에 가지 못하기 시작하였는데 3주 정도는 정말 의식을 잃은 것처럼 열이 나면서 하루 종일 깊은 잠에서 빠져 나오지 못했습니다. 그 이후에는 아픈 것은 사라졌는데 지금까지 4개월 째 학교에 가지 않고 있습니다. 매일 11시까지 잠을 자며 깨우면 난폭해집니다. 오후에는 예전과 같은 착한 아이입니다. 참으로 아이러니 하기란 합니다.

저도 한인교회에 다니기 때문에 목사님께 말씀드리고 기도해 주십사고 했는데 목사님은 아이가 어려서 안수기도는 하지 않으시겠다고 하시고 제 이야기가 사실이라고 해도 아이가 신앙을 가지는 것 외에는 방법이 없다고 하십니다. 아이가 모태신앙이기는 하지만 몇 년 전에 성령체험도 했지만 아직 자신 만에 신앙은 없는 것 같습니다. 저도 방법이 없어서 아이를 달래며, 또 아이가 힘들어하는 부분들을 찾아서 도와주려 하면서 기도하고 기다리고 있는데 너무 답답하고 애가 탑니다. 저도 힘이 없어서 어떻게 이 영적전쟁을 해 나가야 할지 모르겠습니다. 목사님, 제가 어떻게 해야 할까요? 도와주세요. 제가 어떡하면 좋겠습니까?

저의 답변입니다. 할렐루야! 걱정이 되시겠습니다. 아이의 상태는 이렇습니다. 원래부터 상처가 있던 아이입니다. 안수기도를 하니까. 깊은 곳에 숨어있던 상처가 드러난 것입니다. 그때 열이 나고 일어나지 못할 때 영적치유를 받았으면 아무런 문제가 없이 치유가 되었을 것입니다. 집사님이 아들 안에서 성령의 역사가 밖으로 나타나도록 할 수 있는 영권이 되지 못하여 발생한 것입니다. 자꾸 안수를 하니까 성령의 역사로 악한 세력이 드러난 것입니다. 집사님은 아들에게 성령임재만 할 수 있는 영적인 수준을 가지고 아들을 안수하여 발생한 것입니다. 자녀가 안수 받고 열이 나고 하는 것은 일단 성령의 역사로 그런 현상이 일어났다고 보아야 합니다. 성령의 역사와 악한 영의 역사가 대립할 때 그런 일이 일어납니다. 그때 성령의 역사를 깊고 강하게 일으켜서 드러난 영적인 존재들을 완전하게 밖으로 배출을 했어야 하는데 경험이 없어서 그렇게 된 것입니다. 지금은 상처에 역사하던 악한 영이 아이에게 강하게 영향을 끼치고 있는 것입니다.

담임 목사님이 안수를 하지 않겠다고 하는 것은 자신이 없어서 그러는 것입니다. 안수한번 받아서 치유될 일이 아니라는 것을 알기 때문입니다. 집중적인 치유를 받아야 합니다. 안수만 받는 것이 아니고 본인이 뜨겁게 기도하며 말씀을 듣고 성령으로 충만하여 일어서려는 의지를 발동시켜야 합니다. 절대로 안수만 받아서는 해결이 되지 않습니다. 시간이 자꾸 흐르면 흐를 수 록 강해집니다. 나빠진다는 것입니다. 주변에 전문적인 영적치유를 하는 분을 찾아보세요. 아무나 치유할 수 없습니다. 전문성이 있어야 해결할 수가 있습니다. 하루 이틀에 치유된다고 생각하면 안 됩니다. 시간이 걸릴 것입니다. 도움이 되질 못해서 죄송합니다. 워낙 멀어서 말입니다. 빠른 시간 내 치유가 되기를 바랍니다. 정말로 안타깝습니다. 조금만 영적인 지식이 있었으면 이런 일을 사전에 예방할 수 있었을 것입니다.

필자는 20년이 되도록 안수기도를 했지만 단 한 번도 이런 안타까운 일이 없었습니다. 필자 나름대로의 안수기도의 비결이 있기 때문입니다. 비결은 다름이 아니라 피 사역자역시 기도하게 하는 것입니다. 배에서 올라오는 소리로 기도하게 하면서 여러번 안수기도를 하는 것입니다. 먼저는 성령님이 임재하시도록 안수합니다. 다음은 성령님이 장악하시도록 안수합니다. 다음은 피 사역자에게서 성령님이 나타나시도록 안수합니다. 다음은 제 3의 존재들이 밖으로 배출되도록 안수기도를 합니다. 반드시 제 3의 존재들을 배출해야 합니다. 안수기도는 아무나 하는 것이 아닙니다.

안수기도를 받고 하시는 분들은 영들의 전이와 이농에 특별하게 관심을 가져야 합니다. 영육의 문제 해결이나 성령의 세례를 받기를 원하여 안수기도를 받으려면 안수기도를 시행하는 목회자의 영적인 상태를 분별해야 합니다. 지금 교회에는 안수기도를 잘못 받고 영적인 문제가 발생하여 고생하는 권사님도 계시고, 사모님도 계시고, 목사님도 계십니다. 모두 잘못된 영의 전이가 이루어진 결과입니다. 분명하게 알아야 할 것은 안수기도로 축복과 성령의 능력의 전이는 물론이고, 치유와 축귀 등이 이루어집니다. 반대로 나쁜 것들도 전이가 될 수가 있습니다. 성경 레위기 4장 27절 이하에 보면 죄인이 짐승에게 안수하여 죄를 전가시켰다고 기록되어 있습니다. 안수기도로 죄가 전가되기도 한다는 말입니다. 그래서 안수기도를 하는 사람도 바르게 알고 행해야 하고, 안수기도를 받는 사람도 바르게 알고 받아야 합니다. 무슨 역사를 잘 일으키는 것이 중요한 것이 아니라, 열매가 좋아야 합니다.

분명하게 안수기도 하는 사역자를 통하여 하나님께서 나타나신다면 밖으로 나타나는 열매가 좋게 되어있습니다. 가정이나 부부생활이나 본인의 건강이나 여러 가지 눈에 보이는 역사가 있게 마련입니다. 제일 고려해야 할 것이 목회나 사역을 7년 이상 했는데 아무런 시시비비가 없이 사역에 열매가 나타난다면 정상적인 하나님께서 사용하시는 목회자입니다. 그런데 사이비다, 이단이다, 라는 소리는 듣는다든지, 안수기도를 받은 사람들이 문제가 일어났다면 경계의 대상입니다. 열매를 보고 판단하면 정확합니다.

많은 목회자와 성도들이 무조건 머리에 안수기도를 받으면 오만 가지 문제가 다 해결되는 것으로 알고 행합니다. 그런데 필자가 20여 년 동안 안수기도사역을 하면서 체험한 결론은 무조건 머리에 안수기도 한다고 문제나 질병이 치유되지 않더라는 것입니다. 문제가 있는 분들은 직접 문제를 거명하면서 안수기도를 해야 합니다. 그래야 문제를 일으키는 제 3의 존재가 알아듣고 떠나가니 문제가 해결이 되는 것입니다. 질병도 마찬가지입니다. 병이 있는 곳에 손을 얹고 기도해야 치유가 됩니다. 간이면 간, 위장이면 위에 다가 손을 얹고 안수기도 해야 치유가 되는 것입니다.

뼈와 관절이나 근육통증도 마찬가지입니다. 어깨 통증은 어깨에 손을 얹고 안수기도 해야 어깨 통증이 치유가 되는 것입니다. 어깨 통증이 있는데 머리에 손을 얹고 한 시간을 기도해도 치유되지 않습니다. 어깨에 손을 얹고 안수기도 하면 5분이면 치유가 됩니다. 그리고 근본원인이 되는 곳을 해결하면서 안수기도를 해야 치유가 됩니다. 예를 든다면 무릎이 아프다면 무릎에 손을 얹고 안수기도 하면 2시간을 안수기도 해도 치유가 안 됩니다. 근본적인 문제가 있는 어리 디스크를 정상으로 하면서 안수기도하면 10분이면 치유가 됩니다. 그렇기 때문에 무조건 안수기도하고 안수기도 받는 다고 문제나 질병이 치유되지 않는 다는 것을 알고 부단하게 안수기도를 하여 임상 경험을 쌓아야 합니다.

가정의 문제가 교회의 문제나 사업장의 문제역시 교회나 기도원에 가서 천일을 철야하면 기도해도 해결이 안 되는 것이 보통입니다. 가정의 문제는 가정에서 교회의 문제는 교회에서 사업장의 문제는 사업장에서 기도해야 문제가 해결이 되는 것입니다. 직접 문제가 있는 장소에서 기도할 때 자신 안에 주인으로 계시는 성령하나님께서 분출하시는 성령의 권능으로 문제를 일으키던 제 3의 존재들이 떠나가니 문제가 해결이 되는 것입니다. 자신 안에 있는 영 안에서 성령의 불이 충만하게 채워지면서 문제 있는 장소를 채우니까, 하늘나라 천국이 되어 문제가 해결이 된다는 말입니다. 문제는 자신 안에서 성령의 불이 분출되는 영성이 되어야 합니다. 영의 전이와 영적손상에 대하여는 "카리스마로 영적세계를 장악하는 법"을 참고하시기를 바랍니다.

31장 안수 받고 안수할 때 영의 흐름을 느껴야

(요 6:63)"살리는 것은 영이니 육은 무익하니라 내가 너
희에게 이른 말은 영이요 생명이라"

안수기도 할 때 영의 흐름이 있습니다. 물론 영들이 이동도 있다
는 말입니다. 안수기도는 영들을 이동시키는 중요한 수단이기 때문
입니다. 안수기도 받을 때 영들의 흐름이 있다는 것을 알아야 합니
다. 그리고 느껴야 합니다. 성경은 성령님을 바람에 비유하여 설명
하고 있습니다. 그리고 성령으로 태어난 사람 즉 영의 사람도 이와
같다고 합니다. 영을 바람에 비유한 것은 영의 속성이 우리가 육신
적으로 느끼는 바람 즉 기체의 흐름과 비슷한 특성을 지니고 있기
때문입니다. 바람은 기체가 온도 차이에 의해서 이동하는 흐름이라
는 사실이 밝혀졌습니다. 어떤 특정한 두 지역의 온도의 차이가 심
할수록 대기는 급하게 이동을 합니다. 이런 경우 강한 바람이 부는
것입니다. 이와 같이 영의 흐름도 두 영의 사이에 있는 영적 차이에
서 생겨나게 됩니다.

영의 흐름이란 자신의 몸 안에서 영이 이동하거나 유입해 들어오
는 것을 말합니다. 우선 그리스도인에게는 성령님이 흐릅니다. 우
리 안에는 성령님이 항상 떠나지 않고 계십니다. 그럼에도 불구하
고 성령님이 우리 안에 충만하기 위해서는 외부로부터 임해야 합니
다. 이것은 우리의 상식으로는 도무지 이해할 수 없는 하나님의 신
비입니다. 우리는 하나님을 형상으로 이해하기 때문에 우리 안에

이미 계신 성령님을 왜 다시 받아들여야 하는지를 이해할 수 없는 것입니다.

성령님이 우리 안에 계심에도 불구하고 우리는 날마다 충만함을 구해야 합니다. 성령의 충만함을 구하는 적극적인 방법이 기도입니다. 안수기도를 받는 것입니다. 성령님은 인격임에도 불구하고 또한 영이며, 바람이며, 기(energy)입니다. 이 성령님이 우리에게 스며드는 느낌을 우리는 발견할 수 있어야 합니다. 성령님의 흐름을 포함해서 모든 영의 흐름을 느끼고 구분할 수 있어야 합니다. 영의 흐름을 인식하기 위해서 먼저 우리는 영이 흐른다는 사실을 받아들여야 합니다. 이런 사실을 모르면 우리 몸에 영이 흘러들고 있는데도 불구하고 도무지 알아차리지 못하는 죽은 사람이 되는 것입니다. 성경은 사도들이 사역할 때 성령이 어떤 특정한 사람에게 임하는 모습을 본 기록이 있습니다. 이것은 성령이 임하는 외적 증거를 보고 파악하는 것은 물론이고 영적인 지각을 통해서 느끼고 보는 것입니다. 즉 영적 흐름을 파악하는 것입니다.

성령님은 그렇다 해도 악령이 드나드는데도 불구하고 전혀 눈치조차 못 채고 있다면 이것이 얼마나 한심스러운 일이겠습니까? 그런데 이것이 사실입니다. 악령이 마음 놓고 제 집 드나들듯이 하는데도 전혀 알지도 못하고 알려고도 하지 않습니다. 수많은 그리스도인이 이와 같이 명목상의 그리스도인으로 머물러 있는 모습이 안타깝습니다. 영이 흐른다는 말조차 생소한 사람들이 얼마나 많은지 모릅니다. 이런 사람들에게 영이신 하나님은 어떻게 일을 하시겠습니까? 하나님의 흐름인지 악령의 흐름인지 모른다면 곤란합니다.

영의 흐름은 살아있는 증거입니다. 살아있는 모든 것은 움직입니다. 영이 살아나면 운동하기 시작합니다. 눈에 보이지는 않지만 몸으로는 느낄 수 있는 것이 에너지의 흐름입니다. 눈에 보이지 않는 흐름을 특수한 장치를 하고 보면 볼 수 있습니다. 바람 속에 연기를 불어넣으면 그 흐름이 확연하게 눈에 보이듯이 우리의 영의 흐름에도 이와 같이 매체를 넣으면 눈에 확연하게 드러나는 것입니다. 이 매체는 여러 가지가 있는데 그 가운데 가장 보편적인 것이 능력 있는 사람(특히 성령님이 함께 하시는 사람)의 안수를 받으면 그 느낌을 확연하게 알 수 있게 됩니다.

질병으로 고생하는 사람에게 저는 한 손은 환부에 얹고 한 손은 머리에 얹고 안수 기도합니다. 그렇게 하는 까닭은 환자의 질병의 치유는 물론이거니와 환자가 이 기회로 말미암아 영의 흐름을 느끼게 하기 위해서 입니다. 이렇게 안수기도하면 환자들은 기도가 끝난 다음 자신의 몸속으로 스며드는 강한 에너지의 흐름을 느꼈다고 말합니다. 이런 현상을 처음 경험하는 그들에게는 매우 신기한 것이기 때문에 제가 여쭈어보지 않아도 스스로 먼저 고백하거나 물어봅니다.

사람마다 다소 다르지만 대체로 뜨거운 바람(열기), 서늘한 바람(청량감), 잡아 흔드는 것 같은 진동, 몸을 띄우는 것 같은 부양감, 포근하게 감싸는 것 같은 힘(포옹감), 전기 충격과 같은 전율, 머리를 어루만지는 것과 같은 느낌, 별빛이 쏟아지는 것과 같은 눈부심 등을 느낍니다. 이런 기운이 안수하는 저의 손을 타고 들어와 온 몸에 골고루 퍼진다는 말을 합니다. 드물기는 하지만 주님 같은 희고 거룩한 분이 자신을 감싸거나 안거나 바라보고 계시는 것을 환상으로 보는 경우도 있습니다.

영의 흐름을 인식하는 것이 왜 중요한가요? 그 까닭은 굳이 말할 필요조차 없는 것인데 우리의 영을 지키고 보호하기 위해서이며, 나아가 성령의 충만함을 늘 유지하게 하기 위해서 입니다. 성령님이 우리 몸에서 움직이는 것을 느끼지 못하면 성령님에게 즉각적으로 반응하기 어렵습니다. 영적 사역을 하는 사역자는 물론이거니와 모든 성도들은 성령님의 흐름에 민감해야 합니다. 성령님은 수줍음을 많이 타시는 분입니다. 이렇게 표현하는 것은 우리의 생각과 행동에 따라서 성령님은 쉽게 위축되고 제한 받으신다는 말입니다. 우리의 행동으로 인해서 성령님이 쉽게 위축되기도 하고 활성하기도 합니다.

하나님을 기쁘시게 하면 성령님은 기뻐하시며 우리 몸속에서 활발하게 역사하시지만 우리가 하나님의 말씀대로 살지 못하면 성령님은 근심하시고 따라서 행동이 위축되는 것입니다. 이런 흐름을 제대로 느끼고 파악할 수 있어야 합니다.

성령님 이외에 우리는 타인으로부터 많은 영의 영향을 받습니다. 영의 흐름은 강한 곳으로부터 약한 곳으로 흐르는 것이 원칙입니다. 물은 높은 곳에서 낮은 곳으로, 바람은 차가운 곳에서부터 더운 곳으로 흐릅니다. 이와 같이 영도 그렇게 흐릅니다. 강한 쪽에서 약한 쪽으로 흘러듭니다. 영적인 힘이 약한 사람 즉 믿음이 약하거나, 기도를 게을리 하거나, 신앙의 연륜이 짧거나, 말씀의 깊이가 없거나 하는 사람은 상대적으로 그런 부분에 강한 사람을 만나면 그 사람으로부터 영적 에너지가 자신에게로 흘러 들어옵니다. 이 과정에서 영적인 영향을 받게 됩니다. 영의 흐름은 긍정적인 것뿐만 아니라 부정적인 것도 함께 흘러 들어옵니다. 물론 부정적인 것은 걸러내야 합니다. 부정적인 것을 걸러내는 기능이 성령으로 기도하는 것입니다. 성령으로 기도하여 성령이 충만하면 부정적인 것들이 틈타지못합니다. 그러려면 영의 흐름을 파악할 수 있어야 하는 것입니다.

영의 흐름을 파악하는 일은 마치 거쉬탈트(gestalt)를 응용한 숨은그림찾기와 같다고 할 것입니다. 눈 속에 드러난 예수님 형상의 사진 말입니다. 이 흑백 사진을 처음 보는 사람은 그 속에서 예수님의 형상을 찾기 힘들지요. 분명히 형상이 있는데도 불구하고 아무리 보아도 찾지 못합니다. 그런데 한 번 찾으면 그 다음부터는 예수님 형상이 한 눈에 들어옵니다. 이와 같습니다. 영의 흐름을 느끼지 못하는 사람은 계속 못 느끼지만 한 번 느껴본 사람은 쉽게 느낄 수 있습니다. 그러므로 처음 느낌을 경험하는 것이 중요합니다. 그러므로 성령님이 함께 하시는 능력 있는 사람의 안수기도를 통해서 영의 흐름을 경험하는 것이 좋습니다.

사람들이 예수님에게 몰려와 서로 밀치는 속에서도 예수님은 자신에게서 능력이 나가는 것을 느꼈습니다. 이것은 어떤 여인이 의도적으로 예수님의 옷자락을 만졌기 때문입니다. 어떤 한 쪽에서 의도적으로 접근하면 자신 안에 있는 영이 흘러들거나 나가는 것을 느낍니다. 안수 기도를 할 때 자신으로부터 영적 에너지가 흘러나가는 것을 느낄 수 있습니다. 반대로 흘러 들어오는 것도 느낍니다. 때로는 다른 사람을 위해서 기도할 때 많은 영적 에너지가 그 사람에게로 흘러가는 것을 느낍니다.

이것을 영적 에너지를 나누어주는 것(spiritual impartation)이라고 하는데 성령으로 세례 받고 성령의 지배와 장악되어 성령의 인도를 받는 사람이 영적 능력이 약한 사람에게 예수님의 이름으로 성령의 능력을 전이 시키는 것을 말합니다. 안수하는 사람의 능력이 아니라 성령하나님의 능력입니다. 성령하나님이 안수하는 사람을 통하여 능력이 전이시키는 것입니다. 이렇게 함으로써 자신도 능력을 얻게 되는 것입니다. 하나님께서 자신을 통하여 능력을 나누어준 사람은 하나님께서 주인이시므로 항상 능력이 충만합니다. 마치 헌혈하는 것과 같은 이치입니다. 나누어주면서 주님으로부터 다시 충분한 능력을 공급 받아 채웁니다. 안수기도를 하고 돌아온 뒤에 기도를 하면 다시 능력이 채워지는 흐름을 느끼게 되고 그럴 때는 기분이 매우 상쾌해집니다. 하늘로부터 에너지가 자신의 몸속으로 쭈욱 스며드는 그 기분은 느껴보지 않은 사람은 알 수 없는 상쾌함입니다. 마치 환자가 링거를 꽂고 누워있으면 정신이 맑아지고 힘이 솟아 기분이 좋아지는 것과 흡사합니다.

몸에 스며드는 것 이외에 자신의 주변에 흐르는 영의 흐름을 느낄 수 있습니다. 이 경우는 축사를 위해서 어떤 지역에 들어가는 경우 영의 흐름이 마치 물 흐르듯이 움직이는 느낌을 받습니다. 강하게 몰아치기도 하는 것이 마치 파도가 밀려오는 것과 같습니다. 악한 영의 흐름은 음산하고 불쾌하며 어둡습니다. 이와 반대로 성령의 흐름은 밝고 신선하며 따뜻합니다. 마음이 상쾌합니다. 가정을 방문하면 먼저 느껴지는 것이 이런 흐름입니다. 기도도 많이 하고 경건한 삶을 사는 사람의 집으로 들어가면 향기가 나고, 밝은 기분이 들며, 정신이 맑아지고 기분이 좋아집니다. 그런데 문제가 있는 가정에 들어가면 기분이 가라앉고 어둡고 음산합니다.

이런 느낌의 강도에 따라서 영적 진단을 할 수 있는 것입니다. 영적 흐름은 대기의 흐름과 같아서 경건한 사람이나 능력 있는 사람이 가면 반드시 변화를 나타내게 마련입니다. 온도가 일정한 방 안에서는 대기의 흐름이 전혀 없습니다. 그런데 방 한가운데 얼음덩이를 가져다 놓거나 난로를 피우면 대기는 움직이기 시작합니다. 그리고 활발한 흐름이 생깁니다. 이와 같이 아무렇지도 않은 곳이라 할지라도 경건한 사람이나 능력 있는 사역자가 관여하면 변화가 즉시 나타납니다. 이것은 힘의 균형이 깨어지기 때문에 필연적으로 그런 현상이 나타나는 것입니다.

성도들 가운데 아직 이런 영의 흐름을 느끼지 못한다면 분발하여 영의 흐름을 느낄 수 있도록 노력하십시오. 성령님이 함께 하시는 목회자에게 안수기도를 자주 받으십시오. 그런 기능은 자각으로부터 시작합니다. 이런 영의 흐름이 있는 줄도 알지 못하면 눈먼 장님과 같아서 전혀 느끼지 못합니다. 이제 알았기 때문에 느끼는 과정으로 들어갑시다.

눈을 감고 기도할 때 자신의 몸속에 어떤 기운이 흐를 것이라는 믿음을 가지고 시작하십시오. 영적 감각이 예민한 사람은 쉽게 느끼지만 감각이 다소 둔한 사람은 시간이 걸릴 것입니다. 평소와 같이 기도하십시오. 스타일을 바꾸면 생소해져서 희미한 흐름을 놓칠 수 있습니다. 기도하면서 몸에 나타나는 어떤 변화가 있다면 그 때부터 정신을 집중하고 그 흐름에 집중하여 살피십시오. 영의 흐름은 자신의 몸에 있는 영(성령이든 자신의 영이든 심지어는 악령이든지)이 운동하는 에너지이므로 반드시 움직임이 나타납니다. 다만 이것을 자신이 눈치를 챌 수 있는 요령을 발견하는 것입니다.

그러므로 누구나 영적 흐름을 경험할 수 있는 것입니다. 강하고 약한 차이가 있을 뿐이고 이런 흐름을 예민하게 잡아내는 능력은 처음 그 느낌을 경험하는 ice break이 중요한 것입니다. 첫 경험이 힘들고 어려울 뿐 그 이후는 아주 쉽게 파악할 수 있는 그런 능력입니다.

무엇이든지 처음 경험이 어렵습니다. 영적인 것도 마찬가지입니다. 처음 성령을 체험하기가 어렵다는 것입니다. 그러나 한번 체험하면 지속적으로 체험의 은혜를 받는 것입니다. 체험하려고 노력하시기를 바랍니다. 성령의 역사에 집중해야 쉽게 체험을 할 수가 있는 것입니다. 성령님이 장악을 하시는 것입니다.

성령으로 진리를 깨달은 만큼 성령님이 장악을 하시는 것입니다. 많은 크리스천들이 성경을 많이 알고 열심히 하면 믿음이 좋고 영적인 것으로 알고 믿는 경우가 많습니다. 이는 바르게 깨닫고 보면 육체에 속한 사람입니다. 많은 크리스천들이 예수를 믿고 교회에 나와서 안수집사, 권사, 장로, 목사직분을 받으면 다된 것으로 생각하는 분들이 있습니다. 직분을 받기 전에는 겸손하다가 직분을 받은 다음에 교만하여 주변사람들에게 상처를 주는 경우가 있습니다. 일부 크리스천들이 아무개 직분자에게 상처를 받고 교만하여 다른 교회로 떠나거나 다른 종교로 돌아가기도 합니다.

그런데 이렇게 직분자가 믿음이 약한 성도들에게 상처를 주는 것은 하나님께 상처를 주는 것입니다. “누구든지 나를 믿는 이 작은 자 중 하나를 실족하게 하면 차라리 연자 맷돌이 그 목에 달려서 깊은 바다에 빠뜨려지는 것이 나으니라(마 18:6)” 하나님은 자녀들을 특별하게 귀하게 여기십니다. “삼가 이 작은 자 중의 하나도 업신여기지 말라 너희에게 말하노니 그들의 천사들이 하늘에서 하늘에 계신 내 아버지의 얼굴을 항상 뵈옵느니라(마 18:10)” 하나님은 자녀를 죽음에서 구해준 사람을 축복하십니다. “하나님이 그 산파들에게 은혜를 베푸시니 그 백성은 번성하고 매우 강해지니라. 그 산파들은 하나님을 경외하였으므로 하나님이 그들의 집안을 흥왕하게 하신지라(출 1:20-21)” 하나님은 이스라엘 아기들을 살려준 애굽의 산파들에게 복을 주셨습니다.

필자가 여기에서 직분자들에게 말하고 싶은 것은 직분 받았다고 다된 것이 아니고, 예수님의 인격으로 성숙이 되어야 하고, 하나님과 대면하는 영성을 추구해야 합니다. 욥의 고백을 들어보시기를 바랍니다. “내가 주께 대하여 귀로 듣기만 하였사오나 이제는 눈으로 주를 뵈옵나이다(욥 42:5)” 더 쉽게 깨닫기 위하여 모세의 영성을 생각해보면 이해가 될 것입니다. 하나님은 모세와 대면하여 뜻을 전하십니다. 그것은 하나님께서 명백하게 말씀하신 것입니다. 민수기 12장 1절에 보면 “모세가 구스 여자를 취하였더니 그 구스 여자를 취하였으므로 미리암과 아론이 모세를 비방하니라” 하나님께서 아론과 미리암이 모세를 비방하는 것을 들으셨습니다. “여호와께서 구름 기둥 가운데로부터 강림하사 장막 문에 서시고 아론과 미리암을 부르시는지라 그 두 사람이 나아가매(민 12:5)” 하나님께서 이렇게 말씀하십니다.

“이르시되 내 말을 들으라. 너희 중에 선지자가 있으면 나 여호와가 환상으로 나를 그에게 알리기도 하고 꿈으로 그와 말하기도 하거니와 그와는 내가 대면하여 명백히 말하고 은밀한 말로 하지 아니하며 그는 또 여호와의 형상을 보거늘 너희가 어찌하여 내 종 모세 비방하기를 두려워하지 아니하느냐(민 12:6-8)” 하나님은 “너희 중에 선지자가 있으면 나 여호와가 환상으로 나를 그에게 알리기도 하고 꿈으로 그와 말하기도 하거니와” 모세와는 대면하여 대화를 하신다는 것입니다. 아론과 미리암은 모세와 비교할 수가 없다는 것입니다. 그렇기 때문에 우리 크리스천들은 인격의 성숙과 모세와 같이 하나님을 대면하는 영성이 되어야 합니다.

직분자들은 항상 하나님 앞에 선다는 생각을 하면서 살아야 합니다. 주님 앞에 서서 주님이 무엇하다가 왔느냐고 물으신다면 예수님을 믿고 성령으로 세례를 받고 예수님의 형상으로 변화되어 변화된 이미지를 가지고 영혼 전도하여 생명 살리는 일을 하고 왔습니다. 하고 대답할 수가 있어야 합니다. 우리는 말씀을 성령으로 깨닫는 수준이 되어야 합니다. 율법과 복음을 구분할 줄을 알아야 합니다. 율법은 하나님께서 돌판에 다가 직접 기록하여 주신 것입니다. 첫 번째 돌판은 하나님께서 직접 제작하여 앞뒤에 십계명을 기록하여 주셨습니다. 그런데 모세가 이 돌판을 던져서 깨뜨렸습니다. “모세가 돌이켜 산에서 내려오는데 두 증거판이 그의 손에 있고 그 판의 양면 이쪽 저쪽에 글자가 있으니, 그 판은 하나님이 만드신 것이요, 글자는 하나님이 쓰셔서 판에 새기신 것이더라(출 32:15-16)” 모세가 산에서 내려오는데 이스라엘 백성들이 뛰놀고 있었습니다. “모세가 이르되 이는 승전가도 아니요, 패하여 부르짖는 소리도 아니라. 내가 듣기에는 노래하는 소리로다 하고, 진에 가까이 이르러 그 송아지와 그 춤추는 것들을 보고 크게 노하여 손에서 그 판들을 산 아래로 던져 깨뜨리니라. 모세가 그들이 만든 송아지를 가져다가 불살라 부수어 가루를 만들어 물에 뿌려 이스라엘 자손에게 마시게 하니라(출 32:18-20)” 모세가 첫 번째 돌판을 깨뜨린 것입니다.

다시 하나님께서 모세를 부르십니다. “여호와께서 모세에게 이르시되 너는 돌판 둘을 처음 것과 같이 다듬어 만들라. 네가 깨뜨린 처음 판에 있던 말을 내가 그 판에 쓰리니, 아침까지 준비하고 아침에 시내 산에 올라와 산꼭대기에서 내게 보이되(출 34:1-2)” 하나님께서 모세와 40일 동안 같이 계시면서 모세가 만들어간 돌판에 십계명을 기록하셨습니다. “모세가 여호와와 함께 사십 일 사십 야를 거기 있으면서 떡도 먹지 아니하였고 물도 마시지 아니하였으며 여호와께서는 언약의 말씀 곧 십계명을 그 판들에 기록하셨더라(출 34:28)”

그래서 율법은 하나님께서 돌판에 직접 기록하여 주신 것입니다. 율법은 육적인 눈으로도 보고 읽을 수가 있는 것입니다. 육적인 사람이라도 하나님의 백성은 율법을 눈으로 보고 기록하고 알고 행할 수가 있습니다. 그런데 성경 말씀은 성령으로 기록하신 것입니다. “예언은 언제든지 사람의 뜻으로 낸 것이 아니요. 오직 성령의 감동하심을 받은 사람들이 하나님께 받아 말한 것임이라(벧후 1:21)” 분명하게 다릅니다. 율법은 하나님께서 직접기록하신 것이요, 성령말씀, 즉 복음은 성령의 감동하심을 받은 사람들이 받아 기록한 것입니다. 성령의 감동을 받아 기록한 말씀은 육체적인 눈과 머리로는 깨달을 수가 없는 것입니다. 반드시 성령으로 깨달아야 합니다. "너희는 우리의 편지라 우리 마음에 썼고 뭇 사람이 알고 읽는 바라. 너희는 우리로 말미암아 나타난 그리스도의 편지니 이는 먹으로 쓴 것이 아니요 오직 살아 계신 하나님의 영으로 쓴 것이며 또 돌판에 쓴 것이 아니요, 오직 육의 마음 판에 쓴 것이라(고후 3:2-3)"

그렇기 때문에 성경말씀을 머리로 많이 안다고 영적인 상도가 아니라는 것입니다. 성경말씀은 성령으로 깨달아야 알고 행해야 합니다. 성령으로 말씀을 깨달으려면 먼저 성령으로 세례를 받아야 합니다. 성령의 세례는 이론이 아닙니다. 살아계신 예수님께서 직접 베푸시는 세례입니다. 성령으로 세례를 받고 성령의 지배와 인도를 받으면서 성령께서 진리를 깨닫게 하는 성도가 영적인 성도입니다.

정리하면 율법은 모세가 돌판을 만들어서 하나님께 들고 가니, 영이신 하나님께서 돌판의 앞뒤에 율법을 직접 기록하여 주신 것입니다. 하나님의 백성이면 누구나 보고 읽을 수가 있는 것입니다.

반대로 성경말씀은 성령의 감동하심을 받은 사람들이 영으로 받아 기록한 것입니다. 그렇기 때문에 성경말씀을 머리로 알고 깨닫지 못하고 성령의 감동하심을 받아야 깨달을 수가 있는 것입니다. 하나님은 이렇게 말씀하십니다. "기록된바 하나님이 자기를 사랑하는 자들을 위하여 예비하신 모든 것은 눈으로 보지 못하고 귀로 듣지 못하고 사람의 마음으로 생각하지도 못하였다 함과 같으니라. 오직 하나님이 성령으로 이것을 우리에게 보이셨으니 성령은 모든 것 곧 하나님의 깊은 것까지도 통달하시느니라. 사람의 일을 사람의 속에 있는 영외에 누가 알리요, 이와 같이 하나님의 일도 하나님의 영외에는 아무도 알지 못하느니라. 우리가 세상의 영을 받지 아니하고 오직 하나님으로부터 온 영을 받았으니 이는 우리로 하여금 하나님께서 우리에게 은혜로 주신 것들을 알게 하려 하심이라. 우리가 이것을 말하거니와 사람의 지혜가 가르친 말로 아니하고 오직 성령께서 가르치신 것으로 하니 영적인 일은 영적인 것으로 분별하느니라(고전 2:9-13)” 성경말씀은 성령으로 깨달아야 합니다. 성경말씀은 머리로 외워서 깨달을 수가 없는 것입니다. 머리로 지식으로 말씀을 깨닫고 사는 성도는 아직 성령으로 거듭나지 못한 육체에 속한 사람입니다. 반드시 성령으로 깨달아야 합니다. 그렇기 때문에 성령으로 진리를 깨닫는 만큼씩 영성이 깊어지고 권능도 강해지는 것입니다. 지금 성령이 역사하시는 교회시대를 살아가는 성도들은 성령으로 진리를 깨닫고 순종해야 합니다. 수시로 성령으로 기도하면서 레마를 듣고 순종해야 하나님의 자녀입니다. 하나님은 “무릇 하나님의 영으로 인도함을 받는 사람은 곧 하나님의 아들이라(롬 8:14)” 말씀하시는 것입니다.

성령으로 진리를 깨달아 행하는 만큼 권능이 강해지는 것입니다. 권능은 자신 안에 있는 성전에서 성령으로 분출되는 것입니다. 진리역시 자신 안에 있는 성전에서 성령으로 깨닫는 것입니다. 성령으로 기도하면서 듣는 레마도 자신 안에 있는 성전에서 성령으로 듣는 것입니다. 모두가 자신의 육성이 없어지는 없어지고 성령의 지배와 장악이 되는 만큼 깊어지고 강해지는 것입니다.

32장 성령을 조종하는 안수기도는 불가능

(행 19:11-12)"하나님이 바울의 손으로 놀라운 능력을 행하게 하시니 심지어 사람들이 바울의 몸에서 손수건이나 앞치마를 가져다가 병든 사람에게 얹으면 그 병이 떠나고 악귀도 나가더라"

성령을 조종하는 안수기도는 불가능합니다. 본문에 보면 분명하게 "하나님이 바울의 손으로 놀라운 능력을 행하게 하시니"라고 명확하게 말씀하십니다. 따라서 안수 기도하는 사람이 성령의 임재를 유도하고, 성령의 역사를 부리는 안수기도라는 것은 존재하지 않습니다. 그런 일을 하는 사람들은 모두 거짓 영과 친화된 사람들입니다. 거짓 영은 자기 사람의 안수행각과 짝짜꿍하면서 속이고 사기치는 만행을 날마다 저지릅니다. 그러나 성령은 그렇게 역사하지 않으며, 성령의 사람은 안수를 통해 성령을 유도하거나 조절하려고 시도하지도 않습니다.

성령의 임재와 역사와 은사를 얻는 것은 오직 하나님의 은혜와 선물입니다. 안수를 통해 만들어 내려는 것은 악한 마술사 시몬이 사도에게 돈으로 성령을 사려고 했던 것과 같은 망령된 짓입니다. "시몬이 사도들의 안수함으로 성령 받는 것을 보고 돈을 드려 가로되 이 권능을 내게도 주어 누구든지 내가 안수하는 사람은 성령을 받게 하여 주소서 하니 베드로가 가로되 네가 하나님의 선물을 돈 주고 살줄로 생각하였으니 네 은과 네가 함께 망할지어다."(행 8:18-20).

마술사 시몬은 자신이 안수할 때 성령이 나타나게 되기를 위해 사도들에게 돈을 내려고 하였습니다. 이것과 오늘 날 안수하여 성령을 유도해내는 사람들의 불법과 다른 것이 무엇인가? 하나님의 선물을 시몬이 돈으로 사서 소유하려고 했던 것과 오늘 날 이상한 사람들이 성령을 소유하기라도 하는 양 안수하고 다니면서 뭔가를 만들어 내는 것이 뭐가 다를까요? 결국 그들은 시몬처럼 망하고 저주받을 것입니다.

로이드 존스 같은 분도 성령의 세례가 중생 이후 부흥과 능력을 일으키는 차원에서 또 반복된다고 잘못 가르치기는 했어도 안수나 다른 방식으로 성령의 임재와 역사하심이 예비되거나 유도 된다고는 가르치지 않았습니다. 오히려 로이드 존스는 그런 사상을 철저하게 봉쇄했습니다. 로이드 존스의 그릇된 성령세례 이론을 예로 들면서 안수까지 해 대려는 사람들은 로이드 존스가 성령의 역사를 유도하고 준비시키는 안수행각을 지지하지 않았다는 사실도 함께 숙고해야 할 것입니다. 로이드 존스 목사는 다음과 같이 말했습니다.

"어떤 사람이 여러분에게 안수함으로써 이것이 받아지지 않는다는 것이다. 많은 사람들은 은사를 줄 수 있는 사람이 안수하면 된다고 가르친다. 이제 사도가 그 선물을 가지고 있는 것이 분명했고, 신약시대에 그것이 일부 사도들에게 국한되어 있었다. 그것은 그들의 권위와 독특성에 대한 한 부분이었다. 만일 그런 일이 안수의 결과로 일어난 일은 언제나 그런 것은 아니었지만 매우 드물었다. 내가 인용했던 몇몇 퓨리탄들이나 웨슬레의 경우에 있어서 또는 그 밖의 다른 경우에 있어서 안수를 암시하는 경우는 한 경우도 없었다. 여기서 다시 심리적인 요소가 가미될 경향이 있다.”(로이드 존스)

“이러한 체험은 어떻게 주어지는가? 또한 어떻게 해서 이러한 일들이 우리에게 일어나는 것인가? 여기에서 두드러지는 것은 성령의 절대적인 주권이다. 그것은 성령의 행동이다. 그것은 미리 예고될 수도 없고 어떤 방식으로 조정될 수도 없고 마음대로 받을 수도 없다. 아무도 이러한 축복을 우리에게 주겠다고 약속할 수 없다.”(로이드 존스)

안수자의 영적인 성향이 그 사람에게 안수 기도를 받는 사람에게 전달된다고 주장은 이미 성령을 모조하는 거짓 성령과 짝하면서 영적인 사기를 치는 사이비 성령운동가들의 말입니다. 우리가 바르게 알아야 할 것은 분명하게 안수하는 사람의 능력이나 카리스마가 전이 되는 것이 아니고 하나님께서 직접 안수 자를 통하여 역사하십니다. 분명하게 하나님께서 그 시간에 안수하는 사역자를 통하여 역사하시는 것입니다. “하나님이 바울의 손으로 놀라운 능력을 행하게 하시니”(행19:11). 하나님께서 바울을 통하여 역사하시는 것입니다.

만약에 안수하는 사람의 능력이나 성향이 이전된다고 말하는 사역자가 있다면 경계해야 합니다. 왜냐하면 그들은 이미 자기에게서 그런 거짓 영의 역사가 나타나므로 그것은 성령의 역사로 가장하는 것 외에는 다른 선택의 여지가 없습니다. 안수하여 성령을 부리려는 자들은 가증하고 사악한 무리들입니다.

신자들은 사도들의 안수를 통하여 성령의 은사를 받게 된 경우도 있었지만(행 8:17-19), 안수 자체가 성령으로 하여금 역사하게 하는 것이 아니라, 먼저 안수 받는 자는 하나님 앞에서의 올바른 신앙 자세가 성령으로 하여금 은혜와 축복을 허락케 하는 계기가 된 것으로 이해하는 것이 옳습니다. 안수를 받아 병을 고치려면 환자가 하나님과 관계가 열려야 합니다. "그런즉 너희는 먼저 그의 나라와 그의 의를 구하라 그리하면 이 모든 것을 너희에게 더하시리라"(마 6:33). 자신 안에 계신 하나님께서 자신의 병을 고치시기 때문입니다. 필자의 경우 환자가 스스로 기도하지 않으면 아무리 안수를 해도 성령의 역사가 일어나지 않아 질병이나 상처가 치유되지 않습니다. 그러므로 환자는 안수만 받아서 병 고치려고 하기 전에 하나님과 관계를 먼저 열어야 합니다.

오늘날 안수는 치병 및 귀신 축출을 위해 사용하는 가장 일반적인 방식입니다. 물론 성직수여 혹은 직분 수행을 위해서도 안수가 이루어지고 있지만, 무엇보다 문제가 되는 것은 특이한 이적이 따르는 사역을 위해 안수가 남용되고 있다는 점입니다. 즉, 안수의 능력으로 피안수자가 병이 낫고 귀신의 속박으로부터 풀려날 수 있다는 것입니다. 때때로 이 같은 그릇된 이해는 안수자를 우상화 시키는 방향으로 나아가기도 합니다. 분명하게 하나님께서 안수하는 사역자를 통하여 일하시는데 잘못 이해하는 것입니다.

물리적인 타격으로 말미암아 문제를 일으키기도 합니다. 안수와 동일 개념이기도 하나 안찰이라는 이름으로 안수자에게 심한 타격을 가하는 경우가 있는데, 안수자의 자기도취나 흥분 때문에 어느 만큼 강하게 구타를 하는지 스스로도 모르고 구타를 함으로 늑골이

골절되고 뇌진탕을 일으키고 각종 신체적 위해를 입히기도 합니다. 실제로 어떤 기도원의 경우 안수한답시고 감금, 구타, 폭행, 살인 등을 일삼다가 사회적으로 큰 물의를 일으킨 적이 있습니다. 분명하게 성경에 안찰은 없습니다. 바르게 알고 사역해야 할 것입니다.

안수가 때때로 자아상실과 같은 정신적인 공황상태를 유도하기도 합니다. 안수에는 최면의 효과가 있습니다. 모기도원의 경우, 심장병 자를 안수하는 장면에서 전도사가 환자의 가슴에 손을 대고 계속 단순한 율동에 맞추어 비비거나 때리는데 그 속도가 점차 빨라지고 있었습니다. 이런 양상은 고고클럽의 춤 장면이나 비틀즈의 연주장면에서 보는 젊은 여성들의 반응, 그리고 무당굿에서 보는 군무(群舞)인 무감 에서도 볼 수 있습니다. 이유는 환자에게 역사하던 악귀가 발작하기 때문입니다. 이런 단순한 율동적 동작의 반복은 최면 상태를 쉽게 유발하는데 최면 상태에 들어가면 몇 가지 특징적인 양상이 일어납니다. 즉 졸도나 경련 같은 히스테리 발작이 일어나는 수도 있고, 정신이 몽롱해지거나 자기 자신의 주체성을 상실하는 해리상태(dissociation)에 빠지거나 이상감각, 이를테면 촉각, 후각, 청각, 시각 같은데 착각이 일어나기도 합니다.

이런 상태의 특징은 피암시성(被暗示性)이 고도로 앙양된 상태이며 따라서 이 시기에 각종 암시가 쉽게 받아들여집니다. 불로 은혜를 받으라고 말하면 가슴이 뜨거워지는 환각을 느끼게 되고, 성령의 냄새를 맡으라고 하면 향기를 맡는 환각이 일어나게 되고, 성령의 빛으로 은혜를 받으라는 말을 들으면 강단에 섬광이 번득이는 환각을 보게 되고, 성령의 소리를 들으라고 하면 은은한 음성이 들리는 환청이 생기게 됩니다. 물론 이때에 암시하는 말이 없었다고 해도 과거 설교나 다른 사람의 말에서 들었던 현상이 무의식적으로 작용해서 그런 환각을 느끼게 되기도 합니다.

이런 상황이 심각해질 경우 자아상실로까지 이어질 가능성도 있습니다. 어느 정신병에 관한 보고에 다르면 안수로 인해 심각한 자기 분열을 초래한 경우도 있다 합니다. 건전하고 성경적인 안수가 아닌 마술화되고 개인적인 사유물로 변질된 안수가 이 같은 문제들을 야기 시키는 것입니다. 분명하게 말하면 환자가 스스로 기도하지 않는데 안수하여 일어나는 현상은 모두 분별을 요하는 영적인 역사입니다. 분명하게 말할 수 있는 것은 환자가 스스로 기도하면서 안수를 받으면 환자의 전인격이 변한다는 것입니다. 열매를 보고 분별하고 판단할 수가 있습니다. "그들의 열매로 그들을 알지니 가시나무에서 포도를, 또는 엉겅퀴에서 무화과를 따겠느냐 (17) 이와 같이 좋은 나무마다 아름다운 열매를 맺고 못된 나무가 나쁜 열매를 맺나니 (18) 좋은 나무가 나쁜 열매를 맺을 수 없고 못된 나무가 아름다운 열매를 맺을 수 없느니라 (19) 아름다운 열매를 맺지 아니하는 나무마다 찍혀 불에 던져지느니라"(마 7:16-19).

성령의 역사를 유도하지 말아야 합니다. 안수 기도하여 사람들을 쓰러뜨리는 것이 과연 성령의 뜻일까요? 필자는 20 여년을 성령사역을 하였습니다. 그런데 안수하여 쓰러뜨리는 것에 대한 강한 의구심이 있습니다. 극히 인간적인 역사가 많이 결부되었기 때문입니다.

안수기도 할 때 사람을 쓰러뜨리는 것을 대단한 일이라고 오해하고 잇습니다. 자신이 주체할 수 없는 성령의 힘에 의해 압도되어 쓰러진다면 무어라고 시비를 걸지 않습니다. 그런데 사람의 힘에 압도되어 쓰러진다면 문제가 있습니다. 그리고 쓰러지려고 대기하다가 일부러 쓰러지는 것에도 문제가 있다는 것입니다. 어떤 성도가 필자에게 하는 말이 전에 다니던 교회 목사는 교회당에 모여 있는 교인들을 향해 불하면서 오른 손을 흔들면 오른 쪽으로 쓰러지고 바른손으로 흔들면서 불하면 바른 쪽으로 교인들이 모두 쓰러졌다고 합니다. 아주 자랑스럽게 필자에게 와서 말하는 권사가 있어 습니다. 그래서 필자가 그것은 성령의 역사가 아니고 사람의 권위에 의하여 훈련된 행동입니다. 절대로 성령의 역사는 인격적으로 역사하십니다. 쓰러지더라도 모두 동일한 쪽으로 스러지는 것이 아니고, 각각 성령께서 역사하시는 쪽으로 사람의 인격에 맞게 쓰러지는 것입니다. 그리고 쓰러지지 않는 성도도 있습니다. 모두가 아닙니다. 이것이 정확한 성령의 역사입니다. 필자가 그 권사에게 그렇게 잘 쓰러지는데 쓰러진 다음에 인격이 변화됩니까? 아니라는 것입니나. 성도들이 혈기가 보동 심하시 않나는 것입니다. 이것은 분명하게 인간의 역사가 정확합니다.

얼마 전에 그런 현상이 강하게 나타난다는 기도원에 찾아갔었습니다. 사모를 대동하고 갔습니다. 필자가 갔을 때는 평일인데도 2백 명 남짓의 사람들이 운집해 있었습니다. 넓은 예배당 안에는 의자가 없이 모두 푹신한 매트가 깔린 바닥에 앉아 예배를 드렸습니다. 집회를 인도하는 목사는 강단에 서서 한 시간 가량 찬송을 하니까 성도들이 앞에 나와서 춤을 추는 것도 아니고 뛰는 것도 아닌 행동을 했습니다. 강단에 목사가 불~ 불~ 하니까, 앞에 나가 춤을 추던 사람들이 뒤로 넘어지는 것입니다. 다음으로 설교를 했는데 그 설교내용은 두서가 없었고 주로 암 같은 불치의 병이 고침 받은 사례나 신기한 현상에 대해 열변을 토했습니다. 우리 사모가 들을 것이 없으니 그냥가지고 했습니다. 그래서 필자가 이 시간이 종료되면 가자고 했습니다.

그런데 그는 설교하면서 아주 이상한 행동을 했습니다. 설교하는 중간 중간에 마이크에 대고 후 불어대는 것이었습니다. 그러자 희한하게도 여기저기서 사람들이 쓰러지고 어떤 이들은 마치 검불처럼 데굴데굴 굴렀습니다. 히득거리고 웃는가 하면 일어나서 손을 흔들기도 했습니다. 그 목사가 후 불 때 마다 그런 해괴한 일이 반복되었습니다. 목사는 그런 '능력의 현시'를 즐기는 듯 했고, 그렇게 쓰러지고 구르는 사람들 또한 파도타기를 하듯 그것을 원하는 것 같았습니다. 아주 그렇게 하려고 대기하고 있었던 것입니다. 성령사역을 오래한 제가 분명하게 말할 수 있는 것은 성령의 역사가 강해서 그런 행동을 하는 것이 아닙니다. 자신이 그렇게 인위적인 행동을 하면 성령의 불을 받을 수 있다는 인간적인 욕심이 있어서 일부러 그렇게 하는 것입니다. 절대로 그렇게 한다고 성령의 세례나 성령의 불을 받지 못합니다. 필자는 20여 년을 성령사역을 했습니다. 그렇기 때문에 성령의 불을 받고 성령으로 지배와 장악이 되면 어떻게 되더라는 것을 잘 체험하여 이해하고 있습니다.

예배가 끝나자 목사가 모두 자리에서 일어나라고 했습니다. 그러더니 마치 앞줄부터 사열을 하듯이 사람들 앞을 지나가는데 대부분의 사람들은 그 목사가 손가락을 그들 이마에 살짝대기만 해도 뒤로 벌렁 나자빠지고 어떤 이들은 목사가 그들 앞에 다가가기만 해도 쓰러져버렸습니다. 필자는 뒷줄에 서 있었는데 드디어 그 목사가 내 앞에까지 왔습니다. 내 앞에 서있던 사람들은 모두 바닥에 쓰러져있었습니다. 필자는 좀 긴장이 되었습니다. 저에게도 저런 일이 생길까하는 의심이 생기기도 했습니다. 강사 목사가 필자의 앞에 왔습니다. 손을 댔습니다. 제가 쓰러지지 않았습니다. 그러자 저의 배를 손가락으로 팍 쑤시는 것입니다. 그런데도 나에게는 아무 일이 일어나지 않았습니다. 제가 그때 저의 안에서 이것은 성령의 역사가 아니라 인간의 최면 같은 역사라는 감동이 왔습니다. 쓰러지려고 준비하고 대기하는 것입니다. 실제로 목회자들이 모여 있는 방안에서 하는 이야기를 들으니까, 손을 대거나 불~하고 불었는데 쓰러지지 않으면 다시는 안수해주지 않는다는 것입니다.

일명 토론토 브레싱이라고도 불리는 이 쓰러지는 현상은 미국과 캐나다의 빈야드 운동에서 시작된 것인데 한국교회가 이것을 성경적인 검증 없이 무분별하게 도입하여 큰 혼란을 자초하고 있습니다. 한국교회는 미국이나 서구로부터 아주 유해한 영적폐기물을 마구 수입해오는 어리석음을 범하고 있습니다. 이런 현상을 건전한 성령의 역사로 볼 수 있는 어떤 성경적인 근거도 찾을 수 없습니다. 이런 현상들을 쫓는 이들은 이에 대한 성경적인 증거가 있을 뿐 아니라 교회역사 속에서도 그 전례를 발견할 수 있다고 주장합니다. 필자는 쓰러지는 것을 부정하자는 것이 아닙니다. 쓰러지고 난 다음에 무슨 변화가 있었느냐 입니다. 성도들의 인격과 영육의 질병과 마음의 상처가 치유 되었느냐 입니다. 필자의 사역경험으로 보아서 그렇게 해서는 질병의 치유나 마음의 상처치유나 귀신을 축귀하지 못한다는 것입니다. 그리고 성도들이 평안을 유지하기 못한다는 것입니다. 일시적인 평안이나 희열을 느끼는 것에 불과하다는 것입니다.

물론 과거 영국과 미국에서 부흥이 일어났을 때 간혹 말씀을 듣다가 죄를 깨닫게 하는 성령의 강한 역사하심에 압도되어 의자에서 바닥으로 굴러 떨어지는 사람이 있었다고 합니다. 그러나 그 당시 설교자들은 말씀만 전했을 뿐, 전혀 그런 현상을 어떤 식으로든 유도하지 않았습니다. 지금처럼 의도적으로 사람을 쓰러뜨리기 위해 안수하는 일은 더더욱 없었습니다.

또한 사람들을 안수하여 쓰러뜨린 예를 성경에서 전혀 찾을 수 없습니다. 어떤 이들은 사도 요한이 밧모섬에서 하나님의 묵시를 받을 때 땅에 엎드러진 것과 그와 비슷한 사례(다니엘, 에스겔)를 성경적인 근거로 제시합니다. 그러나 두 현상은 전혀 다른 것입니다. 성경에 기록된 사건들은 인간의 안수나 터치에 의해 일어난 것이 아닙니다. 거기에는 인간이 전혀 개입되지 않았고, 전적인 하나님의 현현이나 계시에 의해 일어난 현상입니다. 사람들을 쓰러뜨리는 것은 그런 신적인 계시와 아무런 상관이 없는 것입니다.

어떤 이는 그렇게 쓰러진 후에 깊은 안식과 평안을 맛보았다고 합니다. 그러나 그렇게 쓰러졌던 사람들 대부분은 별 효험을 보지 못합니다. 또한 어떤 평안을 느꼈다고 해서 그것이 건전한 성령의 사역이라고 단정할 수 없습니다. 순간 평안은 세상 평안입니다. 예수님의 평안은 영원한 평안입니다. "평안을 너희에게 끼치노니 곧 나의 평안을 너희에게 주노라 내가 너희에게 주는 것은 세상이 주는 것과 같지 아니하니라 너희는 마음에 근심하지도 말고 두려워하지도 말라"(요 14:27). 그런 현상이 성경적인 근거가 있든 없든 간에 저에게 어떤 유익이 되면 정당한 것으로 보는 사고는 이 세상의 실용주의적 가치관을 따르는 것이지 성경의 진리를 따르는 신앙관은 아닙니다. 더욱이 이런 현상들을 성경적으로 잘 분별하여 신자들에게 바른 지침을 제시해 주어야 할 교회의 목사들과 지도자들이 앞장서서 이런 혼란을 부추기고 있는 것은 참으로 한심스럽기 짝이 없는 일입니다.

정상적인 교회는 사람들은 안수하여 쓰러지게 하는 인간적인 행위를 금해야합니다. 성령의 역사로 쓰러지는 것을 말하는 것이 아닙니다. 인간적인 권위로 쓰러지게 하는 것을 지적하는 것입니다. 인간적인 역사를 묵과하고 허용할 때 온갖 부작용이 발생합니다. 집단 최면술을 사용하는 이들이 있는가하면, 어떤 교회에서는 교인이 잘 쓰러지지 않으니 목을 찌르거나 밀어서 억지로 넘어뜨리는 작태가 벌어지기도 했습니다. 또한 여기에 도사리고 있는 더 큰 위험은 교인들을 이런 현상에 과도하게 집착하고 의존하게 만든다는 점입니다. 아주 위험한 일입니다. 자신은 잘 쓰러지니 다된 것으로 착각한다는 것입니다. 그래서 어떤 교인들은 집회 때마다 안수를 받아 쓰러지기를 원합니다. 그들은 그런 쓰러짐을 특별한 은혜를 받는 체험이나 방편으로 생각합니다. 문제는 그들이 더 중요하고 정상적인 은혜의 방편으로는 만족하지 못하고 은혜를 체험하지 못한다는 점입니다. 자연히 말씀보다 드라마틱한 현상을 의존하는 체험주의 신앙에 빠지게 된다는 것입니다.

이런 사역을 하는 이들은 사람들을 쓰러뜨려야한다는 일종의 강박에 사로잡혀 있는데, 그래야만 자신의 권위가 서기 때문입니다. 여기에 가장 무서운 위험이 도사리고 있습니다. 초능력을 이용하여 자신을 과시하고 사람들을 제압하려는 어둠의 유혹이 깃들게 됩니다. 그러기에 능력은 매우 위험한 것입니다. 능력이 클수록 남용될 수 있는 위험은 커집니다. 물질계에서 원자력이 오용될 때 무서운 파괴력으로 돌변합니다. 영적인 세계에서도 초자연적인 능력과 기적이 남용될 때 영적인 대혼란과 파멸이 초래됩니다. 사단의 범죄가 바로 그런 것이었습니다.

그러므로 초월적인 기사와 능력을 다루는 이들은 극히 신중해야 합니다. 그렇지 않으면 자기도 모르게 가장 끔찍한 죄를 범할 수 있습니다. 능력을 마귀화(Demonization of power)하는 범죄에 빠질 수 있는 것입니다. 그 능력이 거룩한 성령의 능력일 때 그 범죄의 심각성은 극에 달합니다.

그러므로 최면술이나 인위적인 방법을 쓰지 않았는데도 사람들이 쓰러지는 능력이 자신을 통해 나타날 경우에도 그것을 신중하게 사용해야 합니다. 성도는 진리의 말씀과 성령으로 변화되어 예수님의 인격이 나오게 해야 합니다. 넘어지고 쓰러져서 변화가 된다면 몰라도 그렇지 못하면 절제해야합니다. 비록 성령의 권능에 의해 몸에 힘이 빠지고 쓰러지는 일이 일어났다고 할지라도, 이 능력이 자신을 은근히 과시하고 사람들을 끄는 수단으로 남용될 때 능력이 마귀화되는 비극이 발생할 수 있기 때문입니다.

그러므로 그런 능력이 나타나는 이들은 더욱 더 사람들을 안수하거나 어떤 형태로든 사람들이 쓰러지게 하는 행위를 삼가야합니다. 혹시라도 자신이 드러나 영광 받게 될 것을 심히 두려워하는 거룩한 수줍음을 가진 이들은 당연히 그렇게 행할 것입니다. 이런 거룩한 수줍음에서 나온 사려 깊은 행동에서 성령의 얼굴이 나타납니다. 그러나 사람들을 압도하는 권능을 통해 그들을 컨트롤하고 자기상승을 꾀하려는 이들의 모습에서는 교활한 마귀의 얼굴이 엿보입니다.

권력에 대한 걷잡을 수 없는 욕망이 십자가에 못 박히지 않은 사람에게 성령의 권능만큼 위험한 것은 없습니다. 능력이 마귀적으로 남용되는 무서운 일이 일어날 수 있습니다. 이것이 성령집회에서 자주 목격되는 현상입니다. 성령집회에서 그토록 초자연적인 은사와 기적을 갈구하는 것은 많은 사람들을 컨트롤하고 싶은 강렬한 욕구의 발현인 경우가 많습니다. 사람들을 제압하고 컨트롤하기에 초자연적인 현상과 기적보다 더 효과적인 방편은 없습니다. 힘없는 인간이 가장 숭배하는 것이 초자연적인 힘이면 인간은 그 앞에서 꼼짝없이 압도될 수밖에 없습니다. 그런데 쓰러지는 현상을 체험하고 변화가 중요합니다. 변화되지 않는 쓰러짐의 현상을 아무 곳에도 쓸모가 없습니다. 사람들을 현혹시키는 도구에 불과한 것입니다. 좌우지간 바르게 성령의 역사를 체험하면 변화가 되게 되어있습니다. "그들의 열매로 그들을 알지니 가시나무에서 포도를, 또는 엉겅퀴에서 무화과를 따겠느냐"(마 7:16).

이 책을 통해 예수님이 땅끝까지 전파 되기를 소원합니다.
(출판으로 인한 이익금은 문서선교와 개척교회 선교에 사용합니다.)

안수기도의 희한한 능력

발 행 일 l 2018. 03. 06초판 1쇄 발행

지 은 이 l 강요셉

펴 낸 이 l 강무신

편집담당 l 강무신

디 자 인 l 강요셉

교정담당 l 강무신

펴 낸 곳 l 도서출판 성령

신고번호 l 제22-3134호(2007.5.25)

등록번호 l 114-90-70539

주   소 l 서울 서초구 방배천로 4안길 20(방배동)

전   화 l 02)3474-0675/ 3472-0191

E-mail l kangms113@hanmail.net

유   통 l 하늘유통. 031)947-7777

ISBN l 978-89-97999-67-5 부가기호 l 03230

가   격 l 16,000원